第二次全国残疾人抽样调查资料

北京卷

北京市第二次全国残疾人抽样调查办公室 编

中国统计出版社
China Statistics Press

(京)新登字041号

图书在版编目（CIP）数据

第二次全国残疾人抽样调查资料. 北京卷 / 北京市第二次全国残疾人抽样调查办公室编. —北京：中国统计出版社，2007.12

ISBN 978-7-5037-5280-3

Ⅰ. 第…
Ⅱ. 北…
Ⅲ. 残疾人－抽样调查－统计资料－北京市
Ⅳ. D669.69

中国版本图书馆CIP数据核字（2007）第157931号

第二次全国残疾人抽样调查资料－北京卷

作　　者 / 北京市第二次全国残疾人抽样调查办公室
责任编辑 / 姚　立　王振宇
封面设计 / 杨燕超
出版发行 / 中国统计出版社
通信地址 / 北京市西城区月坛南街57号
邮政编码 / 100826
办公地址 / 北京市丰台区西三环南路甲6号
网　　址 / www.stats.gov.cn/tjshujia
电　　话 / 邮购（010）63376907　书店（010）68783172
印　　刷 / 河北天普润印刷厂
经　　销 / 新华书店
开　　本 / 880×1230毫米　1/16
字　　数 / 1580千字
印　　张 / 50.25　3插页
版　　别 / 2007年12月第1版
版　　次 / 2007年12月第1次印刷
书　　号 / ISBN 978-7-5037-5280-3/D·161
定　　价 / 350.00元

本书附同版本CD-ROM一张，光盘内容以书面文字为准。

《第二次全国残疾人抽样调查资料》

（北京卷）

编 辑 人 员

总 编 辑：马大军　王　红　刘志武

副总编辑：赵建民　宋晓梅　厉才茂　孙国东

编　　辑：果丽珠　刘秀花　孔莹莹　徐　源

北京市第二次全国残疾人抽样调查样本县（市、区）分布示意图

编 辑 说 明

我国以2006年4月1日零时为标准时间进行了第二次全国残疾人抽样调查，这是1987年第一次全国残疾人抽样调查19年后进行的又一次全国范围内大规模的残疾人专项调查。在市委、市政府的领导下，在有关部门、社会各方面的大力支持配合下，按照第二次全国残疾人抽样调查领导小组的统一部署，历时两个月的时间，对抽中的88个乡、镇、街道的176个调查小区进行了入户调查和残疾评定。调查获得了丰富翔实的资料。为了满足政府部门、科研单位和社会各方面的需要，现将经计算机汇总处理的数据资料编辑出版。

为方便读者准确地使用本资料，现将有关情况说明如下:

一、调查的对象是具有中华人民共和国国籍，并在被抽中调查小区内常住的人（指自然人，下同）。调查采用按常住人口登记的原则，以户为单位填报，只调查家庭户，不调查集体户。此次不调查中国人民解放军现役军人和武装警察（包括军队管理的离退休干部）。

应当在本调查小区进行登记的人包括:

1. 居住本调查小区，户口在本乡、镇、街道;

2. 居住本调查小区半年以上，户口在外乡、镇、街道;

3. 居住本调查小区不满半年，离开户口所在地半年以上;

4. 居住本调查小区，户口待定。

二、第二次全国残疾人抽样调查使用三种调查表，一是《住户调查表》，二是《残疾人调查表》，三是《社区调查表》。调查项目共有52个，包括调查样本人群的家庭及其个人的状况，重点调查残疾人的致残原因、生活状况及其主要需求。

三、本资料是按照现场调查登记直接汇总的数据，未作任何调整。请读者在使用本资料时，特别是推算总体时，对以下因素予以充分注意:

1. 本资料不含调查漏登的人口数;

2. 本资料数据抽样比为4.87‰;

3. 作为一次多指标的抽样调查，有些分组较细的指标，代表性相对较低。

四、本次调查的城乡划分口径为: 城镇包括街道和镇的居委会，农村包括乡和镇的村委会。

五、本资料中空项表示无该项数据。

六、由于计算机运算中采取四舍五入的处理，个别汇总表分栏数据之和与合计数存在微小的差别，不影响对数据的使用。

本资料中的第四部分的4－51、4－53、4－56三张表应反映的情况，在本次调查中未出现，故不再列出表式，也不编页码。

七、为帮助读者准确使用本资料，附录中编印了《北京市第二次全国残疾人抽样调查主要数据公报》、《第二次全国残疾人抽样调查方案》、《第二次全国残疾人抽样调查残疾标准》、《第二次全国残疾人抽样调查住户调查表》和填写说明、《第二次全国残疾人抽样调查残疾人调查表》和填写说明、《第二次全国残疾人抽样调查社区调查表》和填写说明、《北京市第二次全国残疾人抽样调查抽样实施方案》、《北京市第二次全国残疾人抽样调查调查队组成》等。

编　者

2007年10月

目　录

第一部分　调查人口的基本状况

第二部分　残疾人口的基本状况

三、持有残疾人证情况

四、6-14岁残疾儿童在校生接受义务教育情况

五、社会保障

六、曾接受服务或扶助

七、主要需求

第五部分　社区和住户基本情况

附　录

第一部分　调查人口的基本状况

1－1 各地区调查样本基本情况

地区	调查县（市、区）数（个）	调查乡（镇、街道）数（个）	调查小区数（个）	调查户数（户）	调查人口（人）			调查残疾人（人）		
					小计	男	女	小计	男	女
总计	**18**	**88**	**176**	**26670**	**74795**	**36753**	**38042**	**4852**	**2403**	**2449**
东城区	1	5	10	1544	4248	2002	2246	296	138	158
西城区	1	6	12	2005	5376	2547	2829	440	205	235
崇文区	1	3	6	868	2513	1202	1311	140	65	75
宣武区	1	4	8	1312	3296	1607	1689	225	111	114
朝阳区	1	12	24	3960	10092	4949	5143	588	300	288
丰台区	1	7	14	2082	6129	3012	3117	307	159	148
石景山区	1	3	6	890	2604	1267	1337	165	84	81
海淀区	1	13	26	3904	10538	5059	5479	562	249	313
门头沟区	1	2	4	616	1759	923	836	103	59	44
房山区	1	6	12	1676	5072	2573	2499	376	178	198
通州区	1	5	10	1501	4392	2158	2234	313	163	150
顺义区	1	4	8	1076	3393	1701	1692	217	105	112
昌平区	1	4	8	1187	3318	1694	1624	182	99	83
大兴区	1	4	8	1096	3272	1623	1649	197	108	89
怀柔区	1	2	4	650	1855	941	914	125	66	59
平谷区	1	3	6	838	2635	1331	1304	281	146	135
密云县	1	3	6	879	2620	1310	1310	223	108	115
延庆县	1	2	4	586	1683	854	829	112	60	52

1－2 分年龄、性别的人口

单位：人，%

年 龄	调查人口				调查残疾人			
	合计	男	女	性别比	合计	男	女	性别比
总 计	**55773**	**27132**	**28641**	**95**	**3400**	**1693**	**1707**	**99**
0-4	**1487**	**770**	**717**	**107**	**11**	**7**	**4**	**175**
0岁	283	147	136	108				
1岁	340	179	161	111	1		1	
2岁	230	130	100	130				
3岁	355	176	179	98	8	6	2	300
4岁	279	138	141	98	2	1	1	100
5-9	**1693**	**889**	**804**	**111**	**13**	**10**	**3**	**333**
5岁	322	174	148	118	5	3	2	150
6岁	305	164	141	116	1	1		
7岁	358	180	178	101	4	3	1	300
8岁	356	197	159	124	1	1		
9岁	352	174	178	98	2	2		
10-14	**2166**	**1122**	**1044**	**107**	**17**	**8**	**9**	**89**
10岁	435	240	195	123	3	3		
11岁	452	235	217	108	5	1	4	25
12岁	434	228	206	111	3	2	1	200
13岁	471	248	223	111	3	2	1	200
14岁	374	171	203	84	3		3	
15-19	**3297**	**1665**	**1632**	**102**	**34**	**22**	**12**	**183**
15岁	587	292	295	99	7	3	4	75
16岁	621	305	316	97	5	4	1	400
17岁	700	362	338	107	7	5	2	250
18岁	714	377	337	112	4	2	2	100
19岁	675	329	346	95	11	8	3	267
20-24	**4278**	**2039**	**2239**	**91**	**48**	**26**	**22**	**118**
20岁	647	305	342	89	9	5	4	125
21岁	681	342	339	101	6	3	3	100
22岁	802	369	433	85	11	7	4	175
23岁	1044	491	553	89	7	3	4	75
24岁	1104	532	572	93	15	8	7	114
25-29	**4085**	**1960**	**2125**	**92**	**45**	**27**	**18**	**150**
25岁	885	434	451	96	11	6	5	120

1-2 续表 1

单位：人，%

年 龄	调查人口				调查残疾人			
	合计	男	女	性别比	合计	男	女	性别比
26岁	901	425	476	89	14	7	7	100
27岁	873	425	448	95	10	8	2	400
28岁	723	323	400	81	3	1	2	50
29岁	703	353	350	101	7	5	2	250
30-34	**4041**	**1917**	**2124**	**90**	**55**	**30**	**25**	**120**
30岁	717	342	375	91	7	3	4	75
31岁	722	351	371	95	8	4	4	100
32岁	803	360	443	81	16	12	4	300
33岁	891	429	462	93	11	6	5	120
34岁	908	435	473	92	13	5	8	63
35-39	**4597**	**2224**	**2373**	**94**	**82**	**48**	**34**	**141**
35岁	951	444	507	88	12	8	4	200
36岁	977	471	506	93	11	8	3	267
37岁	1100	550	550	100	21	10	11	91
38岁	817	392	425	92	19	9	10	90
39岁	752	367	385	95	19	13	6	217
40-44	**5625**	**2857**	**2768**	**103**	**157**	**95**	**62**	**153**
40岁	938	436	502	87	19	10	9	111
41岁	1030	501	529	95	29	16	13	123
42岁	1431	742	689	108	35	20	15	133
43岁	1376	755	621	122	46	31	15	207
44岁	850	423	427	99	28	18	10	180
45-49	**5486**	**2712**	**2774**	**98**	**234**	**140**	**94**	**149**
45岁	1000	501	499	100	43	21	22	95
46岁	1093	547	546	100	48	27	21	129
47岁	1043	482	561	86	29	17	12	142
48岁	1165	585	580	101	52	40	12	333
49岁	1185	597	588	102	62	35	27	130
50-54	**5268**	**2561**	**2707**	**95**	**237**	**125**	**112**	**112**
50岁	1126	557	569	98	41	22	19	116
51岁	1250	598	652	92	58	35	23	152
52岁	1117	536	581	92	57	31	26	119
53岁	964	473	491	96	36	16	20	80
54岁	811	397	414	96	45	21	24	88

1-2 续表 2

单位：人，%

年龄	调查人口				调查残疾人			
	合计	男	女	性别比	合计	男	女	性别比
55-59	**3169**	**1532**	**1637**	**94**	**222**	**121**	**101**	**120**
55岁	706	334	372	90	48	29	19	153
56岁	730	374	356	105	42	20	22	91
57岁	619	294	325	90	39	22	17	129
58岁	554	266	288	92	41	24	17	141
59岁	560	264	296	89	52	26	26	100
60-64	**2391**	**1079**	**1312**	**82**	**211**	**90**	**121**	**74**
60岁	500	229	271	85	34	15	19	79
61岁	477	218	259	84	38	18	20	90
62岁	449	206	243	85	42	15	27	56
63岁	483	205	278	74	46	20	26	77
64岁	482	221	261	85	51	22	29	76
65-69	**2778**	**1240**	**1538**	**81**	**384**	**169**	**215**	**79**
65岁	535	245	290	84	70	36	34	106
66岁	509	205	304	67	58	22	36	61
67岁	604	268	336	80	83	40	43	93
68岁	541	245	296	83	82	31	51	61
69岁	589	277	312	89	91	40	51	78
70-74	**2625**	**1244**	**1381**	**90**	**582**	**268**	**314**	**85**
70岁	635	274	361	76	126	52	74	70
71岁	559	263	296	89	100	44	56	79
72岁	561	270	291	93	132	56	76	74
73岁	490	235	255	92	109	53	56	95
74岁	380	202	178	113	115	63	52	121
75-79	**1556**	**760**	**796**	**95**	**501**	**238**	**263**	**90**
75岁	384	187	197	95	118	47	71	66
76岁	368	177	191	93	115	54	61	89
77岁	318	158	160	99	107	53	54	98
78岁	277	138	139	99	82	46	36	128
79岁	209	100	109	92	79	38	41	93
80-84	**764**	**345**	**419**	**82**	**326**	**153**	**173**	**88**
80岁	175	75	100	75	64	29	35	83
81岁	173	84	89	94	72	35	37	95
82岁	166	88	78	113	70	38	32	119
83岁	136	53	83	64	65	26	39	67
84岁	114	45	69	65	55	25	30	83
85+	**467**	**216**	**251**	**86**	**241**	**116**	**125**	**93**

1－2a　城镇分年龄、性别的人口

单位：人，%

年　龄	调查人口				调查残疾人			
	合计	男	女	性别比	合计	男	女	性别比
总　计	**74795**	**36753**	**38042**	**97**	**4852**	**2403**	**2449**	**98**
0-4	**2176**	**1147**	**1029**	**111**	**33**	**23**	**10**	**230**
0岁	424	225	199	113	5	5		
1岁	508	267	241	111	4	3	1	300
2岁	349	195	154	127	1		1	
3岁	494	251	243	103	16	12	4	300
4岁	401	209	192	109	7	3	4	75
5-9	**2414**	**1266**	**1148**	**110**	**31**	**18**	**13**	**138**
5岁	450	233	217	107	9	4	5	80
6岁	415	221	194	114	5	4	1	400
7岁	498	258	240	108	11	6	5	120
8岁	511	281	230	122	2	1	1	100
9岁	540	273	267	102	4	3	1	300
10-14	**3125**	**1612**	**1513**	**107**	**32**	**14**	**18**	**78**
10岁	642	341	301	113	6	4	2	200
11岁	625	327	298	110	13	5	8	63
12岁	617	322	295	109	4	2	2	100
13岁	662	340	322	106	3	2	1	200
14岁	579	282	297	95	6	1	5	20
15-19	**4985**	**2547**	**2438**	**104**	**63**	**34**	**29**	**117**
15岁	883	446	437	102	13	6	7	86
16岁	952	478	474	101	9	7	2	350
17岁	1060	567	493	115	14	8	6	133
18岁	1115	573	542	106	8	3	5	60
19岁	975	483	492	98	19	10	9	111
20-24	**5786**	**2802**	**2984**	**94**	**65**	**35**	**30**	**117**
20岁	937	452	485	93	14	8	6	133
21岁	943	465	478	97	9	4	5	80
22岁	1112	525	587	89	14	9	5	180
23岁	1379	678	701	97	8	4	4	100
24岁	1415	682	733	93	20	10	10	100
25-29	**5346**	**2601**	**2745**	**95**	**61**	**35**	**26**	**135**
25岁	1163	575	588	98	16	8	8	100

1－2a 续表 1

单位：人，%

年 龄	调查人口				调查残疾人			
	合计	男	女	性别比	合计	男	女	性别比
26岁	1171	571	600	95	21	10	11	91
27岁	1158	576	582	99	11	9	2	450
28岁	954	433	521	83	5	2	3	67
29岁	900	446	454	98	8	6	2	300
30-34	**5484**	**2661**	**2823**	**94**	**85**	**46**	**39**	**118**
30岁	917	449	468	96	12	6	6	100
31岁	971	486	485	100	8	4	4	100
32岁	1088	506	582	87	22	15	7	214
33岁	1236	606	630	96	20	11	9	122
34岁	1272	614	658	93	23	10	13	77
35-39	**6375**	**3130**	**3245**	**96**	**137**	**79**	**58**	**136**
35岁	1331	645	686	94	30	20	10	200
36岁	1347	654	693	94	22	13	9	144
37岁	1523	776	747	104	29	15	14	107
38岁	1099	533	566	94	25	11	14	79
39岁	1075	522	553	94	31	20	11	182
40-44	**7712**	**3910**	**3802**	**103**	**238**	**133**	**105**	**127**
40岁	1353	651	702	93	37	21	16	131
41岁	1449	726	723	100	46	22	24	92
42岁	1939	988	951	104	59	30	29	103
43岁	1853	991	862	115	63	40	23	174
44岁	1118	554	564	98	33	20	13	154
45-49	**7094**	**3513**	**3581**	**98**	**339**	**206**	**133**	**155**
45岁	1310	664	646	103	64	33	31	106
46岁	1449	721	728	99	66	40	26	154
47岁	1374	641	733	87	54	31	23	135
48岁	1470	735	735	100	69	48	21	229
49岁	1491	752	739	102	86	54	32	169
50-54	**6906**	**3357**	**3549**	**95**	**403**	**200**	**203**	**99**
50岁	1461	714	747	96	65	35	30	117
51岁	1589	769	820	94	89	50	39	128
52岁	1458	702	756	93	96	47	49	96
53岁	1298	632	666	95	78	31	47	66
54岁	1100	540	560	96	75	37	38	97

1－2a 续表 2

单位：人，%

年 龄	调查人口				调查残疾人			
	合计	男	女	性别比	合计	男	女	性别比
55-59	**4269**	**2089**	**2180**	**96**	**366**	**204**	**162**	**126**
55岁	927	447	480	93	77	42	35	120
56岁	997	514	483	106	78	43	35	123
57岁	841	395	446	89	73	41	32	128
58岁	761	366	395	93	68	40	28	143
59岁	743	367	376	98	70	38	32	119
60-64	**3113**	**1424**	**1689**	**84**	**326**	**144**	**182**	**79**
60岁	684	317	367	86	62	27	35	77
61岁	628	293	335	87	61	29	32	91
62岁	568	263	305	86	61	27	34	79
63岁	608	267	341	78	68	28	40	70
64岁	625	284	341	83	74	33	41	80
65-69	**3397**	**1553**	**1844**	**84**	**530**	**241**	**289**	**83**
65岁	662	307	355	86	93	46	47	98
66岁	621	255	366	70	91	36	55	65
67岁	721	329	392	84	114	54	60	90
68岁	679	320	359	89	107	47	60	78
69岁	714	342	372	92	125	58	67	87
70-74	**3211**	**1548**	**1663**	**93**	**783**	**357**	**426**	**84**
70岁	778	343	435	79	175	71	104	68
71岁	681	327	354	92	139	62	77	81
72岁	665	326	339	96	165	73	92	79
73岁	603	296	307	96	150	70	80	88
74岁	484	256	228	112	154	81	73	111
75-79	**1915**	**920**	**995**	**92**	**660**	**309**	**351**	**88**
75岁	476	227	249	91	155	60	95	63
76岁	438	203	235	86	145	66	79	84
77岁	412	203	209	97	153	79	74	107
78岁	343	168	175	96	109	56	53	106
79岁	246	119	127	94	98	48	50	96
80-84	**950**	**430**	**520**	**83**	**416**	**193**	**223**	**87**
80岁	228	102	126	81	89	39	50	78
81岁	210	96	114	84	88	41	47	87
82岁	216	112	104	108	93	51	42	121
83岁	167	68	99	69	82	34	48	71
84岁	129	52	77	68	64	28	36	78
85+	**537**	**243**	**294**	**83**	**284**	**132**	**152**	**87**

1－2b 农村分年龄、性别的人口

单位：人，%

年龄	调查人口				调查残疾人			
	合计	男	女	性别比	合计	男	女	性别比
总 计	**19022**	**9621**	**9401**	**102**	**1452**	**710**	**742**	**96**
0-4	**689**	**377**	**312**	**121**	**22**	**16**	**6**	**267**
0岁	141	78	63	124	5	5		
1岁	168	88	80	110	3	3		
2岁	119	65	54	120	1		1	
3岁	139	75	64	117	8	6	2	300
4岁	122	71	51	139	5	2	3	67
5-9	**721**	**377**	**344**	**110**	**18**	**8**	**10**	**80**
5岁	128	59	69	86	4	1	3	33
6岁	110	57	53	108	4	3	1	300
7岁	140	78	62	126	7	3	4	75
8岁	155	84	71	118	1		1	
9岁	188	99	89	111	2	1	1	100
10-14	**959**	**490**	**469**	**104**	**15**	**6**	**9**	**67**
10岁	207	101	106	95	3	1	2	50
11岁	173	92	81	114	8	4	4	100
12岁	183	94	89	106	1		1	
13岁	191	92	99	93				
14岁	205	111	94	118	3	1	2	50
15-19	**1688**	**882**	**806**	**109**	**29**	**12**	**17**	**71**
15岁	296	154	142	108	6	3	3	100
16岁	331	173	158	109	4	3	1	300
17岁	360	205	155	132	7	3	4	75
18岁	401	196	205	96	4	1	3	33
19岁	300	154	146	105	8	2	6	33
20-24	**1508**	**763**	**745**	**102**	**17**	**9**	**8**	**113**
20岁	290	147	143	103	5	3	2	150
21岁	262	123	139	88	3	1	2	50
22岁	310	156	154	101	3	2	1	200
23岁	335	187	148	126	1	1		
24岁	311	150	161	93	5	2	3	67
25-29	**1261**	**641**	**620**	**103**	**16**	**8**	**8**	**100**
25岁	278	141	137	103	5	2	3	67

1－2b 续表 1

单位：人，%

年龄	调查人口				调查残疾人			
	合计	男	女	性别比	合计	男	女	性别比
26岁	270	146	124	118	7	3	4	75
27岁	285	151	134	113	1	1		
28岁	231	110	121	91	2	1	1	100
29岁	197	93	104	89	1	1		
30-34	**1443**	**744**	**699**	**106**	**30**	**16**	**14**	**114**
30岁	200	107	93	115	5	3	2	150
31岁	249	135	114	118				
32岁	285	146	139	105	6	3	3	100
33岁	345	177	168	105	9	5	4	125
34岁	364	179	185	97	10	5	5	100
35-39	**1778**	**906**	**872**	**104**	**55**	**31**	**24**	**129**
35岁	380	201	179	112	18	12	6	200
36岁	370	183	187	98	11	5	6	83
37岁	423	226	197	115	8	5	3	167
38岁	282	141	141	100	6	2	4	50
39岁	323	155	168	92	12	7	5	140
40-44	**2087**	**1053**	**1034**	**102**	**81**	**38**	**43**	**88**
40岁	415	215	200	108	18	11	7	157
41岁	419	225	194	116	17	6	11	55
42岁	508	246	262	94	24	10	14	71
43岁	477	236	241	98	17	9	8	113
44岁	268	131	137	96	5	2	3	67
45-49	**1608**	**801**	**807**	**99**	**105**	**66**	**39**	**169**
45岁	310	163	147	111	21	12	9	133
46岁	356	174	182	96	18	13	5	260
47岁	331	159	172	92	25	14	11	127
48岁	305	150	155	97	17	8	9	89
49岁	306	155	151	103	24	19	5	380
50-54	**1638**	**796**	**842**	**95**	**166**	**75**	**91**	**82**
50岁	335	157	178	88	24	13	11	118
51岁	339	171	168	102	31	15	16	94
52岁	341	166	175	95	39	16	23	70
53岁	334	159	175	91	42	15	27	56
54岁	289	143	146	98	30	16	14	114

1－2b 续表 2

单位：人，%

年 龄	调查人口				调查残疾人			
	合计	男	女	性别比	合计	男	女	性别比
55-59	**1100**	**557**	**543**	**103**	**144**	**83**	**61**	**136**
55岁	221	113	108	105	29	13	16	81
56岁	267	140	127	110	36	23	13	177
57岁	222	101	121	83	34	19	15	127
58岁	207	100	107	93	27	16	11	145
59岁	183	103	80	129	18	12	6	200
60-64	**722**	**345**	**377**	**92**	**115**	**54**	**61**	**89**
60岁	184	88	96	92	28	12	16	75
61岁	151	75	76	99	23	11	12	92
62岁	119	57	62	92	19	12	7	171
63岁	125	62	63	98	22	8	14	57
64岁	143	63	80	79	23	11	12	92
65-69	**619**	**313**	**306**	**102**	**146**	**72**	**74**	**97**
65岁	127	62	65	95	23	10	13	77
66岁	112	50	62	81	33	14	19	74
67岁	117	61	56	109	31	14	17	82
68岁	138	75	63	119	25	16	9	178
69岁	125	65	60	108	34	18	16	113
70-74	**586**	**304**	**282**	**108**	**201**	**89**	**112**	**79**
70岁	143	69	74	93	49	19	30	63
71岁	122	64	58	110	39	18	21	86
72岁	104	56	48	117	33	17	16	106
73岁	113	61	52	117	41	17	24	71
74岁	104	54	50	108	39	18	21	86
75-79	**359**	**160**	**199**	**80**	**159**	**71**	**88**	**81**
75岁	92	40	52	77	37	13	24	54
76岁	70	26	44	59	30	12	18	67
77岁	94	45	49	92	46	26	20	130
78岁	66	30	36	83	27	10	17	59
79岁	37	19	18	106	19	10	9	111
80-84	**186**	**85**	**101**	**84**	**90**	**40**	**50**	**80**
80岁	53	27	26	104	25	10	15	67
81岁	37	12	25	48	16	6	10	60
82岁	50	24	26	92	23	13	10	130
83岁	31	15	16	94	17	8	9	89
84岁	15	7	8	88	9	3	6	50
85+	**70**	**27**	**43**	**63**	**43**	**16**	**27**	**59**

1-3 调查家庭户类别

单位：户

家庭户规模	合计	一代户	二代户	三代户	四代户及以上
总　计	**26670**	**9296**	**13858**	**3470**	**46**
一人户	3011	3011			
二人户	7431	6060	1371		
三人户	10653	183	10272	198	
四人户	3527	33	1995	1498	1
五人户	1573	7	186	1368	12
六人户	365	2	28	319	16
七人户	81		5	60	16
八人户	28		1	26	1
九人户	1			1	

1－4 各地区分性别、户口登记状况的人口

单位：人

地区	调查人口			住本调查小区，户口在本乡、镇、街道		
	合计	男	女	小计	男	女
总计	**74795**	**36753**	**38042**	**59964**	**29624**	**30340**
东城区	4248	2002	2246	3541	1692	1849
西城区	5376	2547	2829	4246	2030	2216
崇文区	2513	1202	1311	2096	1013	1083
宣武区	3296	1607	1689	2638	1290	1348
朝阳区	10092	4949	5143	6868	3391	3477
丰台区	6129	3012	3117	4094	2017	2077
石景山区	2604	1267	1337	2245	1110	1135
海淀区	10538	5059	5479	8044	3883	4161
门头沟区	1759	923	836	1391	723	668
房山区	5072	2573	2499	4724	2396	2328
通州区	4392	2158	2234	4085	2001	2084
顺义区	3393	1701	1692	2999	1524	1475
昌平区	3318	1694	1624	2835	1448	1387
大兴区	3272	1623	1649	2574	1279	1295
怀柔区	1855	941	914	1344	680	664
平谷区	2635	1331	1304	2492	1265	1227
密云县	2620	1310	1310	2299	1149	1150
延庆县	1683	854	829	1449	733	716

1－4 续表

单位：人

地 区	住本调查小区半年以上，户口在外乡、镇、街道			住本调查小区不满半年，离开户口所在地半年以上			住本调查小区，户口待定		
	小计	男	女	小计	男	女	小计	男	女
总 计	**14143**	**6813**	**7330**	**505**	**225**	**280**	**183**	**91**	**92**
东城区	697	309	388	10	1	9			
西城区	1079	490	589	51	27	24			
崇文区	376	174	202	36	15	21	5		5
宣武区	619	298	321	36	17	19	3	2	1
朝阳区	3059	1478	1581	156	76	80	9	4	5
丰台区	1988	969	1019	19	7	12	28	19	9
石景山区	352	156	196	6	1	5	1		1
海淀区	2367	1119	1248	119	52	67	8	5	3
门头沟区	353	193	160	4	3	1	11	4	7
房山区	289	144	145	6	3	3	53	30	23
通州区	299	152	147	5	3	2	3	2	1
顺义区	366	170	196	10	1	9	18	6	12
昌平区	480	245	235	2	1	1	1		1
大兴区	668	334	334	14	5	9	16	5	11
怀柔区	499	256	243	10	5	5	2		2
平谷区	119	57	62	8	2	6	16	7	9
密云县	314	156	158	4	2	2	3	3	
延庆县	219	113	106	9	4	5	6	4	2

1－5 各地区分户口登记状况、户口性质的人口

单位：人

地 区	合计			住本调查小区，户口在本乡、镇、街道		
	合计	农业	非农业	小计	农业	非农业
总 计	**74612**	**24740**	**49872**	**59964**	**18651**	**41313**
东城区	4248	226	4022	3541	10	3531
西城区	5376	438	4938	4246	23	4223
崇文区	2508	113	2395	2096	6	2090
宣武区	3293	228	3065	2638	22	2616
朝阳区	10083	1466	8617	6868	576	6292
丰台区	6101	2153	3948	4094	1086	3008
石景山区	2603	88	2515	2245	17	2228
海淀区	10530	1031	9499	8044	391	7653
门头沟区	1748	923	825	1391	692	699
房山区	5019	3165	1854	4724	2906	1818
通州区	4389	3110	1279	4085	2878	1207
顺义区	3375	2213	1162	2999	2034	965
昌平区	3317	1309	2008	2835	1112	1723
大兴区	3256	2135	1121	2574	1689	885
怀柔区	1853	994	859	1344	614	730
平谷区	2619	1932	687	2492	1823	669
密云县	2617	2082	535	2299	1830	469
延庆县	1677	1134	543	1449	942	507

1－5　续表

单位：人

地　区	住本调查小区半年以上，户口在外乡、镇、街道			住本调查小区不满半年，离开户口所在地半年以上		
	小计	农业	非农业	小计	农业	非农业
总　计	**14143**	**5766**	**8377**	**505**	**323**	**182**
东城区	697	210	487	10	6	4
西城区	1079	388	691	51	27	24
崇文区	376	73	303	36	34	2
宣武区	619	185	434	36	21	15
朝阳区	3059	801	2258	156	89	67
丰台区	1988	1050	938	19	17	2
石景山区	352	67	285	6	4	2
海淀区	2367	575	1792	119	65	54
门头沟区	353	227	126	4	4	
房山区	289	253	36	6	6	
通州区	299	227	72	5	5	
顺义区	366	174	192	10	5	5
昌平区	480	197	283	2		2
大兴区	668	436	232	14	10	4
怀柔区	499	370	129	10	10	
平谷区	119	101	18	8	8	
密云县	314	248	66	4	4	
延庆县	219	184	35	9	8	1

1－6 6岁及以上人口分年龄、性别的受教育程度

单位：人

年 龄	调查人口			不识字			未上过学		
	合计	男	女	小计	男	女	小计	男	女
总 计	**72169**	**35373**	**36796**	**3651**	**794**	**2857**	**317**	**104**	**213**
6-9	**1964**	**1033**	**931**	**180**	**102**	**78**	**27**	**13**	**14**
6岁	415	221	194	169	97	72	26	12	14
7岁	498	258	240	8	2	6	1	1	
8岁	511	281	230	1	1				
9岁	540	273	267	2	2				
10-14	**3125**	**1612**	**1513**	**11**	**6**	**5**	**1**	**1**	
10岁	642	341	301	3	2	1			
11岁	625	327	298	4	2	2	1	1	
12岁	617	322	295	2	1	1			
13岁	662	340	322	1	1				
14岁	579	282	297	1		1			
15-19	**4985**	**2547**	**2438**	**15**	**6**	**9**	**2**	**2**	
15岁	883	446	437	3	1	2			
16岁	952	478	474	2	1	1			
17岁	1060	567	493	5	3	2	1	1	
18岁	1115	573	542	3	1	2	1	1	
19岁	975	483	492	2		2			
20-24	**5786**	**2802**	**2984**	**13**	**5**	**8**	**2**	**2**	
20岁	937	452	485	6	4	2			
21岁	943	465	478				1	1	
22岁	1112	525	587	3		3			
23岁	1379	678	701						
24岁	1415	682	733	4	1	3	1	1	
25-29	**5346**	**2601**	**2745**	**25**	**4**	**21**			
25岁	1163	575	588	5	1	4			
26岁	1171	571	600	7	1	6			
27岁	1158	576	582	3	1	2			
28岁	954	433	521	4		4			
29岁	900	446	454	6	1	5			
30-34	**5484**	**2661**	**2823**	**45**	**12**	**33**	**3**		**3**
30岁	917	449	468	8	3	5			

1-6 续表 1

单位：人

年龄	调查人口			不识字			未上过学		
	合计	男	女	小计	男	女	小计	男	女
31岁	971	486	485	6	1	5	1		1
32岁	1088	506	582	11	5	6			
33岁	1236	606	630	11	2	9			
34岁	1272	614	658	9	1	8	2		2
35-39	**6375**	**3130**	**3245**	**94**	**29**	**65**	**2**	**1**	**1**
35岁	1331	645	686	21	6	15			
36岁	1347	654	693	30	9	21			
37岁	1523	776	747	11	4	7	1		1
38岁	1099	533	566	14	2	12			
39岁	1075	522	553	18	8	10	1	1	
40-44	**7712**	**3910**	**3802**	**54**	**13**	**41**	**3**		**3**
40岁	1353	651	702	14	3	11	1		1
41岁	1449	726	723	8	4	4			
42岁	1939	988	951	12	3	9	1		1
43岁	1853	991	862	13	2	11	1		1
44岁	1118	554	564	7	1	6			
45-49	**7094**	**3513**	**3581**	**144**	**31**	**113**	**5**	**1**	**4**
45岁	1310	664	646	13	2	11	2		2
46岁	1449	721	728	23	5	18			
47岁	1374	641	733	35	10	25			
48岁	1470	735	735	37	7	30	1	1	
49岁	1491	752	739	36	7	29	2		2
50-54	**6906**	**3357**	**3549**	**278**	**68**	**210**	**10**	**2**	**8**
50岁	1461	714	747	40	12	28	3		3
51岁	1589	769	820	63	18	45	1		1
52岁	1458	702	756	65	16	49	2		2
53岁	1298	632	666	57	8	49	1	1	
54岁	1100	540	560	53	14	39	3	1	2
55-59	**4269**	**2089**	**2180**	**174**	**47**	**127**	**9**	**4**	**5**
55岁	927	447	480	41	8	33	3	2	1
56岁	997	514	483	32	11	21	4	1	3
57岁	841	395	446	42	12	30			
58岁	761	366	395	30	9	21	1		1

1-6 续表 2

单位：人

年龄	调查人口			不识字			未上过学		
	合计	男	女	小计	男	女	小计	男	女
59岁	743	367	376	29	7	22	1	1	
60-64	**3113**	**1424**	**1689**	**212**	**31**	**181**	**10**	**1**	**9**
60岁	684	317	367	29	6	23	1		1
61岁	628	293	335	32	7	25	2	1	1
62岁	568	263	305	43	6	37	3		3
63岁	608	267	341	49	4	45	1		1
64岁	625	284	341	59	8	51	3		3
65-69	**3397**	**1553**	**1844**	**418**	**80**	**338**	**45**	**8**	**37**
65岁	662	307	355	52	11	41	7		7
66岁	621	255	366	61	6	55	5	1	4
67岁	721	329	392	96	18	78	8	1	7
68岁	679	320	359	86	15	71	7		7
69岁	714	342	372	123	30	93	18	6	12
70-74	**3211**	**1548**	**1663**	**825**	**157**	**668**	**89**	**31**	**58**
70岁	778	343	435	163	22	141	20	3	17
71岁	681	327	354	168	41	127	21	5	16
72岁	665	326	339	167	22	145	16	7	9
73岁	603	296	307	189	39	150	15	9	6
74岁	484	256	228	138	33	105	17	7	10
75-79	**1915**	**920**	**995**	**601**	**106**	**495**	**68**	**25**	**43**
75岁	476	227	249	146	28	118	14	7	7
76岁	438	203	235	136	18	118	11	3	8
77岁	412	203	209	126	23	103	14	5	9
78岁	343	168	175	117	23	94	16	7	9
79岁	246	119	127	76	14	62	13	3	10
80+	**1487**	**673**	**814**	**562**	**97**	**465**	**41**	**13**	**28**

1－6 续表 3

单位：人

年龄	小学			初中			高中		
	小计	男	女	小计	男	女	小计	男	女
总 计	**11160**	**5209**	**5951**	**21655**	**11316**	**10339**	**12864**	**6452**	**6412**
6-9	**1754**	**915**	**839**	**3**	**3**				
6岁	219	111	108	1	1				
7岁	489	255	234						
8岁	510	280	230						
9岁	536	269	267	2	2				
10-14	**1665**	**876**	**789**	**1441**	**727**	**714**	**6**	**2**	**4**
10岁	639	339	300						
11岁	608	317	291	12	7	5			
12岁	366	194	172	249	127	122			
13岁	44	23	21	616	315	301	1	1	
14岁	8	3	5	564	278	286	5	1	4
15-19	**52**	**27**	**25**	**1104**	**586**	**518**	**2271**	**1155**	**1116**
15岁	14	6	8	600	308	292	210	102	108
16岁	10	7	3	176	106	70	587	274	313
17岁	5	4	1	104	63	41	687	363	324
18岁	16	7	9	101	56	45	574	285	289
19岁	7	3	4	123	53	70	213	131	82
20-24	**77**	**39**	**38**	**937**	**468**	**469**	**785**	**402**	**383**
20岁	17	9	8	131	66	65	130	69	61
21岁	14	7	7	140	71	69	116	61	55
22岁	13	8	5	183	86	97	141	69	72
23岁	19	9	10	225	117	108	186	96	90
24岁	14	6	8	258	128	130	212	107	105
25-29	**170**	**61**	**109**	**1248**	**617**	**631**	**812**	**426**	**386**
25岁	22	8	14	219	105	114	164	87	77
26岁	33	14	19	258	133	125	181	101	80
27岁	36	16	20	256	136	120	176	90	86
28岁	39	14	25	264	117	147	150	64	86
29岁	40	9	31	251	126	125	141	84	57
30-34	**360**	**144**	**216**	**2057**	**1042**	**1015**	**801**	**391**	**410**
30岁	38	16	22	293	144	149	137	68	69

1－6 续表 4

单位：人

年 龄	小学			初中			高中		
	小计	男	女	小计	男	女	小计	男	女
31岁	70	39	31	316	156	160	139	68	71
32岁	69	29	40	448	224	224	156	67	89
33岁	99	25	74	494	265	229	169	82	87
34岁	84	35	49	506	253	253	200	106	94
35-39	**523**	**231**	**292**	**2681**	**1380**	**1301**	**932**	**435**	**497**
35岁	104	48	56	522	276	246	214	101	113
36岁	107	43	64	549	284	265	198	106	92
37岁	134	69	65	639	329	310	218	98	120
38岁	77	32	45	495	248	247	137	61	76
39岁	101	39	62	476	243	233	165	69	96
40-44	**399**	**163**	**236**	**2609**	**1381**	**1228**	**2576**	**1273**	**1303**
40岁	107	58	49	613	298	315	261	116	145
41岁	85	28	57	550	293	257	422	200	222
42岁	97	38	59	647	347	300	656	340	316
43岁	60	23	37	536	297	239	727	380	347
44岁	50	16	34	263	146	117	510	237	273
45-49	**471**	**181**	**290**	**2011**	**1081**	**930**	**2894**	**1405**	**1489**
45岁	54	22	32	306	165	141	629	315	314
46岁	81	33	48	326	171	155	722	363	359
47岁	95	32	63	354	185	169	616	284	332
48岁	103	41	62	467	259	208	534	250	284
49岁	138	53	85	558	301	257	393	193	200
50-54	**1030**	**387**	**643**	**3216**	**1680**	**1536**	**587**	**298**	**289**
50岁	173	58	115	627	338	289	204	96	108
51岁	212	81	131	731	389	342	141	69	72
52岁	218	77	141	695	347	348	107	64	43
53岁	227	89	138	638	328	310	70	37	33
54岁	200	82	118	525	278	247	65	32	33
55-59	**984**	**385**	**599**	**1636**	**851**	**785**	**334**	**179**	**155**
55岁	160	62	98	443	229	214	48	27	21
56岁	215	83	132	402	226	176	79	40	39
57岁	214	85	129	280	138	142	73	40	33
58岁	221	71	150	246	135	111	65	37	28

1－6 续表 5

单位：人

年 龄	小学			初中			高中		
	小计	男	女	小计	男	女	小计	男	女
59岁	174	84	90	265	123	142	69	35	34
60-64	**691**	**262**	**429**	**1080**	**534**	**546**	**247**	**127**	**120**
60岁	151	54	97	273	136	137	66	28	38
61岁	138	52	86	236	118	118	48	29	19
62岁	132	53	79	186	94	92	40	21	19
63岁	121	47	74	199	98	101	49	29	20
64岁	149	56	93	186	88	98	44	20	24
65-69	**1073**	**449**	**624**	**714**	**340**	**374**	**244**	**124**	**120**
65岁	178	69	109	170	74	96	49	30	19
66岁	184	66	118	162	76	86	48	20	28
67岁	222	94	128	144	66	78	47	19	28
68岁	238	109	129	120	58	62	43	23	20
69岁	251	111	140	118	66	52	57	32	25
70-74	**986**	**517**	**469**	**519**	**347**	**172**	**193**	**128**	**65**
70岁	270	121	149	121	75	46	42	27	15
71岁	194	100	94	131	82	49	38	24	14
72岁	224	127	97	109	75	34	39	25	14
73岁	164	91	73	86	62	24	34	21	13
74岁	134	78	56	72	53	19	40	31	9
75-79	**541**	**334**	**207**	**250**	**169**	**81**	**106**	**62**	**44**
75岁	143	82	61	62	40	22	27	18	9
76岁	123	74	49	56	38	18	25	13	12
77岁	118	72	46	55	41	14	24	15	9
78岁	97	67	30	44	27	17	15	8	7
79岁	60	39	21	33	23	10	15	8	7
80+	**384**	**238**	**146**	**149**	**110**	**39**	**76**	**45**	**31**

1-6 续表 6

单位：人

年龄	中专			大学专科			大学本科			研究生		
	小计	男	女	小计	男	女	小计	男	女	小计	男	女
总 计	**5874**	**2845**	**3029**	**7892**	**3894**	**3998**	**7485**	**3992**	**3493**	**1271**	**767**	**504**
6-9												
6岁												
7岁												
8岁												
9岁												
10-14	**1**		**1**									
10岁												
11岁												
12岁												
13岁												
14岁	1		1									
15-19	**964**	**513**	**451**	**303**	**122**	**181**	**274**	**136**	**138**			
15岁	53	29	24	1		1	2		2			
16岁	169	86	83	7	4	3	1		1			
17岁	242	127	115	15	5	10	1	1				
18岁	267	147	120	72	33	39	81	43	38			
19岁	233	124	109	208	80	128	189	92	97			
20-24	**1000**	**530**	**470**	**1486**	**667**	**819**	**1410**	**649**	**761**	**76**	**40**	**36**
20岁	174	87	87	248	115	133	231	102	129			
21岁	169	86	83	272	128	144	231	111	120			
22岁	186	104	82	288	124	164	283	124	159	15	10	5
23岁	234	130	104	347	159	188	343	155	188	25	12	13
24岁	237	123	114	331	141	190	322	157	165	36	18	18
25-29	**700**	**342**	**358**	**1034**	**489**	**545**	**1080**	**526**	**554**	**277**	**136**	**141**
25岁	175	96	79	266	120	146	269	136	133	43	22	21
26岁	149	63	86	245	122	123	237	108	129	61	29	32
27岁	151	75	76	218	104	114	249	118	131	69	36	33
28岁	126	63	63	163	78	85	157	75	82	51	22	29
29岁	99	45	54	142	65	77	168	89	79	53	27	26
30-34	**440**	**219**	**221**	**825**	**359**	**466**	**714**	**350**	**364**	**239**	**144**	**95**
30岁	91	46	45	151	64	87	151	85	66	48	23	25

1－6 续表 7

单位：人

年 龄	中专			大学专科			大学本科			研究生		
	小计	男	女	小计	男	女	小计	男	女	小计	男	女
31岁	83	44	39	154	70	84	138	70	68	64	38	26
32岁	73	34	39	158	66	92	126	49	77	47	32	15
33岁	93	41	52	167	77	90	165	88	77	38	26	12
34岁	100	54	46	195	82	113	134	58	76	42	25	17
35-39	**388**	**192**	**196**	**786**	**349**	**437**	**765**	**400**	**365**	**204**	**113**	**91**
35岁	87	38	49	165	73	92	180	85	95	38	18	20
36岁	101	47	54	167	67	100	156	78	78	39	20	19
37岁	96	54	42	209	95	114	160	98	62	55	29	26
38岁	56	28	28	137	59	78	145	78	67	38	25	13
39岁	48	25	23	108	55	53	124	61	63	34	21	13
40-44	**270**	**110**	**160**	**842**	**432**	**410**	**715**	**372**	**343**	**244**	**166**	**78**
40岁	49	20	29	122	62	60	132	56	76	54	38	16
41岁	44	21	23	154	76	78	123	63	60	63	41	22
42岁	57	21	36	224	105	119	182	95	87	63	39	24
43岁	78	34	44	210	116	94	178	102	76	50	37	13
44岁	42	14	28	132	73	59	100	56	44	14	11	3
45-49	**334**	**143**	**191**	**710**	**360**	**350**	**449**	**251**	**198**	**76**	**60**	**16**
45岁	65	29	36	134	63	71	91	56	35	16	12	4
46岁	46	16	30	129	64	65	104	57	47	18	12	6
47岁	56	21	35	132	56	76	76	44	32	10	9	1
48岁	76	32	44	151	85	66	84	45	39	17	15	2
49岁	91	45	46	164	92	72	94	49	45	15	12	3
50-54	**505**	**197**	**308**	**745**	**414**	**331**	**472**	**267**	**205**	**63**	**44**	**19**
50岁	124	45	79	177	98	79	92	51	41	21	16	5
51岁	113	39	74	187	94	93	126	69	57	15	10	5
52岁	107	47	60	147	80	67	106	62	44	11	9	2
53岁	94	40	54	125	73	52	76	49	27	10	7	3
54岁	67	26	41	109	69	40	72	36	36	6	2	4
55-59	**397**	**178**	**219**	**441**	**255**	**186**	**270**	**174**	**96**	**24**	**16**	**8**
55岁	72	28	44	93	50	43	60	34	26	7	7	
56岁	83	40	43	106	64	42	69	47	22	7	2	5
57岁	95	39	56	85	47	38	47	31	16	5	3	2
58岁	69	29	40	77	45	32	47	36	11	5	4	1

1-6 续表 8

单位：人

年龄	中专			大学专科			大学本科			研究生		
	小计	男	女	小计	男	女	小计	男	女	小计	男	女
59岁	78	42	36	80	49	31	47	26	21			
60-64	**331**	**144**	**187**	**239**	**149**	**90**	**289**	**164**	**125**	**14**	**12**	**2**
60岁	62	31	31	51	30	21	48	30	18	3	2	1
61岁	70	31	39	50	28	22	52	27	25			
62岁	62	26	36	39	29	10	60	31	29	3	3	
63岁	79	28	51	51	28	23	57	32	25	2	1	1
64岁	58	28	30	48	34	14	72	44	28	6	6	
65-69	**317**	**161**	**156**	**178**	**110**	**68**	**393**	**272**	**121**	**15**	**9**	**6**
65岁	74	39	35	49	30	19	83	54	29			
66岁	53	18	35	25	14	11	80	52	28	3	2	1
67岁	75	43	32	37	23	14	87	62	25	5	3	2
68岁	65	30	35	35	19	16	82	64	18	3	2	1
69岁	50	31	19	32	24	8	61	40	21	4	2	2
70-74	**156**	**83**	**73**	**152**	**89**	**63**	**283**	**190**	**93**	**8**	**6**	**2**
70岁	43	19	24	40	23	17	78	52	26	1	1	
71岁	39	19	20	35	20	15	54	35	19	1	1	
72岁	27	19	8	29	18	11	49	30	19	5	3	2
73岁	28	17	11	31	17	14	55	39	16	1	1	
74岁	19	9	10	17	11	6	47	34	13			
75-79	**52**	**25**	**27**	**84**	**56**	**28**	**201**	**135**	**66**	**12**	**8**	**4**
75岁	22	11	11	17	12	5	44	29	15	1		1
76岁	10	5	5	22	14	8	50	34	16	5	4	1
77岁	9	4	5	22	16	6	43	26	17	1	1	
78岁	6	3	3	9	4	5	37	28	9	2	1	1
79岁	5	2	3	14	10	4	27	18	9	3	2	1
80+	**19**	**8**	**11**	**67**	**43**	**24**	**170**	**106**	**64**	**19**	**13**	**6**

1－7　15岁及以上分年龄、性别的文盲人口

单位：人，%

年龄	调查人口			文盲人口			文盲人口占调查人口的比例		
	合计	男	女	小计	男	女	总比例	男	女
总　计	**67080**	**32728**	**34352**	**3460**	**686**	**2774**	**5.16**	**2.10**	**8.08**
15-19	**4985**	**2547**	**2438**	**15**	**6**	**9**	**0.30**	**0.24**	**0.37**
15岁	883	446	437	3	1	2	0.34	0.22	0.46
16岁	952	478	474	2	1	1	0.21	0.21	0.21
17岁	1060	567	493	5	3	2	0.47	0.53	0.41
18岁	1115	573	542	3	1	2	0.27	0.17	0.37
19岁	975	483	492	2		2	0.21		0.41
20-24	**5786**	**2802**	**2984**	**13**	**5**	**8**	**0.22**	**0.18**	**0.27**
20岁	937	452	485	6	4	2	0.64	0.88	0.41
21岁	943	465	478						
22岁	1112	525	587	3		3	0.27		0.51
23岁	1379	678	701						
24岁	1415	682	733	4	1	3	0.28	0.15	0.41
25-29	**5346**	**2601**	**2745**	**25**	**4**	**21**	**0.47**	**0.15**	**0.77**
25岁	1163	575	588	5	1	4	0.43	0.17	0.68
26岁	1171	571	600	7	1	6	0.60	0.18	1.00
27岁	1158	576	582	3	1	2	0.26	0.17	0.34
28岁	954	433	521	4		4	0.42		0.77
29岁	900	446	454	6	1	5	0.67	0.22	1.10
30-34	**5484**	**2661**	**2823**	**45**	**12**	**33**	**0.82**	**0.45**	**1.17**
30岁	917	449	468	8	3	5	0.87	0.67	1.07
31岁	971	486	485	6	1	5	0.62	0.21	1.03
32岁	1088	506	582	11	5	6	1.01	0.99	1.03
33岁	1236	606	630	11	2	9	0.89	0.33	1.43
34岁	1272	614	658	9	1	8	0.71	0.16	1.22

1-7 续表 1

单位：人，%

年 龄	调查人口			文盲人口			文盲人口占调查人口的比例		
	合计	男	女	小计	男	女	总比例	男	女
35-39	**6375**	**3130**	**3245**	**94**	**29**	**65**	**1.47**	**0.93**	**2.00**
35岁	1331	645	686	21	6	15	1.58	0.93	2.19
36岁	1347	654	693	30	9	21	2.23	1.38	3.03
37岁	1523	776	747	11	4	7	0.72	0.52	0.94
38岁	1099	533	566	14	2	12	1.27	0.38	2.12
39岁	1075	522	553	18	8	10	1.67	1.53	1.81
40-44	**7712**	**3910**	**3802**	**54**	**13**	**41**	**0.70**	**0.33**	**1.08**
40岁	1353	651	702	14	3	11	1.03	0.46	1.57
41岁	1449	726	723	8	4	4	0.55	0.55	0.55
42岁	1939	988	951	12	3	9	0.62	0.30	0.95
43岁	1853	991	862	13	2	11	0.70	0.20	1.28
44岁	1118	554	564	7	1	6	0.63	0.18	1.06
45-49	**7094**	**3513**	**3581**	**144**	**31**	**113**	**2.03**	**0.88**	**3.16**
45岁	1310	664	646	13	2	11	0.99	0.30	1.70
46岁	1449	721	728	23	5	18	1.59	0.69	2.47
47岁	1374	641	733	35	10	25	2.55	1.56	3.41
48岁	1470	735	735	37	7	30	2.52	0.95	4.08
49岁	1491	752	739	36	7	29	2.41	0.93	3.92
50-54	**6906**	**3357**	**3549**	**278**	**68**	**210**	**4.03**	**2.03**	**5.92**
50岁	1461	714	747	40	12	28	2.74	1.68	3.75
51岁	1589	769	820	63	18	45	3.96	2.34	5.49
52岁	1458	702	756	65	16	49	4.46	2.28	6.48
53岁	1298	632	666	57	8	49	4.39	1.27	7.36
54岁	1100	540	560	53	14	39	4.82	2.59	6.96
55-59	**4269**	**2089**	**2180**	**174**	**47**	**127**	**4.08**	**2.25**	**5.83**
55岁	927	447	480	41	8	33	4.42	1.79	6.88
56岁	997	514	483	32	11	21	3.21	2.14	4.35
57岁	841	395	446	42	12	30	4.99	3.04	6.73
58岁	761	366	395	30	9	21	3.94	2.46	5.32
59岁	743	367	376	29	7	22	3.90	1.91	5.85
60-64	**3113**	**1424**	**1689**	**212**	**31**	**181**	**6.81**	**2.18**	**10.72**
60岁	684	317	367	29	6	23	4.24	1.89	6.27
61岁	628	293	335	32	7	25	5.10	2.39	7.46

1-7 续表 2

单位：人，%

年龄	调查人口			文盲人口			文盲人口占调查人口的比例		
	合计	男	女	小计	男	女	总比例	男	女
62岁	568	263	305	43	6	37	7.57	2.28	12.13
63岁	608	267	341	49	4	45	8.06	1.50	13.20
64岁	625	284	341	59	8	51	9.44	2.82	14.96
65-69	**3397**	**1553**	**1844**	**418**	**80**	**338**	**12.30**	**5.15**	**18.33**
65岁	662	307	355	52	11	41	7.85	3.58	11.55
66岁	621	255	366	61	6	55	9.82	2.35	15.03
67岁	721	329	392	96	18	78	13.31	5.47	19.90
68岁	679	320	359	86	15	71	12.67	4.69	19.78
69岁	714	342	372	123	30	93	17.23	8.77	25.00
70-74	**3211**	**1548**	**1663**	**825**	**157**	**668**	**25.69**	**10.14**	**40.17**
70岁	778	343	435	163	22	141	20.95	6.41	32.41
71岁	681	327	354	168	41	127	24.67	12.54	35.88
72岁	665	326	339	167	22	145	25.11	6.75	42.77
73岁	603	296	307	189	39	150	31.34	13.18	48.86
74岁	484	256	228	138	33	105	28.51	12.89	46.05
75-79	**1915**	**920**	**995**	**601**	**106**	**495**	**31.38**	**11.52**	**49.75**
75岁	476	227	249	146	28	118	30.67	12.33	47.39
76岁	438	203	235	136	18	118	31.05	8.87	50.21
77岁	412	203	209	126	23	103	30.58	11.33	49.28
78岁	343	168	175	117	23	94	34.11	13.69	53.71
79岁	246	119	127	76	14	62	30.89	11.76	48.82
80-84	**950**	**430**	**520**	**353**	**60**	**293**	**37.16**	**13.95**	**56.35**
80岁	228	102	126	91	20	71	39.91	19.61	56.35
81岁	210	96	114	80	10	70	38.10	10.42	61.40
82岁	216	112	104	81	20	61	37.50	17.86	58.65
83岁	167	68	99	64	8	56	38.32	11.76	56.57
84岁	129	52	77	37	2	35	28.68	3.85	45.45
85+	**537**	**243**	**294**	**209**	**37**	**172**	**38.92**	**15.23**	**58.50**

1－7a 城镇15岁及以上分年龄、性别的文盲人口

单位：人，%

年龄	调查人口			文盲人口			文盲人口占调查人口的比例		
	合计	男	女	小计	男	女	总比例	男	女
总 计	**50427**	**24351**	**26076**	**1882**	**273**	**1609**	**3.73**	**1.12**	**6.17**
15-19	**3297**	**1665**	**1632**	**6**	**3**	**3**	**0.18**	**0.18**	**0.18**
15岁	587	292	295	2	1	1	0.34	0.34	0.34
16岁	621	305	316						
17岁	700	362	338	3	2	1	0.43	0.55	0.30
18岁	714	377	337	1		1	0.14		0.30
19岁	675	329	346						
20-24	**4278**	**2039**	**2239**	**6**	**3**	**3**	**0.14**	**0.15**	**0.13**
20岁	647	305	342	3	2	1	0.46	0.66	0.29
21岁	681	342	339						
22岁	802	369	433	1		1	0.12		0.23
23岁	1044	491	553						
24岁	1104	532	572	2	1	1	0.18	0.19	0.17
25-29	**4085**	**1960**	**2125**	**18**	**4**	**14**	**0.44**	**0.20**	**0.66**
25岁	885	434	451	4	1	3	0.45	0.23	0.67
26岁	901	425	476	4	1	3	0.44	0.24	0.63
27岁	873	425	448	3	1	2	0.34	0.24	0.45
28岁	723	323	400	3		3	0.41		0.75
29岁	703	353	350	4	1	3	0.57	0.28	0.86
30-34	**4041**	**1917**	**2124**	**28**	**6**	**22**	**0.69**	**0.31**	**1.04**
30岁	717	342	375	5	1	4	0.70	0.29	1.07
31岁	722	351	371	4	1	3	0.55	0.28	0.81
32岁	803	360	443	9	4	5	1.12	1.11	1.13
33岁	891	429	462	5		5	0.56		1.08
34岁	908	435	473	5		5	0.55		1.06
35-39	**4597**	**2224**	**2373**	**62**	**16**	**46**	**1.35**	**0.72**	**1.94**
35岁	951	444	507	16	4	12	1.68	0.90	2.37
36岁	977	471	506	19	4	15	1.94	0.85	2.96

1－7a 续表 1

单位：人，%

年 龄	调查人口			文盲人口			文盲人口占调查人口的比例		
	合计	男	女	小计	男	女	总比例	男	女
37岁	1100	550	550	8	3	5	0.73	0.55	0.91
38岁	817	392	425	10	1	9	1.22	0.26	2.12
39岁	752	367	385	9	4	5	1.20	1.09	1.30
40-44	**5625**	**2857**	**2768**	**26**	**6**	**20**	**0.46**	**0.21**	**0.72**
40岁	938	436	502	6		6	0.64		1.20
41岁	1030	501	529	6	3	3	0.58	0.60	0.57
42岁	1431	742	689	3		3	0.21		0.44
43岁	1376	755	621	7	2	5	0.51	0.26	0.81
44岁	850	423	427	4	1	3	0.47	0.24	0.70
45-49	**5486**	**2712**	**2774**	**51**	**15**	**36**	**0.93**	**0.55**	**1.30**
45岁	1000	501	499	5	1	4	0.50	0.20	0.80
46岁	1093	547	546	6	2	4	0.55	0.37	0.73
47岁	1043	482	561	10	4	6	0.96	0.83	1.07
48岁	1165	585	580	14	4	10	1.20	0.68	1.72
49岁	1185	597	588	16	4	12	1.35	0.67	2.04
50-54	**5268**	**2561**	**2707**	**86**	**20**	**66**	**1.63**	**0.78**	**2.44**
50岁	1126	557	569	14	5	9	1.24	0.90	1.58
51岁	1250	598	652	24	5	19	1.92	0.84	2.91
52岁	1117	536	581	17	2	15	1.52	0.37	2.58
53岁	964	473	491	14	2	12	1.45	0.42	2.44
54岁	811	397	414	17	6	11	2.10	1.51	2.66
55-59	**3169**	**1532**	**1637**	**61**	**13**	**48**	**1.92**	**0.85**	**2.93**
55岁	706	334	372	15	2	13	2.12	0.60	3.49
56岁	730	374	356	9	2	7	1.23	0.53	1.97
57岁	619	294	325	17	5	12	2.75	1.70	3.69
58岁	554	266	288	10	3	7	1.81	1.13	2.43
59岁	560	264	296	10	1	9	1.79	0.38	3.04
60-64	**2391**	**1079**	**1312**	**85**	**6**	**79**	**3.55**	**0.56**	**6.02**
60岁	500	229	271	7		7	1.40		2.58
61岁	477	218	259	15	3	12	3.14	1.38	4.63
62岁	449	206	243	18	1	17	4.01	0.49	7.00
63岁	483	205	278	19	1	18	3.93	0.49	6.47

1－7a 续表 2

单位：人，%

年 龄	调查人口			文盲人口			文盲人口占调查人口的比例		
	合计	男	女	小计	男	女	总比例	男	女
64岁	482	221	261	26	1	25	5.39	0.45	9.58
65-69	**2778**	**1240**	**1538**	**217**	**27**	**190**	**7.81**	**2.18**	**12.35**
65岁	535	245	290	27	2	25	5.05	0.82	8.62
66岁	509	205	304	31	2	29	6.09	0.98	9.54
67岁	604	268	336	51	6	45	8.44	2.24	13.39
68岁	541	245	296	43	4	39	7.95	1.63	13.18
69岁	589	277	312	65	13	52	11.04	4.69	16.67
70-74	**2625**	**1244**	**1381**	**503**	**62**	**441**	**19.16**	**4.98**	**31.93**
70岁	635	274	361	101	9	92	15.91	3.28	25.48
71岁	559	263	296	104	19	85	18.60	7.22	28.72
72岁	561	270	291	108	7	101	19.25	2.59	34.71
73岁	490	235	255	118	15	103	24.08	6.38	40.39
74岁	380	202	178	72	12	60	18.95	5.94	33.71
75-79	**1556**	**760**	**796**	**352**	**42**	**310**	**22.62**	**5.53**	**38.94**
75岁	384	187	197	80	12	68	20.83	6.42	34.52
76岁	368	177	191	86	9	77	23.37	5.08	40.31
77岁	318	158	160	65	3	62	20.44	1.90	38.75
78岁	277	138	139	69	10	59	24.91	7.25	42.45
79岁	209	100	109	52	8	44	24.88	8.00	40.37
80-84	**764**	**345**	**419**	**226**	**26**	**200**	**29.58**	**7.54**	**47.73**
80岁	175	75	100	57	10	47	32.57	13.33	47.00
81岁	173	84	89	53	4	49	30.64	4.76	55.06
82岁	166	88	78	47	10	37	28.31	11.36	47.44
83岁	136	53	83	42	2	40	30.88	3.77	48.19
84岁	114	45	69	27		27	23.68		39.13
85+	**467**	**216**	**251**	**155**	**24**	**131**	**33.19**	**11.11**	**52.19**

1－7b 农村15岁及以上分年龄、性别的文盲人口

单位：人，%

年 龄	调查人口			文盲人口			文盲人口占调查人口的比例		
	合计	男	女	小计	男	女	总比例	男	女
总 计	**16653**	**8377**	**8276**	**1578**	**413**	**1165**	**9.48**	**4.93**	**14.08**
15-19	**1688**	**882**	**806**	**9**	**3**	**6**	**0.53**	**0.34**	**0.74**
15岁	296	154	142	1		1	0.34		0.70
16岁	331	173	158	2	1	1	0.60	0.58	0.63
17岁	360	205	155	2	1	1	0.56	0.49	0.65
18岁	401	196	205	2	1	1	0.50	0.51	0.49
19岁	300	154	146	2		2	0.67		1.37
20-24	**1508**	**763**	**745**	**7**	**2**	**5**	**0.46**	**0.26**	**0.67**
20岁	290	147	143	3	2	1	1.03	1.36	0.70
21岁	262	123	139						
22岁	310	156	154	2		2	0.65		1.30
23岁	335	187	148						
24岁	311	150	161	2		2	0.64		1.24
25-29	**1261**	**641**	**620**	**7**		**7**	**0.56**		**1.13**
25岁	278	141	137	1		1	0.36		0.73
26岁	270	146	124	3		3	1.11		2.42
27岁	285	151	134						
28岁	231	110	121	1		1	0.43		0.83
29岁	197	93	104	2		2	1.02		1.92
30-34	**1443**	**744**	**699**	**17**	**6**	**11**	**1.18**	**0.81**	**1.57**
30岁	200	107	93	3	2	1	1.50	1.87	1.08
31岁	249	135	114	2		2	0.80		1.75
32岁	285	146	139	2	1	1	0.70	0.68	0.72
33岁	345	177	168	6	2	4	1.74	1.13	2.38
34岁	364	179	185	4	1	3	1.10	0.56	1.62
35-39	**1778**	**906**	**872**	**32**	**13**	**19**	**1.80**	**1.43**	**2.18**
35岁	380	201	179	5	2	3	1.32	1.00	1.68
36岁	370	183	187	11	5	6	2.97	2.73	3.21
37岁	423	226	197	3	1	2	0.71	0.44	1.02
38岁	282	141	141	4	1	3	1.42	0.71	2.13
39岁	323	155	168	9	4	5	2.79	2.58	2.98

1－7b 续表 1

单位：人，%

年 龄	调查人口			文盲人口			文盲人口占调查人口的比例		
	合计	男	女	小计	男	女	总比例	男	女
40-44	**2087**	**1053**	**1034**	**28**	**7**	**21**	**1.34**	**0.66**	**2.03**
40岁	415	215	200	8	3	5	1.93	1.40	2.50
41岁	419	225	194	2	1	1	0.48	0.44	0.52
42岁	508	246	262	9	3	6	1.77	1.22	2.29
43岁	477	236	241	6		6	1.26		2.49
44岁	268	131	137	3		3	1.12		2.19
45-49	**1608**	**801**	**807**	**93**	**16**	**77**	**5.78**	**2.00**	**9.54**
45岁	310	163	147	8	1	7	2.58	0.61	4.76
46岁	356	174	182	17	3	14	4.78	1.72	7.69
47岁	331	159	172	25	6	19	7.55	3.77	11.05
48岁	305	150	155	23	3	20	7.54	2.00	12.90
49岁	306	155	151	20	3	17	6.54	1.94	11.26
50-54	**1638**	**796**	**842**	**192**	**48**	**144**	**11.72**	**6.03**	**17.10**
50岁	335	157	178	26	7	19	7.76	4.46	10.67
51岁	339	171	168	39	13	26	11.50	7.60	15.48
52岁	341	166	175	48	14	34	14.08	8.43	19.43
53岁	334	159	175	43	6	37	12.87	3.77	21.14
54岁	289	143	146	36	8	28	12.46	5.59	19.18
55-59	**1100**	**557**	**543**	**113**	**34**	**79**	**10.27**	**6.10**	**14.55**
55岁	221	113	108	26	6	20	11.76	5.31	18.52
56岁	267	140	127	23	9	14	8.61	6.43	11.02
57岁	222	101	121	25	7	18	11.26	6.93	14.88
58岁	207	100	107	20	6	14	9.66	6.00	13.08
59岁	183	103	80	19	6	13	10.38	5.83	16.25
60-64	**722**	**345**	**377**	**127**	**25**	**102**	**17.59**	**7.25**	**27.06**
60岁	184	88	96	22	6	16	11.96	6.82	16.67
61岁	151	75	76	17	4	13	11.26	5.33	17.11

1－7b 续表 2

单位：人，%

年 龄	调查人口			文盲人口			文盲人口占调查人口的比例		
	合计	男	女	小计	男	女	总比例	男	女
62岁	119	57	62	25	5	20	21.01	8.77	32.26
63岁	125	62	63	30	3	27	24.00	4.84	42.86
64岁	143	63	80	33	7	26	23.08	11.11	32.50
65－69	**619**	**313**	**306**	**201**	**53**	**148**	**32.47**	**16.93**	**48.37**
65岁	127	62	65	25	9	16	19.69	14.52	24.62
66岁	112	50	62	30	4	26	26.79	8.00	41.94
67岁	117	61	56	45	12	33	38.46	19.67	58.93
68岁	138	75	63	43	11	32	31.16	14.67	50.79
69岁	125	65	60	58	17	41	46.40	26.15	68.33
70－74	**586**	**304**	**282**	**322**	**95**	**227**	**54.95**	**31.25**	**80.50**
70岁	143	69	74	62	13	49	43.36	18.84	66.22
71岁	122	64	58	64	22	42	52.46	34.38	72.41
72岁	104	56	48	59	15	44	56.73	26.79	91.67
73岁	113	61	52	71	24	47	62.83	39.34	90.38
74岁	104	54	50	66	21	45	63.46	38.89	90.00
75－79	**359**	**160**	**199**	**249**	**64**	**185**	**69.36**	**40.00**	**92.96**
75岁	92	40	52	66	16	50	71.74	40.00	96.15
76岁	70	26	44	50	9	41	71.43	34.62	93.18
77岁	94	45	49	61	20	41	64.89	44.44	83.67
78岁	66	30	36	48	13	35	72.73	43.33	97.22
79岁	37	19	18	24	6	18	64.86	31.58	100.00
80－84	**186**	**85**	**101**	**127**	**34**	**93**	**68.28**	**40.00**	**92.08**
80岁	53	27	26	34	10	24	64.15	37.04	92.31
81岁	37	12	25	27	6	21	72.97	50.00	84.00
82岁	50	24	26	34	10	24	68.00	41.67	92.31
83岁	31	15	16	22	6	16	70.97	40.00	100.00
84岁	15	7	8	10	2	8	66.67	28.57	100.00
85+	**70**	**27**	**43**	**54**	**13**	**41**	**77.14**	**48.15**	**95.35**

1－8 15岁及以上人口分年龄、性别的婚姻状况

单位：人

年龄	调查人口			未婚			初婚有配偶		
	合计	男	女	小计	男	女	小计	男	女
总计	**67080**	**32728**	**34352**	**12563**	**6857**	**5706**	**47735**	**23495**	**24240**
15-19	**4985**	**2547**	**2438**	**4948**	**2540**	**2408**	**37**	**7**	**30**
15岁	883	446	437	882	446	436	1		1
16岁	952	478	474	950	477	473	2	1	1
17岁	1060	567	493	1055	564	491	5	3	2
18岁	1115	573	542	1108	570	538	7	3	4
19岁	975	483	492	953	483	470	22		22
20-24	**5786**	**2802**	**2984**	**4553**	**2378**	**2175**	**1229**	**422**	**807**
20岁	937	452	485	883	442	441	54	10	44
21岁	943	465	478	834	443	391	109	22	87
22岁	1112	525	587	925	464	461	187	61	126
23岁	1379	678	701	1000	542	458	378	136	242
24岁	1415	682	733	911	487	424	501	193	308
25-29	**5346**	**2601**	**2745**	**1846**	**1103**	**743**	**3455**	**1485**	**1970**
25岁	1163	575	588	619	363	256	539	209	330
26岁	1171	571	600	483	277	206	680	291	389
27岁	1158	576	582	395	241	154	759	334	425
28岁	954	433	521	198	114	84	746	318	428
29岁	900	446	454	151	108	43	731	333	398
30-34	**5484**	**2661**	**2823**	**490**	**311**	**179**	**4829**	**2282**	**2547**
30岁	917	449	468	130	84	46	769	356	413
31岁	971	486	485	106	59	47	843	416	427
32岁	1088	506	582	96	55	41	956	436	520
33岁	1236	606	630	88	60	28	1111	532	579
34岁	1272	614	658	70	53	17	1150	542	608
35-39	**6375**	**3130**	**3245**	**251**	**192**	**59**	**5739**	**2767**	**2972**
35岁	1331	645	686	73	53	20	1187	564	623

1-8 续表 1

单位：人

年龄	调查人口			未婚			初婚有配偶		
	合计	男	女	小计	男	女	小计	男	女
36岁	1347	654	693	62	47	15	1212	572	640
37岁	1523	776	747	56	43	13	1374	689	685
38岁	1099	533	566	30	24	6	1005	485	520
39岁	1075	522	553	30	25	5	961	457	504
40-44	**7712**	**3910**	**3802**	**134**	**101**	**33**	**6994**	**3554**	**3440**
40岁	1353	651	702	32	24	8	1225	595	630
41岁	1449	726	723	27	23	4	1318	665	653
42岁	1939	988	951	28	20	8	1767	895	872
43岁	1853	991	862	35	26	9	1677	899	778
44岁	1118	554	564	12	8	4	1007	500	507
45-49	**7094**	**3513**	**3581**	**130**	**84**	**46**	**6348**	**3145**	**3203**
45岁	1310	664	646	20	13	7	1174	588	586
46岁	1449	721	728	33	20	13	1291	641	650
47岁	1374	641	733	28	18	10	1236	576	660
48岁	1470	735	735	24	16	8	1312	657	655
49岁	1491	752	739	25	17	8	1335	683	652
50-54	**6906**	**3357**	**3549**	**95**	**56**	**39**	**6246**	**3078**	**3168**
50岁	1461	714	747	21	13	8	1309	641	668
51岁	1589	769	820	19	14	5	1457	718	739
52岁	1458	702	756	20	10	10	1309	631	678
53岁	1298	632	666	18	9	9	1177	595	582
54岁	1100	540	560	17	10	7	994	493	501
55-59	**4269**	**2089**	**2180**	**48**	**38**	**10**	**3787**	**1900**	**1887**
55岁	927	447	480	13	9	4	821	402	419
56岁	997	514	483	11	10	1	883	467	416
57岁	841	395	446	9	7	2	732	361	371
58岁	761	366	395	7	5	2	683	339	344
59岁	743	367	376	8	7	1	668	331	337
60-64	**3113**	**1424**	**1689**	**25**	**20**	**5**	**2647**	**1280**	**1367**
60岁	684	317	367	4	3	1	592	288	304
61岁	628	293	335	9	8	1	545	262	283

1-8 续表 2

单位：人

年龄	调查人口			未婚			初婚有配偶		
	合计	男	女	小计	男	女	小计	男	女
62岁	568	263	305	4	2	2	479	236	243
63岁	608	267	341	5	4	1	510	242	268
64岁	625	284	341	3	3		521	252	269
65-69	**3397**	**1553**	**1844**	**17**	**13**	**4**	**2645**	**1356**	**1289**
65岁	662	307	355	4	2	2	535	278	257
66岁	621	255	366	3	2	1	482	227	255
67岁	721	329	392	4	4		572	291	281
68岁	679	320	359	2	2		523	271	252
69岁	714	342	372	4	3	1	533	289	244
70-74	**3211**	**1548**	**1663**	**16**	**16**		**2161**	**1206**	**955**
70岁	778	343	435	3	3		561	283	278
71岁	681	327	354	4	4		471	257	214
72岁	665	326	339	7	7		440	252	188
73岁	603	296	307				384	219	165
74岁	484	256	228	2	2		305	195	110
75-79	**1915**	**920**	**995**	**4**	**1**	**3**	**1094**	**655**	**439**
75岁	476	227	249				302	181	121
76岁	438	203	235	2	1	1	254	146	108
77岁	412	203	209				228	133	95
78岁	343	168	175				177	113	64
79岁	246	119	127	2		2	133	82	51
80-84	**950**	**430**	**520**	**4**	**3**	**1**	**381**	**262**	**119**
80岁	228	102	126	1	1		92	60	32
81岁	210	96	114	1	1		87	58	29
82岁	216	112	104	1	1		90	66	24
83岁	167	68	99				60	43	17
84岁	129	52	77	1		1	52	35	17
85+	**537**	**243**	**294**	**2**	**1**	**1**	**143**	**96**	**47**

1－8 续表 3

单位：人

年 龄	再婚有配偶			离婚			丧偶		
	小计	男	女	小计	男	女	小计	男	女
总 计	**1612**	**824**	**788**	**1179**	**537**	**642**	**3991**	**1015**	**2976**
15-19									
15岁									
16岁									
17岁									
18岁									
19岁									
20-24	**1**	**1**		**3**	**1**	**2**			
20岁									
21岁									
22岁									
23岁				1		1			
24岁	1	1		2	1	1			
25-29	**17**	**5**	**12**	**26**	**7**	**19**	**2**	**1**	**1**
25岁	1	1		4	2	2			
26岁	4	3	1	4		4			
27岁	2		2	1	1		1		1
28岁	6	1	5	4		4			
29岁	4		4	13	4	9	1	1	
30-34	**72**	**25**	**47**	**86**	**42**	**44**	**7**	**1**	**6**
30岁	7	3	4	10	6	4	1		1
31岁	12	8	4	7	3	4	3		3
32岁	17	7	10	18	8	10	1		1
33岁	14	4	10	21	9	12	2	1	1
34岁	22	3	19	30	16	14			
35-39	**180**	**78**	**102**	**178**	**86**	**92**	**27**	**7**	**20**
35岁	39	18	21	31	9	22	1	1	

1-8 续表 4

单位：人

年龄	再婚有配偶			离婚			丧偶		
	小计	男	女	小计	男	女	小计	男	女
36岁	30	12	18	41	22	19	2	1	1
37岁	35	16	19	47	26	21	11	2	9
38岁	34	14	20	25	9	16	5	1	4
39岁	42	18	24	34	20	14	8	2	6
40-44	**262**	**124**	**138**	**265**	**119**	**146**	**57**	**12**	**45**
40岁	48	16	32	36	13	23	12	3	9
41岁	46	17	29	48	20	28	10	1	9
42岁	67	36	31	66	36	30	11	1	10
43岁	61	36	25	65	26	39	15	4	11
44岁	40	19	21	50	24	26	9	3	6
45-49	**261**	**145**	**116**	**252**	**114**	**138**	**103**	**25**	**78**
45岁	53	32	21	50	26	24	13	5	8
46岁	58	31	27	50	24	26	17	5	12
47岁	46	21	25	41	20	21	23	6	17
48岁	52	35	17	56	22	34	26	5	21
49岁	52	26	26	55	22	33	24	4	20
50-54	**220**	**109**	**111**	**187**	**75**	**112**	**158**	**39**	**119**
50岁	50	29	21	50	21	29	31	10	21
51岁	44	14	30	43	17	26	26	6	20
52岁	59	36	23	40	16	24	30	9	21
53岁	36	14	22	24	8	16	43	6	37
54岁	31	16	15	30	13	17	28	8	20
55-59	**158**	**74**	**84**	**82**	**42**	**40**	**194**	**35**	**159**
55岁	37	19	18	20	10	10	36	7	29
56岁	35	14	21	27	13	14	41	10	31
57岁	34	11	23	18	8	10	48	8	40
58岁	31	14	17	7	4	3	33	4	29
59岁	21	16	5	10	7	3	36	6	30
60-64	**117**	**59**	**58**	**28**	**12**	**16**	**296**	**53**	**243**
60岁	29	13	16	7	3	4	52	10	42
61岁	19	11	8	5	3	2	50	9	41

1－8 续表 5

单位：人

年 龄	再婚有配偶			离婚			丧偶		
	小计	男	女	小计	男	女	小计	男	女
62岁	25	14	11	2	2		58	9	49
63岁	21	9	12	5	1	4	67	11	56
64岁	23	12	11	9	3	6	69	14	55
65-69	**109**	**64**	**45**	**25**	**11**	**14**	**601**	**109**	**492**
65岁	20	11	9	7	3	4	96	13	83
66岁	13	7	6	6	3	3	117	16	101
67岁	27	13	14	3	1	2	115	20	95
68岁	24	15	9	7	3	4	123	29	94
69岁	25	18	7	2	1	1	150	31	119
70-74	**119**	**71**	**48**	**31**	**19**	**12**	**884**	**236**	**648**
70岁	22	11	11	5	3	2	187	43	144
71岁	25	17	8	11	8	3	170	41	129
72岁	20	11	9	3	1	2	195	55	140
73岁	26	15	11	5	2	3	188	60	128
74岁	26	17	9	7	5	2	144	37	107
75-79	**55**	**40**	**15**	**14**	**9**	**5**	**748**	**215**	**533**
75岁	10	6	4	4	2	2	160	38	122
76岁	17	13	4	4	3	1	161	40	121
77岁	12	9	3	6	4	2	166	57	109
78岁	8	7	1				158	48	110
79岁	8	5	3				103	32	71
80-84	**30**	**19**	**11**	**1**		**1**	**534**	**146**	**388**
80岁	9	4	5				126	37	89
81岁	7	6	1	1		1	114	31	83
82岁	5	5					120	40	80
83岁	5	2	3				102	23	79
84岁	4	2	2				72	15	57
85+	**11**	**10**	**1**	**1**		**1**	**380**	**136**	**244**

1－9 15岁及以上人口分性别、受教育程度的婚姻状况

单位：人

受教育程度	调查人口			未婚			初婚有配偶		
	合计	男	女	小计	男	女	小计	男	女
总 计	**67080**	**32728**	**34352**	**12563**	**6857**	**5706**	**47735**	**23495**	**24240**
不识字	3460	686	2774	145	123	22	1819	393	1426
未上过学	289	90	199	5	5		165	59	106
小 学	7741	3418	4323	230	177	53	6013	2641	3372
初 中	20211	10586	9625	1927	1165	762	16732	8750	7982
高 中	12858	6450	6408	3235	1766	1469	8743	4305	4438
中 专	5873	2845	3028	2064	1164	900	3499	1570	1929
大学专科	7892	3894	3998	2355	1144	1211	5124	2568	2556
大学本科	7485	3992	3493	2365	1181	1184	4662	2603	2059
研究生	1271	767	504	237	132	105	978	606	372

1－9 续表

单位：人

受教育程度	再婚有配偶			离婚			丧偶		
	小计	男	女	小计	男	女	小计	男	女
总 计	**1612**	**824**	**788**	**1179**	**537**	**642**	**3991**	**1015**	**2976**
不识字	106	17	89	15	10	5	1375	143	1232
未上过学	12	3	9	5	3	2	102	20	82
小 学	270	132	138	85	55	30	1143	413	730
初 中	525	269	256	358	181	177	669	221	448
高 中	322	170	152	338	143	195	220	66	154
中 专	92	48	44	74	31	43	144	32	112
大学专科	131	79	52	155	60	95	127	43	84
大学本科	138	95	43	126	44	82	194	69	125
研究生	16	11	5	23	10	13	17	8	9

1－10 分年龄、性别的经济活动人口

单位：人

年龄	调查人口			在业人口			不在业人口		
	合计	男	女	小计	男	女	小计	男	女
总　计	**67080**	**32728**	**34352**	**35334**	**20101**	**15233**	**31746**	**12627**	**19119**
15－19	**4985**	**2547**	**2438**	**567**	**287**	**280**	**4418**	**2260**	**2158**
15岁	883	446	437	21	12	9	862	434	428
16岁	952	478	474	43	17	26	909	461	448
17岁	1060	567	493	88	54	34	972	513	459
18岁	1115	573	542	147	75	72	968	498	470
19岁	975	483	492	268	129	139	707	354	353
20－24	**5786**	**2802**	**2984**	**3440**	**1709**	**1731**	**2346**	**1093**	**1253**
20岁	937	452	485	335	165	170	602	287	315
21岁	943	465	478	409	204	205	534	261	273
22岁	1112	525	587	628	307	321	484	218	266
23岁	1379	678	701	983	489	494	396	189	207
24岁	1415	682	733	1085	544	541	330	138	192
25－29	**5346**	**2601**	**2745**	**4407**	**2332**	**2075**	**939**	**269**	**670**
25岁	1163	575	588	934	494	440	229	81	148
26岁	1171	571	600	981	513	468	190	58	132
27岁	1158	576	582	944	515	429	214	61	153
28岁	954	433	521	783	399	384	171	34	137
29岁	900	446	454	765	411	354	135	35	100
30－34	**5484**	**2661**	**2823**	**4552**	**2454**	**2098**	**932**	**207**	**725**
30岁	917	449	468	771	422	349	146	27	119
31岁	971	486	485	817	454	363	154	32	122
32岁	1088	506	582	882	460	422	206	46	160
33岁	1236	606	630	1032	552	480	204	54	150
34岁	1272	614	658	1050	566	484	222	48	174
35－39	**6375**	**3130**	**3245**	**5302**	**2809**	**2493**	**1073**	**321**	**752**
35岁	1331	645	686	1109	584	525	222	61	161
36岁	1347	654	693	1125	595	530	222	59	163
37岁	1523	776	747	1254	688	566	269	88	181
38岁	1099	533	566	933	479	454	166	54	112
39岁	1075	522	553	881	463	418	194	59	135

1-10 续表

单位：人

年 龄	调查人口			在业人口			不在业人口		
	合计	男	女	小计	男	女	小计	男	女
40-44	**7712**	**3910**	**3802**	**6252**	**3406**	**2846**	**1460**	**504**	**956**
40岁	1353	651	702	1139	586	553	214	65	149
41岁	1449	726	723	1173	645	528	276	81	195
42岁	1939	988	951	1595	872	723	344	116	228
43岁	1853	991	862	1482	850	632	371	141	230
44岁	1118	554	564	863	453	410	255	101	154
45-49	**7094**	**3513**	**3581**	**4947**	**2901**	**2046**	**2147**	**612**	**1535**
45岁	1310	664	646	963	565	398	347	99	248
46岁	1449	721	728	1035	598	437	414	123	291
47岁	1374	641	733	968	526	442	406	115	291
48岁	1470	735	735	999	604	395	471	131	340
49岁	1491	752	739	982	608	374	509	144	365
50-54	**6906**	**3357**	**3549**	**3701**	**2489**	**1212**	**3205**	**868**	**2337**
50岁	1461	714	747	857	554	303	604	160	444
51岁	1589	769	820	901	588	313	688	181	507
52岁	1458	702	756	761	523	238	697	179	518
53岁	1298	632	666	658	460	198	640	172	468
54岁	1100	540	560	524	364	160	576	176	400
55-59	**4269**	**2089**	**2180**	**1356**	**1068**	**288**	**2913**	**1021**	**1892**
55岁	927	447	480	333	252	81	594	195	399
56岁	997	514	483	327	263	64	670	251	419
57岁	841	395	446	262	201	61	579	194	385
58岁	761	366	395	231	178	53	530	188	342
59岁	743	367	376	203	174	29	540	193	347
60-64	**3113**	**1424**	**1689**	**436**	**327**	**109**	**2677**	**1097**	**1580**
60岁	684	317	367	129	90	39	555	227	328
61岁	628	293	335	100	79	21	528	214	314
62岁	568	263	305	62	47	15	506	216	290
63岁	608	267	341	78	59	19	530	208	322
64岁	625	284	341	67	52	15	558	232	326
65+	**10010**	**4694**	**5316**	**374**	**319**	**55**	**9636**	**4375**	**5261**

1－11 人口分年龄、性别的职业状况

单位：人

年龄	在业人口			国家机关、党群组织、企业、事业单位负责人			专业技术人员			办事人员和有关人员		
	合计	男	女	小计	男	女	小计	男	女	小计	男	女
总计	**35334**	**20101**	**15233**	**988**	**771**	**217**	**6591**	**2735**	**3856**	**6126**	**3862**	**2264**
15-19	567	287	280				20	4	16	58	42	16
20-24	3440	1709	1731	10	7	3	744	314	430	629	293	336
25-29	4407	2332	2075	37	26	11	1241	557	684	797	418	379
30-34	4552	2454	2098	76	59	17	932	377	555	689	410	279
35-39	5302	2809	2493	126	97	29	948	343	605	785	461	324
40-44	6252	3406	2846	199	145	54	1001	351	650	1022	637	385
45-49	4947	2901	2046	181	143	38	715	255	460	938	626	312
50-54	3701	2489	1212	218	172	46	590	240	350	782	588	194
55-59	1356	1068	288	102	93	9	247	172	75	298	272	26
60-64	436	327	109	27	21	6	64	43	21	69	63	6
65+	374	319	55	12	8	4	89	79	10	59	52	7

1－11 续表

单位：人

年龄	商业、服务业人员			农、林、牧、渔、水利业生产人员			生产、运输设备操作人员及有关人员			不便分类的其他从业人员		
	小计	男	女	小计	男	女	小计	男	女	小计	男	女
总计	**9162**	**4003**	**5159**	**3493**	**1670**	**1823**	**8964**	**7054**	**1910**	**10**	**6**	**4**
15-19	299	102	197	26	19	7	164	120	44			
20-24	1281	524	757	69	45	24	707	526	181			
25-29	1321	582	739	93	45	48	916	703	213	2	1	1
30-34	1382	560	822	246	107	139	1226	940	286	1	1	
35-39	1442	567	875	437	170	267	1561	1170	391	3	1	2
40-44	1449	577	872	706	278	428	1874	1417	457	1	1	
45-49	1052	443	609	660	286	374	1400	1147	253	1	1	
50-54	636	418	218	609	282	327	864	788	76	2	1	1
55-59	182	139	43	330	203	127	197	189	8			
60-64	67	49	18	163	106	57	46	45	1			
65+	51	42	9	154	129	25	9	9				

1－12 人口分性别、受教育程度的职业状况

单位：人

受教育程度	在业人口			国家机关、党群组织、企业、事业单位负责人			专业技术人员			办事人员和有关人员		
	合计	男	女	小计	男	女	小计	男	女	小计	男	女
总　计	**35334**	**20101**	**15233**	**988**	**771**	**217**	**6591**	**2735**	**3856**	**6126**	**3862**	**2264**
不识字	488	186	302							18	16	2
未上过学	28	15	13									
小　学	2588	1473	1115				19	9	10	142	127	15
初　中	11145	7034	4111	69	59	10	266	118	148	888	725	163
高　中	6972	3933	3039	74	60	14	558	176	382	1080	687	393
中　专	3020	1589	1431	41	32	9	745	220	525	517	308	209
大学专科	5258	2681	2577	261	210	51	1893	668	1225	1751	1010	741
大学本科	4760	2520	2240	404	302	102	2422	1137	1285	1504	843	661
研究生	1075	670	405	139	108	31	688	407	281	226	146	80

1－12 续表

单位：人

受教育程度	商业、服务业人员			农、林、牧、渔、水利业生产人员			生产、运输设备操作人员及有关人员			不便分类的其他从业人员		
	合计	男	女	小计	男	女	小计	男	女	小计	男	女
总　计	**9162**	**4003**	**5159**	**3493**	**1670**	**1823**	**8964**	**7054**	**1910**	**10**	**6**	**4**
不识字	161	33	128	257	100	157	52	37	15			
未上过学	12	6	6	13	6	7	3	3				
小　学	802	359	443	933	445	488	692	533	159			
初　中	3540	1556	1984	1809	900	909	4572	3676	896	1		1
高　中	2495	1029	1466	414	170	244	2349	1810	539	2	1	1
中　专	868	367	501	47	35	12	802	627	175			
大学专科	939	481	458	15	11	4	395	299	96	4	2	2
大学本科	325	163	162	5	3	2	97	69	28	3	3	
研究生	20	9	11				2		2			

1－13　分年龄、性别的未工作人口

单位：人

年　龄	未工作人口			在校学生			离退休		
	合计	男	女	小计	男	女	小计	男	女
总　计	**31746**	**12627**	**19119**	**5801**	**2896**	**2905**	**13458**	**5685**	**7773**
15－19	**4418**	**2260**	**2158**	**4181**	**2122**	**2059**			
15岁	862	434	428	842	428	414			
16岁	909	461	448	888	442	446			
17岁	972	513	459	935	491	444			
18岁	968	498	470	915	465	450			
19岁	707	354	353	601	296	305			
20－24	**2346**	**1093**	**1253**	**1488**	**714**	**774**			
20岁	602	287	315	504	232	272			
21岁	534	261	273	402	199	203			
22岁	484	218	266	316	142	174			
23岁	396	189	207	178	96	82			
24岁	330	138	192	88	45	43			
25－29	**939**	**269**	**670**	**108**	**50**	**58**			
25岁	229	81	148	49	23	26			
26岁	190	58	132	19	11	8			
27岁	214	61	153	22	8	14			
28岁	171	34	137	10	2	8			
29岁	135	35	100	8	6	2			
30－34	**932**	**207**	**725**	**15**	**6**	**9**	**2**		**2**
30岁	146	27	119	5	1	4			
31岁	154	32	122	5	2	3			
32岁	206	46	160	3	1	2			
33岁	204	54	150	2	2		1		1
34岁	222	48	174				1		1
35－39	**1073**	**321**	**752**	**9**	**4**	**5**	**9**	**6**	**3**
35岁	222	61	161	4	1	3	2	1	1
36岁	222	59	163	2	1	1	1	1	

1-13 续表 1

单位：人

年 龄	未工作人口			在校学生			离退休		
	合计	男	女	小计	男	女	小计	男	女
37岁	269	88	181	1	1				
38岁	166	54	112	1	1		1	1	
39岁	194	59	135	1		1	5	3	2
40-44	**1460**	**504**	**956**				**66**	**19**	**47**
40岁	214	65	149				3		3
41岁	276	81	195				9	2	7
42岁	344	116	228				10	4	6
43岁	371	141	230				18	3	15
44岁	255	101	154				26	10	16
45-49	**2147**	**612**	**1535**				**775**	**61**	**714**
45岁	347	99	248				97	5	92
46岁	414	123	291				109	5	104
47岁	406	115	291				135	14	121
48岁	471	131	340				194	17	177
49岁	509	144	365				240	20	220
50-54	**3205**	**868**	**2337**				**1858**	**260**	**1598**
50岁	604	160	444				343	35	308
51岁	688	181	507				394	34	360
52岁	697	179	518				412	49	363
53岁	640	172	468				373	67	306
54岁	576	176	400				336	75	261
55-59	**2913**	**1021**	**1892**				**1951**	**737**	**1214**
55岁	594	195	399				403	136	267
56岁	670	251	419				446	174	272
57岁	579	194	385				381	136	245
58岁	530	188	342				339	137	202
59岁	540	193	347				382	154	228
60-64	**2677**	**1097**	**1580**				**1906**	**935**	**971**

1－13 续表 2

单位：人

年 龄	未工作人口			在校学生			离退休		
	合计	男	女	小计	男	女	小计	男	女
60岁	555	227	328				396	199	197
61岁	528	214	314				378	178	200
62岁	506	216	290				351	178	173
63岁	530	208	322				392	180	212
64岁	558	232	326				389	200	189
65-69	**3163**	**1353**	**1810**				**2467**	**1161**	**1306**
65岁	600	260	340				458	224	234
66岁	573	212	361				448	187	261
67岁	674	287	387				524	242	282
68岁	639	286	353				505	237	268
69岁	677	308	369				532	271	261
70-74	**3101**	**1455**	**1646**				**2265**	**1225**	**1040**
70岁	752	322	430				559	271	288
71岁	652	305	347				486	263	223
72岁	642	304	338				475	256	219
73岁	586	281	305				420	231	189
74岁	469	243	226				325	204	121
75-79	**1894**	**903**	**991**				**1284**	**743**	**541**
75岁	465	217	248				328	182	146
76岁	434	201	233				307	176	131
77岁	411	202	209				274	155	119
78岁	341	166	175				215	133	82
79岁	243	117	126				160	97	63
80-84	**943**	**423**	**520**				**574**	**339**	**235**
80岁	224	98	126				137	72	65
81岁	208	94	114				131	84	47
82岁	216	112	104				127	86	41
83岁	167	68	99				96	55	41
84岁	128	51	77				83	42	41
85+	**535**	**241**	**294**				**301**	**199**	**102**

1－13 续表 3

单位：人

年龄	料理家务			丧失劳动能力			毕业后未工作			因单位原因失去原工作		
	小计	男	女	小计	男	女	小计	男	女	小计	男	女
总　计	**6342**	**655**	**5687**	**1743**	**736**	**1007**	**711**	**435**	**276**	**2061**	**1295**	**766**
15-19	**22**	**3**	**19**	**22**	**10**	**12**	**165**	**109**	**56**	**2**	**2**	
15岁	4	1	3	4	1	3	8	2	6			
16岁	2	1	1	4	3	1	14	14				
17岁				5	4	1	30	17	13			
18岁	2		2	4	1	3	40	29	11			
19岁	14	1	13	5	1	4	73	47	26	2	2	
20-24	**214**	**6**	**208**	**18**	**13**	**5**	**399**	**242**	**157**	**37**	**22**	**15**
20岁	12		12	3	2	1	61	40	21	2	2	
21岁	27	1	26	5	3	2	68	38	30	2	2	
22岁	40	2	38	3	2	1	89	57	32	6	2	4
23岁	54	3	51	2	2		101	61	40	11	7	4
24岁	81		81	5	4	1	80	46	34	16	9	7
25-29	**427**	**10**	**417**	**27**	**14**	**13**	**104**	**59**	**45**	**57**	**28**	**29**
25岁	76	1	75	4	2	2	49	31	18	4	4	
26岁	77	2	75	11	5	6	21	9	12	11	6	5
27岁	100		100	6	4	2	22	13	9	13	6	7
28岁	100	6	94	2		2	6	3	3	14	3	11
29岁	74	1	73	4	3	1	6	3	3	15	9	6
30-34	**527**	**18**	**509**	**39**	**29**	**10**	**25**	**15**	**10**	**103**	**48**	**55**
30岁	80	2	78	6	5	1	9	5	4	9	2	7
31岁	87	3	84	5	3	2	3	2	1	16	8	8
32岁	126	5	121	9	9		4	4		20	9	11
33岁	110	3	107	11	7	4	4	3	1	27	15	12
34岁	124	5	119	8	5	3	5	1	4	31	14	17
35-39	**551**	**33**	**518**	**40**	**24**	**16**	**11**	**6**	**5**	**225**	**124**	**101**
35岁	125	6	119	6	5	1	2	1	1	42	24	18
36岁	121	5	116	13	8	5	2	1	1	40	21	19

1－13 续表 4

单位：人

年龄	料理家务			丧失劳动能力			毕业后未工作			因单位原因失去原工作		
	小计	男	女	小计	男	女	小计	男	女	小计	男	女
37岁	131	8	123	5	5		4	3	1	64	33	31
38岁	79	7	72	5	2	3	1	1		36	22	14
39岁	95	7	88	11	4	7	2		2	43	24	19
40-44	**559**	**34**	**525**	**45**	**26**	**19**	**3**	**2**	**1**	**521**	**259**	**262**
40岁	104	9	95	8	5	3				60	31	29
41岁	124	6	118	11	5	6	1	1		88	40	48
42岁	127	6	121	10	7	3	1	1		138	67	71
43岁	131	8	123	11	6	5				139	75	64
44岁	73	5	68	5	3	2	1		1	96	46	50
45-49	**510**	**49**	**461**	**68**	**43**	**25**	**3**	**1**	**2**	**593**	**329**	**264**
45岁	85	9	76	11	5	6	1	1		108	53	55
46岁	114	8	106	18	12	6	1		1	134	75	59
47岁	94	9	85	10	7	3				126	59	67
48岁	106	7	99	18	13	5	1		1	116	69	47
49岁	111	16	95	11	6	5				109	73	36
50-54	**720**	**72**	**648**	**97**	**52**	**45**				**405**	**378**	**27**
50岁	125	11	114	19	11	8				82	75	7
51岁	149	18	131	17	11	6				94	86	8
52岁	151	14	137	18	12	6				90	84	6
53岁	153	15	138	27	11	16				68	64	4
54岁	142	14	128	16	7	9				71	69	2
55-59	**694**	**77**	**617**	**100**	**60**	**40**	**1**	**1**		**99**	**95**	**4**
55岁	131	11	120	17	9	8				30	29	1
56岁	157	20	137	18	13	5				32	30	2
57岁	138	15	123	25	15	10	1	1		19	18	1
58岁	146	17	129	20	11	9				11	11	
59岁	122	14	108	20	12	8				7	7	
60-64	**616**	**89**	**527**	**123**	**57**	**66**				**5**	**4**	**1**

1－13 续表 5

单位：人

年 龄	料理家务			丧失劳动能力			毕业后未工作			因单位原因失去原工作		
	小计	男	女	小计	男	女	小计	男	女	小计	男	女
60岁	135	17	118	18	8	10				1	1	
61岁	115	17	98	25	16	9				1	1	
62岁	124	23	101	25	11	14						
63岁	115	16	99	21	10	11						
64岁	127	16	111	34	12	22				3	2	1
65-69	**496**	**95**	**401**	**178**	**85**	**93**				**3**	**1**	**2**
65岁	118	25	93	22	10	12						
66岁	82	7	75	39	15	24						
67岁	98	23	75	45	18	27						
68岁	94	23	71	35	22	13				1	1	
69岁	104	17	87	37	20	17				2		2
70-74	**493**	**88**	**405**	**317**	**125**	**192**				**7**	**5**	**2**
70岁	119	21	98	69	26	43				3	3	
71岁	101	14	87	59	23	36				1	1	
72岁	94	16	78	68	28	40						
73岁	105	23	82	58	25	33				1	1	
74岁	74	14	60	63	23	40				2		2
75-79	**315**	**51**	**264**	**275**	**103**	**172**				**3**		**3**
75岁	77	11	66	55	22	33						
76岁	67	7	60	58	18	40				1		1
77岁	64	15	49	67	29	38				1		1
78岁	63	12	51	60	20	40						
79岁	44	6	38	35	14	21				1		1
80-84	**138**	**24**	**114**	**223**	**60**	**163**				**1**		**1**
80岁	35	9	26	52	17	35						
81岁	27		27	47	10	37						
82岁	32	7	25	56	19	37						
83岁	29	5	24	39	8	31				1		1
84岁	15	3	12	29	6	23						
85+	**60**	**6**	**54**	**171**	**35**	**136**						

1－13 续表 6

单位：人

年 龄	因本人原因失去原工作			承包土地被征用			其他		
	小计	男	女	小计	男	女	小计	男	女
总 计	**1301**	**726**	**575**	**237**	**140**	**97**	**92**	**59**	**33**
15-19	**18**	**9**	**9**	**2**	**1**	**1**	**6**	**4**	**2**
15岁	1	1					3	1	2
16岁							1	1	
17岁	1		1				1	1	
18岁	6	3	3	1		1			
19岁	10	5	5	1	1		1	1	
20-24	**175**	**87**	**88**	**6**	**3**	**3**	**9**	**6**	**3**
20岁	18	9	9				2	2	
21岁	28	17	11	1	1		1		1
22岁	28	12	16				2	1	1
23岁	43	17	26	3		3	4	3	1
24岁	58	32	26	2	2				
25-29	**205**	**99**	**106**	**4**	**3**	**1**	**7**	**6**	**1**
25岁	45	19	26				2	1	1
26岁	50	25	25	1		1			
27岁	47	26	21	1	1		3	3	
28岁	36	17	19	1	1		2	2	
29岁	27	12	15	1	1				
30-34	**209**	**85**	**124**	**9**	**3**	**6**	**3**	**3**	
30岁	37	12	25						
31岁	37	14	23	1		1			
32岁	42	17	25	1		1	1	1	
33岁	44	20	24	4	3	1	1	1	
34岁	49	22	27	3		3	1	1	
35-39	**193**	**101**	**92**	**29**	**18**	**11**	**6**	**5**	**1**
35岁	31	16	15	8	5	3	2	2	
36岁	39	20	19	3	2	1	1		1

1－13　续表 7

单位：人

年龄	因本人原因失去原工作			承包土地被征用			其他		
	小计	男	女	小计	男	女	小计	男	女
37岁	52	30	22	11	7	4	1	1	
38岁	40	19	21	3	1	2			
39岁	31	16	15	4	3	1	2	2	
40-44	**213**	**134**	**79**	**43**	**22**	**21**	**10**	**8**	**2**
40岁	30	18	12	6		6	3	2	1
41岁	32	17	15	11	10	1			
42岁	49	26	23	8	4	4	1	1	
43岁	58	43	15	11	4	7	3	2	1
44岁	44	30	14	7	4	3	3	3	
45-49	**148**	**99**	**49**	**44**	**25**	**19**	**6**	**5**	**1**
45岁	31	17	14	12	7	5	2	2	
46岁	29	19	10	8	3	5	1	1	
47岁	28	17	11	12	8	4	1	1	
48岁	28	22	6	6	2	4	2	1	1
49岁	32	24	8	6	5	1			
50-54	**81**	**67**	**14**	**40**	**35**	**5**	**4**	**4**	
50岁	19	16	3	15	11	4	1	1	
51岁	25	23	2	8	8		1	1	
52岁	18	12	6	7	7		1	1	
53岁	13	10	3	5	4	1	1	1	
54岁	6	6		5	5				
55-59	**33**	**30**	**3**	**28**	**16**	**12**	**7**	**5**	**2**
55岁	6	5	1	7	5	2			
56岁	7	7		7	5	2	3	2	1
57岁	9	8	1	5	1	4	1		1
58岁	6	6		6	4	2	2	2	
59岁	5	4	1	3	1	2	1	1	
60-64	**11**	**7**	**4**	**14**	**3**	**11**	**2**	**2**	

1－13 续表 8

单位：人

年 龄	因本人原因失去原工作			承包土地被征用			其他		
	小计	男	女	小计	男	女	小计	男	女
60岁	1		1	3	1	2	1	1	
61岁	3	1	2	6	1	5			
62岁	3	3		2		2	1	1	
63岁	2	2							
64岁	2	1	1	3	1	2			
65-69	**5**	**2**	**3**	**9**	**6**	**3**	**5**	**3**	**2**
65岁				2	1	1			
66岁	2	1	1	2	2				
67岁	2	1	1	3	2	1	2	1	1
68岁				1	1		3	2	1
69岁	1		1	1		1			
70-74	**6**	**4**	**2**	**5**	**4**	**1**	**8**	**4**	**4**
70岁				1	1		1		1
71岁	2	1	1	1	1		2	2	
72岁	4	3	1				1	1	
73岁				1	1		1		1
74岁				2	1	1	3	1	2
75-79	**2**	**1**	**1**	**2**	**1**	**1**	**13**	**4**	**9**
75岁							5	2	3
76岁	1		1						
77岁	1	1					4	2	2
78岁				2	1	1	1		1
79岁							3		3
80-84	**1**		**1**	**2**		**2**	**4**		**4**
80岁									
81岁				1		1	2		2
82岁							1		1
83岁	1		1	1		1			
84岁							1		1
85+	**1**	**1**					**2**		**2**

1-14 分年龄、性别的未工作者主要生活来源

单位：人

年龄	未工作人口			离退休金			领取基本生活费		
	合计	男	女	小计	男	女	小计	男	女
总计	**31746**	**12627**	**19119**	**13455**	**5688**	**7767**	**2186**	**1004**	**1182**
15-19	**4418**	**2260**	**2158**				**56**	**31**	**25**
15岁	862	434	428				9	2	7
16岁	909	461	448				6	4	2
17岁	972	513	459				18	13	5
18岁	968	498	470				12	6	6
19岁	707	354	353				11	6	5
20-24	**2346**	**1093**	**1253**				**33**	**17**	**16**
20岁	602	287	315				8	4	4
21岁	534	261	273				8	6	2
22岁	484	218	266				4	2	2
23岁	396	189	207				8	3	5
24岁	330	138	192				5	2	3
25-29	**939**	**269**	**670**				**24**	**8**	**16**
25岁	229	81	148				4	1	3
26岁	190	58	132				6	2	4
27岁	214	61	153				5	2	3
28岁	171	34	137				1		1
29岁	135	35	100				8	3	5
30-34	**932**	**207**	**725**	**1**		**1**	**65**	**29**	**36**
30岁	146	27	119				8	1	7
31岁	154	32	122				10	5	5
32岁	206	46	160				10	4	6
33岁	204	54	150				19	9	10
34岁	222	48	174	1		1	18	10	8
35-39	**1073**	**321**	**752**	**9**	**6**	**3**	**143**	**69**	**74**
35岁	222	61	161	2	1	1	29	9	20

1-14 续表 1

单位：人

年 龄	未工作人口			离退休金			领取基本生活费		
	合计	男	女	小计	男	女	小计	男	女
36岁	222	59	163	1	1		25	12	13
37岁	269	88	181				34	21	13
38岁	166	54	112	1	1		28	13	15
39岁	194	59	135	5	3	2	27	14	13
40-44	**1460**	**504**	**956**	**68**	**19**	**49**	**285**	**137**	**148**
40岁	214	65	149	3		3	44	21	23
41岁	276	81	195	9	2	7	48	20	28
42岁	344	116	228	10	4	6	75	38	37
43岁	371	141	230	20	3	17	71	36	35
44岁	255	101	154	26	10	16	47	22	25
45-49	**2147**	**612**	**1535**	**776**	**62**	**714**	**346**	**162**	**184**
45岁	347	99	248	97	5	92	61	29	32
46岁	414	123	291	110	6	104	76	36	40
47岁	406	115	291	135	14	121	70	23	47
48岁	471	131	340	194	17	177	71	38	33
49岁	509	144	365	240	20	220	68	36	32
50-54	**3205**	**868**	**2337**	**1853**	**259**	**1594**	**333**	**208**	**125**
50岁	604	160	444	342	35	307	60	39	21
51岁	688	181	507	392	33	359	78	46	32
52岁	697	179	518	412	49	363	75	50	25
53岁	640	172	468	371	67	304	66	37	29
54岁	576	176	400	336	75	261	54	36	18
55-59	**2913**	**1021**	**1892**	**1952**	**737**	**1215**	**193**	**98**	**95**
55岁	594	195	399	403	136	267	35	18	17
56岁	670	251	419	446	174	272	49	32	17
57岁	579	194	385	381	136	245	43	19	24
58岁	530	188	342	340	137	203	37	20	17
59岁	540	193	347	382	154	228	29	9	20

1-14 续表 2

单位：人

年龄	未工作人口			离退休金			领取基本生活费		
	合计	男	女	小计	男	女	小计	男	女
60-64	**2677**	**1097**	**1580**	**1903**	**934**	**969**	**167**	**47**	**120**
60岁	555	227	328	395	199	196	33	8	25
61岁	528	214	314	377	178	199	41	16	25
62岁	506	216	290	350	177	173	33	8	25
63岁	530	208	322	392	180	212	25	6	19
64岁	558	232	326	389	200	189	35	9	26
65-69	**3163**	**1353**	**1810**	**2467**	**1162**	**1305**	**140**	**62**	**78**
65岁	600	260	340	458	224	234	30	12	18
66岁	573	212	361	447	186	261	24	9	15
67岁	674	287	387	525	243	282	33	17	16
68岁	639	286	353	505	238	267	22	11	11
69岁	677	308	369	532	271	261	31	13	18
70-74	**3101**	**1455**	**1646**	**2264**	**1225**	**1039**	**157**	**56**	**101**
70岁	752	322	430	559	271	288	46	14	32
71岁	652	305	347	486	263	223	29	10	19
72岁	642	304	338	474	256	218	30	9	21
73岁	586	281	305	420	231	189	27	12	15
74岁	469	243	226	325	204	121	25	11	14
75-79	**1894**	**903**	**991**	**1287**	**746**	**541**	**132**	**45**	**87**
75岁	465	217	248	328	182	146	34	9	25
76岁	434	201	233	307	176	131	23	6	17
77岁	411	202	209	275	156	119	26	12	14
78岁	341	166	175	216	134	82	29	13	16
79岁	243	117	126	161	98	63	20	5	15
80-84	**943**	**423**	**520**	**574**	**339**	**235**	**78**	**25**	**53**
80岁	224	98	126	137	72	65	16	8	8
81岁	208	94	114	131	84	47	20	3	17
82岁	216	112	104	127	86	41	19	9	10
83岁	167	68	99	96	55	41	18	5	13
84岁	128	51	77	83	42	41	5		5
85+	**535**	**241**	**294**	**301**	**199**	**102**	**34**	**10**	**24**

1-14 续表 3

单位：人

年　龄	家庭其他成员供养			财产性收入			保险收入			其他		
	小计	男	女	小计	男	女	小计	男	女	小计	男	女
总　计	**15497**	**5582**	**9915**	**512**	**294**	**218**	**6**	**4**	**2**	**90**	**55**	**35**
15-19	**4355**	**2225**	**2130**	**5**	**2**	**3**				**2**	**2**	
15岁	852	432	420	1		1						
16岁	901	456	445	2	1	1						
17岁	954	500	454									
18岁	955	491	464	1	1							
19岁	693	346	347	1		1				2	2	
20-24	**2288**	**1064**	**1224**	**18**	**10**	**8**				**7**	**2**	**5**
20岁	591	280	311	2	2					1	1	
21岁	526	255	271									
22岁	475	216	259	1		1				4		4
23岁	379	183	196	7	2	5				2	1	1
24岁	317	130	187	8	6	2						
25-29	**878**	**234**	**644**	**30**	**22**	**8**				**7**	**5**	**2**
25岁	219	78	141	5	2	3				1		1
26岁	176	51	125	8	5	3						
27岁	196	47	149	11	10	1				2	2	
28岁	164	29	135	4	4					2	1	1
29岁	123	29	94	2	1	1				2	2	
30-34	**814**	**155**	**659**	**45**	**19**	**26**				**7**	**4**	**3**
30岁	133	26	107	4		4				1		1
31岁	132	23	109	11	4	7				1		1
32岁	188	38	150	6	3	3				2	1	1
33岁	167	31	136	15	11	4				3	3	
34岁	194	37	157	9	1	8						
35-39	**853**	**209**	**644**	**58**	**31**	**27**	**3**	**3**		**7**	**3**	**4**
35岁	179	42	137	10	7	3	1	1		1	1	

1-14 续表 4

单位：人

年龄	家庭其他成员供养			财产性收入			保险收入			其他		
	小计	男	女	小计	男	女	小计	男	女	小计	男	女
36岁	180	38	142	13	6	7	2	2		1		1
37岁	216	58	158	17	7	10				2	2	
38岁	125	34	91	10	6	4				2		2
39岁	153	37	116	8	5	3				1		1
40-44	**974**	**273**	**701**	**116**	**64**	**52**				**17**	**11**	**6**
40岁	155	40	115	12	4	8						
41岁	187	42	145	27	13	14				5	4	1
42岁	228	52	176	28	20	8				3	2	1
43岁	246	85	161	30	16	14				4	1	3
44岁	158	54	104	19	11	8				5	4	1
45-49	**908**	**316**	**592**	**96**	**60**	**36**	**1**		**1**	**20**	**12**	**8**
45岁	165	52	113	20	12	8	1		1	3	1	2
46岁	204	72	132	22	9	13				2		2
47岁	177	59	118	19	14	5				5	5	
48岁	181	58	123	22	16	6				3	2	1
49岁	181	75	106	13	9	4				7	4	3
50-54	**939**	**340**	**599**	**70**	**52**	**18**	**1**	**1**		**9**	**8**	**1**
50岁	188	78	110	14	8	6						
51岁	197	82	115	19	18	1				2	2	
52岁	197	69	128	10	8	2				3	3	
53岁	188	58	130	15	10	5						
54岁	169	53	116	12	8	4	1	1		4	3	1
55-59	**728**	**162**	**566**	**35**	**20**	**15**				**5**	**4**	**1**
55岁	147	34	113	9	7	2						
56岁	163	38	125	9	4	5				3	3	
57岁	147	35	112	8	4	4						
58岁	150	30	120	3	1	2						
59岁	121	25	96	6	4	2				2	1	1

1-14 续表 5

单位：人

年龄	家庭其他成员供养			财产性收入			保险收入			其他		
	小计	男	女	小计	男	女	小计	男	女	小计	男	女
60-64	**590**	**109**	**481**	**12**	**4**	**8**	**1**		**1**	**4**	**3**	**1**
60岁	126	20	106	1		1						
61岁	109	20	89	1		1						
62岁	121	29	92	1	1					1	1	
63岁	108	20	88	3	1	2	1		1	1	1	
64岁	126	20	106	6	2	4				2	1	1
65-69	**544**	**124**	**420**	**12**	**5**	**7**						
65岁	106	22	84	6	2	4						
66岁	100	15	85	2	2							
67岁	116	27	89									
68岁	110	36	74	2	1	1						
69岁	112	24	88	2		2						
70-74	**674**	**171**	**503**	**5**	**3**	**2**				**1**		**1**
70岁	147	37	110									
71岁	135	32	103	1		1				1		1
72岁	136	37	99	2	2							
73岁	138	38	100	1		1						
74岁	118	27	91	1	1							
75-79	**467**	**110**	**357**	**6**	**1**	**5**				**2**	**1**	**1**
75岁	100	25	75	3	1	2						
76岁	103	19	84	1		1						
77岁	109	33	76							1	1	
78岁	95	19	76	1		1						
79岁	60	14	46	1		1				1		1
80-84	**287**	**59**	**228**	**2**		**2**				**2**		**2**
80岁	69	18	51	1		1				1		1
81岁	56	7	49							1		1
82岁	70	17	53									
83岁	53	8	45									
84岁	39	9	30	1		1						
85+	**198**	**31**	**167**	**2**	**1**	**1**						

第二部分　残疾人口的基本状况

2－1 各地区分性别、残疾类别的残疾人

单位：人

地区	残疾人			视力残疾人			听力残疾人			言语残疾人		
	合计	男	女	小计	男	女	小计	男	女	小计	男	女
总　计	**4852**	**2403**	**2449**	**325**	**132**	**193**	**1100**	**617**	**483**	**31**	**20**	**11**
东城区	296	138	158	21	11	10	68	37	31	1	1	
西城区	440	205	235	26	8	18	106	60	46			
崇文区	140	65	75	4		4	27	15	12	1		1
宣武区	225	111	114	19	8	11	31	20	11			
朝阳区	588	300	288	32	14	18	182	98	84	3	2	1
丰台区	307	159	148	36	12	24	34	20	14	2	2	
石景山区	165	84	81	14	4	10	61	36	25	2	2	
海淀区	562	249	313	36	14	22	130	79	51	3	1	2
门头沟区	103	59	44	11	7	4	39	23	16	4	2	2
房山区	376	178	198	19	6	13	26	11	15	2	2	
通州区	313	163	150	19	4	15	51	28	23	3	2	1
顺义区	217	105	112	18	8	10	41	24	17			
昌平区	182	99	83	12	7	5	33	20	13	2	1	1
大兴区	197	108	89	12	7	5	45	27	18	2	1	1
怀柔区	125	66	59	6	1	5	37	23	14	2	1	1
平谷区	281	146	135	21	12	9	82	41	41	2	2	
密云县	223	108	115	15	8	7	77	34	43	1	1	
延庆县	112	60	52	4	1	3	30	21	9	1		1

2-1 续表

单位：人

地区	肢体残疾人			智力残疾人			精神残疾人			多重残疾人		
	小计	男	女	小计	男	女	小计	男	女	小计	男	女
总　计	**1725**	**839**	**886**	**243**	**148**	**95**	**347**	**146**	**201**	**1081**	**501**	**580**
东城区	129	53	76	7	2	5	26	13	13	44	21	23
西城区	171	75	96	6	3	3	28	9	19	103	50	53
崇文区	60	28	32	5	2	3	7	2	5	36	18	18
宣武区	100	44	56	7	4	3	16	11	5	52	24	28
朝阳区	144	80	64	28	19	9	58	25	33	141	62	79
丰台区	119	66	53	21	11	10	19	13	6	76	35	41
石景山区	47	21	26	4	2	2	11	4	7	26	15	11
海淀区	224	93	131	17	9	8	42	12	30	110	41	69
门头沟区	7	5	2	7	5	2	15	5	10	20	12	8
房山区	219	97	122	16	12	4	18	7	11	76	43	33
通州区	143	87	56	18	9	9	23	12	11	56	21	35
顺义区	66	30	36	25	15	10	20	6	14	47	22	25
昌平区	52	30	22	25	18	7	19	4	15	39	19	20
大兴区	59	29	30	11	9	2	12	5	7	56	30	26
怀柔区	28	17	11	9	6	3	2	2		41	16	25
平谷区	72	43	29	16	7	9	19	10	9	69	31	38
密云县	43	22	21	14	10	4	10	5	5	63	28	35
延庆县	42	19	23	7	5	2	2	1	1	26	13	13

2－2 分年龄、性别、残疾类别的残疾人

单位：人

年 龄	残疾人			视力残疾人			听力残疾人			言语残疾人		
	合 计	男	女	小计	男	女	小计	男	女	小计	男	女
总 计	**4852**	**2403**	**2449**	**325**	**132**	**193**	**1100**	**617**	**483**	**31**	**20**	**11**
0-4	**33**	**23**	**10**	**3**	**1**	**2**	**1**	**1**		**3**	**2**	**1**
0岁	5	5										
1岁	4	3	1				1	1				
2岁	1		1									
3岁	16	12	4	2		2				2	2	
4岁	7	3	4	1	1					1		1
5-9	**31**	**18**	**13**							**1**		**1**
5岁	9	4	5							1		1
6岁	5	4	1									
7岁	11	6	5									
8岁	2	1	1									
9岁	4	3	1									
10-14	**32**	**14**	**18**				**1**	**1**				
10岁	6	4	2									
11岁	13	5	8				1	1				
12岁	4	2	2									
13岁	3	2	1									
14岁	6	1	5									
15-19	**63**	**34**	**29**	**4**	**1**	**3**	**2**	**2**		**2**	**1**	**1**
15岁	13	6	7				1	1		1	1	
16岁	9	7	2	1		1						
17岁	14	8	6	1		1	1	1		1		1
18岁	8	3	5									
19岁	19	10	9	2	1	1						
20-24	**65**	**35**	**30**	**3**	**1**	**2**	**3**	**2**	**1**			
20岁	14	8	6									
21岁	9	4	5	1		1						
22岁	14	9	5	1	1		1		1			
23岁	8	4	4									
24岁	20	10	10	1		1	2	2				
25-29	**61**	**35**	**26**	**1**		**1**	**2**	**1**	**1**	**1**	**1**	
25岁	16	8	8				1		1			

2-2 续表 1

单位：人

年 龄	残疾人			视力残疾人			听力残疾人			言语残疾人		
	合 计	男	女	小计	男	女	小计	男	女	小计	男	女
26岁	21	10	11	1		1	1	1				
27岁	11	9	2									
28岁	5	2	3									
29岁	8	6	2							1	1	
30-34	**85**	**46**	**39**	**6**	**4**	**2**	**4**		**4**			
30岁	12	6	6	1	1							
31岁	8	4	4									
32岁	22	15	7	2	1	1	1		1			
33岁	20	11	9	1	1		2		2			
34岁	23	10	13	2	1	1	1		1			
35-39	**137**	**79**	**58**	**8**	**4**	**4**	**16**	**8**	**8**			
35岁	30	20	10	1	1		4	2	2			
36岁	22	13	9				2		2			
37岁	29	15	14	3	1	2	3	2	1			
38岁	25	11	14	3	1	2	2	1	1			
39岁	31	20	11	1	1		5	3	2			
40-44	**238**	**133**	**105**	**17**	**13**	**4**	**21**	**10**	**11**	**4**	**2**	**2**
40岁	37	21	16	2	2		3	2	1	1		1
41岁	46	22	24	4	3	1	4	2	2			
42岁	59	30	29	5	5		5	1	4	1		1
43岁	63	40	23	3	1	2	6	5	1	1	1	
44岁	33	20	13	3	2	1	3		3	1	1	
45-49	**339**	**206**	**133**	**30**	**18**	**12**	**41**	**26**	**15**	**3**	**1**	**2**
45岁	64	33	31	8	4	4	5	4	1	1		1
46岁	66	40	26	5	4	1	5	3	2			
47岁	54	31	23	7	3	4	8	4	4			
48岁	69	48	21	3	2	1	8	4	4			
49岁	86	54	32	7	5	2	15	11	4	2	1	1
50-54	**403**	**200**	**203**	**29**	**13**	**16**	**58**	**30**	**28**	**4**	**4**	
50岁	65	35	30	5	1	4	10	6	4	1	1	
51岁	89	50	39	12	8	4	9	5	4	1	1	
52岁	96	47	49	4	1	3	14	6	8	1	1	
53岁	78	31	47	3	1	2	11	5	6	1	1	
54岁	75	37	38	5	2	3	14	8	6			

2-2 续表 2

单位：人

年龄	残疾人			视力残疾人			听力残疾人			言语残疾人		
	合计	男	女	小计	男	女	小计	男	女	小计	男	女
55-59	**366**	**204**	**162**	**23**	**12**	**11**	**66**	**42**	**24**	**2**	**2**	
55岁	77	42	35	4	3	1	13	5	8	2	2	
56岁	78	43	35	7	2	5	14	11	3			
57岁	73	41	32	4	2	2	16	12	4			
58岁	68	40	28	5	3	2	15	10	5			
59岁	70	38	32	3	2	1	8	4	4			
60-64	**326**	**144**	**182**	**34**	**9**	**25**	**60**	**36**	**24**	**2**	**1**	**1**
60岁	62	27	35	5		5	9	7	2			
61岁	61	29	32	8	3	5	15	8	7	2	1	1
62岁	61	27	34	8	5	3	8	5	3			
63岁	68	28	40	8		8	13	7	6			
64岁	74	33	41	5	1	4	15	9	6			
65-69	**530**	**241**	**289**	**43**	**12**	**31**	**151**	**80**	**71**	**3**	**2**	**1**
65岁	93	46	47	7	1	6	25	16	9			
66岁	91	36	55	7		7	32	15	17	1	1	
67岁	114	54	60	13	3	10	33	18	15			
68岁	107	47	60	8	3	5	34	18	16	1		1
69岁	125	58	67	8	5	3	27	13	14	1	1	
70-74	**783**	**357**	**426**	**46**	**16**	**30**	**233**	**128**	**105**	**2**	**1**	**1**
70岁	175	71	104	11	6	5	51	21	30	1	1	
71岁	139	62	77	14	4	10	38	23	15			
72岁	165	73	92	8	3	5	51	28	23			
73岁	150	70	80	7	1	6	48	26	22	1		1
74岁	154	81	73	6	2	4	45	30	15			
75-79	**660**	**309**	**351**	**45**	**14**	**31**	**205**	**117**	**88**	**1**	**1**	
75岁	155	60	95	11	3	8	46	23	23			
76岁	145	66	79	10	3	7	40	24	16	1	1	
77岁	153	79	74	7	1	6	57	34	23			
78岁	109	56	53	12	5	7	33	19	14			
79岁	98	48	50	5	2	3	29	17	12			
80-84	**416**	**193**	**223**	**16**	**7**	**9**	**126**	**69**	**57**	**3**	**2**	**1**
80岁	89	39	50	4		4	32	19	13	1	1	
81岁	88	41	47	4	2	2	25	12	13	1		1
82岁	93	51	42	4	3	1	25	15	10			
83岁	82	34	48	2	1	1	25	13	12			
84岁	64	28	36	2	1	1	19	10	9	1	1	
85+	**284**	**132**	**152**	**17**	**7**	**10**	**110**	**64**	**46**			

2-2 续表 3

单位：人

年 龄	肢体残疾人			智力残疾人			精神残疾人			多重残疾人		
	小计	男	女	小计	男	女	小计	男	女	小计	男	女
总 计	**1725**	**839**	**886**	**243**	**148**	**95**	**347**	**146**	**201**	**1081**	**501**	**580**
0–4	**3**	**1**	**2**	**12**	**9**	**3**				**11**	**9**	**2**
0岁				4	4					1	1	
1岁				1		1				2	2	
2岁				1		1						
3岁	2	1	1	4	4					6	5	1
4岁	1		1	2	1	1				2	1	1
5–9	**5**	**3**	**2**	**5**	**3**	**2**				**20**	**12**	**8**
5岁	3	1	2	1		1				4	3	1
6岁	1	1		1	1					3	2	1
7岁	1	1		1	1					9	4	5
8岁				1	1					1		1
9岁				1		1				3	3	
10–14	**8**	**3**	**5**	**10**	**5**	**5**				**13**	**5**	**8**
10岁	1	1		2	1	1				3	2	1
11岁	3	1	2	3	1	2				6	2	4
12岁				1	1					3	1	2
13岁	1	1		2	1	1						
14岁	3		3	2	1	1				1		1
15–19	**8**	**6**	**2**	**26**	**13**	**13**	**7**	**4**	**3**	**14**	**7**	**7**
15岁	1	1		5	2	3	1		1	4	1	3
16岁				6	5	1	1	1		1	1	
17岁	2	1	1	2	1	1	2	1	1	5	4	1
18岁	1		1	4	2	2				3	1	2
19岁	4	4		9	3	6	3	2	1	1		1
20–24	**19**	**13**	**6**	**23**	**12**	**11**	**8**	**3**	**5**	**9**	**4**	**5**
20岁	4	2	2	4	3	1				6	3	3
21岁	2	1	1	4	2	2				2	1	1
22岁	4	4		4	2	2	3	2	1	1		1
23岁	4	3	1	3	1	2	1		1			
24岁	5	3	2	8	4	4	4	1	3			
25–29	**11**	**8**	**3**	**20**	**12**	**8**	**14**	**9**	**5**	**12**	**4**	**8**
25岁	3	2	1	6	4	2	4	2	2	2		2

2-2 续表 4

单位：人

年龄	肢体残疾人			智力残疾人			精神残疾人			多重残疾人		
	小计	男	女	小计	男	女	小计	男	女	小计	男	女
26岁	4	2	2	5	2	3	2	2		8	3	5
27岁	1	1		7	5	2	3	3				
28岁	2	2		1		1	2		2			
29岁	1	1		1	1		3	2	1	2	1	1
30-34	**26**	**14**	**12**	**15**	**8**	**7**	**18**	**9**	**9**	**16**	**11**	**5**
30岁	5	1	4	3	3		2		2	1	1	
31岁	1	1		1		1	4	1	3	2	2	
32岁	7	5	2	3	2	1	4	2	2	5	5	
33岁	6	4	2	4	1	3	5	4	1	2	1	1
34岁	7	3	4	4	2	2	3	2	1	6	2	4
35-39	**39**	**20**	**19**	**18**	**16**	**2**	**33**	**16**	**17**	**23**	**15**	**8**
35岁	7	5	2	4	4		10	6	4	4	2	2
36岁	6	2	4	5	3	2	4	3	1	5	5	
37岁	8	2	6	5	5		6	2	4	4	3	1
38岁	10	6	4				6	1	5	4	2	2
39岁	8	5	3	4	4		7	4	3	6	3	3
40-44	**90**	**52**	**38**	**24**	**16**	**8**	**58**	**27**	**31**	**24**	**13**	**11**
40岁	10	5	5	8	7	1	10	3	7	3	2	1
41岁	18	9	9	5	3	2	13	4	9	2	1	1
42岁	27	11	16	3	1	2	11	9	2	7	3	4
43岁	28	21	7	6	4	2	12	5	7	7	3	4
44岁	7	6	1	2	1	1	12	6	6	5	4	1
45-49	**144**	**92**	**52**	**32**	**15**	**17**	**48**	**25**	**23**	**41**	**29**	**12**
45岁	26	14	12	4	1	3	12	6	6	8	4	4
46岁	23	16	7	10	7	3	14	6	8	9	4	5
47岁	21	12	9	3	2	1	6	3	3	9	7	2
48岁	36	26	10	7	3	4	6	4	2	9	9	
49岁	38	24	14	8	2	6	10	6	4	6	5	1
50-54	**162**	**86**	**76**	**32**	**22**	**10**	**38**	**10**	**28**	**80**	**35**	**45**
50岁	25	14	11	8	5	3	4	1	3	12	7	5
51岁	35	19	16	6	4	2	9	3	6	17	10	7
52岁	41	25	16	6	4	2	13	4	9	17	6	11
53岁	33	17	16	3	1	2	9	2	7	18	4	14
54岁	28	11	17	9	8	1	3		3	16	8	8

2-2 续表 5

单位：人

年龄	肢体残疾人			智力残疾人			精神残疾人			多重残疾人		
	小计	男	女	小计	男	女	小计	男	女	小计	男	女
55-59	**169**	**88**	**81**	**13**	**10**	**3**	**35**	**17**	**18**	**58**	**33**	**25**
55岁	40	23	17	2	2		7	3	4	9	4	5
56岁	33	15	18	4	4		9	4	5	11	7	4
57岁	31	16	15	5	3	2	8	3	5	9	5	4
58岁	30	17	13	2	1	1	5	3	2	11	6	5
59岁	35	17	18				6	4	2	18	11	7
60-64	**145**	**62**	**83**	**7**	**4**	**3**	**21**	**6**	**15**	**57**	**26**	**31**
60岁	35	14	21	1	1		5	1	4	7	4	3
61岁	19	8	11	2	1	1	6	2	4	9	6	3
62岁	29	11	18				5	1	4	11	5	6
63岁	33	14	19	2		2	1	1		11	6	5
64岁	29	15	14	2	2		4	1	3	19	5	14
65-69	**214**	**93**	**121**	**2**		**2**	**24**	**7**	**17**	**93**	**47**	**46**
65岁	35	17	18	2		2	6	3	3	18	9	9
66岁	31	12	19				3	1	2	17	7	10
67岁	47	21	26				3	1	2	18	11	7
68岁	46	18	28				6		6	12	8	4
69岁	55	25	30				6	2	4	28	12	16
70-74	**311**	**136**	**175**	**1**	**1**		**29**	**9**	**20**	**161**	**66**	**95**
70岁	70	31	39				8	2	6	34	10	24
71岁	52	23	29				6	2	4	29	10	19
72岁	75	29	46	1	1		5	2	3	25	10	15
73岁	56	27	29				3	1	2	35	15	20
74岁	58	26	32				7	2	5	38	21	17
75-79	**207**	**90**	**117**				**11**	**4**	**7**	**191**	**83**	**108**
75岁	54	15	39				3	1	2	41	18	23
76岁	54	25	29				2	1	1	38	12	26
77岁	38	22	16				2	1	1	49	21	28
78岁	32	14	18				3	1	2	29	17	12
79岁	29	14	15				1		1	34	15	19
80-84	**126**	**60**	**66**	**3**	**2**	**1**	**2**		**2**	**140**	**53**	**87**
80岁	29	10	19				1		1	22	9	13
81岁	28	15	13				1		1	29	12	17
82岁	28	16	12	1	1					35	16	19
83岁	22	12	10	1		1				32	8	24
84岁	19	7	12	1	1					22	8	14
85+	**38**	**12**	**26**				**1**		**1**	**118**	**49**	**69**

2－2a 城镇分年龄、性别、残疾类别的残疾人

单位：人

年 龄	残疾人			视力残疾人			听力残疾人			言语残疾人		
	合计	男	女	小计	男	女	小计	男	女	小计	男	女
总 计	**3400**	**1693**	**1707**	**232**	**93**	**139**	**800**	**452**	**348**	**15**	**10**	**5**
0-4	**11**	**7**	**4**	**3**	**1**	**2**				**2**	**2**	
0岁												
1岁	1		1									
2岁												
3岁	8	6	2	2		2				2	2	
4岁	2	1	1	1	1							
5-9	**13**	**10**	**3**									
5岁	5	3	2									
6岁	1	1										
7岁	4	3	1									
8岁	1	1										
9岁	2	2										
10-14	**17**	**8**	**9**									
10岁	3	3										
11岁	5	1	4									
12岁	3	2	1									
13岁	3	2	1									
14岁	3		3									
15-19	**34**	**22**	**12**	**1**	**1**		**2**	**2**				
15岁	7	3	4				1	1				
16岁	5	4	1									
17岁	7	5	2				1	1				
18岁	4	2	2									
19岁	11	8	3	1	1							
20-24	**48**	**26**	**22**	**3**	**1**	**2**	**3**	**2**	**1**			
20岁	9	5	4									
21岁	6	3	3	1		1						
22岁	11	7	4	1	1		1		1			
23岁	7	3	4									
24岁	15	8	7	1		1	2	2				
25-29	**45**	**27**	**18**	**1**		**1**						
25岁	11	6	5									

2－2a 续表 1

单位：人

年 龄	残疾人			视力残疾人			听力残疾人			言语残疾人		
	合计	男	女	小计	男	女	小计	男	女	小计	男	女
26岁	14	7	7	1		1						
27岁	10	8	2									
28岁	3	1	2									
29岁	7	5	2									
30-34	**55**	**30**	**25**	**4**	**2**	**2**	**2**		**2**			
30岁	7	3	4									
31岁	8	4	4									
32岁	16	12	4	1		1						
33岁	11	6	5	1	1		2		2			
34岁	13	5	8	2	1	1						
35-39	**82**	**48**	**34**	**6**	**3**	**3**	**6**	**4**	**2**			
35岁	12	8	4	1	1		1		1			
36岁	11	8	3									
37岁	21	10	11	2		2	1	1				
38岁	19	9	10	2	1	1	1		1			
39岁	19	13	6	1	1		3	3				
40-44	**157**	**95**	**62**	**12**	**10**	**2**	**9**	**4**	**5**	**1**		**1**
40岁	19	10	9	1	1							
41岁	29	16	13	2	2		1		1			
42岁	35	20	15	4	4		1		1	1		1
43岁	46	31	15	2	1	1	5	4	1			
44岁	28	18	10	3	2	1	2		2			
45-49	**234**	**140**	**94**	**23**	**13**	**10**	**24**	**15**	**9**	**1**	**1**	
45岁	43	21	22	7	3	4	4	3	1			
46岁	48	27	21	5	4	1	2		2			
47岁	29	17	12	4	2	2	4	2	2			
48岁	52	40	12	3	2	1	5	4	1			
49岁	62	35	27	4	2	2	9	6	3	1	1	
50-54	**237**	**125**	**112**	**25**	**11**	**14**	**29**	**15**	**14**	**2**	**2**	
50岁	41	22	19	5	1	4	4	2	2			
51岁	58	35	23	9	6	3	7	5	2	1	1	
52岁	57	31	26	3	1	2	7	2	5			
53岁	36	16	20	3	1	2	3	1	2	1	1	
54岁	45	21	24	5	2	3	8	5	3			
55-59	**222**	**121**	**101**	**11**	**5**	**6**	**40**	**24**	**16**			

2－2a 续表 2

单位：人

年 龄	残疾人			视力残疾人			听力残疾人			言语残疾人		
	合计	男	女	小计	男	女	小计	男	女	小计	男	女
55岁	48	29	19	2	2		8	2	6			
56岁	42	20	22	4		4	9	7	2			
57岁	39	22	17	1	1		8	5	3			
58岁	41	24	17	1		1	9	7	2			
59岁	52	26	26	3	2	1	6	3	3			
60-64	**211**	**90**	**121**	**23**	**5**	**18**	**42**	**27**	**15**	**1**		**1**
60岁	34	15	19	3		3	7	6	1			
61岁	38	18	20	5	2	3	8	4	4	1		1
62岁	42	15	27	5	2	3	5	3	2			
63岁	46	20	26	6		6	10	6	4			
64岁	51	22	29	4	1	3	12	8	4			
65-69	**384**	**169**	**215**	**28**	**8**	**20**	**114**	**58**	**56**	**2**	**1**	**1**
65岁	70	36	34	5	1	4	20	12	8			
66岁	58	22	36	4		4	22	10	12			
67岁	83	40	43	9	2	7	26	15	11			
68岁	82	31	51	6	2	4	26	13	13	1		1
69岁	91	40	51	4	3	1	20	8	12	1	1	
70-74	**582**	**268**	**314**	**35**	**13**	**22**	**181**	**97**	**84**	**2**	**1**	**1**
70岁	126	52	74	8	4	4	42	19	23	1	1	
71岁	100	44	56	11	4	7	27	14	13			
72岁	132	56	76	7	2	5	41	23	18			
73岁	109	53	56	4	1	3	34	17	17	1		1
74岁	115	63	52	5	2	3	37	24	13			
75-79	**501**	**238**	**263**	**28**	**7**	**21**	**161**	**93**	**68**	**1**	**1**	
75岁	118	47	71	8	2	6	35	19	16			
76岁	115	54	61	6	1	5	35	20	15	1	1	
77岁	107	53	54	2		2	42	23	19			
78岁	82	46	36	7	2	5	25	16	9			
79岁	79	38	41	5	2	3	24	15	9			
80-84	**326**	**153**	**173**	**14**	**6**	**8**	**100**	**56**	**44**	**3**	**2**	**1**
80岁	64	29	35	3		3	20	14	6	1	1	
81岁	72	35	37	4	2	2	21	10	11	1		1
82岁	70	38	32	3	2	1	21	13	8			
83岁	65	26	39	2	1	1	22	11	11			
84岁	55	25	30	2	1	1	16	8	8	1	1	
85+	**241**	**116**	**125**	**15**	**7**	**8**	**87**	**55**	**32**			

2－2a 续表 3

单位：人

年 龄	肢体残疾人			智力残疾人			精神残疾人			多重残疾人		
	小计	男	女	小计	男	女	小计	男	女	小计	男	女
总 计	**1228**	**596**	**632**	**145**	**84**	**61**	**257**	**115**	**142**	**723**	**343**	**380**
0-4				**4**	**2**	**2**				**2**	**2**	
0岁												
1岁				1		1						
2岁												
3岁				2	2					2	2	
4岁				1		1						
5-9	**1**		**1**	**2**	**2**					**10**	**8**	**2**
5岁	1		1							4	3	1
6岁										1	1	
7岁				1	1					3	2	1
8岁				1	1							
9岁										2	2	
10-14	**5**	**2**	**3**	**8**	**4**	**4**				**4**	**2**	**2**
10岁	1	1		1	1					1	1	
11岁	1		1	3	1	2				1		1
12岁				1	1					2	1	1
13岁	1	1		2	1	1						
14岁	2		2	1		1						
15-19	**2**	**2**		**16**	**8**	**8**	**5**	**4**	**1**	**8**	**5**	**3**
15岁				4	1	3				2	1	1
16岁				3	2	1	1	1		1	1	
17岁				2	1	1	2	1	1	2	2	
18岁				2	1	1				2	1	1
19岁	2	2		5	3	2	2	2		1		1
20-24	**12**	**8**	**4**	**19**	**10**	**9**	**7**	**3**	**4**	**4**	**2**	**2**
20岁	3	1	2	3	2	1				3	2	1
21岁	1	1		4	2	2						
22岁	3	3		2	1	1	3	2	1	1		1
23岁	3	2	1	3	1	2	1		1			
24岁	2	1	1	7	4	3	3	1	2			
25-29	**7**	**6**	**1**	**16**	**10**	**6**	**12**	**8**	**4**	**9**	**3**	**6**
25岁	1	1		6	4	2	2	1	1	2		2

2－2a 续表 4

单位：人

年龄	肢体残疾人			智力残疾人			精神残疾人			多重残疾人		
	小计	男	女	小计	男	女	小计	男	女	小计	男	女
26岁	3	2	1	3	1	2	2	2		5	2	3
27岁	1	1		6	4	2	3	3				
28岁	1	1					2		2			
29岁	1	1		1	1		3	2	1	2	1	1
30-34	**15**	**9**	**6**	**10**	**5**	**5**	**14**	**6**	**8**	**10**	**8**	**2**
30岁	3	1	2	2	2		2		2			
31岁	1	1		1		1	4	1	3	2	2	
32岁	6	5	1	2	1	1	3	2	1	4	4	
33岁	2	2		3	1	2	2	1	1	1	1	
34岁	3		3	2	1	1	3	2	1	3	1	2
35-39	**22**	**11**	**11**	**9**	**8**	**1**	**22**	**11**	**11**	**17**	**11**	**6**
35岁	1	1		2	2		5	3	2	2	1	1
36岁	4	2	2	2	1	1	2	2		3	3	
37岁	5	1	4	4	4		5	1	4	4	3	1
38岁	7	5	2				5	1	4	4	2	2
39岁	5	2	3	1	1		5	4	1	4	2	2
40-44	**62**	**39**	**23**	**11**	**8**	**3**	**43**	**24**	**19**	**19**	**10**	**9**
40岁	6	2	4	3	2	1	7	3	4	2	2	
41岁	14	9	5	1	1		10	4	6	1		1
42岁	17	8	9	1	1		7	6	1	4	1	3
43岁	19	15	4	4	3	1	9	5	4	7	3	4
44岁	6	5	1	2	1	1	10	6	4	5	4	1
45-49	**100**	**66**	**34**	**23**	**11**	**12**	**39**	**18**	**21**	**24**	**16**	**8**
45岁	14	8	6	3	1	2	10	4	6	5	2	3
46岁	17	11	6	8	6	2	11	4	7	5	2	3
47岁	11	7	4				5	2	3	5	4	1
48岁	26	21	5	6	3	3	6	4	2	6	6	
49岁	32	19	13	6	1	5	7	4	3	3	2	1
50-54	**105**	**60**	**45**	**16**	**10**	**6**	**27**	**7**	**20**	**33**	**20**	**13**
50岁	17	11	6	6	3	3	4	1	3	5	4	1
51岁	21	12	9	5	3	2	6	2	4	9	6	3
52岁	31	22	9	1	1		9	2	7	6	3	3
53岁	19	9	10				5	2	3	5	2	3
54岁	17	6	11	4	3	1	3		3	8	5	3
55-59	**113**	**58**	**55**	**8**	**6**	**2**	**23**	**13**	**10**	**27**	**15**	**12**

2－2a 续表 5

单位：人

年 龄	肢体残疾人			智力残疾人			精神残疾人			多重残疾人		
	小计	男	女	小计	男	女	小计	男	女	小计	男	女
55岁	30	19	11	1	1		5	3	2	2	2	
56岁	16	6	10	3	3		6	2	4	4	2	2
57岁	20	11	9	3	2	1	4	2	2	3	1	2
58岁	20	10	10	1		1	3	3		7	4	3
59岁	27	12	15				5	3	2	11	6	5
60-64	**97**	**39**	**58**	**1**		**1**	**13**	**5**	**8**	**34**	**14**	**20**
60岁	20	7	13				1		1	3	2	1
61岁	15	7	8				3	2	1	6	3	3
62岁	21	6	15				5	1	4	6	3	3
63岁	23	10	13	1		1	1	1		5	3	2
64岁	18	9	9				3	1	2	14	3	11
65-69	**156**	**67**	**89**	**1**		**1**	**19**	**5**	**14**	**64**	**30**	**34**
65岁	25	12	13	1		1	5	3	2	14	8	6
66岁	18	8	10				3	1	2	11	3	8
67岁	36	15	21				1		1	11	8	3
68岁	36	13	23				6		6	7	3	4
69岁	41	19	22				4	1	3	21	8	13
70-74	**234**	**100**	**134**				**21**	**7**	**14**	**109**	**50**	**59**
70岁	49	20	29				5	1	4	21	7	14
71岁	39	16	23				5	2	3	18	8	10
72岁	64	23	41				4	2	2	16	6	10
73岁	39	20	19				2	1	1	29	14	15
74岁	43	21	22				5	1	4	25	15	10
75-79	**163**	**73**	**90**				**9**	**4**	**5**	**139**	**60**	**79**
75岁	42	12	30				3	1	2	30	13	17
76岁	46	21	25				2	1	1	25	10	15
77岁	26	16	10				2	1	1	35	13	22
78岁	27	14	13				2	1	1	21	13	8
79岁	22	10	12							28	11	17
80-84	**99**	**45**	**54**	**1**		**1**	**2**		**2**	**107**	**44**	**63**
80岁	22	6	16				1		1	17	8	9
81岁	20	11	9				1		1	25	12	13
82岁	23	12	11							23	11	12
83岁	17	9	8	1		1				23	5	18
84岁	17	7	10							19	8	11
85+	**35**	**11**	**24**				**1**		**1**	**103**	**43**	**60**

2－2b　农村分年龄、性别、残疾类别的残疾人

单位：人

年　龄	残疾人			视力残疾人			听力残疾人			言语残疾人		
	合　计	男	女	小计	男	女	小计	男	女	小计	男	女
总　计	**1452**	**710**	**742**	**93**	**39**	**54**	**300**	**165**	**135**	**16**	**10**	**6**
0-4	**22**	**16**	**6**				**1**	**1**		**1**		**1**
0岁	5	5										
1岁	3	3					1	1				
2岁	1		1									
3岁	8	6	2									
4岁	5	2	3							1		1
5-9	**18**	**8**	**10**							**1**		**1**
5岁	4	1	3							1		1
6岁	4	3	1									
7岁	7	3	4									
8岁	1		1									
9岁	2	1	1									
10-14	**15**	**6**	**9**				**1**	**1**				
10岁	3	1	2									
11岁	8	4	4				1	1				
12岁	1		1									
13岁												
14岁	3	1	2									
15-19	**29**	**12**	**17**	**3**		**3**				**2**	**1**	**1**
15岁	6	3	3							1	1	
16岁	4	3	1	1		1						
17岁	7	3	4	1		1				1		1
18岁	4	1	3									
19岁	8	2	6	1		1						
20-24	**17**	**9**	**8**									
20岁	5	3	2									
21岁	3	1	2									
22岁	3	2	1									
23岁	1	1										
24岁	5	2	3									
25-29	**16**	**8**	**8**				**2**	**1**	**1**	**1**	**1**	
25岁	5	2	3				1		1			
26岁	7	3	4				1	1				

2－2b 续表 1

单位：人

年龄	残疾人			视力残疾人			听力残疾人			言语残疾人		
	合计	男	女	小计	男	女	小计	男	女	小计	男	女
27岁	1	1										
28岁	2	1	1									
29岁	1	1								1	1	
30-34	**30**	**16**	**14**	**2**	**2**		**2**		**2**			
30岁	5	3	2	1	1							
31岁												
32岁	6	3	3	1	1		1		1			
33岁	9	5	4									
34岁	10	5	5				1		1			
35-39	**55**	**31**	**24**	**2**	**1**	**1**	**10**	**4**	**6**			
35岁	18	12	6				3	2	1			
36岁	11	5	6				2		2			
37岁	8	5	3	1	1		2	1	1			
38岁	6	2	4	1		1	1	1				
39岁	12	7	5				2		2			
40-44	**81**	**38**	**43**	**5**	**3**	**2**	**12**	**6**	**6**	**3**	**2**	**1**
40岁	18	11	7	1	1		3	2	1	1		1
41岁	17	6	11	2	1	1	3	2	1			
42岁	24	10	14	1	1		4	1	3			
43岁	17	9	8	1		1	1	1		1	1	
44岁	5	2	3				1		1	1	1	
45-49	**105**	**66**	**39**	**7**	**5**	**2**	**17**	**11**	**6**	**2**		**2**
45岁	21	12	9	1	1		1	1		1		1
46岁	18	13	5				3	3				
47岁	25	14	11	3	1	2	4	2	2			
48岁	17	8	9				3		3			
49岁	24	19	5	3	3		6	5	1	1		1
50-54	**166**	**75**	**91**	**4**	**2**	**2**	**29**	**15**	**14**	**2**	**2**	
50岁	24	13	11				6	4	2	1	1	
51岁	31	15	16	3	2	1	2		2			
52岁	39	16	23	1		1	7	4	3	1	1	
53岁	42	15	27				8	4	4			
54岁	30	16	14				6	3	3			
55-59	**144**	**83**	**61**	**12**	**7**	**5**	**26**	**18**	**8**	**2**	**2**	
55岁	29	13	16	2	1	1	5	3	2	2	2	

2－2b 续表 2

单位：人

年 龄	残疾人			视力残疾人			听力残疾人			言语残疾人		
	合 计	男	女	小计	男	女	小计	男	女	小计	男	女
56岁	36	23	13	3	2	1	5	4	1			
57岁	34	19	15	3	1	2	8	7	1			
58岁	27	16	11	4	3	1	6	3	3			
59岁	18	12	6				2	1	1			
60-64	**115**	**54**	**61**	**11**	**4**	**7**	**18**	**9**	**9**	**1**	**1**	
60岁	28	12	16	2		2	2	1	1			
61岁	23	11	12	3	1	2	7	4	3	1	1	
62岁	19	12	7	3	3		3	2	1			
63岁	22	8	14	2		2	3	1	2			
64岁	23	11	12	1		1	3	1	2			
65-69	**146**	**72**	**74**	**15**	**4**	**11**	**37**	**22**	**15**	**1**	**1**	
65岁	23	10	13	2		2	5	4	1			
66岁	33	14	19	3		3	10	5	5	1	1	
67岁	31	14	17	4	1	3	7	3	4			
68岁	25	16	9	2	1	1	8	5	3			
69岁	34	18	16	4	2	2	7	5	2			
70-74	**201**	**89**	**112**	**11**	**3**	**8**	**52**	**31**	**21**			
70岁	49	19	30	3	2	1	9	2	7			
71岁	39	18	21	3		3	11	9	2			
72岁	33	17	16	1	1		10	5	5			
73岁	41	17	24	3		3	14	9	5			
74岁	39	18	21	1		1	8	6	2			
75-79	**159**	**71**	**88**	**17**	**7**	**10**	**44**	**24**	**20**			
75岁	37	13	24	3	1	2	11	4	7			
76岁	30	12	18	4	2	2	5	4	1			
77岁	46	26	20	5	1	4	15	11	4			
78岁	27	10	17	5	3	2	8	3	5			
79岁	19	10	9				5	2	3			
80-84	**90**	**40**	**50**	**2**	**1**	**1**	**26**	**13**	**13**			
80岁	25	10	15	1		1	12	5	7			
81岁	16	6	10				4	2	2			
82岁	23	13	10	1	1		4	2	2			
83岁	17	8	9				3	2	1			
84岁	9	3	6				3	2	1			
85+	**43**	**16**	**27**	**2**		**2**	**23**	**9**	**14**			

2－2b 续表 3

单位：人

年龄	肢体残疾人			智力残疾人			精神残疾人			多重残疾人		
	小计	男	女	小计	男	女	小计	男	女	小计	男	女
总　计	**497**	**243**	**254**	**98**	**64**	**34**	**90**	**31**	**59**	**358**	**158**	**200**
0-4	**3**	**1**	**2**	**8**	**7**	**1**				**9**	**7**	**2**
0岁				4	4					1	1	
1岁										2	2	
2岁				1		1						
3岁	2	1	1	2	2					4	3	1
4岁	1		1	1	1					2	1	1
5-9	**4**	**3**	**1**	**3**	**1**	**2**				**10**	**4**	**6**
5岁	2	1	1	1		1						
6岁	1	1		1	1					2	1	1
7岁	1	1								6	2	4
8岁										1		1
9岁				1		1				1	1	
10-14	**3**	**1**	**2**	**2**	**1**	**1**				**9**	**3**	**6**
10岁				1		1				2	1	1
11岁	2	1	1							5	2	3
12岁										1		1
13岁												
14岁	1		1	1	1					1		1
15-19	**6**	**4**	**2**	**10**	**5**	**5**	**2**		**2**	**6**	**2**	**4**
15岁	1	1		1	1		1		1	2		2
16岁				3	3							
17岁	2	1	1							3	2	1
18岁	1		1	2	1	1				1		1
19岁	2	2		4		4	1		1			
20-24	**7**	**5**	**2**	**4**	**2**	**2**	**1**		**1**	**5**	**2**	**3**
20岁	1	1		1	1					3	1	2
21岁	1		1							2	1	1
22岁	1	1		2	1	1						
23岁	1	1										
24岁	3	2	1	1		1	1		1			
25-29	**4**	**2**	**2**	**4**	**2**	**2**	**2**	**1**	**1**	**3**	**1**	**2**
25岁	2	1	1				2	1	1			
26岁	1		1	2	1	1				3	1	2

2－2b 续表 4

单位：人

年 龄	肢体残疾人			智力残疾人			精神残疾人			多重残疾人		
	小计	男	女	小计	男	女	小计	男	女	小计	男	女
27岁				1	1							
28岁	1	1		1		1						
29岁												
30-34	**11**	**5**	**6**	**5**	**3**	**2**	**4**	**3**	**1**	**6**	**3**	**3**
30岁	2		2	1	1					1	1	
31岁												
32岁	1		1	1	1		1		1	1	1	
33岁	4	2	2	1		1	3	3		1		1
34岁	4	3	1	2	1	1				3	1	2
35-39	**17**	**9**	**8**	**9**	**8**	**1**	**11**	**5**	**6**	**6**	**4**	**2**
35岁	6	4	2	2	2		5	3	2	2	1	1
36岁	2		2	3	2	1	2	1	1	2	2	
37岁	3	1	2	1	1		1	1				
38岁	3	1	2				1		1			
39岁	3	3		3	3		2		2	2	1	1
40-44	**28**	**13**	**15**	**13**	**8**	**5**	**15**	**3**	**12**	**5**	**3**	**2**
40岁	4	3	1	5	5		3		3	1		1
41岁	4		4	4	2	2	3		3	1	1	
42岁	10	3	7	2		2	4	3	1	3	2	1
43岁	9	6	3	2	1	1	3		3			
44岁	1	1					2		2			
45-49	**44**	**26**	**18**	**9**	**4**	**5**	**9**	**7**	**2**	**17**	**13**	**4**
45岁	12	6	6	1		1	2	2		3	2	1
46岁	6	5	1	2	1	1	3	2	1	4	2	2
47岁	10	5	5	3	2	1	1	1		4	3	1
48岁	10	5	5	1		1				3	3	
49岁	6	5	1	2	1	1	3	2	1	3	3	
50-54	**57**	**26**	**31**	**16**	**12**	**4**	**11**	**3**	**8**	**47**	**15**	**32**
50岁	8	3	5	2	2					7	3	4
51岁	14	7	7	1	1		3	1	2	8	4	4
52岁	10	3	7	5	3	2	4	2	2	11	3	8
53岁	14	8	6	3	1	2	4		4	13	2	11
54岁	11	5	6	5	5					8	3	5
55-59	**56**	**30**	**26**	**5**	**4**	**1**	**12**	**4**	**8**	**31**	**18**	**13**
55岁	10	4	6	1	1		2		2	7	2	5

2－2b 续表 5

单位：人

年 龄	肢体残疾人			智力残疾人			精神残疾人			多重残疾人		
	小计	男	女	小计	男	女	小计	男	女	小计	男	女
56岁	17	9	8	1	1		3	2	1	7	5	2
57岁	11	5	6	2	1	1	4	1	3	6	4	2
58岁	10	7	3	1	1		2		2	4	2	2
59岁	8	5	3				1	1		7	5	2
60－64	**48**	**23**	**25**	**6**	**4**	**2**	**8**	**1**	**7**	**23**	**12**	**11**
60岁	15	7	8	1	1		4	1	3	4	2	2
61岁	4	1	3	2	1	1	3		3	3	3	
62岁	8	5	3							5	2	3
63岁	10	4	6	1		1				6	3	3
64岁	11	6	5	2	2		1		1	5	2	3
65－69	**58**	**26**	**32**	**1**		**1**	**5**	**2**	**3**	**29**	**17**	**12**
65岁	10	5	5	1		1	1		1	4	1	3
66岁	13	4	9							6	4	2
67岁	11	6	5				2	1	1	7	3	4
68岁	10	5	5							5	5	
69岁	14	6	8				2	1	1	7	4	3
70－74	**77**	**36**	**41**	**1**	**1**		**8**	**2**	**6**	**52**	**16**	**36**
70岁	21	11	10				3	1	2	13	3	10
71岁	13	7	6				1		1	11	2	9
72岁	11	6	5	1	1		1		1	9	4	5
73岁	17	7	10				1		1	6	1	5
74岁	15	5	10				2	1	1	13	6	7
75－79	**44**	**17**	**27**				**2**		**2**	**52**	**23**	**29**
75岁	12	3	9							11	5	6
76岁	8	4	4							13	2	11
77岁	12	6	6							14	8	6
78岁	5		5				1		1	8	4	4
79岁	7	4	3				1		1	6	4	2
80－84	**27**	**15**	**12**	**2**	**2**					**33**	**9**	**24**
80岁	7	4	3							5	1	4
81岁	8	4	4							4		4
82岁	5	4	1	1	1					12	5	7
83岁	5	3	2							9	3	6
84岁	2		2	1	1					3		3
85+	**3**	**1**	**2**							**15**	**6**	**9**

2－3　多重残疾人的残疾类别组合

单位：人，%

残疾类别组合	多重残疾人			占多重残疾人总数的比重
	合计	男	女	
总　　计	**1081**	**501**	**580**	**100.00**
二种残疾类别组合人数小计	**746**	**335**	**411**	**69.01**
视力、听力	75	27	48	6.94
视力、言语				
视力、肢体	74	20	54	6.85
视力、智力	1		1	0.09
视力、精神	5	2	3	0.46
听力、言语	65	26	39	6.01
听力、智力	11	5	6	1.02
听力、肢体	200	100	100	18.50
听力、精神	12	7	5	1.11
言语、智力	40	21	19	3.70
言语、肢体	71	41	30	6.57
言语、精神	2		2	0.19
智力、肢体	33	21	12	3.05
智力、精神	124	56	68	11.47
肢体、精神	33	9	24	3.05
三种残疾类别组合人数小计	**211**	**104**	**107**	**19.52**
视力、听力、言语	1		1	0.09
视力、听力、肢体	25	10	15	2.31
视力、听力、智力	3	2	1	0.28
视力、听力、精神	1	1		0.09
视力、言语、肢体				
视力、言语、智力	1	1		0.09
视力、言语、精神				
视力、肢体、智力				
视力、肢体、精神	3		3	0.28
视力、智力、精神	11	5	6	1.02
听力、言语、肢体	13	8	5	1.20
听力、言语、智力	11	6	5	1.02
听力、言语、精神	1		1	0.09
听力、肢体、智力	2	2		0.19
听力、肢体、精神	3	1	2	0.28
听力、智力、精神	23	11	12	2.13
言语、肢体、智力	23	15	8	2.13
言语、肢体、精神				
言语、智力、精神	15	9	6	1.39
肢体、智力、精神	75	33	42	6.94
四种残疾类别组合人数小计	**105**	**50**	**55**	**9.71**
五种残疾类别组合人数小计	**17**	**10**	**7**	**1.57**
六种残疾类别组合人数小计	**2**	**2**		**0.19**

2－4 各地区分民族、性别的残疾人

单位：人

地 区	残疾人			汉族			蒙古族		
	合计	男	女	小计	男	女	小计	男	女
总 计	**4852**	**2403**	**2449**	**4657**	**2311**	**2346**	**10**	**7**	**3**
东城区	296	138	158	276	129	147	2	1	1
西城区	440	205	235	427	199	228			
崇文区	140	65	75	132	61	71			
宣武区	225	111	114	205	102	103	1	1	
朝阳区	588	300	288	515	268	247	3	2	1
丰台区	307	159	148	296	154	142	1	1	
石景山区	165	84	81	158	81	77			
海淀区	562	249	313	545	238	307	2	2	
门头沟区	103	59	44	101	58	43			
房山区	376	178	198	371	174	197			
通州区	313	163	150	311	163	148			
顺义区	217	105	112	213	103	110			
昌平区	182	99	83	182	99	83			
大兴区	197	108	89	196	108	88			
怀柔区	125	66	59	121	64	57			
平谷区	281	146	135	281	146	135			
密云县	223	108	115	217	104	113			
延庆县	112	60	52	110	60	50	1		1

2-4 续表 1

单位：人

地 区	回族			藏族			维吾尔族		
	小计	男	女	小计	男	女	小计	男	女
总 计	**118**	**53**	**65**						
东城区	10	6	4						
西城区	6	3	3						
崇文区	1	1							
宣武区	15	7	8						
朝阳区	60	24	36						
丰台区	7	2	5						
石景山区	5	1	4						
海淀区	9	7	2						
门头沟区									
房山区	3	2	1						
通州区	1		1						
顺义区									
昌平区									
大兴区	1		1						
怀柔区									
平谷区									
密云县									
延庆县									

2-4 续表 2

单位：人

地 区	苗族			彝族			壮族		
	小计	男	女	小计	男	女	小计	男	女
合 计	**1**	**1**		**1**		**1**	**1**		**1**
东城区									
西城区									
崇文区									
宣武区									
朝阳区				1		1			
丰台区									
石景山区	1	1							
海淀区									
门头沟区									
房山区									
通州区							1		1
顺义区									
昌平区									
大兴区									
怀柔区									
平谷区									
密云县									
延庆县									

2-4 续表 3

单位：人

地区	布依族			朝鲜族			满族			其他少数民族		
	小计	男	女	小计	男	女	小计	男	女	小计	男	女
合计	**1**		**1**	**2**		**2**	**61**	**31**	**30**			
东城区							8	2	6			
西城区							7	3	4			
崇文区							7	3	4			
宣武区							4	1	3			
朝阳区							9	6	3			
丰台区				1		1	2	2				
石景山区							1	1				
海淀区				1		1	5	2	3			
门头沟区	1		1				1	1				
房山区							2	2				
通州区												
顺义区							4	2	2			
昌平区												
大兴区												
怀柔区							4	2	2			
平谷区												
密云县							6	4	2			
延庆县							1		1			

2－5 各地区分性别、户口登记状况的残疾人

单位：人

地 区	残疾人			住本调查小区，户口在本乡、镇、街道		
	合计	男	女	小计	男	女
总 计	**4852**	**2403**	**2449**	**4426**	**2203**	**2223**
东城区	296	138	158	273	130	143
西城区	440	205	235	401	189	212
崇文区	140	65	75	125	58	67
宣武区	225	111	114	210	102	108
朝阳区	588	300	288	494	257	237
丰台区	307	159	148	258	137	121
石景山区	165	84	81	159	82	77
海淀区	562	249	313	507	222	285
门头沟区	103	59	44	93	52	41
房山区	376	178	198	370	176	194
通州区	313	163	150	308	160	148
顺义区	217	105	112	197	99	98
昌平区	182	99	83	173	95	78
大兴区	197	108	89	158	84	74
怀柔区	125	66	59	113	60	53
平谷区	281	146	135	271	145	126
密云县	223	108	115	211	99	112
延庆县	112	60	52	105	56	49

2－5 续表

单位：人

地区	住本调查小区半年以上，户口在外乡、镇、街道			住本调查小区不满半年，离开户口所在地半年以上			住本调查小区，户口待定		
	小计	男	女	小计	男	女	小计	男	女
总　计	**419**	**197**	**222**	**4**	**1**	**3**	**3**	**2**	**1**
东城区	23	8	15						
西城区	39	16	23						
崇文区	14	7	7	1		1			
宣武区	15	9	6						
朝阳区	94	43	51						
丰台区	49	22	27						
石景山区	6	2	4						
海淀区	54	27	27	1		1			
门头沟区	10	7	3						
房山区	5	2	3				1		1
通州区	5	3	2						
顺义区	20	6	14						
昌平区	9	4	5						
大兴区	37	22	15	1	1		1	1	
怀柔区	12	6	6						
平谷区	9	1	8	1		1			
密云县	11	8	3				1	1	
延庆县	7	4	3						

2-6 各地区分性别、户口性质的残疾人口

单位：人

地区	残疾人			农业户口			非农业户口			户口性质待定		
	合计	男	女	小计	男	女	小计	男	女	小计	男	女
总计	**4852**	**2403**	**2449**	**1798**	**848**	**950**	**3051**	**1553**	**1498**	**3**	**2**	**1**
东城区	296	138	158	3		3	293	138	155			
西城区	440	205	235	3	1	2	437	204	233			
崇文区	140	65	75	1		1	139	65	74			
宣武区	225	111	114	4	1	3	221	110	111			
朝阳区	588	300	288	45	19	26	543	281	262			
丰台区	307	159	148	73	34	39	234	125	109			
石景山区	165	84	81	1		1	164	84	80			
海淀区	562	249	313	46	8	38	516	241	275			
门头沟区	103	59	44	46	24	22	57	35	22			
房山区	376	178	198	264	116	148	111	62	49	1		1
通州区	313	163	150	247	116	131	66	47	19			
顺义区	217	105	112	195	92	103	22	13	9			
昌平区	182	99	83	89	48	41	93	51	42			
大兴区	197	108	89	145	77	68	51	30	21	1	1	
怀柔区	125	66	59	89	40	49	36	26	10			
平谷区	281	146	135	256	130	126	25	16	9			
密云县	223	108	115	195	94	101	27	13	14	1	1	
延庆县	112	60	52	96	48	48	16	12	4			

2-7 有残疾人的家庭户类别

单位：户

家庭户类型	合计	一代户				二代户			
		小计	只有1个残疾人的户	有2个残疾人的户	有3人以上残疾人的户	小计	只有1个残疾人的户	有2个残疾人的户	有3人以上残疾人的户
总 计	**4293**	**1563**	**1408**	**154**	**1**	**1567**	**1346**	**198**	**23**
一人户	421	421	421						
二人户	1323	1059	926	133		264	237	27	
三人户	1111	70	56	14		981	846	124	11
四人户	775	11	4	6	1	279	226	45	8
五人户	493	2	1	1		35	34	1	
六人户	134					6	2	1	3
七人户	29					1			1
八人户	7					1	1		
九人户									

2-7 续表

单位：户

家庭户类型	三代户				四代户及以上			
	小计	只有1个残疾人的户	有2个残疾人的户	有3人以上残疾人的户	小计	只有1个残疾人的户	有2个残疾人的户	有3人以上残疾人的户
总 计	**1134**	**995**	**128**	**11**	**29**	**24**	**4**	**1**
一人户								
二人户								
三人户	60	57	3					
四人户	485	446	37	2				
五人户	446	373	70	3	10	9		1
六人户	117	99	13	5	11	9	2	
七人户	20	15	4	1	8	6	2	
八人户	6	5	1					
九人户								

2-7a 城镇有残疾人的家庭户类别

单位：户

家庭户类型	合计	一代户				二代户			
		小计	只有1个残疾人的户	有2个残疾人的户	有3人以上残疾人的户	小计	只有1个残疾人的户	有2个残疾人的户	有3人以上残疾人的户
总　计	**3028**	**1113**	**1009**	**104**		**1149**	**991**	**146**	**12**
一人户	292	292	292						
二人户	968	754	667	87		214	194	20	
三人户	848	61	47	14		738	632	97	9
四人户	529	5	2	3		171	139	29	3
五人户	298	1	1			24	24		
六人户	73					1	1		
七人户	15								
八人户	5					1	1		
九人户									

2-7a 续表

单位：户

家庭户类型	三代户				四代户及以上			
	小计	只有1个残疾人的户	有2个残疾人的户	有3人以上残疾人的户	小计	只有1个残疾人的户	有2个残疾人的户	有3人以上残疾人的户
总　计	**751**	**660**	**86**	**5**	**15**	**13**	**2**	
一人户								
二人户								
三人户	49	47	2					
四人户	353	323	28	2				
五人户	267	218	48	1	6	6		
六人户	66	59	5	2	6	5	1	
七人户	12	10	2		3	2	1	
八人户	4	3	1					
九人户								

2-7b　农村有残疾人的家庭户类别

单位：户

家庭户类型	合计	一代户				二代户			
		小计	只有1个残疾人的户	有2个残疾人的户	有3人以上残疾人的户	小计	只有1个残疾人的户	有2个残疾人的户	有3人以上残疾人的户
总　计	**1265**	**450**	**399**	**50**	**1**	**418**	**355**	**52**	**11**
一人户	129	129	129						
二人户	355	305	259	46		50	43	7	
三人户	263	9	9			243	214	27	2
四人户	246	6	2	3	1	108	87	16	5
五人户	195	1		1		11	10	1	
六人户	61					5	1	1	3
七人户	14					1			1
八人户	2								
九人户									

2-7b　续表

单位：户

家庭户类型	三代户				四代户及以上			
	小计	只有1个残疾人的户	有2个残疾人的户	有3人以上残疾人的户	小计	只有1个残疾人的户	有2个残疾人的户	有3人以上残疾人的户
总　计	**383**	**335**	**42**	**6**	**14**	**11**	**2**	**1**
一人户								
二人户								
三人户	11	10	1					
四人户	132	123	9					
五人户	179	155	22	2	4	3		1
六人户	51	40	8	3	5	4	1	
七人户	8	5	2	1	5	4	1	
八人户	2	2						
九人户								

2－8　6岁及以上残疾人分年龄、性别的受教育程度

单位：人

年　龄	残疾人			不识字			未上过学		
	合计	男	女	小计	男	女	小计	男	女
总　计	**4810**	**2376**	**2434**	**1261**	**332**	**929**	**93**	**43**	**50**
6岁	5	4	1	5	4	1			
7岁	11	6	5	7	2	5			
8岁	2	1	1						
9岁	4	3	1	2	2				
10岁	6	4	2	3	2	1			
11岁	13	5	8	4	2	2			
12岁	4	2	2	2	1	1			
13岁	3	2	1	1	1				
14岁	6	1	5	1		1			
15岁	13	6	7	3	1	2			
16岁	9	7	2	2	1	1			
17岁	14	8	6	3	2	1			
18岁	8	3	5	2	1	1			
19岁	19	10	9	2		2			
20岁	14	8	6	6	4	2			
21岁	9	4	5						
22岁	14	9	5	1		1			
23岁	8	4	4						
24岁	20	10	10	2	1	1			
25岁	16	8	8	4	1	3			
26岁	21	10	11	7	1	6			
27岁	11	9	2	1	1				
28岁	5	2	3	1		1			
29岁	8	6	2	2	1	1			
30岁	12	6	6	3	3				

2－8 续表 1

单位：人

年 龄	残疾人			不识字			未上过学		
	小计	男	女	小计	男	女	小计	男	女
31岁	8	4	4	2	1	1			
32岁	22	15	7	4	4				
33岁	20	11	9						
34岁	23	10	13	2	1	1			
35岁	30	20	10	6	5	1			
36岁	22	13	9	8	6	2			
37岁	29	15	14	3	3				
38岁	25	11	14	3	1	2			
39岁	31	20	11	7	5	2			
40岁	37	21	16	2	1	1	1		1
41岁	46	22	24	5	3	2			
42岁	59	30	29	6	3	3	1		1
43岁	63	40	23	5	2	3			
44岁	33	20	13	1	1				
45岁	64	33	31	7	1	6			
46岁	66	40	26	4	3	1			
47岁	54	31	23	8	5	3			
48岁	69	48	21	9	3	6			
49岁	86	54	32	6	3	3			
50岁	65	35	30	15	8	7			
51岁	89	50	39	16	7	9			
52岁	96	47	49	21	8	13			
53岁	78	31	47	16	3	13			
54岁	75	37	38	14	7	7	2	1	1
55岁	77	42	35	12	3	9	1	1	
56岁	78	43	35	11	7	4			
57岁	73	41	32	14	7	7			
58岁	68	40	28	6	3	3			

2-8 续表 2

单位：人

年 龄	残疾人			不识字			未上过学		
	小计	男	女	小计	男	女	小计	男	女
59岁	70	38	32	7	2	5	1	1	
60岁	62	27	35	6	2	4			
61岁	61	29	32	10	3	7			
62岁	61	27	34	6	2	4			
63岁	68	28	40	9		9	1		1
64岁	74	33	41	20	5	15			
65岁	93	46	47	10	2	8	1		1
66岁	91	36	55	18	2	16			
67岁	114	54	60	24	4	20	2	1	1
68岁	107	47	60	19	3	16	1		1
69岁	125	58	67	38	11	27	6	3	3
70岁	175	71	104	52	7	45	7	2	5
71岁	139	62	77	49	11	38	4	2	2
72岁	165	73	92	51	9	42	7	3	4
73岁	150	70	80	64	16	48	5	3	2
74岁	154	81	73	54	12	42	6	4	2
75岁	155	60	95	62	8	54	7	4	3
76岁	145	66	79	55	10	45	4	1	3
77岁	153	79	74	57	17	40	5	3	2
78岁	109	56	53	51	10	41	5	3	2
79岁	98	48	50	36	9	27	6	3	3
80岁	89	39	50	42	8	34	3	1	2
81岁	88	41	47	40	5	35	3	2	1
82岁	93	51	42	33	8	25	3	1	2
83岁	82	34	48	31	6	25			
84岁	64	28	36	22	1	21	3	1	2
85+	284	132	152	118	24	94	8	3	5

2－8 续表 3

单位：人

年 龄	小学			初中			高中		
	小计	男	女	小计	男	女	小计	男	女
总 计	**1331**	**749**	**582**	**1137**	**667**	**470**	**429**	**246**	**183**
6岁									
7岁	4	4							
8岁	2	1	1						
9岁	1		1	1	1				
10岁	3	2	1						
11岁	9	3	6						
12岁	2	1	1						
13岁	1		1	1	1				
14岁	2	1	1	3		3			
15岁	5	1	4	5	4	1			
16岁	3	3		3	3		1		1
17岁	2	2		4	1	3	4	2	2
18岁	4	1	3	1		1			
19岁	2		2	5	2	3	3	2	1
20岁	2	2		2	1	1	2		2
21岁	2	2		6	2	4	1		1
22岁	2	2		7	4	3			
23岁	2		2	4	3	1	2	1	1
24岁	1	1		8	5	3	2		2
25岁				7	4	3	1	1	
26岁	2	2		5	3	2	2		2
27岁	5	5		3	1	2	2	2	
28岁				1	1		1		1
29岁				5	5				
30岁	1	1		7	1	6	1	1	

2－8 续表 4

单位：人

年 龄	小学			初中			高中		
	小计	男	女	小计	男	女	小计	男	女
31岁				2	1	1	3	2	1
32岁	4	3	1	7	3	4	2	1	1
33岁	6	1	5	7	6	1	2	1	1
34岁	6	3	3	6	2	4	2	1	1
35岁	7	5	2	11	8	3	1		1
36岁	7	3	4	4	2	2	1	1	
37岁	4	3	1	12	4	8	4	1	3
38岁	4	2	2	11	2	9	2	2	
39岁	9	3	6	10	8	2	2	1	1
40岁	16	12	4	12	6	6	2		2
41岁	9	5	4	15	6	9	12	6	6
42岁	7	3	4	20	9	11	21	13	8
43岁	3		3	24	15	9	27	20	7
44岁	1		1	11	7	4	18	11	7
45岁	3	1	2	24	15	9	24	14	10
46岁	10	7	3	16	11	5	32	18	14
47岁	8	4	4	15	9	6	22	13	9
48岁	9	7	2	23	18	5	22	15	7
49岁	10	6	4	34	26	8	28	13	15
50岁	11	4	7	28	18	10	7	2	5
51岁	21	13	8	43	23	20			
52岁	15	7	8	50	26	24	4	3	1
53岁	25	8	17	34	18	16	1	1	
54岁	18	9	9	36	17	19	2	1	1
55岁	14	9	5	42	24	18			
56岁	31	16	15	29	17	12	1	1	
57岁	25	13	12	24	15	9	4	1	3
58岁	31	16	15	20	14	6	6	4	2

2-8 续表 5

单位：人

年龄	小学			初中			高中		
	小计	男	女	小计	男	女	小计	男	女
59岁	28	17	11	21	11	10	2	1	1
60岁	18	6	12	24	11	13	4	2	2
61岁	17	8	9	20	11	9	5	4	1
62岁	15	8	7	29	12	17	3	2	1
63岁	23	9	14	21	11	10	2	2	
64岁	24	11	13	18	9	9	2	1	1
65岁	32	16	16	22	13	9	6	4	2
66岁	29	15	14	23	9	14	10	3	7
67岁	40	19	21	17	10	7	9	6	3
68岁	44	25	19	15	6	9	8	3	5
69岁	51	25	26	15	8	7	6	4	2
70岁	70	37	33	25	12	13	5	3	2
71岁	48	23	25	23	14	9	3	3	
72岁	64	37	27	21	13	8	5	3	2
73岁	45	22	23	23	20	3	1	1	
74岁	39	22	17	21	18	3	12	9	3
75岁	41	26	15	20	10	10	9	4	5
76岁	44	25	19	15	11	4	7	5	2
77岁	49	31	18	16	12	4	7	5	2
78岁	22	18	4	15	12	3	3	2	1
79岁	21	15	6	16	11	5	4	2	2
80岁	20	13	7	7	4	3	6	4	2
81岁	25	19	6	9	9		6	2	4
82岁	35	27	8	5	5		6	2	4
83岁	31	17	14	9	5	4			
84岁	14	10	4	6	5	1	12	7	5
85+	71	51	20	33	23	10	12	7	5

2－8 续表 6

单位：人

年 龄	中专			大学专科			大学本科			研究生		
	小计	男	女	小计	男	女	小计	男	女	小计	男	女
总 计	**171**	**99**	**72**	**174**	**103**	**71**	**202**	**132**	**70**	**12**	**5**	**7**
6岁												
7岁												
8岁												
9岁												
10岁												
11岁												
12岁												
13岁												
14岁												
15岁												
16岁												
17岁	1	1										
18岁	1	1										
19岁	3	2	1	3	3		1	1				
20岁	1	1					1		1			
21岁												
22岁	2	2					2	1	1			
23岁												
24岁	2	1	1	3	2	1	1		1	1		1
25岁	3	2	1	1		1						
26岁	1	1		2	2		2	1	1			
27岁												
28岁	1	1		1		1						
29岁				1		1						
30岁												

2－8 续表 7

单位：人

年龄	中专			大学专科			大学本科			研究生		
	小计	男	女	小计	男	女	小计	男	女	小计	男	女
31岁				1		1						
32岁	1	1		3	2	1	1	1				
33岁	3	3		2		2						
34岁	2	2		3	1	2	1		1	1		1
35岁	3	1	2	2	1	1						
36岁				1	1					1		1
37岁	2	2		2	1	1	2	1	1			
38岁	2	1	1	3	3							
39岁	2	2		1	1							
40岁	2		2	2	2							
41岁				3	1	2	1	1		1		1
42岁	1		1	2	1	1	1	1				
43岁	1	1		2	1	1	1	1				
44岁				2	1	1						
45岁				5	2	3	1		1			
46岁				2		2	2	1	1			
47岁				1		1						
48岁	2	2		3	3		1		1			
49岁	2	2		5	4	1	1		1			
50岁	2	1	1	2	2							
51岁	1	1		7	5	2	1	1				
52岁	3	1	2	3	2	1						
53岁	2	1	1									
54岁	1	1		2	1	1						
55岁	5	2	3	2	2		1	1				
56岁	3	1	2	3	1	2						
57岁	3	2	1	3	3							
58岁	3	1	2	2	2							

2－8 续表 8

单位：人

年龄	中专			大学专科			大学本科			研究生		
	小计	男	女	小计	男	女	小计	男	女	小计	男	女
59岁	5	3	2	4	2	2	2	1	1			
60岁	3	2	1	4	2	2	2	2		1		1
61岁	5	2	3	2	1	1	2		2			
62岁	5	1	4	1	1		2	1	1			
63岁	6	3	3	3	2	1	3	1	2			
64岁	6	3	3	1	1		2	2		1	1	
65岁	7	3	4	8	5	3	7	3	4			
66岁	4	3	1	2	1	1	5	3	2			
67岁	11	6	5	5	3	2	5	4	1	1	1	
68岁	7	3	4	6	2	4	7	5	2			
69岁	7	5	2				2	2				
70岁	7	4	3	1		1	8	6	2			
71岁	3	3		5	3	2	4	3	1			
72岁	4	2	2	1		1	10	5	5	2	1	1
73岁	2	1	1	3	2	1	7	5	2			
74岁	4	3	1	6	4	2	12	9	3			
75岁	5	2	3	2	1	1	9	5	4			
76岁	4	3	1	5	4	1	11	7	4			
77岁	2	2		6	2	4	11	7	4			
78岁	2	1	1	2	1	1	9	9				
79岁	3		3	3	1	2	9	7	2			
80岁				5	3	2	6	6				
81岁	1		1	1	1		2	2		1	1	
82岁	1	1		3	2	1	7	5	2			
83岁	1	1		4	2	2	6	3	3			
84岁				2	1	1	5	3	2			
85+	5	2	3	9	6	3	26	15	11	2	1	1

2－8a 城镇6岁及以上残疾人分年龄、性别的受教育程度

单位：人

年 龄	残疾人			不识字			未上过学		
	合计	男	女	小计	男	女	小计	男	女
总 计	**3384**	**1683**	**1701**	**666**	**143**	**523**	**73**	**31**	**42**
6岁	1	1		1	1				
7岁	4	3	1	2	1	1			
8岁	1	1							
9岁	2	2		1	1				
10岁	3	3		1	1				
11岁	5	1	4	1	1				
12岁	3	2	1	1	1				
13岁	3	2	1	1	1				
14岁	3		3						
15岁	7	3	4	2	1	1			
16岁	5	4	1						
17岁	7	5	2	2	2				
18岁	4	2	2	1		1			
19岁	11	8	3						
20岁	9	5	4	3	2	1			
21岁	6	3	3						
22岁	11	7	4						
23岁	7	3	4						
24岁	15	8	7	1	1				
25岁	11	6	5	4	1	3			
26岁	14	7	7	4	1	3			
27岁	10	8	2	1	1				
28岁	3	1	2						
29岁	7	5	2	2	1	1			
30岁	7	3	4	1	1				

2－8a 续表 1

单位：人

年 龄	残疾人			不识字			未上过学		
	小计	男	女	小计	男	女	小计	男	女
31岁	8	4	4	2	1	1			
32岁	16	12	4	3	3				
33岁	11	6	5						
34岁	13	5	8						
35岁	12	8	4	3	3				
36岁	11	8	3	3	3				
37岁	21	10	11	3	3				
38岁	19	9	10	2	1	1			
39岁	19	13	6	3	2	1			
40岁	19	10	9	1		1			
41岁	29	16	13	4	3	1			
42岁	35	20	15	1		1			
43岁	46	31	15	4	2	2			
44岁	28	18	10	1	1				
45岁	43	21	22	3		3			
46岁	48	27	21	3	2	1			
47岁	29	17	12	3	3				
48岁	52	40	12	3	2	1			
49岁	62	35	27	3	1	2			
50岁	41	22	19	5	3	2			
51岁	58	35	23	7	4	3			
52岁	57	31	26	4	1	3			
53岁	36	16	20	3		3			
54岁	45	21	24	4	2	2	2	1	1
55岁	48	29	19	3	1	2			
56岁	42	20	22	3	2	1			
57岁	39	22	17	5	3	2			
58岁	41	24	17	3	1	2			

2－8a 续表 2

单位：人

年龄	残疾人			不识字			未上过学		
	小计	男	女	小计	男	女	小计	男	女
59岁	52	26	26	3	1	2			
60岁	34	15	19	1		1			
61岁	38	18	20	3	1	2			
62岁	42	15	27	2	1	1			
63岁	46	20	26	1		1	1		1
64岁	51	22	29	11	1	10			
65岁	70	36	34	6	2	4	1		1
66岁	58	22	36	8		8			
67岁	83	40	43	10	1	9	1	1	
68岁	82	31	51	10	1	9	1		1
69岁	91	40	51	20	3	17	5	3	2
70岁	126	52	74	27	2	25	5	2	3
71岁	100	44	56	25	5	20	3	1	2
72岁	132	56	76	31	2	29	5	1	4
73岁	109	53	56	32	5	27	4	2	2
74岁	115	63	52	26	2	24	5	3	2
75岁	118	47	71	33	2	31	7	4	3
76岁	115	54	61	35	5	30	3	1	2
77岁	107	53	54	27	3	24	5	3	2
78岁	82	46	36	30	5	25	4	3	1
79岁	79	38	41	24	6	18	5	2	3
80岁	64	29	35	27	7	20	2		2
81岁	72	35	37	28	2	26	3	2	1
82岁	70	38	32	19	4	15	3	1	2
83岁	65	26	39	18	2	16			
84岁	55	25	30	15		15	2		2
85+	241	116	125	83	15	68	6	1	5

2－8a 续表 3

单位：人

年龄	小学			初中			高中		
	小计	男	女	小计	男	女	小计	男	女
总计	**868**	**463**	**405**	**862**	**504**	**358**	**378**	**215**	**163**
6岁									
7岁	2	2							
8岁	1	1							
9岁				1	1				
10岁	2	2							
11岁	4		4						
12岁	2	1	1						
13岁	1		1	1	1				
14岁				3		3			
15岁	2		2	3	2	1			
16岁	2	2		2	2		1		1
17岁				3	1	2	2	2	
18岁	1	1		1		1			
19岁				4	2	2	3	2	1
20岁	2	2		2	1	1	1		1
21岁	1	1		5	2	3			
22岁	1	1		6	3	3			
23岁	2		2	3	2	1	2	1	1
24岁	1	1		6	3	3	1		1
25岁				5	3	2	1	1	
26岁	1	1		3	1	2	1		1
27岁	4	4		3	1	2	2	2	
28岁							1		1
29岁				4	4				
30岁	1	1		5	1	4			

2－8a 续表 4

单位：人

年 龄	小学			初中			高中		
	小计	男	女	小计	男	女	小计	男	女
31岁				2	1	1	3	2	1
32岁	3	2	1	3	2	1	2	1	1
33岁	3	1	2	3	2	1	1	1	
34岁	3	1	2	1		1	2	1	1
35岁				4	3	1	1		1
36岁	4	2	2	2	2		1	1	
37岁	3	2	1	7	2	5	4	1	3
38岁	1		1	9	2	7	2	2	
39岁	5	2	3	6	5	1	2	1	1
40岁	6	5	1	8	3	5			
41岁	5	3	2	5	3	2	10	5	5
42岁	1		1	12	7	5	18	11	7
43岁	2		2	12	8	4	24	18	6
44岁	1		1	9	6	3	16	10	6
45岁	2		2	12	8	4	21	12	9
46岁	5	3	2	9	8	1	27	13	14
47岁	6	3	3	2	2		17	9	8
48岁	7	6	1	16	14	2	20	13	7
49岁	4	2	2	22	16	6	25	10	15
50岁	6	2	4	21	13	8	5	1	4
51岁	11	6	5	31	18	13			
52岁	6	4	2	38	21	17	3	2	1
53岁	6	1	5	24	13	11	1	1	
54岁	7	3	4	27	12	15	2	1	1
55岁	5	4	1	34	20	14			
56岁	11	4	7	21	11	10	1	1	
57岁	10	6	4	14	7	7	4	1	3
58岁	13	7	6	14	9	5	6	4	2

2－8a 续表 5

单位：人

年龄	小学			初中			高中		
	小计	男	女	小计	男	女	小计	男	女
59岁	17	9	8	19	9	10	2	1	1
60岁	3	1	2	17	7	10	3	1	2
61岁	9	3	6	14	7	7	4	4	
62岁	10	5	5	20	5	15	2	1	1
63岁	14	4	10	16	8	8	2	2	
64岁	13	6	7	16	8	8	2	1	1
65岁	17	10	7	18	9	9	6	4	2
66岁	16	7	9	17	6	11	6	2	4
67岁	29	12	17	13	7	6	8	5	3
68岁	29	12	17	15	6	9	7	2	5
69岁	36	15	21	15	8	7	6	4	2
70岁	52	26	26	21	9	12	5	3	2
71岁	35	12	23	22	14	8	3	3	
72岁	53	29	24	21	13	8	5	3	2
73岁	37	17	20	23	20	3	1	1	
74岁	30	15	15	21	18	3	12	9	3
75岁	35	21	14	18	8	10	9	4	5
76岁	36	19	17	14	10	4	7	5	2
77岁	33	19	14	16	12	4	7	5	2
78岁	18	14	4	14	11	3	3	2	1
79岁	15	9	6	16	11	5	4	2	2
80岁	11	5	6	7	4	3	6	4	2
81岁	21	16	5	9	9		6	2	4
82岁	27	19	8	5	5		5	1	4
83岁	27	13	14	9	5	4			
84岁	13	9	4	6	5	1	12	7	5
85+	66	47	19	32	22	10	12	7	5

2－8a 续表 6

单位：人

年龄	中专			大学专科			大学本科			研究生		
	小计	男	女	小计	男	女	小计	男	女	小计	男	女
总 计	**157**	**90**	**67**	**168**	**101**	**67**	**200**	**131**	**69**	**12**	**5**	**7**
6岁												
7岁												
8岁												
9岁												
10岁												
11岁												
12岁												
13岁												
14岁												
15岁												
16岁												
17岁												
18岁	1	1										
19岁				3	3		1	1				
20岁							1		1			
21岁												
22岁	2	2					2	1	1			
23岁												
24岁	1	1		3	2	1	1		1	1		1
25岁	1	1										
26岁	1	1		2	2		2	1	1			
27岁												
28岁	1	1		1		1						
29岁				1		1						
30岁												

2－8a 续表 7

单位：人

年 龄	中专			大学专科			大学本科			研究生		
	小计	男	女	小计	男	女	小计	男	女	小计	男	女
31岁				1		1						
32岁	1	1		3	2	1	1	1				
33岁	2	2		2		2						
34岁	2	2		3	1	2	1		1	1		1
35岁	3	1	2	1	1							
36岁										1		1
37岁	1	1		2	1	1	1		1			
38岁	2	1	1	3	3							
39岁	2	2		1	1							
40岁	2		2	2	2							
41岁				3	1	2	1	1		1		1
42岁	1		1	1	1		1	1				
43岁	1	1		2	1	1	1	1				
44岁				1	1							
45岁				4	1	3	1		1			
46岁				2		2	2	1	1			
47岁				1		1						
48岁	2	2		3	3		1		1			
49岁	2	2		5	4	1	1		1			
50岁	2	1	1	2	2							
51岁	1	1		7	5	2	1	1				
52岁	3	1	2	3	2	1						
53岁	2	1	1									
54岁	1	1		2	1	1						
55岁	3	1	2	2	2		1	1				
56岁	3	1	2	3	1	2						
57岁	3	2	1	3	3							
58岁	3	1	2	2	2							

2－8a 续表 8

单位：人

年龄	中专			大学专科			大学本科			研究生		
	小计	男	女	小计	男	女	小计	男	女	小计	男	女
59岁	5	3	2	4	2	2	2	1	1			
60岁	3	2	1	4	2	2	2	2		1		1
61岁	4	2	2	2	1	1	2		2			
62岁	5	1	4	1	1		2	1	1			
63岁	6	3	3	3	2	1	3	1	2			
64岁	5	2	3	1	1		2	2		1	1	
65岁	7	3	4	8	5	3	7	3	4			
66岁	4	3	1	2	1	1	5	3	2			
67岁	11	6	5	5	3	2	5	4	1	1	1	
68岁	7	3	4	6	2	4	7	5	2			
69岁	7	5	2				2	2				
70岁	7	4	3	1		1	8	6	2			
71岁	3	3		5	3	2	4	3	1			
72岁	4	2	2	1		1	10	5	5	2	1	1
73岁	2	1	1	3	2	1	7	5	2			
74岁	4	3	1	6	4	2	11	9	2			
75岁	5	2	3	2	1	1	9	5	4			
76岁	4	3	1	5	4	1	11	7	4			
77岁	2	2		6	2	4	11	7	4			
78岁	2	1	1	2	1	1	9	9				
79岁	3		3	3	1	2	9	7	2			
80岁				5	3	2	6	6				
81岁	1		1	1	1		2	2		1	1	
82岁	1	1		3	2	1	7	5	2			
83岁	1	1		4	2	2	6	3	3			
84岁				2	1	1	5	3	2			
85+	5	2	3	9	6	3	26	15	11	2	1	1

2－8b 农村6岁及以上残疾人分年龄、性别的受教育程度

单位：人

年 龄	残疾人			不识字			未上过学		
	合计	男	女	小计	男	女	小计	男	女
总 计	**1426**	**693**	**733**	**595**	**189**	**406**	**20**	**12**	**8**
6岁	4	3	1	4	3	1			
7岁	7	3	4	5	1	4			
8岁	1		1						
9岁	2	1	1	1	1				
10岁	3	1	2	2	1	1			
11岁	8	4	4	3	1	2			
12岁	1		1	1		1			
13岁									
14岁	3	1	2	1		1			
15岁	6	3	3	1		1			
16岁	4	3	1	2	1	1			
17岁	7	3	4	1		1			
18岁	4	1	3	1	1				
19岁	8	2	6	2		2			
20岁	5	3	2	3	2	1			
21岁	3	1	2						
22岁	3	2	1	1		1			
23岁	1	1							
24岁	5	2	3	1		1			
25岁	5	2	3						
26岁	7	3	4	3		3			
27岁	1	1							
28岁	2	1	1	1		1			
29岁	1	1							
30岁	5	3	2	2	2				

2－8b 续表 1

单位：人

年 龄	残疾人			不识字			未上过学		
	小计	男	女	小计	男	女	小计	男	女
31岁									
32岁	6	3	3	1	1				
33岁	9	5	4						
34岁	10	5	5	2	1	1			
35岁	18	12	6	3	2	1			
36岁	11	5	6	5	3	2			
37岁	8	5	3						
38岁	6	2	4	1		1			
39岁	12	7	5	4	3	1			
40岁	18	11	7	1	1		1		1
41岁	17	6	11	1		1			
42岁	24	10	14	5	3	2	1		1
43岁	17	9	8	1		1			
44岁	5	2	3						
45岁	21	12	9	4	1	3			
46岁	18	13	5	1	1				
47岁	25	14	11	5	2	3			
48岁	17	8	9	6	1	5			
49岁	24	19	5	3	2	1			
50岁	24	13	11	10	5	5			
51岁	31	15	16	9	3	6			
52岁	39	16	23	17	7	10			
53岁	42	15	27	13	3	10			
54岁	30	16	14	10	5	5			
55岁	29	13	16	9	2	7	1	1	
56岁	36	23	13	8	5	3			
57岁	34	19	15	9	4	5			
58岁	27	16	11	3	2	1			

2－8b 续表 2

单位：人

年 龄	残疾人			不识字			未上过学		
	小计	男	女	小计	男	女	小计	男	女
59岁	18	12	6	4	1	3	1	1	
60岁	28	12	16	5	2	3			
61岁	23	11	12	7	2	5			
62岁	19	12	7	4	1	3			
63岁	22	8	14	8		8			
64岁	23	11	12	9	4	5			
65岁	23	10	13	4		4			
66岁	33	14	19	10	2	8			
67岁	31	14	17	14	3	11	1		1
68岁	25	16	9	9	2	7			
69岁	34	18	16	18	8	10	1		1
70岁	49	19	30	25	5	20	2		2
71岁	39	18	21	24	6	18	1	1	
72岁	33	17	16	20	7	13	2	2	
73岁	41	17	24	32	11	21	1	1	
74岁	39	18	21	28	10	18	1	1	
75岁	37	13	24	29	6	23			
76岁	30	12	18	20	5	15	1		1
77岁	46	26	20	30	14	16			
78岁	27	10	17	21	5	16	1		1
79岁	19	10	9	12	3	9	1	1	
80岁	25	10	15	15	1	14	1	1	
81岁	16	6	10	12	3	9			
82岁	23	13	10	14	4	10			
83岁	17	8	9	13	4	9			
84岁	9	3	6	7	1	6	1	1	
85+	43	16	27	35	9	26	2	2	

2－8b 续表 3

单位：人

年龄	小学			初中			高中		
	小计	男	女	小计	男	女	小计	男	女
总计	**463**	**286**	**177**	**275**	**163**	**112**	**51**	**31**	**20**
6岁									
7岁	2	2							
8岁	1		1						
9岁	1		1						
10岁	1		1						
11岁	5	3	2						
12岁									
13岁									
14岁	2	1	1						
15岁	3	1	2	2	2				
16岁	1	1		1	1				
17岁	2	2		1		1	2		2
18岁	3		3						
19岁	2		2	1		1			
20岁							1		1
21岁	1	1		1		1	1		1
22岁	1	1		1	1				
23岁				1	1				
24岁				2	2		1		1
25岁				2	1	1			
26岁	1	1		2	2		1		1
27岁	1	1							
28岁				1	1				
29岁				1	1				
30岁				2		2	1	1	

2－8b 续表 4

单位：人

年龄	小学			初中			高中		
	小计	男	女	小计	男	女	小计	男	女
31岁									
32岁	1	1		4	1	3			
33岁	3		3	4	4		1		1
34岁	3	2	1	5	2	3			
35岁	7	5	2	7	5	2			
36岁	3	1	2	2		2			
37岁	1	1		5	2	3			
38岁	3	2	1	2		2			
39岁	4	1	3	4	3	1			
40岁	10	7	3	4	3	1	2		2
41岁	4	2	2	10	3	7	2	1	1
42岁	6	3	3	8	2	6	3	2	1
43岁	1		1	12	7	5	3	2	1
44岁				2	1	1	2	1	1
45岁	1	1		12	7	5	3	2	1
46岁	5	4	1	7	3	4	5	5	
47岁	2	1	1	13	7	6	5	4	1
48岁	2	1	1	7	4	3	2	2	
49岁	6	4	2	12	10	2	3	3	
50岁	5	2	3	7	5	2	2	1	1
51岁	10	7	3	12	5	7			
52岁	9	3	6	12	5	7	1	1	
53岁	19	7	12	10	5	5			
54岁	11	6	5	9	5	4			
55岁	9	5	4	8	4	4			
56岁	20	12	8	8	6	2			
57岁	15	7	8	10	8	2			
58岁	18	9	9	6	5	1			

2－8b 续表 5

单位：人

年 龄	小学			初中			高中		
	小计	男	女	小计	男	女	小计	男	女
59岁	11	8	3	2	2				
60岁	15	5	10	7	4	3	1	1	
61岁	8	5	3	6	4	2	1		1
62岁	5	3	2	9	7	2	1	1	
63岁	9	5	4	5	3	2			
64岁	11	5	6	2	1	1			
65岁	15	6	9	4	4				
66岁	13	8	5	6	3	3	4	1	3
67岁	11	7	4	4	3	1	1	1	
68岁	15	13	2				1	1	
69岁	15	10	5						
70岁	18	11	7	4	3	1			
71岁	13	11	2	1		1			
72岁	11	8	3						
73岁	8	5	3						
74岁	9	7	2						
75岁	6	5	1	2	2				
76岁	8	6	2	1	1				
77岁	16	12	4						
78岁	4	4		1	1				
79岁	6	6							
80岁	9	8	1						
81岁	4	3	1						
82岁	8	8					1	1	
83岁	4	4							
84岁	1	1							
85+	5	4	1	1	1				

2-8b 续表 6

单位：人

年龄	中专			大学专科			大学本科			研究生		
	小计	男	女	小计	男	女	小计	男	女	小计	男	女
总　计	**14**	**9**	**5**	**6**	**2**	**4**	**2**	**1**	**1**			
6岁												
7岁												
8岁												
9岁												
10岁												
11岁												
12岁												
13岁												
14岁												
15岁												
16岁												
17岁	1	1										
18岁												
19岁	3	2	1									
20岁	1	1										
21岁												
22岁												
23岁												
24岁	1		1									
25岁	2	1	1	1		1						
26岁												
27岁												
28岁												
29岁												
30岁												

2－8b 续表 7

单位：人

年 龄	中专			大学专科			大学本科			研究生		
	小计	男	女	小计	男	女	小计	男	女	小计	男	女
31岁												
32岁												
33岁	1	1										
34岁												
35岁				1		1						
36岁				1	1							
37岁	1	1					1	1				
38岁												
39岁												
40岁												
41岁												
42岁				1		1						
43岁												
44岁				1		1						
45岁				1	1							
46岁												
47岁												
48岁												
49岁												
50岁												
51岁												
52岁												
53岁												
54岁												
55岁	2	1	1									
56岁												
57岁												
58岁												

2－8b 续表 8

单位：人

年 龄	中专			大学专科			大学本科			研究生		
	小计	男	女	小计	男	女	小计	男	女	小计	男	女
59岁												
60岁												
61岁	1		1									
62岁												
63岁												
64岁	1	1										
65岁												
66岁												
67岁												
68岁												
69岁												
70岁												
71岁												
72岁												
73岁												
74岁							1		1			
75岁												
76岁												
77岁												
78岁												
79岁												
80岁												
81岁												
82岁												
83岁												
84岁												
85+												

2－9 各地区6岁及以上残疾人分性别的受教育程度

单位：人

地 区	残疾人			不识字			未上过学		
	合计	男	女	小计	男	女	小计	男	女
总 计	**4810**	**2376**	**2434**	**1261**	**332**	**929**	**93**	**43**	**50**
东城区	295	137	158	32	3	29	6		6
西城区	440	205	235	84	14	70	10	3	7
崇文区	139	64	75	21	6	15	3	1	2
宣武区	225	111	114	35	6	29	6	2	4
朝阳区	584	298	286	109	19	90	18	9	9
丰台区	305	158	147	69	16	53	5	3	2
石景山区	164	83	81	46	7	39	5	3	2
海淀区	559	248	311	87	9	78	8	3	5
门头沟区	103	59	44	25	10	15	3	3	
房山区	372	177	195	141	39	102	5	3	2
通州区	313	163	150	72	10	62			
顺义区	216	105	111	93	30	63	3	2	1
昌平区	181	99	82	47	17	30	3	1	2
大兴区	178	94	84	65	30	35	4	2	2
怀柔区	124	65	59	49	13	36			
平谷区	279	144	135	127	43	84	8	6	2
密云县	221	106	115	100	34	66	6	2	4
延庆县	112	60	52	59	26	33			

2-9 续表 1

单位：人

地 区	小学			初中			高中		
	小计	男	女	小计	男	女	小计	男	女
总 计	**1331**	**749**	**582**	**1137**	**667**	**470**	**429**	**246**	**183**
东城区	57	19	38	75	42	33	57	29	28
西城区	90	51	39	118	60	58	55	33	22
崇文区	44	13	31	31	21	10	15	6	9
宣武区	54	25	29	77	48	29	28	15	13
朝阳区	130	74	56	147	84	63	60	37	23
丰台区	95	56	39	66	39	27	41	25	16
石景山区	46	30	16	37	22	15	16	10	6
海淀区	125	61	64	136	70	66	64	30	34
门头沟区	41	22	19	23	16	7	11	8	3
房山区	124	76	48	81	44	37	14	9	5
通州区	117	74	43	100	63	37	16	10	6
顺义区	66	37	29	39	26	13	8	7	1
昌平区	61	36	25	52	34	18	8	5	3
大兴区	60	35	25	40	22	18	5	3	2
怀柔区	48	34	14	19	12	7	7	5	2
平谷区	76	47	29	45	35	10	13	6	7
密云县	76	45	31	30	18	12	6	4	2
延庆县	21	14	7	21	11	10	5	4	1

2-9 续表 2

单位：人

地区	中专			大学专科			大学本科			研究生		
	小计	男	女	小计	男	女	小计	男	女	小计	男	女
总计	**171**	**99**	**72**	**174**	**103**	**71**	**202**	**132**	**70**	**12**	**5**	**7**
东城区	16	12	4	17	7	10	34	25	9	1		1
西城区	23	13	10	30	12	18	28	18	10	2	1	1
崇文区	6	4	2	12	7	5	6	5	1	1	1	
宣武区	9	2	7	8	7	1	8	6	2			
朝阳区	23	13	10	38	26	12	55	34	21	4	2	2
丰台区	18	12	6	8	5	3	3	2	1			
石景山区	7	6	1	6	4	2	1	1				
海淀区	41	18	23	35	19	16	59	37	22	4	1	3
门头沟区												
房山区	4	3	1	2	2		1	1				
通州区	7	6	1				1		1			
顺义区	1		1	4	2	2	2	1	1			
昌平区	5	4	1	3	2	1	2		2			
大兴区	1		1	3	2	1						
怀柔区				1	1							
平谷区	6	3	3	4	4							
密云县	3	3										
延庆县	1		1	3	3		2	2				

2－10 各地区15岁及以上残疾人分性别的文盲人口

单位：人，%

地区	残疾人口			文盲人口			文盲人口占残疾人口的比例		
	合计	男	女	小计	男	女	总比例	男	女
总计	**4756**	**2348**	**2408**	**1236**	**318**	**918**	**25.99**	**13.54**	**38.12**
东城区	294	136	158	32	3	29	10.88	2.21	18.35
西城区	437	204	233	84	14	70	19.22	6.86	30.04
崇文区	137	63	74	20	5	15	14.60	7.94	20.27
宣武区	224	111	113	35	6	29	15.63	5.41	25.66
朝阳区	582	298	284	109	19	90	18.73	6.38	31.69
丰台区	303	157	146	68	16	52	22.44	10.19	35.62
石景山区	162	81	81	45	6	39	27.78	7.41	48.15
海淀区	555	247	308	85	9	76	15.32	3.64	24.68
门头沟区	102	58	44	25	10	15	24.51	17.24	34.09
房山区	368	174	194	139	37	102	37.77	21.26	52.58
通州区	309	161	148	72	10	62	23.30	6.21	41.89
顺义区	213	103	110	92	29	63	43.19	28.16	57.27
昌平区	178	97	81	44	15	29	24.72	15.46	35.80
大兴区	162	86	76	53	23	30	32.72	26.74	39.47
怀柔区	123	65	58	48	13	35	39.02	20.00	60.34
平谷区	277	143	134	127	43	84	45.85	30.07	62.69
密云县	219	105	114	99	34	65	45.21	32.38	57.02
延庆县	111	59	52	59	26	33	53.15	44.07	63.46

2－10a　北京市城镇15岁及以上残疾人分性别的文盲人口

单位：人，%

地　区	残疾人口			文盲人口			文盲人口占残疾人口的比例		
	合计	男	女	小计	男	女	总比例	男	女
总　计	**3359**	**1668**	**1691**	**658**	**136**	**522**	**19.59**	**8.15**	**30.87**
东城区	294	136	158	32	3	29	10.88	2.21	18.35
西城区	437	204	233	84	14	70	19.22	6.86	30.04
崇文区	137	63	74	20	5	15	14.60	7.94	20.27
宣武区	224	111	113	35	6	29	15.63	5.41	25.66
朝阳区	582	298	284	109	19	90	18.73	6.38	31.69
丰台区	228	115	113	50	12	38	21.93	10.43	33.63
石景山区	162	81	81	45	6	39	27.78	7.41	48.15
海淀区	510	237	273	71	8	63	13.92	3.38	23.08
门头沟区	51	31	20	10	4	6	19.61	12.90	30.00
房山区	166	85	81	45	10	35	27.11	11.76	43.21
通州区	137	78	59	30	6	24	21.90	7.69	40.68
顺义区	76	34	42	32	11	21	42.11	32.35	50.00
昌平区	113	62	51	20	6	14	17.70	9.68	27.45
大兴区	13	4	9	1		1	7.69		11.11
怀柔区	32	22	10	6	2	4	18.75	9.09	40.00
平谷区	163	91	72	60	21	39	36.81	23.08	54.17
密云县	22	9	13	6	2	4	27.27	22.22	30.77
延庆县	12	7	5	2	1	1	16.67	14.29	20.00

2－10b 各地区农村15岁及以上残疾人分性别的文盲人口

单位：人，%

地 区	残疾人口			文盲人口			文盲人口占残疾人口的比例		
	合计	男	女	小计	男	女	总比例	男	女
总 计	**1397**	**680**	**717**	**578**	**182**	**396**	**41.37**	**26.76**	**55.23**
东城区									
西城区									
崇文区									
宣武区									
朝阳区									
丰台区	75	42	33	18	4	14	24.00	9.52	42.42
石景山区									
海淀区	45	10	35	14	1	13	31.11	10.00	37.14
门头沟区	51	27	24	15	6	9	29.41	22.22	37.50
房山区	202	89	113	94	27	67	46.53	30.34	59.29
通州区	172	83	89	42	4	38	24.42	4.82	42.70
顺义区	137	69	68	60	18	42	43.80	26.09	61.76
昌平区	65	35	30	24	9	15	36.92	25.71	50.00
大兴区	149	82	67	52	23	29	34.90	28.05	43.28
怀柔区	91	43	48	42	11	31	46.15	25.58	64.58
平谷区	114	52	62	67	22	45	58.77	42.31	72.58
密云县	197	96	101	93	32	61	47.21	33.33	60.40
延庆县	99	52	47	57	25	32	57.58	48.08	68.09

2－11 15岁及以上残疾人分年龄、性别的文盲人口

单位：人，%

年龄	残疾人口			文盲人口			文盲人口占残疾人口的比例		
	合计	男	女	小计	男	女	总比例	男	女
总　计	**4756**	**2348**	**2408**	**1236**	**318**	**918**	**25.99**	**13.54**	**38.12**
15-19	**63**	**34**	**29**	**12**	**5**	**7**	**19.05**	**14.71**	**24.14**
15岁	13	6	7	3	1	2	23.08	16.67	28.57
16岁	9	7	2	2	1	1	22.22	14.29	50.00
17岁	14	8	6	3	2	1	21.43	25.00	16.67
18岁	8	3	5	2	1	1	25.00	33.33	20.00
19岁	19	10	9	2		2	10.53		22.22
20-24	**65**	**35**	**30**	**9**	**5**	**4**	**13.85**	**14.29**	**13.33**
20岁	14	8	6	6	4	2	42.86	50.00	33.33
21岁	9	4	5						
22岁	14	9	5	1		1	7.14		20.00
23岁	8	4	4						
24岁	20	10	10	2	1	1	10.00	10.00	10.00
25-29	**61**	**35**	**26**	**15**	**4**	**11**	**24.59**	**11.43**	**42.31**
25岁	16	8	8	4	1	3	25.00	12.50	37.50
26岁	21	10	11	7	1	6	33.33	10.00	54.55
27岁	11	9	2	1	1		9.09	11.11	
28岁	5	2	3	1		1	20.00		33.33
29岁	8	6	2	2	1	1	25.00	16.67	50.00
30-34	**85**	**46**	**39**	**11**	**9**	**2**	**12.94**	**19.57**	**5.13**
30岁	12	6	6	3	3		25.00	50.00	
31岁	8	4	4	2	1	1	25.00	25.00	25.00
32岁	22	15	7	4	4		18.18	26.67	
33岁	20	11	9						
34岁	23	10	13	2	1	1	8.70	10.00	7.69
35-39	**137**	**79**	**58**	**27**	**20**	**7**	**19.71**	**25.32**	**12.07**
35岁	30	20	10	6	5	1	20.00	25.00	10.00
36岁	22	13	9	8	6	2	36.36	46.15	22.22

2-11 续表 1

单位：人，%

年龄	残疾人口			文盲人口			文盲人口占残疾人口的比例		
	合计	男	女	小计	男	女	总比例	男	女
37岁	29	15	14	3	3		10.34	20.00	
38岁	25	11	14	3	1	2	12.00	9.09	14.29
39岁	31	20	11	7	5	2	22.58	25.00	18.18
40-44	**238**	**133**	**105**	**19**	**10**	**9**	**7.98**	**7.52**	**8.57**
40岁	37	21	16	2	1	1	5.41	4.76	6.25
41岁	46	22	24	5	3	2	10.87	13.64	8.33
42岁	59	30	29	6	3	3	10.17	10.00	10.34
43岁	63	40	23	5	2	3	7.94	5.00	13.04
44岁	33	20	13	1	1		3.03	5.00	
45-49	**339**	**206**	**133**	**34**	**15**	**19**	**10.03**	**7.28**	**14.29**
45岁	64	33	31	7	1	6	10.94	3.03	19.35
46岁	66	40	26	4	3	1	6.06	7.50	3.85
47岁	54	31	23	8	5	3	14.81	16.13	13.04
48岁	69	48	21	9	3	6	13.04	6.25	28.57
49岁	86	54	32	6	3	3	6.98	5.56	9.38
50-54	**403**	**200**	**203**	**82**	**33**	**49**	**20.35**	**16.50**	**24.14**
50岁	65	35	30	15	8	7	23.08	22.86	23.33
51岁	89	50	39	16	7	9	17.98	14.00	23.08
52岁	96	47	49	21	8	13	21.88	17.02	26.53
53岁	78	31	47	16	3	13	20.51	9.68	27.66
54岁	75	37	38	14	7	7	18.67	18.92	18.42
55-59	**366**	**204**	**162**	**50**	**22**	**28**	**13.66**	**10.78**	**17.28**
55岁	77	42	35	12	3	9	15.58	7.14	25.71
56岁	78	43	35	11	7	4	14.10	16.28	11.43
57岁	73	41	32	14	7	7	19.18	17.07	21.88
58岁	68	40	28	6	3	3	8.82	7.50	10.71
59岁	70	38	32	7	2	5	10.00	5.26	15.63
60-64	**326**	**144**	**182**	**51**	**12**	**39**	**15.64**	**8.33**	**21.43**
60岁	62	27	35	6	2	4	9.68	7.41	11.43

2-11 续表 2

单位：人，%

年 龄	残疾人口			文盲人口			文盲人口占残疾人口的比例		
	合计	男	女	小计	男	女	总比例	男	女
61岁	61	29	32	10	3	7	16.39	10.34	21.88
62岁	61	27	34	6	2	4	9.84	7.41	11.76
63岁	68	28	40	9		9	13.24		22.50
64岁	74	33	41	20	5	15	27.03	15.15	36.59
65-69	**530**	**241**	**289**	**109**	**22**	**87**	**20.57**	**9.13**	**30.10**
65岁	93	46	47	10	2	8	10.75	4.35	17.02
66岁	91	36	55	18	2	16	19.78	5.56	29.09
67岁	114	54	60	24	4	20	21.05	7.41	33.33
68岁	107	47	60	19	3	16	17.76	6.38	26.67
69岁	125	58	67	38	11	27	30.40	18.97	40.30
70-74	**783**	**357**	**426**	**270**	**55**	**215**	**34.48**	**15.41**	**50.47**
70岁	175	71	104	52	7	45	29.71	9.86	43.27
71岁	139	62	77	49	11	38	35.25	17.74	49.35
72岁	165	73	92	51	9	42	30.91	12.33	45.65
73岁	150	70	80	64	16	48	42.67	22.86	60.00
74岁	154	81	73	54	12	42	35.06	14.81	57.53
75-79	**660**	**309**	**351**	**261**	**54**	**207**	**39.55**	**17.48**	**58.97**
75岁	155	60	95	62	8	54	40.00	13.33	56.84
76岁	145	66	79	55	10	45	37.93	15.15	56.96
77岁	153	79	74	57	17	40	37.25	21.52	54.05
78岁	109	56	53	51	10	41	46.79	17.86	77.36
79岁	98	48	50	36	9	27	36.73	18.75	54.00
80-84	**416**	**193**	**223**	**168**	**28**	**140**	**40.38**	**14.51**	**62.78**
80岁	89	39	50	42	8	34	47.19	20.51	68.00
81岁	88	41	47	40	5	35	45.45	12.20	74.47
82岁	93	51	42	33	8	25	35.48	15.69	59.52
83岁	82	34	48	31	6	25	37.80	17.65	52.08
84岁	64	28	36	22	1	21	34.38	3.57	58.33
85+	**284**	**132**	**152**	**118**	**24**	**94**	**41.55**	**18.18**	**61.84**

2-12　15岁及以上残疾人分年龄、性别的婚姻状况

单位：人

年龄	残疾人			未婚			初婚有配偶		
	合计	男	女	小计	男	女	小计	男	女
总　计	**4756**	**2348**	**2408**	**410**	**298**	**112**	**2900**	**1574**	**1326**
15-19	**63**	**34**	**29**	**62**	**34**	**28**	**1**		**1**
15岁	13	6	7	13	6	7			
16岁	9	7	2	9	7	2			
17岁	14	8	6	14	8	6			
18岁	8	3	5	8	3	5			
19岁	19	10	9	18	10	8	1		1
20-24	**65**	**35**	**30**	**53**	**30**	**23**	**12**	**5**	**7**
20岁	14	8	6	13	8	5	1		1
21岁	9	4	5	7	4	3	2		2
22岁	14	9	5	13	8	5	1	1	
23岁	8	4	4	6	3	3	2	1	1
24岁	20	10	10	14	7	7	6	3	3
25-29	**61**	**35**	**26**	**43**	**28**	**15**	**17**	**7**	**10**
25岁	16	8	8	12	7	5	4	1	3
26岁	21	10	11	14	9	5	6	1	5
27岁	11	9	2	9	8	1	2	1	1
28岁	5	2	3	2		2	3	2	1
29岁	8	6	2	6	4	2	2	2	
30-34	**85**	**46**	**39**	**36**	**26**	**10**	**42**	**17**	**25**
30岁	12	6	6	5	3	2	6	2	4
31岁	8	4	4	5	3	2	3	1	2
32岁	22	15	7	10	10		11	5	6
33岁	20	11	9	7	4	3	11	6	5
34岁	23	10	13	9	6	3	11	3	8
35-39	**137**	**79**	**58**	**31**	**29**	**2**	**82**	**38**	**44**
35岁	30	20	10	7	7		19	11	8
36岁	22	13	9	9	9		9	3	6

2-12 续表 1

单位：人

年　龄	残疾人			未婚			初婚有配偶		
	合计	男	女	小计	男	女	小计	男	女
37岁	29	15	14	7	6	1	17	7	10
38岁	25	11	14	1	1		20	9	11
39岁	31	20	11	7	6	1	17	8	9
40-44	**238**	**133**	**105**	**42**	**32**	**10**	**157**	**83**	**74**
40岁	37	21	16	15	13	2	21	8	13
41岁	46	22	24	9	7	2	26	10	16
42岁	59	30	29	7	6	1	39	19	20
43岁	63	40	23	8	4	4	45	31	14
44岁	33	20	13	3	2	1	26	15	11
45-49	**339**	**206**	**133**	**50**	**40**	**10**	**247**	**144**	**103**
45岁	64	33	31	5	3	2	51	27	24
46岁	66	40	26	11	9	2	48	29	19
47岁	54	31	23	11	8	3	34	19	15
48岁	69	48	21	12	10	2	50	31	19
49岁	86	54	32	11	10	1	64	38	26
50-54	**403**	**200**	**203**	**41**	**33**	**8**	**318**	**144**	**174**
50岁	65	35	30	8	8		50	24	26
51岁	89	50	39	9	8	1	68	36	32
52岁	96	47	49	12	8	4	68	30	38
53岁	78	31	47	4	3	1	69	26	43
54岁	75	37	38	8	6	2	63	28	35
55-59	**366**	**204**	**162**	**20**	**19**	**1**	**296**	**162**	**134**
55岁	77	42	35	6	5	1	57	31	26
56岁	78	43	35	6	6		64	35	29
57岁	73	41	32	4	4		59	31	28
58岁	68	40	28	3	3		58	34	24
59岁	70	38	32	1	1		58	31	27
60-64	**326**	**144**	**182**	**12**	**11**	**1**	**256**	**120**	**136**
60岁	62	27	35	1	1		49	23	26
61岁	61	29	32	4	4		46	24	22
62岁	61	27	34	3	2	1	50	23	27

2-12 续表 2

单位：人

年 龄	残疾人			未婚			初婚有配偶		
	合计	男	女	小计	男	女	小计	男	女
63岁	68	28	40	1	1		55	24	31
64岁	74	33	41	3	3		56	26	30
65-69	**530**	**241**	**289**	**6**	**5**	**1**	**391**	**204**	**187**
65岁	93	46	47	1	1		73	41	32
66岁	91	36	55	2	1	1	66	32	34
67岁	114	54	60	2	2		89	47	42
68岁	107	47	60	1	1		74	36	38
69岁	125	58	67				89	48	41
70-74	**783**	**357**	**426**	**8**	**8**		**490**	**268**	**222**
70岁	175	71	104	1	1		118	56	62
71岁	139	62	77	2	2		86	48	38
72岁	165	73	92	3	3		106	53	53
73岁	150	70	80				95	58	37
74岁	154	81	73	2	2		85	53	32
75-79	**660**	**309**	**351**	**2**		**2**	**348**	**214**	**134**
75岁	155	60	95				89	50	39
76岁	145	66	79				80	47	33
77岁	153	79	74				81	48	33
78岁	109	56	53				50	37	13
79岁	98	48	50	2		2	48	32	16
80-84	**416**	**193**	**223**	**3**	**3**		**171**	**115**	**56**
80岁	89	39	50	1	1		42	25	17
81岁	88	41	47	1	1		35	21	14
82岁	93	51	42	1	1		37	27	10
83岁	82	34	48				31	23	8
84岁	64	28	36				26	19	7
85+	**284**	**132**	**152**	**1**		**1**	**72**	**53**	**19**

2-12 续表 3

单位：人

年 龄	再婚有配偶			离婚			丧偶		
	小计	男	女	小计	男	女	小计	男	女
总 计	**154**	**81**	**73**	**117**	**67**	**50**	**1175**	**328**	**847**
15-19									
15岁									
16岁									
17岁									
18岁									
19岁									
20-24									
20岁									
21岁									
22岁									
23岁									
24岁									
25-29				**1**		**1**			
25岁									
26岁				1		1			
27岁									
28岁									
29岁									
30-34	**2**		**2**	**5**	**3**	**2**			
30岁				1	1				
31岁									
32岁				1		1			
33岁				2	1	1			
34岁	2		2	1	1				
35-39	**8**	**4**	**4**	**16**	**8**	**8**			
35岁	3	1	2	1	1				
36岁	1		1	3	1	2			

2-12 续表 4

单位：人

年 龄	再婚有配偶			离婚			丧偶		
	小计	男	女	小计	男	女	小计	男	女
37岁	2	2		3		3			
38岁				4	1	3			
39岁	2	1	1	5	5				
40-44	**8**	**4**	**4**	**26**	**12**	**14**	**5**	**2**	**3**
40岁	1		1						
41岁	2	1	1	7	3	4	2	1	1
42岁	2		2	10	5	5	1		1
43岁	3	3		6	2	4	1		1
44岁				3	2	1	1	1	
45-49	**12**	**9**	**3**	**25**	**12**	**13**	**5**	**1**	**4**
45岁	4	2	2	4	1	3			
46岁				6	2	4	1		1
47岁	1		1	6	4	2	2		2
48岁	3	3		3	3		1	1	
49岁	4	4		6	2	4	1		1
50-54	**14**	**3**	**11**	**19**	**16**	**3**	**11**	**4**	**7**
50岁	2		2	3	3		2		2
51岁	7	1	6	5	5				
52岁	4	2	2	8	5	3	4	2	2
53岁	1		1	2	2		2		2
54岁				1	1		3	2	1
55-59	**22**	**11**	**11**	**10**	**8**	**2**	**18**	**4**	**14**
55岁	5	3	2	4	3	1	5		5
56岁	4	1	3	2	1	1	2		2
57岁	4	1	3	3	3		3	2	1
58岁	4	3	1				3		3
59岁	5	3	2	1	1		5	2	3
60-64	**9**	**2**	**7**	**2**	**2**		**47**	**9**	**38**
60岁	5	1	4				7	2	5
61岁	1		1				10	1	9
62岁	1		1				7	2	5

2-12 续表 5

单位：人

年 龄	再婚有配偶			离婚			丧偶		
	小计	男	女	小计	男	女	小计	男	女
63岁	2	1	1	1	1		9	1	8
64岁				1	1		14	3	11
65-69	**17**	**10**	**7**	**4**	**1**	**3**	**112**	**21**	**91**
65岁	3	2	1	1		1	15	2	13
66岁	2		2				21	3	18
67岁	3	2	1				20	3	17
68岁	4	2	2	3	1	2	25	7	18
69岁	5	4	1				31	6	25
70-74	**24**	**11**	**13**	**5**	**3**	**2**	**256**	**67**	**189**
70岁	5	2	3	1		1	50	12	38
71岁	3		3	3	2	1	45	10	35
72岁	4	2	2				52	15	37
73岁	6	2	4				49	10	39
74岁	6	5	1	1	1		60	20	40
75-79	**19**	**14**	**5**	**4**	**2**	**2**	**287**	**79**	**208**
75岁	1	1		1		1	64	9	55
76岁	6	4	2	1	1		58	14	44
77岁	4	2	2	2	1	1	66	28	38
78岁	5	5					54	14	40
79岁	3	2	1				45	14	31
80-84	**11**	**6**	**5**				**231**	**69**	**162**
80岁	1		1				45	13	32
81岁	3	2	1				49	17	32
82岁	1	1					54	22	32
83岁	4	1	3				47	10	37
84岁	2	2					36	7	29
85+	**8**	**7**	**1**				**203**	**72**	**131**

2-13 残疾人分年龄、性别的经济活动人口

单位：人

年 龄	残疾人口			在业人口			不在业人口		
	合计	男	女	小计	男	女	小计	男	女
总 计	**4756**	**2348**	**2408**	**642**	**468**	**174**	**4114**	**1880**	**2234**
15-19	**63**	**34**	**29**	**8**	**6**	**2**	**55**	**28**	**27**
15岁	13	6	7	1	1		12	5	7
16岁	9	7	2	2	2		7	5	2
17岁	14	8	6				14	8	6
18岁	8	3	5	2	1	1	6	2	4
19岁	19	10	9	3	2	1	16	8	8
20-24	**65**	**35**	**30**	**19**	**12**	**7**	**46**	**23**	**23**
20岁	14	8	6	3	2	1	11	6	5
21岁	9	4	5	1	1		8	3	5
22岁	14	9	5	2	2		12	7	5
23岁	8	4	4	2		2	6	4	2
24岁	20	10	10	11	7	4	9	3	6
25-29	**61**	**35**	**26**	**16**	**12**	**4**	**45**	**23**	**22**
25岁	16	8	8	3	1	2	13	7	6
26岁	21	10	11	7	5	2	14	5	9
27岁	11	9	2	3	3		8	6	2
28岁	5	2	3	1	1		4	1	3
29岁	8	6	2	2	2		6	4	2
30-34	**85**	**46**	**39**	**27**	**10**	**17**	**58**	**36**	**22**
30岁	12	6	6	4	1	3	8	5	3
31岁	8	4	4	1		1	7	4	3
32岁	22	15	7	5	3	2	17	12	5
33岁	20	11	9	8	3	5	12	8	4
34岁	23	10	13	9	3	6	14	7	7
35-39	**137**	**79**	**58**	**58**	**39**	**19**	**79**	**40**	**39**
35岁	30	20	10	12	10	2	18	10	8
36岁	22	13	9	10	6	4	12	7	5

2-13 续表 1

单位：人

年 龄	残疾人口			在业人口			不在业人口		
	合计	男	女	小计	男	女	小计	男	女
37岁	29	15	14	13	8	5	16	7	9
38岁	25	11	14	10	5	5	15	6	9
39岁	31	20	11	13	10	3	18	10	8
40-44	**238**	**133**	**105**	**87**	**58**	**29**	**151**	**75**	**76**
40岁	37	21	16	17	11	6	20	10	10
41岁	46	22	24	15	8	7	31	14	17
42岁	59	30	29	18	8	10	41	22	19
43岁	63	40	23	27	24	3	36	16	20
44岁	33	20	13	10	7	3	23	13	10
45-49	**339**	**206**	**133**	**154**	**109**	**45**	**185**	**97**	**88**
45岁	64	33	31	31	19	12	33	14	19
46岁	66	40	26	31	24	7	35	16	19
47岁	54	31	23	23	14	9	31	17	14
48岁	69	48	21	22	17	5	47	31	16
49岁	86	54	32	47	35	12	39	19	20
50-54	**403**	**200**	**203**	**120**	**87**	**33**	**283**	**113**	**170**
50岁	65	35	30	23	17	6	42	18	24
51岁	89	50	39	32	26	6	57	24	33
52岁	96	47	49	27	18	9	69	29	40
53岁	78	31	47	21	13	8	57	18	39
54岁	75	37	38	17	13	4	58	24	34
55-59	**366**	**204**	**162**	**69**	**61**	**8**	**297**	**143**	**154**
55岁	77	42	35	21	19	2	56	23	33
56岁	78	43	35	8	8		70	35	35
57岁	73	41	32	15	13	2	58	28	30
58岁	68	40	28	15	13	2	53	27	26
59岁	70	38	32	10	8	2	60	30	30

2-13 续表 2

单位：人

年 龄	残疾人口			在业人口			不在业人口		
	合计	男	女	小计	男	女	小计	男	女
60-64	**326**	**144**	**182**	**33**	**26**	**7**	**293**	**118**	**175**
60岁	62	27	35	6	4	2	56	23	33
61岁	61	29	32	7	7		54	22	32
62岁	61	27	34	5	4	1	56	23	33
63岁	68	28	40	7	5	2	61	23	38
64岁	74	33	41	8	6	2	66	27	39
65-69	**530**	**241**	**289**	**24**	**23**	**1**	**506**	**218**	**288**
65岁	93	46	47	4	4		89	42	47
66岁	91	36	55	2	2		89	34	55
67岁	114	54	60	8	8		106	46	60
68岁	107	47	60	5	4	1	102	43	59
69岁	125	58	67	5	5		120	53	67
70-74	**783**	**357**	**426**	**22**	**20**	**2**	**761**	**337**	**424**
70岁	175	71	104	5	5		170	66	104
71岁	139	62	77	5	4	1	134	58	76
72岁	165	73	92	4	4		161	69	92
73岁	150	70	80	4	4		146	66	80
74岁	154	81	73	4	3	1	150	78	72
75-79	**660**	**309**	**351**	**2**	**2**		**658**	**307**	**351**
75岁	155	60	95	1	1		154	59	95
76岁	145	66	79				145	66	79
77岁	153	79	74				153	79	74
78岁	109	56	53	1	1		108	55	53
79岁	98	48	50				98	48	50
80-84	**416**	**193**	**223**	**3**	**3**		**413**	**190**	**223**
80岁	89	39	50	2	2		87	37	50
81岁	88	41	47				88	41	47
82岁	93	51	42				93	51	42
83岁	82	34	48				82	34	48
84岁	64	28	36	1	1		63	27	36
85+	**284**	**132**	**152**				**284**	**132**	**152**

2－13a　城镇残疾人分年龄、性别的经济活动人口

单位：人

年　龄	残疾人口			在业人口			不在业人口		
	合计	男	女	小计	男	女	小计	男	女
总　计	**3359**	**1668**	**1691**	**327**	**233**	**94**	**3032**	**1435**	**1597**
15-19	**34**	**22**	**12**	**2**		**2**	**32**	**22**	**10**
15岁	7	3	4				7	3	4
16岁	5	4	1				5	4	1
17岁	7	5	2				7	5	2
18岁	4	2	2	1		1	3	2	1
19岁	11	8	3	1		1	10	8	2
20-24	**48**	**26**	**22**	**12**	**7**	**5**	**36**	**19**	**17**
20岁	9	5	4	1	1		8	4	4
21岁	6	3	3	1	1		5	2	3
22岁	11	7	4				11	7	4
23岁	7	3	4	2		2	5	3	2
24岁	15	8	7	8	5	3	7	3	4
25-29	**45**	**27**	**18**	**8**	**7**	**1**	**37**	**20**	**17**
25岁	11	6	5	1	1		10	5	5
26岁	14	7	7	4	3	1	10	4	6
27岁	10	8	2	2	2		8	6	2
28岁	3	1	2				3	1	2
29岁	7	5	2	1	1		6	4	2
30-34	**55**	**30**	**25**	**16**	**6**	**10**	**39**	**24**	**15**
30岁	7	3	4	1		1	6	3	3
31岁	8	4	4	1		1	7	4	3
32岁	16	12	4	4	3	1	12	9	3
33岁	11	6	5	5	1	4	6	5	1
34岁	13	5	8	5	2	3	8	3	5
35-39	**82**	**48**	**34**	**27**	**17**	**10**	**55**	**31**	**24**
35岁	12	8	4	2	2		10	6	4
36岁	11	8	3	6	4	2	5	4	1

2-13a 续表 1

单位：人

年 龄	残疾人口			在业人口			不在业人口		
	合计	男	女	小计	男	女	小计	男	女
37岁	21	10	11	6	4	2	15	6	9
38岁	19	9	10	7	3	4	12	6	6
39岁	19	13	6	6	4	2	13	9	4
40-44	**157**	**95**	**62**	**45**	**30**	**15**	**112**	**65**	**47**
40岁	19	10	9	6	3	3	13	7	6
41岁	29	16	13	6	4	2	23	12	11
42岁	35	20	15	9	2	7	26	18	8
43岁	46	31	15	17	16	1	29	15	14
44岁	28	18	10	7	5	2	21	13	8
45-49	**234**	**140**	**94**	**94**	**67**	**27**	**140**	**73**	**67**
45岁	43	21	22	19	11	8	24	10	14
46岁	48	27	21	20	15	5	28	12	16
47岁	29	17	12	11	7	4	18	10	8
48岁	52	40	12	15	13	2	37	27	10
49岁	62	35	27	29	21	8	33	14	19
50-54	**237**	**125**	**112**	**61**	**46**	**15**	**176**	**79**	**97**
50岁	41	22	19	13	9	4	28	13	15
51岁	58	35	23	19	17	2	39	18	21
52岁	57	31	26	11	8	3	46	23	23
53岁	36	16	20	9	6	3	27	10	17
54岁	45	21	24	9	6	3	36	15	21
55-59	**222**	**121**	**101**	**28**	**25**	**3**	**194**	**96**	**98**
55岁	48	29	19	13	12	1	35	17	18
56岁	42	20	22	1	1		41	19	22
57岁	39	22	17	4	3	1	35	19	16
58岁	41	24	17	5	4	1	36	20	16
59岁	52	26	26	5	5		47	21	26
60-64	**211**	**90**	**121**	**13**	**9**	**4**	**198**	**81**	**117**

2-13a 续表 2

单位：人

年龄	残疾人口			在业人口			不在业人口		
	合计	男	女	小计	男	女	小计	男	女
60岁	34	15	19	2	1	1	32	14	18
61岁	38	18	20	4	4		34	14	20
62岁	42	15	27	2	1	1	40	14	26
63岁	46	20	26	3	2	1	43	18	25
64岁	51	22	29	2	1	1	49	21	28
65-69	**384**	**169**	**215**	**11**	**11**		**373**	**158**	**215**
65岁	70	36	34	3	3		67	33	34
66岁	58	22	36	1	1		57	21	36
67岁	83	40	43	4	4		79	36	43
68岁	82	31	51	1	1		81	30	51
69岁	91	40	51	2	2		89	38	51
70-74	**582**	**268**	**314**	**8**	**6**	**2**	**574**	**262**	**312**
70岁	126	52	74	1	1		125	51	74
71岁	100	44	56	2	1	1	98	43	55
72岁	132	56	76	2	2		130	54	76
73岁	109	53	56	1	1		108	52	56
74岁	115	63	52	2	1	1	113	62	51
75-79	**501**	**238**	**263**	**1**	**1**		**500**	**237**	**263**
75岁	118	47	71	1	1		117	46	71
76岁	115	54	61				115	54	61
77岁	107	53	54				107	53	54
78岁	82	46	36				82	46	36
79岁	79	38	41				79	38	41
80-84	**326**	**153**	**173**	**1**	**1**		**325**	**152**	**173**
80岁	64	29	35	1	1		63	28	35
81岁	72	35	37				72	35	37
82岁	70	38	32				70	38	32
83岁	65	26	39				65	26	39
84岁	55	25	30				55	25	30
85+	**241**	**116**	**125**				**241**	**116**	**125**

2－13b 农村残疾人分年龄、性别的经济活动人口

单位：人

年 龄	残疾人口			在业人口			不在业人口		
	合计	男	女	小计	男	女	小计	男	女
总 计	**1397**	**680**	**717**	**315**	**235**	**80**	**1082**	**445**	**637**
15－19	**29**	**12**	**17**	**6**	**6**		**23**	**6**	**17**
15岁	6	3	3	1	1		5	2	3
16岁	4	3	1	2	2		2	1	1
17岁	7	3	4				7	3	4
18岁	4	1	3	1	1		3		3
19岁	8	2	6	2	2		6		6
20－24	**17**	**9**	**8**	**7**	**5**	**2**	**10**	**4**	**6**
20岁	5	3	2	2	1	1	3	2	1
21岁	3	1	2				3	1	2
22岁	3	2	1	2	2		1		1
23岁	1	1					1	1	
24岁	5	2	3	3	2	1	2		2
25－29	**16**	**8**	**8**	**8**	**5**	**3**	**8**	**3**	**5**
25岁	5	2	3	2		2	3	2	1
26岁	7	3	4	3	2	1	4	1	3
27岁	1	1		1	1				
28岁	2	1	1	1	1		1		1
29岁	1	1		1	1				
30－34	**30**	**16**	**14**	**11**	**4**	**7**	**19**	**12**	**7**
30岁	5	3	2	3	1	2	2	2	
31岁									
32岁	6	3	3	1		1	5	3	2
33岁	9	5	4	3	2	1	6	3	3
34岁	10	5	5	4	1	3	6	4	2
35－39	**55**	**31**	**24**	**31**	**22**	**9**	**24**	**9**	**15**
35岁	18	12	6	10	8	2	8	4	4
36岁	11	5	6	4	2	2	7	3	4

2－13b 续表 1

单位：人

年 龄	残疾人口			在业人口			不在业人口		
	合计	男	女	小计	男	女	小计	男	女
37岁	8	5	3	7	4	3	1	1	
38岁	6	2	4	3	2	1	3		3
39岁	12	7	5	7	6	1	5	1	4
40－44	**81**	**38**	**43**	**42**	**28**	**14**	**39**	**10**	**29**
40岁	18	11	7	11	8	3	7	3	4
41岁	17	6	11	9	4	5	8	2	6
42岁	24	10	14	9	6	3	15	4	11
43岁	17	9	8	10	8	2	7	1	6
44岁	5	2	3	3	2	1	2		2
45－49	**105**	**66**	**39**	**60**	**42**	**18**	**45**	**24**	**21**
45岁	21	12	9	12	8	4	9	4	5
46岁	18	13	5	11	9	2	7	4	3
47岁	25	14	11	12	7	5	13	7	6
48岁	17	8	9	7	4	3	10	4	6
49岁	24	19	5	18	14	4	6	5	1
50－54	**166**	**75**	**91**	**59**	**41**	**18**	**107**	**34**	**73**
50岁	24	13	11	10	8	2	14	5	9
51岁	31	15	16	13	9	4	18	6	12
52岁	39	16	23	16	10	6	23	6	17
53岁	42	15	27	12	7	5	30	8	22
54岁	30	16	14	8	7	1	22	9	13
55－59	**144**	**83**	**61**	**41**	**36**	**5**	**103**	**47**	**56**
55岁	29	13	16	8	7	1	21	6	15
56岁	36	23	13	7	7		29	16	13
57岁	34	19	15	11	10	1	23	9	14
58岁	27	16	11	10	9	1	17	7	10
59岁	18	12	6	5	3	2	13	9	4
60－64	**115**	**54**	**61**	**20**	**17**	**3**	**95**	**37**	**58**

2－13b 续表 2

单位：人

年龄	残疾人口			在业人口			不在业人口		
	合计	男	女	小计	男	女	小计	男	女
60岁	28	12	16	4	3	1	24	9	15
61岁	23	11	12	3	3		20	8	12
62岁	19	12	7	3	3		16	9	7
63岁	22	8	14	4	3	1	18	5	13
64岁	23	11	12	6	5	1	17	6	11
65-69	**146**	**72**	**74**	**13**	**12**	**1**	**133**	**60**	**73**
65岁	23	10	13	1	1		22	9	13
66岁	33	14	19	1	1		32	13	19
67岁	31	14	17	4	4		27	10	17
68岁	25	16	9	4	3	1	21	13	8
69岁	34	18	16	3	3		31	15	16
70-74	**201**	**89**	**112**	**14**	**14**		**187**	**75**	**112**
70岁	49	19	30	4	4		45	15	30
71岁	39	18	21	3	3		36	15	21
72岁	33	17	16	2	2		31	15	16
73岁	41	17	24	3	3		38	14	24
74岁	39	18	21	2	2		37	16	21
75-79	**159**	**71**	**88**	**1**	**1**		**158**	**70**	**88**
75岁	37	13	24				37	13	24
76岁	30	12	18				30	12	18
77岁	46	26	20				46	26	20
78岁	27	10	17	1	1		26	9	17
79岁	19	10	9				19	10	9
80-84	**90**	**40**	**50**	**2**	**2**		**88**	**38**	**50**
80岁	25	10	15	1	1		24	9	15
81岁	16	6	10				16	6	10
82岁	23	13	10				23	13	10
83岁	17	8	9				17	8	9
84岁	9	3	6	1	1		8	2	6
85+	**43**	**16**	**27**				**43**	**16**	**27**

2－14 残疾人分年龄、性别的职业状况

单位：人

年龄	在业残疾人			国家机关、党群组织、企业、事业单位负责人			专业技术人员			办事人员和有关人员		
	合计	男	女	合计	男	女	合计	男	女	小计	男	女
总 计	**642**	**468**	**174**	**7**	**5**	**2**	**44**	**25**	**19**	**97**	**78**	**19**
15-19	8	6	2							2	1	1
20-24	19	12	7				1		1	3	2	1
25-29	16	12	4				1	1		2	1	1
30-34	27	10	17				4	2	2	3	1	2
35-39	58	39	19				2	2		4	3	1
40-44	87	58	29				4		4	11	7	4
45-49	154	109	45	2	1	1	11	4	7	31	24	7
50-54	120	87	33	2	2		7	4	3	15	14	1
55-59	69	61	8	1	1		3	3		13	12	1
60-64	33	26	7	1		1	2	1	1	6	6	
65+	51	48	3	1	1		9	8	1	7	7	

2－14 续表

单位：人

年龄	商业、服务业人员			农、林、牧、渔、水利业生产人员			生产、运输设备操作人员及有关人员			不便分类的其他从业人员		
	小计	男	女	小计	男	女	小计	男	女	合计	男	女
总 计	**145**	**103**	**42**	**189**	**121**	**68**	**160**	**136**	**24**			
15-19	1		1	3	3		2	2				
20-24	6	4	2	4	3	1	5	3	2			
25-29	4	2	2				9	8	1			
30-34	8	2	6	6	3	3	6	2	4			
35-39	23	14	9	12	6	6	17	14	3			
40-44	22	17	5	19	10	9	31	24	7			
45-49	33	22	11	28	16	12	49	42	7			
50-54	26	21	5	44	20	24	26	26				
55-59	9	8	1	32	26	6	11	11				
60-64	3	3		18	13	5	3	3				
65+	10	10		23	21	2	1	1				

2－15 残疾人分性别、受教育程度的职业状况

单位：人

受教育程度	在业残疾人			国家机关、党群组织、企业、事业单位负责人			专业技术人员			办事人员和有关人员		
	合计	男	女	小计	男	女	小计	男	女	小计	男	女
总　计	**642**	**468**	**174**	**7**	**5**	**2**	**44**	**25**	**19**	**97**	**78**	**19**
不识字	87	61	26							6	6	
未上过学	5	5										
小学	158	122	36				1	1		19	19	
初中	212	160	52	1	1		3	2	1	29	26	3
高中	102	71	31	3	2	1	9	4	5	24	15	9
中专	22	16	6				7	4	3	6	5	1
大学专科	40	25	15	2	2		14	7	7	8	6	2
大学本科	13	8	5				9	7	2	4	1	3
研究生	3		3	1		1	1		1	1		1

2－15 续表

单位：人

受教育程度	商业、服务业人员			农、林、牧、渔、水利业生产人员			生产、运输设备操作人员及有关人员			不便分类的其他从业人员		
	小计	男	女	小计	男	女	小计	男	女	小计	男	女
总　计	**145**	**103**	**42**	**189**	**121**	**68**	**160**	**136**	**24**			
不识字	14	11	3	56	33	23	11	11				
未上过学	3	3		2	2							
小学	41	31	10	66	45	21	31	26	5			
初中	54	39	15	55	33	22	70	59	11			
高中	23	14	9	7	6	1	36	30	6			
中专	5	3	2				4	4				
大学专科	5	2	3	3	2	1	8	6	2			
大学本科												
研究生												

2－16 各地区残疾人分性别的未工作状况

单位：人

地 区	未工作残疾人			在校学生			离退休		
	合计	男	女	小计	男	女	小计	男	女
总 计	**4114**	**1880**	**2234**	**28**	**14**	**14**	**2040**	**1112**	**928**
东城区	275	123	152	2	1	1	198	91	107
西城区	408	185	223	2		2	305	157	148
崇文区	126	57	69	2	1	1	96	50	46
宣武区	213	103	110	2	1	1	153	79	74
朝阳区	538	268	270	2	2		380	206	174
丰台区	252	116	136	2		2	144	78	66
石景山区	157	77	80				111	65	46
海淀区	508	222	286	3	2	1	387	191	196
门头沟区	86	45	41				36	28	8
房山区	319	134	185	1	1		50	41	9
通州区	250	116	134	3	1	2	32	30	2
顺义区	170	72	98	1	1		16	11	5
昌平区	152	75	77	2		2	68	39	29
大兴区	117	56	61	1	1		16	10	6
怀柔区	96	43	53	3	2	1	16	12	4
平谷区	199	88	111				9	7	2
密云县	178	73	105	1		1	16	12	4
延庆县	70	27	43	1	1		7	5	2

2-16 续表 1

单位：人

地 区	料理家务			丧失劳动能力			毕业后未工作			因单位原因失去原工作		
	小计	男	女	小计	男	女	小计	男	女	小计	男	女
总 计	**631**	**88**	**543**	**1156**	**497**	**659**	**38**	**19**	**19**	**103**	**73**	**30**
东城区	14	1	13	28	13	15	7	3	4	14	10	4
西城区	22	1	21	41	6	35	2	1	1	18	11	7
崇文区	10	1	9	11	2	9	1		1	4	2	2
宣武区	13	3	10	28	8	20	3	1	2	9	6	3
朝阳区	45	5	40	71	27	44	6	4	2	14	12	2
丰台区	35	5	30	49	19	30	2		2	14	9	5
石景山区	16		16	17	3	14	1		1	7	6	1
海淀区	43	2	41	48	16	32	5	2	3	9	4	5
门头沟区	13		13	31	11	20				3	3	
房山区	97	9	88	160	73	87	3	3		3	3	
通州区	65	14	51	127	50	77	4	2	2	2	2	
顺义区	51	11	40	98	46	52				2	1	1
昌平区	24	5	19	52	26	26				1	1	
大兴区	27	2	25	70	40	30				3	3	
怀柔区	25	6	19	50	21	29						
平谷区	65	9	56	124	71	53	1	1				
密云县	41	8	33	114	50	64	3	2	1			
延庆县	25	6	19	37	15	22						

2－16 续表 2

单位：人

地区	因本人原因失去原工作			承包土地被征用			其他		
	小计	男	女	小计	男	女	小计	男	女
总计	**88**	**59**	**29**	**12**	**8**	**4**	**18**	**10**	**8**
东城区	5	4	1				7		7
西城区	18	9	9						
崇文区	1		1				1	1	
宣武区	5	5							
朝阳区	18	11	7	1		1	1	1	
丰台区	6	5	1						
石景山区	5	3	2						
海淀区	11	5	6	2		2			
门头沟区	2	2					1	1	
房山区	5	4	1						
通州区	4	4		7	7		6	6	
顺义区	1	1					1	1	
昌平区	5	4	1						
大兴区									
怀柔区	2	2							
平谷区									
密云县				2	1	1	1		1
延庆县									

2－16a 各地区城镇残疾人分性别的未工作状况

单位：人

地 区	未工作残疾人			在校学生			离退休		
	合计	男	女	小计	男	女	小计	男	女
总 计	**3032**	**1435**	**1597**	**21**	**11**	**10**	**1937**	**1040**	**897**
东城区	275	123	152	2	1	1	198	91	107
西城区	408	185	223	2		2	305	157	148
崇文区	126	57	69	2	1	1	96	50	46
宣武区	213	103	110	2	1	1	153	79	74
朝阳区	538	268	270	2	2		380	206	174
丰台区	196	89	107	1		1	124	62	62
石景山区	157	77	80				111	65	46
海淀区	467	212	255	3	2	1	355	183	172
门头沟区	45	26	19				27	20	7
房山区	146	69	77				43	34	9
通州区	110	55	55	1		1	25	23	2
顺义区	61	23	38	1	1		8	5	3
昌平区	106	56	50	1		1	67	38	29
大兴区	12	3	9				9	3	6
怀柔区	29	19	10	3	2	1	15	11	4
平谷区	111	56	55				8	6	2
密云县	22	9	13				8	4	4
延庆县	10	5	5	1	1		5	3	2

2－16a 续表 1

单位：人

地区	料理家务			丧失劳动能力			毕业后未工作		
	小计	男	女	小计	男	女	小计	男	女
总 计	**318**	**34**	**284**	**530**	**208**	**322**	**34**	**17**	**17**
东城区	14	1	13	28	13	15	7	3	4
西城区	22	1	21	41	6	35	2	1	1
崇文区	10	1	9	11	2	9	1		1
宣武区	13	3	10	28	8	20	3	1	2
朝阳区	45	5	40	71	27	44	6	4	2
丰台区	21	3	18	30	11	19	1		1
石景山区	16		16	17	3	14	1		1
海淀区	41	2	39	46	16	30	5	2	3
门头沟区	5		5	10	3	7			
房山区	32	1	31	60	24	36	3	3	
通州区	24	5	19	49	18	31	4	2	2
顺义区	22	4	18	27	11	16			
昌平区	11	2	9	21	11	10			
大兴区				3		3			
怀柔区	3	1	2	8	5	3			
平谷区	34	4	30	68	45	23	1	1	
密云县	4	1	3	9	4	5			
延庆县	1		1	3	1	2			

2－16a　续表 2

单位：人

地　区	因单位原因失去原工作			因本人原因失去原工作			承包土地被征用			其他		
	小计	男	女	小计	男	女	小计	男	女	小计	男	女
总　计	**95**	**65**	**30**	**78**	**52**	**26**	**6**	**2**	**4**	**13**	**6**	**7**
东城区	14	10	4	5	4	1				7		7
西城区	18	11	7	18	9	9						
崇文区	4	2	2	1		1				1	1	
宣武区	9	6	3	5	5							
朝阳区	14	12	2	18	11	7	1		1	1	1	
丰台区	13	8	5	6	5	1						
石景山区	7	6	1	5	3	2						
海淀区	8	3	5	7	4	3	2		2			
门头沟区	1	1		1	1					1	1	
房山区	3	3		5	4	1						
通州区	1	1		2	2		2	2		2	2	
顺义区	2	1	1							1	1	
昌平区	1	1		5	4	1						
大兴区												
怀柔区												
平谷区												
密云县							1		1			
延庆县												

2－16b 各地区农村残疾人分性别的未工作状况

单位：人

地　区	未工作残疾人			在校学生			离退休		
	合计	男	女	小计	男	女	小计	男	女
总　计	**1082**	**445**	**637**	**7**	**3**	**4**	**103**	**72**	**31**
东城区									
西城区									
崇文区									
宣武区									
朝阳区									
丰台区	56	27	29	1		1	20	16	4
石景山区									
海淀区	41	10	31				32	8	24
门头沟区	41	19	22				9	8	1
房山区	173	65	108	1	1		7	7	
通州区	140	61	79	2	1	1	7	7	
顺义区	109	49	60				8	6	2
昌平区	46	19	27	1		1	1	1	
大兴区	105	53	52	1	1		7	7	
怀柔区	67	24	43				1	1	
平谷区	88	32	56				1	1	
密云县	156	64	92	1		1	8	8	
延庆县	60	22	38				2	2	

2－16b 续表 1

单位：人

地 区	料理家务			丧失劳动能力			毕业后未工作		
	小计	男	女	小计	男	女	小计	男	女
总 计	**313**	**54**	**259**	**626**	**289**	**337**	**4**	**2**	**2**
东城区									
西城区									
崇文区									
宣武区									
朝阳区									
丰台区	14	2	12	19	8	11	1		1
石景山区									
海淀区	2		2	2		2			
门头沟区	8		8	21	8	13			
房山区	65	8	57	100	49	51			
通州区	41	9	32	78	32	46			
顺义区	29	7	22	71	35	36			
昌平区	13	3	10	31	15	16			
大兴区	27	2	25	67	40	27			
怀柔区	22	5	17	42	16	26			
平谷区	31	5	26	56	26	30			
密云县	37	7	30	105	46	59	3	2	1
延庆县	24	6	18	34	14	20			

2－16b 续表 2

单位：人

地 区	因单位原因失去原工作			因本人原因失去原工作			承包土地被征用			其他		
	小计	男	女	小计	男	女	小计	男	女	小计	男	女
总 计	**8**	**8**		**10**	**7**	**3**	**6**	**6**		**5**	**4**	**1**
东城区												
西城区												
崇文区												
宣武区												
朝阳区												
丰台区	1	1										
石景山区												
海淀区	1	1		4	1	3						
门头沟区	2	2		1	1							
房山区												
通州区	1	1		2	2		5	5		4	4	
顺义区				1	1							
昌平区												
大兴区	3	3										
怀柔区				2	2							
平谷区												
密云县							1	1		1		1
延庆县												

2－17 残疾人分年龄、性别的未工作状况

年 龄	未工作残疾人			在校学生			离退休		
	合计	男	女	小计	男	女	小计	男	女
总 计	**4114**	**1880**	**2234**	**28**	**14**	**14**	**2040**	**1112**	**928**
15-19	55	28	27	20	13	7			
20-24	46	23	23	7	1	6			
25-29	45	23	22						
30-34	58	36	22				1		1
35-39	79	40	39	1		1	4	4	
40-44	151	75	76				19	9	10
45-49	185	97	88				46	16	30
50-54	283	113	170				109	33	76
55-59	297	143	154				142	78	64
60-64	293	118	175				155	80	75
65-69	506	218	288				333	164	169
70-74	761	337	424				444	249	195
75-79	658	307	351				391	226	165
80-84	413	190	223				243	145	98
85+	284	132	152				153	108	45

2－17 续表 1

单位：人

年 龄	料理家务			丧失劳动能力			毕业后未工作		
	小计	男	女	小计	男	女	小计	男	女
总 计	**631**	**88**	**543**	**1156**	**497**	**659**	**38**	**19**	**19**
15-19	4		4	21	10	11	8	4	4
20-24	6	1	5	16	11	5	13	6	7
25-29	6		6	24	12	12	9	5	4
30-34	8	2	6	35	26	9	5	3	2
35-39	11	1	10	32	19	13			
40-44	34	2	32	42	24	18	1	1	
45-49	34	11	23	57	36	21	2		2
50-54	61	8	53	85	48	37			
55-59	72	8	64	70	44	26			
60-64	66	7	59	66	29	37			
65-69	76	10	66	97	44	53			
70-74	121	16	105	190	69	121			
75-79	83	15	68	174	64	110			
80-84	32	4	28	136	41	95			
85+	17	3	14	111	20	91			

2－17 续表 2

单位：人

年龄	因单位原因失去原工作			因本人原因失去原工作			承包土地被征用			其他		
	小计	男	女	小计	男	女	小计	男	女	小计	男	女
总　计	**103**	**73**	**30**	**88**	**59**	**29**	**12**	**8**	**4**	**18**	**10**	**8**
15-19										2	1	1
20-24				2	2					2	2	
25-29	1	1		5	5							
30-34	3	2	1	5	2	3				1	1	
35-39	14	6	8	15	8	7	1	1		1	1	
40-44	30	20	10	24	18	6				1	1	
45-49	27	20	7	17	12	5	2	2				
50-54	16	16		10	6	4	1	1		1	1	
55-59	6	6		4	4		2	2		1	1	
60-64	1	1		2		2	3	1	2			
65-69												
70-74	1	1		1		1	2	1	1	2	1	1
75-79	3		3	2	1	1				5	1	4
80-84	1		1				1		1			
85+				1	1					2		2

2－17a 城镇残疾人分年龄、性别的未工作状况

单位：人

年 龄	未工作残疾人			在校学生			离退休		
	合计	男	女	小计	男	女	小计	男	女
总 计	**3032**	**1435**	**1597**	**21**	**11**	**10**	**1937**	**1040**	**897**
15-19	32	22	10	15	10	5			
20-24	36	19	17	5	1	4			
25-29	37	20	17						
30-34	39	24	15				1		1
35-39	55	31	24	1		1	4	4	
40-44	112	65	47				19	9	10
45-49	140	73	67				44	15	29
50-54	176	79	97				101	31	70
55-59	194	96	98				129	69	60
60-64	198	81	117				145	73	72
65-69	373	158	215				309	146	163
70-74	574	262	312				427	236	191
75-79	500	237	263				376	216	160
80-84	325	152	173				232	136	96
85+	241	116	125				150	105	45

2－17a 续表 1

单位：人

年 龄	料理家务			丧失劳动能力			毕业后未工作		
	小计	男	女	小计	男	女	小计	男	女
总 计	**318**	**34**	**284**	**530**	**208**	**322**	**34**	**17**	**17**
15-19	1		1	9	7	2	6	4	2
20-24	3	1	2	12	8	4	12	5	7
25-29	3		3	21	11	10	8	4	4
30-34	4		4	20	16	4	5	3	2
35-39	2	1	1	19	12	7			
40-44	12	1	11	29	17	12	1	1	
45-49	20	7	13	35	24	11	2		2
50-54	16	2	14	35	25	10			
55-59	30	4	26	28	16	12			
60-64	27	3	24	22	5	17			
65-69	38	2	36	26	10	16			
70-74	72	5	67	70	19	51			
75-79	50	5	45	65	15	50			
80-84	24		24	67	16	51			
85+	16	3	13	72	7	65			

2－17a 续表 2

单位：人

年 龄	因单位原因失去原工作			因本人原因失去原工作			承包土地被征用			其他		
	小计	男	女	小计	男	女	小计	男	女	小计	男	女
总 计	**95**	**65**	**30**	**78**	**52**	**26**	**6**	**2**	**4**	**13**	**6**	**7**
15-19										1	1	
20-24				2	2					2	2	
25-29	1	1		4	4							
30-34	3	2	1	5	2	3				1	1	
35-39	13	5	8	15	8	7	1	1				
40-44	30	20	10	20	16	4				1	1	
45-49	23	16	7	16	11	5						
50-54	15	15		9	6	3						
55-59	5	5		2	2							
60-64				2		2	2		2			
65-69												
70-74	1	1		1		1	2	1	1	1		1
75-79	3		3	1		1				5	1	4
80-84	1		1				1		1			
85+				1	1					2		2

2－17b 农村残疾人分年龄、性别的未工作状况

单位：人

年龄	未工作残疾人			在校学生			离退休		
	合计	男	女	小计	男	女	小计	男	女
总 计	**1082**	**445**	**637**	**7**	**3**	**4**	**103**	**72**	**31**
15-19	23	6	17	5	3	2			
20-24	10	4	6	2		2			
25-29	8	3	5						
30-34	19	12	7						
35-39	24	9	15						
40-44	39	10	29						
45-49	45	24	21				2	1	1
50-54	107	34	73				8	2	6
55-59	103	47	56				13	9	4
60-64	95	37	58				10	7	3
65-69	133	60	73				24	18	6
70-74	187	75	112				17	13	4
75-79	158	70	88				15	10	5
80-84	88	38	50				11	9	2
85+	43	16	27				3	3	

2－17b 续表 1

单位：人

年龄	料理家务			丧失劳动能力			毕业后未工作		
	小计	男	女	小计	男	女	小计	男	女
总 计	**313**	**54**	**259**	**626**	**289**	**337**	**4**	**2**	**2**
15-19	3		3	12	3	9	2		2
20-24	3		3	4	3	1	1	1	
25-29	3		3	3	1	2	1	1	
30-34	4	2	2	15	10	5			
35-39	9		9	13	7	6			
40-44	22	1	21	13	7	6			
45-49	14	4	10	22	12	10			
50-54	45	6	39	50	23	27			
55-59	42	4	38	42	28	14			
60-64	39	4	35	44	24	20			
65-69	38	8	30	71	34	37			
70-74	49	11	38	120	50	70			
75-79	33	10	23	109	49	60			
80-84	8	4	4	69	25	44			
85+	1		1	39	13	26			

2-17b 续表 2

单位：人

年 龄	因单位原因失去原工作			因本人原因失去原工作			承包土地被征用			其他		
	小计	男	女	小计	男	女	小计	男	女	小计	男	女
总 计	**8**	**8**		**10**	**7**	**3**	**6**	**6**		**5**	**4**	**1**
15-19										1		1
20-24												
25-29				1	1							
30-34												
35-39	1	1								1	1	
40-44				4	2	2						
45-49	4	4		1	1		2	2				
50-54	1	1		1		1	1	1		1	1	
55-59	1	1		2	2		2	2		1	1	
60-64	1	1					1	1				
65-69												
70-74										1	1	
75-79				1	1							
80-84												
85+												

2－18　各地区分性别、未工作残疾人的主要生活来源

单位：人

地　区	未工作残疾人			离退休金			领取基本生活费		
	合计	男	女	小计	男	女	小计	男	女
总　计	**4114**	**1880**	**2234**	**2043**	**1116**	**927**	**486**	**245**	**241**
东城区	275	123	152	198	91	107	34	17	17
西城区	408	185	223	305	157	148	31	14	17
崇文区	126	57	69	97	51	46	7	4	3
宣武区	213	103	110	153	79	74	33	16	17
朝阳区	538	268	270	380	206	174	60	29	31
丰台区	252	116	136	144	78	66	27	15	12
石景山区	157	77	80	111	65	46	8	6	2
海淀区	508	222	286	388	192	196	35	12	23
门头沟区	86	45	41	35	28	7	21	10	11
房山区	319	134	185	51	42	9	46	23	23
通州区	250	116	134	32	30	2	84	33	51
顺义区	170	72	98	16	11	5	18	10	8
昌平区	152	75	77	68	39	29	14	9	5
大兴区	117	56	61	16	10	6	11	8	3
怀柔区	96	43	53	16	12	4	7	5	2
平谷区	199	88	111	10	8	2	16	14	2
密云县	178	73	105	16	12	4	24	14	10
延庆县	70	27	43	7	5	2	10	6	4

2－18 续表

单位：人

地 区	家庭其他成员供养			财产性收入			保险收入			其他		
	小计	男	女	小计	男	女	小计	男	女	小计	男	女
总 计	**1538**	**493**	**1045**	**35**	**20**	**15**				**12**	**6**	**6**
东城区	39	13	26	3	2	1				1		1
西城区	71	14	57	1		1						
崇文区	22	2	20									
宣武区	27	8	19									
朝阳区	90	30	60	8	3	5						
丰台区	78	21	57	3	2	1						
石景山区	38	6	32									
海淀区	80	15	65	5	3	2						
门头沟区	30	7	23									
房山区	221	68	153	1	1							
通州区	126	48	78	4	3	1				4	2	2
顺义区	135	50	85							1	1	
昌平区	67	26	41							3	1	2
大兴区	89	37	52							1	1	
怀柔区	64	20	44	9	6	3						
平谷区	171	65	106							2	1	1
密云县	138	47	91									
延庆县	52	16	36	1		1						

2－19 分年龄、性别、未工作残疾人的主要生活来源

单位：人

年龄	未工作残疾人			离退休金			领取基本生活费		
	合计	男	女	小计	男	女	小计	男	女
总计	**4114**	**1880**	**2234**	**2043**	**1116**	**927**	**486**	**245**	**241**
15-19	55	28	27				5	3	2
20-24	46	23	23				5		5
25-29	45	23	22				8	4	4
30-34	58	36	22	1		1	11	5	6
35-39	79	40	39	4	4		25	13	12
40-44	151	75	76	19	9	10	49	32	17
45-49	185	97	88	46	16	30	66	45	21
50-54	283	113	170	109	33	76	54	36	18
55-59	297	143	154	142	78	64	33	22	11
60-64	293	118	175	154	80	74	24	9	15
65-69	506	218	288	334	165	169	35	14	21
70-74	761	337	424	444	249	195	61	24	37
75-79	658	307	351	394	229	165	59	21	38
80-84	413	190	223	243	145	98	37	13	24
85+	284	132	152	153	108	45	14	4	10

2－19 续表

单位：人

年龄	家庭其他成员供养			财产性收入			保险收入			其他		
	小计	男	女	小计	男	女	小计	男	女	小计	男	女
总计	**1538**	**493**	**1045**	**35**	**20**	**15**				**12**	**6**	**6**
15-19	50	25	25									
20-24	40	23	17							1		1
25-29	36	18	18	1	1							
30-34	43	29	14	2	2					1		1
35-39	48	21	27	1	1					1	1	
40-44	75	30	45	7	3	4				1	1	
45-49	67	33	34	4	3	1				2		2
50-54	116	42	74	3	1	2				1	1	
55-59	114	38	76	5	3	2				3	2	1
60-64	112	27	85	2	1	1				1	1	
65-69	135	37	98	2	2							
70-74	253	61	192	3	3							
75-79	203	57	146	2		2						
80-84	130	32	98	2		2				1		1
85+	116	20	96	1		1						

2－19a　城镇分年龄、性别、未工作残疾人的主要生活来源

单位：人

年　龄	未工作残疾人			离退休金			领取基本生活费		
	合计	男	女	小计	男	女	小计	男	女
总　计	**3032**	**1435**	**1597**	**1939**	**1043**	**896**	**327**	**150**	**177**
15-19	32	22	10				5	3	2
20-24	36	19	17				4		4
25-29	37	20	17				8	4	4
30-34	39	24	15	1		1	7	1	6
35-39	55	31	24	4	4		20	11	9
40-44	112	65	47	19	9	10	42	27	15
45-49	140	73	67	44	15	29	52	36	16
50-54	176	79	97	101	31	70	35	24	11
55-59	194	96	98	129	69	60	19	11	8
60-64	198	81	117	144	73	71	13	4	9
65-69	373	158	215	309	146	163	17	5	12
70-74	574	262	312	427	236	191	39	9	30
75-79	500	237	263	379	219	160	36	8	28
80-84	325	152	173	232	136	96	21	5	16
85+	241	116	125	150	105	45	9	2	7

2－19a　续表

单位：人

年　龄	家庭其他成员供养			财产性收入			保险收入			其他		
	小计	男	女	小计	男	女	小计	男	女	小计	男	女
总　计	**741**	**229**	**512**	**19**	**10**	**9**				**6**	**3**	**3**
15-19	27	19	8									
20-24	32	19	13									
25-29	28	15	13	1	1							
30-34	29	21	8	2	2							
35-39	29	14	15	1	1					1	1	
40-44	46	26	20	4	2	2				1	1	
45-49	40	21	19	2	1	1				2		2
50-54	38	23	15	1		1				1	1	
55-59	42	14	28	3	2	1				1		1
60-64	40	4	36	1		1						
65-69	47	7	40									
70-74	107	16	91	1	1							
75-79	85	10	75									
80-84	70	11	59	2		2						
85+	81	9	72	1		1						

2－19b 农村分年龄、性别、未工作残疾人的主要生活来源

单位：人

年龄	未工作残疾人			离退休金			领取基本生活费		
	合计	男	女	小计	男	女	小计	男	女
总　计	**1082**	**445**	**637**	**104**	**73**	**31**	**159**	**95**	**64**
15–19	23	6	17						
20–24	10	4	6				1		1
25–29	8	3	5						
30–34	19	12	7				4	4	
35–39	24	9	15				5	2	3
40–44	39	10	29				7	5	2
45–49	45	24	21	2	1	1	14	9	5
50–54	107	34	73	8	2	6	19	12	7
55–59	103	47	56	13	9	4	14	11	3
60–64	95	37	58	10	7	3	11	5	6
65–69	133	60	73	25	19	6	18	9	9
70–74	187	75	112	17	13	4	22	15	7
75–79	158	70	88	15	10	5	23	13	10
80–84	88	38	50	11	9	2	16	8	8
85+	43	16	27	3	3		5	2	3

2－19b 续表

单位：人

年龄	家庭其他成员供养			财产性收入			保险收入			其他		
	小计	男	女	小计	男	女	小计	男	女	小计	男	女
总　计	**797**	**264**	**533**	**16**	**10**	**6**				**6**	**3**	**3**
15–19	23	6	17									
20–24	8	4	4							1		1
25–29	8	3	5									
30–34	14	8	6							1		1
35–39	19	7	12									
40–44	29	4	25	3	1	2						
45–49	27	12	15	2	2							
50–54	78	19	59	2	1	1						
55–59	72	24	48	2	1	1				2	2	
60–64	72	23	49	1	1					1	1	
65–69	88	30	58	2	2							
70–74	146	45	101	2	2							
75–79	118	47	71	2		2						
80–84	60	21	39							1		1
85+	35	11	24									

2-20　0－14岁残疾儿童及其家庭基本情况

指　　标	单位	数量
0－14岁残疾儿童总人数	人	96
有残疾儿童的家庭户	户	78
残疾类别		
视力残疾人	人	3
听力残疾人	人	2
言语残疾人	人	4
肢体残疾人	人	16
智力残疾人	人	27
精神残疾人	人	
多重残疾人	人	44
性别		
男	人	55
女	人	41
性别比(以女性为100)		134
年龄		
0-5岁	人	42
6岁	人	5
7-14岁	人	49
民族		
汉族	人	90
少数民族	人	6
户口性质		
农业	人	37
非农业	人	56
户口待定	人	3
受教育程度		
未上过学	人	
小学	人	24
初中	人	5
在校生接受义务教育情况		
普通教育学校普通班	人	21
普通教育学校特教班	人	2
特殊教育学校	人	9
其他	人	2
残疾儿童家庭户2005年人均收入水平		
户人均收入	元	4982
城市	元	7372
农村	元	2954
人均收入在0-683元之间	户	2
人均收入在684-994元之间	户	1

2-21 15岁及以上残疾妇女及其家庭基本情况

指 标	单位	数量
15岁及以上残疾妇女总人数	人	2408
有残疾妇女的家庭户	户	2361
残疾类别		
视力残疾人	人	191
听力残疾人	人	483
言语残疾人	人	9
肢体残疾人	人	877
智力残疾人	人	85
精神残疾人	人	201
多重残疾人	人	562
年龄		
15-49岁	人	420
50-59岁	人	365
60-74岁	人	897
75-89岁	人	675
90岁及以上	人	51
民族		
汉族	人	2309
少数民族	人	99
户口性质		
农业	人	932
非农业	人	1476
户口待定	人	
文盲人口	人	918
受教育程度		
未上过学	人	50
小学	人	570
初中	人	467

2-21 续表

指　　标	单位	数量
高中	人	183
中专	人	72
大学专科	人	71
大学本科	人	70
研究生	人	7
婚姻状况		
未婚	人	112
初婚有配偶	人	1326
再婚有配偶	人	73
离婚	人	50
丧偶	人	847
当前工作状况		
当前有工作	人	174
当前无工作	人	2234
当前无工作者主要生活来源		
离退休金	人	927
领取基本生活费	人	241
家庭其他成员供养	人	1045
财产性收入	人	15
保险收入	人	
其他	人	6
残疾妇女家庭户2005年人均收入水平		
户人均收入	元	7864
城市	元	9960
农村	元	3383
人均收入在0-683元之间	户	53
人均收入在684-994元之间	户	39

2-22　60岁及以上老年残疾人及其家庭基本情况

指　　标	单位	数量
60岁及以上老年残疾人总数	人	2999
有老年残疾人的家庭户	户	2755
残疾类别		
视力残疾人	人	201
听力残疾人	人	885
言语残疾人	人	11
肢体残疾人	人	1041
智力残疾人	人	13
精神残疾人	人	88
多重残疾人	人	760
性别		
男	人	1376
女	人	1623
性别比(以女性为100)		85
年龄		
60-74岁	人	1639
75-89岁	人	1270
90岁及以上	人	90
民族		
汉族	人	2883
少数民族	人	116
户口性质		
农业	人	963
非农业	人	2036
户口待定	人	
文盲人口	人	977
受教育程度		
未上过学	人	87
小学	人	932

2-22 续表

指　　标	单位	数量
初中	人	468
高中	人	153
中专	人	105
大学专科	人	90
大学本科	人	179
研究生	人	8
婚姻状况		
未婚	人	32
初婚有配偶	人	1728
再婚有配偶	人	88
离婚	人	15
丧偶	人	1136
当前工作状况		
当前有工作	人	84
当前无工作	人	2915
当前无工作者主要生活来源		
离退休金	人	1722
领取基本生活费	人	230
家庭其他成员供养	人	949
财产性收入	人	12
保险收入	人	
其他	人	2
老年残疾人家庭户2005年人均收入水平		
户人均收入	元	8999
城市	元	11030
农村	元	3338
人均收入在0-683元之间	户	67
人均收入在684-994元之间	户	52

第三部分　残疾人的残疾类别、等级和主要致残原因

3－1 各地区残疾人分残疾类别、残疾等级的分布

单位：人

地 区	视力残疾					听力残疾				
	小计	一级	二级	三级	四级	小计	一级	二级	三级	四级
总 计	**325**	**63**	**27**	**16**	**219**	**1100**	**84**	**97**	**529**	**390**
东城区	21	8	2		11	68	3	3	25	37
西城区	26	2	2	5	17	106	2	11	43	50
崇文区	4				4	27	6	3	14	4
宣武区	19	3	1	1	14	31	4	7	18	2
朝阳区	32	9	1	2	20	182	7	13	76	86
丰台区	36	3	3	1	29	34	3	4	13	14
石景山区	14	2	3	2	7	61	2		36	23
海淀区	36	7	5		24	130	17	10	79	24
门头沟区	11	1		2	8	39		1	17	21
房山区	19	6	2		11	26	2	4	14	6
通州区	19	5	1		13	51	5	10	20	16
顺义区	18	2	2		14	41	7	8	18	8
昌平区	12	4			8	33	5	3	19	6
大兴区	12	1	3	2	6	45	2		29	14
怀柔区	6	1			5	37	2	4	22	9
平谷区	21	2	1		18	82	9	5	39	29
密云县	15	7	1	1	6	77	3	5	31	38
延庆县	4				4	30	5	6	16	3

3-1 续表 1

单位：人

地区	言语残疾					肢体残疾				
	小计	一级	二级	三级	四级	小计	一级	二级	三级	四级
总 计	**31**	**6**	**3**	**6**	**16**	**1725**	**40**	**146**	**402**	**1137**
东城区	1			1		129	2	17	24	86
西城区						171		3	33	135
崇文区	1	1				60	3	6	10	41
宣武区						100	1	17	31	51
朝阳区	3	1	1		1	144	10	14	37	83
丰台区	2		1		1	119	1	20	37	61
石景山区	2			2		47	1	6	8	32
海淀区	3			1	2	224	9	23	71	121
门头沟区	4		1	1	2	7		2	2	3
房山区	2				2	219	1	1	49	168
通州区	3				3	143	3	11	20	109
顺义区						66	1	5	19	41
昌平区	2	1			1	52	1	9	9	33
大兴区	2			1	1	59	2	1	11	45
怀柔区	2	1			1	28	1	5	6	16
平谷区	2	1			1	72	4	3	10	55
密云县	1	1				43		3	17	23
延庆县	1				1	42			8	34

3－1 续表 2

单位：人

地区	智力残疾					精神残疾				
	小计	一级	二级	三级	四级	小计	一级	二级	三级	四级
总计	**243**	**10**	**24**	**81**	**128**	**347**	**71**	**50**	**61**	**165**
东城区	7		1	3	3	26	3	6	7	10
西城区	6			1	5	28	5	1	4	18
崇文区	5				5	7	2	1	1	3
宣武区	7	2	2	1	2	16	4	6		6
朝阳区	28	1	3	11	13	58	14	4	14	26
丰台区	21	1	3	8	9	19	1	4	5	9
石景山区	4				4	11	2	1	2	6
海淀区	17			8	9	42	1	5	11	25
门头沟区	7			1	6	15	1	2	4	8
房山区	16	2	2	4	8	18		2	4	12
通州区	18	1	2	3	12	23	3	1	4	15
顺义区	25	1	2	12	10	20	12	3	1	4
昌平区	25	2	4	12	7	19	7	5	1	6
大兴区	11		1	2	8	12	4	2	1	5
怀柔区	9		1	4	4	2	1	1		
平谷区	16		3	3	10	19	3	4	2	10
密云县	14			5	9	10	8	1		1
延庆县	7			3	4	2		1		1

3－1 续表 3

单位：人

地区	多重残疾				
	小计	一级	二级	三级	四级
总计	**1081**	**500**	**162**	**268**	**151**
东城区	44	19	4	11	10
西城区	103	38	10	33	22
崇文区	36	14	5	12	5
宣武区	52	20	10	17	5
朝阳区	141	67	17	36	21
丰台区	76	40	8	18	10
石景山区	26	10	7	8	1
海淀区	110	42	25	34	9
门头沟区	20	13	4	3	
房山区	76	26	8	27	15
通州区	56	24	9	14	9
顺义区	47	24	10	9	4
昌平区	39	22	9	5	3
大兴区	56	29	7	11	9
怀柔区	41	26	4	7	4
平谷区	69	40	13	7	9
密云县	63	31	9	11	12
延庆县	26	15	3	5	3

3－1a　各地区城镇残疾人分残疾类别、残疾等级的分布

单位：人

地　区	视力残疾					听力残疾				
	小计	一级	二级	三级	四级	小计	一级	二级	三级	四级
总　计	**232**	**45**	**20**	**12**	**155**	**800**	**58**	**64**	**384**	**294**
东城区	21	8	2		11	68	3	3	25	37
西城区	26	2	2	5	17	106	2	11	43	50
崇文区	4				4	27	6	3	14	4
宣武区	19	3	1	1	14	31	4	7	18	2
朝阳区	32	9	1	2	20	182	7	13	76	86
丰台区	25		3	1	21	29	2	3	12	12
石景山区	14	2	3	2	7	61	2		36	23
海淀区	34	7	5		22	123	17	9	74	23
门头沟区	5				5	20		1	8	11
房山区	11	5	1		5	18	1	3	10	4
通州区	9	3	1		5	28	3	3	11	11
顺义区	7	1			6	13	4		8	1
昌平区	7	3			4	24	2	3	13	6
大兴区						6			5	1
怀柔区	2				2	7			6	1
平谷区	14	2	1		11	44	5	5	21	13
密云县	2			1	1	9			2	7
延庆县						4			2	2

3-1a 续表 1

单位：人

地区	言语残疾					肢体残疾				
	小计	一级	二级	三级	四级	小计	一级	二级	三级	四级
总计	**15**	**4**	**1**	**5**	**5**	**1228**	**32**	**115**	**303**	**778**
东城区	1			1		129	2	17	24	86
西城区						171		3	33	135
崇文区	1	1				60	3	6	10	41
宣武区						100	1	17	31	51
朝阳区	3	1	1		1	144	10	14	37	83
丰台区	1				1	87	1	15	28	43
石景山区	2			2		47	1	6	8	32
海淀区	2			1	1	203	9	23	65	106
门头沟区	2			1	1	4			1	3
房山区	1				1	90	1		23	66
通州区						60		2	8	50
顺义区						25		2	9	14
昌平区	1	1				36		5	7	24
大兴区						4			2	2
怀柔区						9		3	4	2
平谷区	1	1				48	4	1	9	34
密云县						5		1	2	2
延庆县						6			2	4

3－1a 续表 2

单位：人

地 区	智力残疾					精神残疾				
	小计	一级	二级	三级	四级	小计	一级	二级	三级	四级
总 计	**145**	**7**	**14**	**51**	**73**	**257**	**44**	**33**	**49**	**131**
东城区	7		1	3	3	26	3	6	7	10
西城区	6			1	5	28	5	1	4	18
崇文区	5				5	7	2	1	1	3
宣武区	7	2	2	1	2	16	4	6		6
朝阳区	28	1	3	11	13	58	14	4	14	26
丰台区	17	1	3	7	6	15	1	3	2	9
石景山区	4				4	11	2	1	2	6
海淀区	14			7	7	37	1	3	10	23
门头沟区	1				1	10	1	1	1	7
房山区	9	1	2	3	3	12		2	4	6
通州区	13		1	2	10	8	1		1	6
顺义区	4	1		2	1	8	5	1		2
昌平区	13	1		8	4	8	2	1	1	4
大兴区										
怀柔区	2			1	1	1		1		
平谷区	11		2	2	7	11	2	2	2	5
密云县	3			3		1	1			
延庆县	1				1					

3－1a 续表 3

单位：人

地区	多重残疾				
	小计	一级	二级	三级	四级
总　计	**723**	**307**	**122**	**197**	**97**
东城区	44	19	4	11	10
西城区	103	38	10	33	22
崇文区	36	14	5	12	5
宣武区	52	20	10	17	5
朝阳区	141	67	17	36	21
丰台区	56	31	5	13	7
石景山区	26	10	7	8	1
海淀区	99	38	22	31	8
门头沟区	9	6	2	1	
房山区	33	11	7	13	2
通州区	21	7	4	6	4
顺义区	20	7	7	3	3
昌平区	28	12	9	4	3
大兴区	3	1	1	1	
怀柔区	12	6	2	2	2
平谷区	36	17	9	6	4
密云县	2	1	1		
延庆县	2	2			

3－1b 各地区农村残疾人分残疾类别、残疾等级的分布

单位：人

地 区	视力残疾					听力残疾				
	小计	一级	二级	三级	四级	小计	一级	二级	三级	四级
总 计	**93**	**18**	**7**	**4**	**64**	**300**	**26**	**33**	**145**	**96**
东城区										
西城区										
崇文区										
宣武区										
朝阳区										
丰台区	11	3			8	5	1	1	1	2
石景山区										
海淀区	2				2	7		1	5	1
门头沟区	6	1		2	3	19			9	10
房山区	8	1	1		6	8	1	1	4	2
通州区	10	2			8	23	2	7	9	5
顺义区	11	1	2		8	28	3	8	10	7
昌平区	5	1			4	9	3		6	
大兴区	12	1	3	2	6	39	2		24	13
怀柔区	4	1			3	30	2	4	16	8
平谷区	7				7	38	4		18	16
密云县	13	7	1		5	68	3	5	29	31
延庆县	4				4	26	5	6	14	1

3-1b 续表 1

单位：人

地区	言语残疾					肢体残疾				
	小计	一级	二级	三级	四级	小计	一级	二级	三级	四级
总　计	**16**	**2**	**2**	**1**	**11**	**497**	**8**	**31**	**99**	**359**
东城区										
西城区										
崇文区										
宣武区										
朝阳区										
丰台区	1		1			32		5	9	18
石景山区										
海淀区	1				1	21			6	15
门头沟区	2		1		1	3		2	1	
房山区	1				1	129		1	26	102
通州区	3				3	83	3	9	12	59
顺义区						41	1	3	10	27
昌平区	1				1	16	1	4	2	9
大兴区	2			1	1	55	2	1	9	43
怀柔区	2	1			1	19	1	2	2	14
平谷区	1				1	24		2	1	21
密云县	1	1				38		2	15	21
延庆县	1				1	36			6	30

3－1b 续表 2

单位：人

地区	智力残疾					精神残疾				
	小计	一级	二级	三级	四级	小计	一级	二级	三级	四级
总 计	**98**	**3**	**10**	**30**	**55**	**90**	**27**	**17**	**12**	**34**
东城区										
西城区										
崇文区										
宣武区										
朝阳区										
丰台区	4			1	3	4		1	3	
石景山区										
海淀区	3			1	2	5		2	1	2
门头沟区	6			1	5	5		1	3	1
房山区	7	1		1	5	6				6
通州区	5	1	1	1	2	15	2	1	3	9
顺义区	21		2	10	9	12	7	2	1	2
昌平区	12	1	4	4	3	11	5	4		2
大兴区	11		1	2	8	12	4	2	1	5
怀柔区	7		1	3	3	1	1			
平谷区	5		1	1	3	8	1	2		5
密云县	11			2	9	9	7	1		1
延庆县	6			3	3	2		1		1

3-1b 续表 3

单位：人

地　区	多重残疾				
	小计	一级	二级	三级	四级
总 计	**358**	**193**	**40**	**71**	**54**
东城区					
西城区					
崇文区					
宣武区					
朝阳区					
丰台区	20	9	3	5	3
石景山区					
海淀区	11	4	3	3	1
门头沟区	11	7	2	2	
房山区	43	15	1	14	13
通州区	35	17	5	8	5
顺义区	27	17	3	6	1
昌平区	11	10		1	
大兴区	53	28	6	10	9
怀柔区	29	20	2	5	2
平谷区	33	23	4	1	5
密云县	61	30	8	11	12
延庆县	24	13	3	5	3

3－2 残疾人分残疾类别、残疾等级的年龄构成

单位：人

年 龄	视力残疾					听力残疾				
	小计	一级	二级	三级	四级	小计	一级	二级	三级	四级
总 计	**325**	**63**	**27**	**16**	**219**	**1100**	**84**	**97**	**529**	**390**
0岁										
1岁						1			1	
2岁										
3岁	2				2					
4岁	1				1					
5岁										
6岁										
7岁										
8岁										
9岁										
10岁										
11岁						1	1			
12岁										
13岁										
14岁										
15岁						1				1
16岁	1	1								
17岁	1				1	1				1
18岁										
19岁	2		2							
20岁										
21岁	1				1					
22岁	1				1	1	1			
23岁										
24岁	1				1	2	1			1
25岁						1			1	
26岁	1				1	1	1			

3-2 续表 1

单位：人

年 龄	视力残疾					听力残疾				
	小计	一级	二级	三级	四级	小计	一级	二级	三级	四级
27岁										
28岁										
29岁										
30岁	1				1					
31岁										
32岁	2	2				1			1	
33岁	1				1	2	1	1		
34岁	2		1		1	1			1	
35岁	1	1				4		1	3	
36岁						2		1	1	
37岁	3			1	2	3			2	1
38岁	3	1			2	2		1	1	
39岁	1	1				5	1	1	2	1
40岁	2			1	1	3	1		1	1
41岁	4	1	1		2	4	1		1	2
42岁	5	3	1		1	5	2	1	1	1
43岁	3	1	1		1	6		1	2	3
44岁	3				3	3			3	
45岁	8	1			7	5		1	1	3
46岁	5	1			4	5			3	2
47岁	7	1			6	8	1	1	2	4
48岁	3	2			1	8	2		3	3
49岁	7	2		1	4	15	2	2	5	6
50岁	5	1		1	3	10	1	1	6	2
51岁	12	6			6	9	1		4	4
52岁	4			1	3	14	1	3	6	4
53岁	3				3	11			4	7
54岁	5	1			4	14	2	2	6	4

3－2 续表 2

单位：人

年 龄	视力残疾					听力残疾				
	小计	一级	二级	三级	四级	小计	一级	二级	三级	四级
55岁	4			1	3	13	1	2	5	5
56岁	7			1	6	14	2	1	3	8
57岁	4	1			3	16	4		5	7
58岁	5	2	1		2	15	1	2	6	6
59岁	3				3	8	1	2	3	2
60岁	5				5	9	2		5	2
61岁	8			1	7	15	1	1	8	5
62岁	8	2		1	5	8		1	3	4
63岁	8	3	1		4	13	1	2	4	6
64岁	5				5	15		2	7	6
65岁	7		1	1	5	25		2	11	12
66岁	7	1		1	5	32			18	14
67岁	13	4	2		7	33	1	1	20	11
68岁	8	2	1	1	4	34	4	3	13	14
69岁	8	3			5	27	1	2	10	14
70岁	11		2		9	51	3	3	27	18
71岁	14	2	1		11	38	1	3	20	14
72岁	8	1	2		5	51	3	6	18	24
73岁	7		1		6	48	3	2	25	18
74岁	6	1	1		4	45	4	7	17	17
75岁	11	1			10	46	2	5	25	14
76岁	10	2	3		5	40	3	2	21	14
77岁	7		2		5	57	2	4	27	24
78岁	12	1	1		10	33	1	2	17	13
79岁	5	1			4	29	1	2	14	12
80岁	4		1	1	2	32	3	5	15	9
81岁	4	1			3	25	1	1	16	7
82岁	4	2			2	25	1	3	16	5
83岁	2			1	1	25	2	1	18	4
84岁	2				2	19	1	1	8	9
85+	17	7	1	2	7	110	14	12	63	21

3－2 续表 3

单位：人

年龄	言语残疾					肢体残疾				
	小计	一级	二级	三级	四级	小计	一级	二级	三级	四级
总 计	**31**	**6**	**3**	**6**	**16**	**1725**	**40**	**146**	**402**	**1137**
0岁										
1岁										
2岁										
3岁	2		1	1		2				2
4岁	1			1		1				1
5岁	1				1	3		1	1	1
6岁						1				1
7岁						1				1
8岁										
9岁										
10岁						1				1
11岁						3				3
12岁										
13岁						1			1	
14岁						3	1			2
15岁	1				1	1				1
16岁										
17岁	1				1	2			1	1
18岁						1			1	
19岁						4			2	2
20岁						4				4
21岁						2	1			1
22岁						4		1		3
23岁						4		1	3	
24岁						5			2	3
25岁						3	1			2
26岁						4			1	3

3－2 续表 4

单位：人

年 龄	言语残疾					肢体残疾				
	小计	一级	二级	三级	四级	小计	一级	二级	三级	四级
27岁						1				1
28岁						2			1	1
29岁	1				1	1				1
30岁						5			1	4
31岁						1				1
32岁						7				7
33岁						6	1	1	2	2
34岁						7	1	1		5
35岁						7			2	5
36岁						6		2	1	3
37岁						8			1	7
38岁						10			2	8
39岁						8			4	4
40岁	1				1	10			2	8
41岁						18	1		7	10
42岁	1				1	27		2	7	18
43岁	1				1	28		1	11	16
44岁	1				1	7		1	1	5
45岁	1	1				26		1	4	21
46岁						23	3		5	15
47岁						21		3	1	17
48岁						36		3	10	23
49岁	2				2	38		2	9	27
50岁	1				1	25	1	1	8	15
51岁	1			1		35		3	8	24
52岁	1	1				41	1	2	10	28
53岁	1				1	33	1	1	5	26
54岁						28	1	2	5	20

3-2 续表 5

单位：人

年　龄	言语残疾					肢体残疾				
	小计	一级	二级	三级	四级	小计	一级	二级	三级	四级
55岁	2		1		1	40	1	2	8	29
56岁						33		2	9	22
57岁						31	1	2	5	23
58岁						30	1	2	2	25
59岁						35		1	9	25
60岁						35	1	2	6	26
61岁	2			1	1	19			6	13
62岁						29		3	4	22
63岁						33		1	3	29
64岁						29	1	3	8	17
65岁						35	2	5	5	23
66岁	1		1			31		3	6	22
67岁						47	2	2	12	31
68岁	1	1				46		5	7	34
69岁	1				1	55		5	15	35
70岁	1			1		70	1	6	22	41
71岁						52		4	12	36
72岁						75	1	5	20	49
73岁	1	1				56	1	7	15	33
74岁						58	3	7	12	36
75岁						54	2	5	9	38
76岁	1				1	54	1	5	9	39
77岁						38	1	4	13	20
78岁						32		3	12	17
79岁						29		4	10	15
80岁	1	1				29	3	3	7	16
81岁	1			1		28	2	2	8	16
82岁						28		4	8	16
83岁						22	3	4	7	8
84岁	1	1				19		4	4	11
85+						38		12	10	16

3－2 续表 6

单位：人

年龄	智力残疾					精神残疾				
	小计	一级	二级	三级	四级	小计	一级	二级	三级	四级
总　计	**243**	**10**	**24**	**81**	**128**	**347**	**71**	**50**	**61**	**165**
0岁	4		1		3					
1岁	1			1						
2岁	1				1					
3岁	4				4					
4岁	2				2					
5岁	1				1					
6岁	1			1						
7岁	1				1					
8岁	1				1					
9岁	1				1					
10岁	2			1	1					
11岁	3		1	1	1					
12岁	1		1							
13岁	2	2								
14岁	2			1	1					
15岁	5	1		1	3	1				1
16岁	6		1	2	3	1			1	
17岁	2				2	2			1	1
18岁	4		1	1	2					
19岁	9	1		2	6	3			1	2
20岁	4		1		3					
21岁	4			3	1					
22岁	4		1	1	2	3	1		2	
23岁	3				3	1			1	
24岁	8	1		2	5	4	1	1		2
25岁	6			2	4	4	1	1		2
26岁	5			1	4	2	1		1	

3-2 续表 7

单位：人

年 龄	智力残疾					精神残疾				
	小计	一级	二级	三级	四级	小计	一级	二级	三级	四级
27岁	7			4	3	3	1	1		1
28岁	1				1	2				2
29岁	1				1	3	1		1	1
30岁	3		1	2		2	1		1	
31岁	1		1			4	2		1	1
32岁	3			1	2	4		1		3
33岁	4			2	2	5			2	3
34岁	4			3	1	3		1		2
35岁	4			1	3	10	2	1	1	6
36岁	5			1	4	4	1	1		2
37岁	5			1	4	6	2		1	3
38岁						6	2	3		1
39岁	4				4	7	5	1		1
40岁	8			4	4	10	3		1	6
41岁	5			4	1	13	3		3	7
42岁	3		1		2	11	3	1	2	5
43岁	6	1	1	2	2	12		1	4	7
44岁	2				2	12	1	2	4	5
45岁	4			3	1	12	2	2	2	6
46岁	10		2	2	6	14	1	4	1	8
47岁	3	2			1	6	1		2	3
48岁	7	1	2	3	1	6			2	4
49岁	8		1	3	4	10	3	2	3	2
50岁	8			3	5	4	1		1	2
51岁	6			4	2	9	1	2	2	4
52岁	6		4		2	13	3	2	1	7
53岁	3				3	9	2		1	6
54岁	9	1	2	3	3	3			1	2

3－2 续表 8

单位：人

年 龄	智力残疾					精神残疾				
	小计	一级	二级	三级	四级	小计	一级	二级	三级	四级
55岁	2			2		7		4	1	2
56岁	4		1	2	1	9	1	1	3	4
57岁	5		1	2	2	8	2	1	2	3
58岁	2			1	1	5	3		1	1
59岁						6		2		4
60岁	1			1		5	2		1	2
61岁	2			1	1	6	1	3	2	
62岁						5			1	4
63岁	2			1	1	1				1
64岁	2			1	1	4			1	3
65岁	2			1	1	6	1	1		4
66岁						3				3
67岁						3		2		1
68岁						6			2	4
69岁						6	1	1	1	3
70岁						8	3	1		4
71岁						6	4	1		1
72岁	1				1	5	2	1		2
73岁						3		1		2
74岁						7	3		1	3
75岁						3		1	1	1
76岁						2		1		1
77岁						2		1		1
78岁						3	2			1
79岁						1				1
80岁						1				1
81岁						1	1			
82岁	1			1						
83岁	1			1						
84岁	1			1						
85+						1		1		

3-2 续表 9

单位：人

年 龄	多重残疾				
	小计	一级	二级	三级	四级
总 计	**1081**	**500**	**162**	**268**	**151**
0岁	1		1		
1岁	2	2			
2岁					
3岁	6	3	1	1	1
4岁	2	2			
5岁	4	1	1	2	
6岁	3	2		1	
7岁	9	5	3	1	
8岁	1	1			
9岁	3	2			1
10岁	3	2	1		
11岁	6	5			1
12岁	3	2	1		
13岁					
14岁	1	1			
15岁	4	2	1		1
16岁	1				1
17岁	5	2	2	1	
18岁	3	2	1		
19岁	1	1			
20岁	6	4	2		
21岁	2	2			
22岁	1		1		
23岁					
24岁					
25岁	2	1		1	
26岁	8	4	1	3	

3-2 续表 10

单位：人

年龄	多重残疾				
	小计	一级	二级	三级	四级
27岁					
28岁					
29岁	2	2			
30岁	1	1			
31岁	2		1	1	
32岁	5	4	1		
33岁	2			1	1
34岁	6	2	1	3	
35岁	4	1	2		1
36岁	5	3		2	
37岁	4	3		1	
38岁	4	2	2		
39岁	6	2	2	1	1
40岁	3	1		1	1
41岁	2	1	1		
42岁	7	5	1	1	
43岁	7	2	1	3	1
44岁	5	1	1	1	2
45岁	8	4	2		2
46岁	9	5		2	2
47岁	9	3	3	1	2
48岁	9	7		1	1
49岁	6	5	1		
50岁	12	7		4	1
51岁	17	7	1	4	5
52岁	17	10	1	3	3
53岁	18	12	2	2	2
54岁	16	11	1	2	2

3-2 续表 11

单位：人

年 龄	多重残疾				
	小计	一级	二级	三级	四级
55岁	9	1	4	2	2
56岁	11	7	2	1	1
57岁	9	3	3	2	1
58岁	11	6	2	2	1
59岁	18	7	2	6	3
60岁	7	3	1	2	1
61岁	9	4	3	2	
62岁	11	5	1	3	2
63岁	11	5	1	3	2
64岁	19	8	6	3	2
65岁	18	12	2	4	
66岁	17	9	2	5	1
67岁	18	7	1	7	3
68岁	12	7	2	2	1
69岁	28	9	4	4	11
70岁	34	13	5	6	10
71岁	29	13	3	6	7
72岁	25	9	4	5	7
73岁	35	12	5	9	9
74岁	38	20	4	11	3
75岁	41	17	6	11	7
76岁	38	17	2	12	7
77岁	49	14	8	16	11
78岁	29	11	3	13	2
79岁	34	15	5	11	3
80岁	22	6	4	8	4
81岁	29	9	6	12	2
82岁	35	14	4	15	2
83岁	32	14	6	10	2
84岁	22	9	3	8	2
85+	118	67	18	23	10

3－2a　残疾人分残疾类别、残疾等级的年龄构成(男性)

单位：人

年　龄	视力残疾					听力残疾				
	小计	一级	二级	三级	四级	小计	一级	二级	三级	四级
总　计	**132**	**31**	**10**	**11**	**80**	**617**	**49**	**66**	**305**	**197**
0岁										
1岁						1			1	
2岁										
3岁										
4岁	1				1					
5岁										
6岁										
7岁										
8岁										
9岁										
10岁										
11岁						1	1			
12岁										
13岁										
14岁										
15岁						1				1
16岁										
17岁						1				1
18岁										
19岁	1		1							
20岁										
21岁										
22岁	1				1					
23岁										
24岁						2	1			1
25岁										
26岁						1	1			

3－2a 续表 1

单位：人

年 龄	视力残疾					听力残疾				
	小计	一级	二级	三级	四级	小计	一级	二级	三级	四级
27岁										
28岁										
29岁										
30岁	1				1					
31岁										
32岁	1	1								
33岁	1				1					
34岁	1				1					
35岁	1	1				2			2	
36岁										
37岁	1				1	2			1	1
38岁	1				1	1		1		
39岁	1	1				3	1	1	1	
40岁	2			1	1	2	1		1	
41岁	3	1	1		1	2	1			1
42岁	5	3	1		1	1				1
43岁	1				1	5		1	2	2
44岁	2				2					
45岁	4				4	4		1	1	2
46岁	4	1			3	3			1	2
47岁	3	1			2	4			1	3
48岁	2	1			1	4	1		2	1
49岁	5	1		1	3	11	2	1	4	4
50岁	1			1		6		1	4	1
51岁	8	2			6	5	1		2	2
52岁	1			1		6	1	3	2	
53岁	1				1	5			1	4
54岁	2				2	8	2	2	3	1

3－2a　续表 2

单位：人

年　龄	视力残疾					听力残疾				
	小计	一级	二级	三级	四级	小计	一级	二级	三级	四级
55岁	3				3	5	1	1	2	1
56岁	2			1	1	11	1	1	3	6
57岁	2	1			1	12	3		3	6
58岁	3	1	1		1	10		1	5	4
59岁	2				2	4	1	1	2	
60岁						7	1		5	1
61岁	3			1	2	8		1	5	2
62岁	5	1			4	5		1	2	2
63岁						7	1	1	2	3
64岁	1				1	9			6	3
65岁	1			1		16		1	7	8
66岁						15			8	7
67岁	3	1			2	18	1		15	2
68岁	3	1		1	1	18	1	2	9	6
69岁	5	3			2	13	1	1	6	5
70岁	6		2		4	21	2	1	13	5
71岁	4	1	1		2	23	1	3	12	7
72岁	3	1	1		1	28	3	4	11	10
73岁	1				1	26	1	2	14	9
74岁	2	1			1	30	1	6	12	11
75岁	3				3	23	1	4	11	7
76岁	3	1	2			24	3	2	9	10
77岁	1				1	34	1	4	15	14
78岁	5				5	19	1	2	10	6
79岁	2				2	17	1	2	9	5
80岁						19	2	2	11	4
81岁	2	1			1	12			9	3
82岁	3	2			1	15		1	9	5
83岁	1			1		13	1	1	9	2
84岁	1				1	10			5	5
85+	7	3		2	2	64	7	10	37	10

3－2a　续表 3

单位：人

年龄	言语残疾					肢体残疾				
	小计	一级	二级	三级	四级	小计	一级	二级	三级	四级
总　计	**20**	**3**	**3**	**3**	**11**	**839**	**24**	**76**	**214**	**525**
0岁										
1岁										
2岁										
3岁	2		1	1		1				1
4岁										
5岁						1		1		
6岁						1				1
7岁						1				1
8岁										
9岁										
10岁						1				1
11岁						1				1
12岁										
13岁						1			1	
14岁										
15岁	1				1	1				1
16岁										
17岁						1				1
18岁										
19岁						4			2	2
20岁						2				2
21岁						1	1			
22岁						4		1		3
23岁						3		1	2	
24岁						3				3
25岁						2	1			1
26岁						2				2

3－2a 续表 4

单位：人

年 龄	言语残疾					肢体残疾				
	小计	一级	二级	三级	四级	小计	一级	二级	三级	四级
27岁						1				1
28岁						2			1	1
29岁	1				1	1				1
30岁						1			1	
31岁						1				1
32岁						5				5
33岁						4		1	1	2
34岁						3	1	1		1
35岁						5			2	3
36岁						2			1	1
37岁						2				2
38岁						6			2	4
39岁						5			2	3
40岁						5			2	3
41岁						9			3	6
42岁						11			4	7
43岁	1				1	21			9	12
44岁	1				1	6		1	1	4
45岁						14			2	12
46岁						16	2		2	12
47岁						12		2		10
48岁						26		3	8	15
49岁	1				1	24		1	4	19
50岁	1				1	14			5	9
51岁	1			1		19		3	5	11
52岁	1	1				25	1	1	8	15
53岁	1				1	17	1	1	2	13
54岁						11		1	1	9

3－2a 续表 5

单位：人

年龄	言语残疾					肢体残疾				
	小计	一级	二级	三级	四级	小计	一级	二级	三级	四级
55岁	2		1		1	23	1	1	5	16
56岁						15		1	5	9
57岁						16	1	1	3	11
58岁						17	1	1		15
59岁						17			6	11
60岁						14	1	2	3	8
61岁	1				1	8			2	6
62岁						11		1	1	9
63岁						14		1	1	12
64岁						15	1	1	4	9
65岁						17	1	3	3	10
66岁	1		1			12			3	9
67岁						21	1	1	7	12
68岁						18		1	5	12
69岁	1				1	25		1	9	15
70岁	1			1		31	1	2	11	17
71岁						23		2	9	12
72岁						29		2	8	19
73岁						27	1	6	6	14
74岁						26	3	4	6	13
75岁						15		2	4	9
76岁	1				1	25	1	4	5	15
77岁						22	1	2	9	10
78岁						14		3	3	8
79岁						14		4	7	3
80岁	1	1				10	1	2	1	6
81岁						15	1	1	2	11
82岁						16		3	5	8
83岁						12	1	1	5	5
84岁	1	1				7		2	1	4
85+						12		3	4	5

3－2a 续表 6

单位：人

年龄	智力残疾					精神残疾				
	小计	一级	二级	三级	四级	小计	一级	二级	三级	四级
总计	**148**	**7**	**19**	**48**	**74**	**146**	**32**	**20**	**33**	**61**
0岁	4		1		3					
1岁										
2岁										
3岁	4				4					
4岁	1				1					
5岁										
6岁	1			1						
7岁	1				1					
8岁	1				1					
9岁										
10岁	1			1						
11岁	1		1							
12岁	1		1							
13岁	1	1								
14岁	1			1						
15岁	2	1			1					
16岁	5		1	2	2	1			1	
17岁	1				1	1				1
18岁	2		1	1						
19岁	3	1			2	2			1	1
20岁	3		1		2					
21岁	2			1	1					
22岁	2			1	1	2	1		1	
23岁	1				1					
24岁	4	1		1	2	1		1		
25岁	4			1	3	2	1	1		
26岁	2			1	1	2	1		1	

3－2a 续表 7

单位：人

年龄	智力残疾					精神残疾				
	小计	一级	二级	三级	四级	小计	一级	二级	三级	四级
27岁	5			3	2	3	1	1		1
28岁										
29岁	1				1	2	1		1	
30岁	3		1	2						
31岁						1	1			
32岁	2			1	1	2		1		1
33岁	1				1	4			2	2
34岁	2			2		2		1		1
35岁	4			1	3	6	1	1	1	3
36岁	3			1	2	3		1		2
37岁	5			1	4	2	1			1
38岁						1		1		
39岁	4				4	4	2	1		1
40岁	7			3	4	3	1		1	1
41岁	3			2	1	4	3			1
42岁	1		1			9	3	1	2	3
43岁	4	1	1	1	1	5			1	4
44岁	1				1	6		1	2	3
45岁	1			1		6		2	2	2
46岁	7		1	2	4	6	1	1		4
47岁	2	1			1	3			2	1
48岁	3		2	1		4			2	2
49岁	2		1	1		6	3		3	
50岁	5			2	3	1	1			
51岁	4			2	2	3			1	2
52岁	4		2		2	4	1	1		2
53岁	1				1	2				2
54岁	8	1	2	2	3					

3－2a 续表 8

单位：人

年 龄	智力残疾					精神残疾				
	小计	一级	二级	三级	四级	小计	一级	二级	三级	四级
55岁	2			2		3			1	2
56岁	4		1	2	1	4		1	2	1
57岁	3		1	1	1	3	1		1	1
58岁	1				1	3	2		1	
59岁						4		2		2
60岁	1			1		1	1			
61岁	1				1	2		1	1	
62岁						1				1
63岁						1				1
64岁	2			1	1	1			1	
65岁						3				3
66岁						1				1
67岁						1		1		
68岁										
69岁						2			1	1
70岁						2	2			
71岁						2	1			1
72岁	1				1	2	1			1
73岁						1				1
74岁						2	1		1	
75岁						1				1
76岁						1				1
77岁						1				1
78岁						1				1
79岁										
80岁										
81岁										
82岁	1			1						
83岁										
84岁	1			1						
85+										

3－2a 续表 9

单位：人

年 龄	多重残疾				
	小计	一级	二级	三级	四级
总 计	**501**	**234**	**76**	**129**	**62**
0岁	1		1		
1岁	2	2			
2岁					
3岁	5	2	1	1	1
4岁	1	1			
5岁	3	1	1	1	
6岁	2	1		1	
7岁	4	2	1	1	
8岁					
9岁	3	2			1
10岁	2	2			
11岁	2	2			
12岁	1	1			
13岁					
14岁					
15岁	1				1
16岁	1				1
17岁	4	1	2	1	
18岁	1	1			
19岁					
20岁	3	1	2		
21岁	1	1			
22岁					
23岁					
24岁					
25岁					
26岁	3	2	1		

3－2a 续表 10

单位：人

年 龄	多重残疾				
	小计	一级	二级	三级	四级
27岁					
28岁					
29岁	1	1			
30岁	1	1			
31岁	2		1	1	
32岁	5	4	1		
33岁	1			1	
34岁	2	2			
35岁	2		1		1
36岁	5	3		2	
37岁	3	2		1	
38岁	2	1	1		
39岁	3		2		1
40岁	2			1	1
41岁	1	1			
42岁	3	2	1		
43岁	3	1		1	1
44岁	4	1	1		2
45岁	4	1	2		1
46岁	4	2			2
47岁	7	2	3	1	1
48岁	9	7		1	1
49岁	5	4	1		
50岁	7	3		4	
51岁	10	3	1	3	3
52岁	6	3		2	1
53岁	4	4			
54岁	8	5	1	1	1

3－2a 续表 11

单位：人

年 龄	多重残疾				
	小计	一级	二级	三级	四级
55岁	4	1	1		2
56岁	7	4	1	1	1
57岁	5	1	2	1	1
58岁	6	4		2	
59岁	11	5		5	1
60岁	4	2		1	1
61岁	6	3	1	2	
62岁	5	2	1	1	1
63岁	6	2		2	2
64岁	5	2	1	1	1
65岁	9	7	1	1	
66岁	7	4	1	1	1
67岁	11	6	1	3	1
68岁	8	5	2		1
69岁	12	4	2	3	3
70岁	10	3	2	3	2
71岁	10	5	1	3	1
72岁	10	4	1	2	3
73岁	15	8	2	3	2
74岁	21	11	2	8	
75岁	18	11	2	4	1
76岁	12	5	1	5	1
77岁	21	4	4	9	4
78岁	17	6	2	7	2
79岁	15	7	2	5	1
80岁	9	3	1	3	2
81岁	12	5	2	5	
82岁	16	4	3	8	1
83岁	8	1	2	4	1
84岁	8	1	2	4	1
85+	49	29	8	8	4

3－2b 残疾人分残疾类别、残疾等级的年龄构成(女性)

单位：人

年 龄	视力残疾					听力残疾				
	小计	一级	二级	三级	四级	小计	一级	二级	三级	四级
总 计	**193**	**32**	**17**	**5**	**139**	**483**	**35**	**31**	**224**	**193**
0岁										
1岁										
2岁										
3岁	2				2					
4岁										
5岁										
6岁										
7岁										
8岁										
9岁										
10岁										
11岁										
12岁										
13岁										
14岁										
15岁										
16岁	1	1								
17岁	1				1					
18岁										
19岁	1		1							
20岁										
21岁	1				1					
22岁						1	1			
23岁										
24岁	1				1					
25岁						1			1	
26岁	1				1					

3－2b 续表 1

单位：人

年 龄	视力残疾					听力残疾				
	小计	一级	二级	三级	四级	小计	一级	二级	三级	四级
27岁										
28岁										
29岁										
30岁										
31岁										
32岁	1	1				1			1	
33岁						2	1	1		
34岁	1		1			1			1	
35岁						2		1	1	
36岁						2		1	1	
37岁	2			1	1	1			1	
38岁	2	1			1	1			1	
39岁						2			1	1
40岁						1				1
41岁	1				1	2			1	1
42岁						4	2	1	1	
43岁	2	1	1			1				1
44岁	1				1	3			3	
45岁	4	1			3	1				1
46岁	1				1	2			2	
47岁	4				4	4	1	1	1	1
48岁	1	1				4	1		1	2
49岁	2	1			1	4		1	1	2
50岁	4	1			3	4	1		2	1
51岁	4	4				4			2	2
52岁	3				3	8			4	4
53岁	2				2	6			3	3
54岁	3	1			2	6			3	3

3－2b 续表 2

单位：人

年龄	视力残疾					听力残疾				
	小计	一级	二级	三级	四级	小计	一级	二级	三级	四级
55岁	1			1		8		1	3	4
56岁	5				5	3	1			2
57岁	2				2	4	1		2	1
58岁	2	1			1	5	1	1	1	2
59岁	1				1	4		1	1	2
60岁	5				5	2	1			1
61岁	5				5	7	1		3	3
62岁	3	1		1	1	3			1	2
63岁	8	3	1		4	6		1	2	3
64岁	4				4	6		2	1	3
65岁	6		1		5	9		1	4	4
66岁	7	1		1	5	17			10	7
67岁	10	3	2		5	15		1	5	9
68岁	5	1	1		3	16	3	1	4	8
69岁	3				3	14		1	4	9
70岁	5				5	30	1	2	14	13
71岁	10	1			9	15			8	7
72岁	5		1		4	23		2	7	14
73岁	6		1		5	22	2		11	9
74岁	4		1		3	15	3	1	5	6
75岁	8	1			7	23	1	1	14	7
76岁	7	1	1		5	16			12	4
77岁	6		2		4	23	1		12	10
78岁	7	1	1		5	14			7	7
79岁	3	1			2	12			5	7
80岁	4		1	1	2	13	1	3	4	5
81岁	2				2	13	1	1	7	4
82岁	1				1	10	1	2	7	
83岁	1				1	12	1		9	2
84岁	1				1	9	1	1	3	4
85+	10	4	1		5	46	7	2	26	11

3－2b 续表 3

单位：人

年龄	言语残疾					肢体残疾				
	小计	一级	二级	三级	四级	小计	一级	二级	三级	四级
总　计	**11**	**3**		**3**	**5**	**886**	**16**	**70**	**188**	**612**
0岁										
1岁										
2岁										
3岁						1				1
4岁	1			1		1				1
5岁	1				1	2			1	1
6岁										
7岁										
8岁										
9岁										
10岁										
11岁						2				2
12岁										
13岁										
14岁						3	1			2
15岁										
16岁										
17岁	1				1	1			1	
18岁						1			1	
19岁										
20岁						2				2
21岁						1				1
22岁										
23岁						1			1	
24岁						2			2	
25岁						1				1
26岁						2			1	1

3－2b 续表 4

单位：人

年龄	言语残疾					肢体残疾				
	小计	一级	二级	三级	四级	小计	一级	二级	三级	四级
27岁										
28岁										
29岁										
30岁						4				4
31岁										
32岁						2				2
33岁						2	1		1	
34岁						4				4
35岁						2				2
36岁						4		2		2
37岁						6			1	5
38岁						4				4
39岁						3			2	1
40岁	1				1	5				5
41岁						9	1		4	4
42岁	1				1	16		2	3	11
43岁						7		1	2	4
44岁						1				1
45岁	1	1				12		1	2	9
46岁						7	1		3	3
47岁						9		1	1	7
48岁						10			2	8
49岁	1				1	14		1	5	8
50岁						11	1	1	3	6
51岁						16			3	13
52岁						16		1	2	13
53岁						16			3	13
54岁						17	1	1	4	11

3－2b 续表 5

单位：人

年 龄	言语残疾					肢体残疾				
	小计	一级	二级	三级	四级	小计	一级	二级	三级	四级
55岁						17		1	3	13
56岁						18		1	4	13
57岁						15		1	2	12
58岁						13		1	2	10
59岁						18		1	3	14
60岁						21			3	18
61岁	1			1		11			4	7
62岁						18		2	3	13
63岁						19			2	17
64岁						14		2	4	8
65岁						18	1	2	2	13
66岁						19		3	3	13
67岁						26	1	1	5	19
68岁	1	1				28		4	2	22
69岁						30		4	6	20
70岁						39		4	11	24
71岁						29		2	3	24
72岁						46	1	3	12	30
73岁	1	1				29		1	9	19
74岁						32		3	6	23
75岁						39	2	3	5	29
76岁						29		1	4	24
77岁						16		2	4	10
78岁						18			9	9
79岁						15			3	12
80岁						19	2	1	6	10
81岁	1			1		13	1	1	6	5
82岁						12		1	3	8
83岁						10	2	3	2	3
84岁						12		2	3	7
85+						26		9	6	11

3－2b 续表 6

单位：人

年龄	智力残疾					精神残疾				
	小计	一级	二级	三级	四级	小计	一级	二级	三级	四级
总计	**95**	**3**	**5**	**33**	**54**	**201**	**39**	**30**	**28**	**104**
0岁										
1岁	1			1						
2岁	1				1					
3岁										
4岁	1				1					
5岁	1				1					
6岁										
7岁										
8岁										
9岁	1				1					
10岁	1				1					
11岁	2			1	1					
12岁										
13岁	1	1								
14岁	1				1					
15岁	3			1	2	1				1
16岁	1				1					
17岁	1				1	1			1	
18岁	2				2					
19岁	6			2	4	1				1
20岁	1				1					
21岁	2			2						
22岁	2		1		1	1			1	
23岁	2				2	1			1	
24岁	4			1	3	3	1			2
25岁	2			1	1	2				2
26岁	3				3					

3-2b 续表 7

单位：人

年 龄	智力残疾					精神残疾				
	小计	一级	二级	三级	四级	小计	一级	二级	三级	四级
27岁	2			1	1					
28岁	1				1	2				2
29岁						1				1
30岁						2	1		1	
31岁	1		1			3	1		1	1
32岁	1				1	2				2
33岁	3			2	1	1				1
34岁	2			1	1	1				1
35岁						4	1			3
36岁	2				2	1	1			
37岁						4	1		1	2
38岁						5	2	2		1
39岁						3	3			
40岁	1			1		7	2			5
41岁	2			2		9			3	6
42岁	2				2	2				2
43岁	2			1	1	7		1	3	3
44岁	1				1	6	1	1	2	2
45岁	3			2	1	6	2			4
46岁	3		1		2	8		3	1	4
47岁	1	1				3	1			2
48岁	4	1		2	1	2				2
49岁	6			2	4	4		2		2
50岁	3			1	2	3			1	2
51岁	2			2		6	1	2	1	2
52岁	2		2			9	2	1	1	5
53岁	2				2	7	2		1	4
54岁	1			1		3			1	2

3－2b　续表 8

单位：人

年　龄	智力残疾					精神残疾				
	小计	一级	二级	三级	四级	小计	一级	二级	三级	四级
55岁						4		4		
56岁						5	1		1	3
57岁	2			1	1	5	1	1	1	2
58岁	1			1		2	1			1
59岁						2				2
60岁						4	1		1	2
61岁	1			1		4	1	2	1	
62岁						4			1	3
63岁	2			1	1					
64岁						3				3
65岁	2			1	1	3	1	1		1
66岁						2				2
67岁						2		1		1
68岁						6			2	4
69岁						4	1	1		2
70岁						6	1	1		4
71岁						4	3	1		
72岁						3	1	1		1
73岁						2		1		1
74岁						5	2			3
75岁						2		1	1	
76岁						1		1		
77岁						1		1		
78岁						2	2			
79岁						1				1
80岁						1				1
81岁						1	1			
82岁										
83岁	1			1						
84岁										
85+						1		1		

3－2b 续表 9

单位：人

年 龄	多重残疾				
	小计	一级	二级	三级	四级
总 计	**580**	**266**	**86**	**139**	**89**
0岁					
1岁					
2岁					
3岁	1	1			
4岁	1	1			
5岁	1			1	
6岁	1	1			
7岁	5	3	2		
8岁	1	1			
9岁					
10岁	1		1		
11岁	4	3			1
12岁	2	1	1		
13岁					
14岁	1	1			
15岁	3	2	1		
16岁					
17岁	1	1			
18岁	2	1	1		
19岁	1	1			
20岁	3	3			
21岁	1	1			
22岁	1		1		
23岁					
24岁					
25岁	2	1		1	
26岁	5	2		3	

3－2b 续表 10

单位：人

年 龄	多重残疾				
	小计	一级	二级	三级	四级
27岁					
28岁					
29岁	1	1			
30岁					
31岁					
32岁					
33岁	1				1
34岁	4		1	3	
35岁	2	1	1		
36岁					
37岁	1	1			
38岁	2	1	1		
39岁	3	2		1	
40岁	1	1			
41岁	1		1		
42岁	4	3		1	
43岁	4	1	1	2	
44岁	1			1	
45岁	4	3			1
46岁	5	3		2	
47岁	2	1			1
48岁					
49岁	1	1			
50岁	5	4			1
51岁	7	4		1	2
52岁	11	7	1	1	2
53岁	14	8	2	2	2
54岁	8	6		1	1

3－2b 续表 11

单位：人

年 龄	多重残疾				
	小计	一级	二级	三级	四级
55岁	5		3	2	
56岁	4	3	1		
57岁	4	2	1	1	
58岁	5	2	2		1
59岁	7	2	2	1	2
60岁	3	1	1	1	
61岁	3	1	2		
62岁	6	3		2	1
63岁	5	3	1	1	
64岁	14	6	5	2	1
65岁	9	5	1	3	
66岁	10	5	1	4	
67岁	7	1		4	2
68岁	4	2		2	
69岁	16	5	2	1	8
70岁	24	10	3	3	8
71岁	19	8	2	3	6
72岁	15	5	3	3	4
73岁	20	4	3	6	7
74岁	17	9	2	3	3
75岁	23	6	4	7	6
76岁	26	12	1	7	6
77岁	28	10	4	7	7
78岁	12	5	1	6	
79岁	19	8	3	6	2
80岁	13	3	3	5	2
81岁	17	4	4	7	2
82岁	19	10	1	7	1
83岁	24	13	4	6	1
84岁	14	8	1	4	1
85+	69	38	10	15	6

3-3 各地区多重残疾人分残疾类别、残疾等级的分布

单位：人

地 区	视力残疾					听力残疾				
	小计	一级	二级	三级	四级	小计	一级	二级	三级	四级
总 计	**230**	**65**	**20**	**15**	**130**	**501**	**122**	**54**	**209**	**116**
东城区	9	4	1		4	24	2		10	12
西城区	29	3	1	2	23	53	7	1	30	15
崇文区	15	3	1	1	10	19	3	1	13	2
宣武区	13	4	2	2	5	29	5	7	13	4
朝阳区	32	12	1	2	17	73	12	6	35	20
丰台区	13	3	2	2	6	30	8	1	15	6
石景山区	5	2			3	13	2	2	9	
海淀区	23	4	4	3	12	57	15	12	23	7
门头沟区	4	1			3	9	3	2	3	1
房山区	21	2	2	3	14	26	10	1	9	6
通州区	9	5	1		3	18	8	1	5	4
顺义区	7				7	22	12	5	4	1
昌平区	10	4	4		2	10	4	2	3	1
大兴区	8	5			3	19	5	1	7	6
怀柔区	2				2	14	6	1	4	3
平谷区	16	9			7	34	10	7	9	8
密云县	14	4	1		9	38	7	2	13	16
延庆县						13	3	2	4	4

3-3 续表 1

单位：人

地区	言语残疾					肢体残疾				
	小计	一级	二级	三级	四级	小计	一级	二级	三级	四级
总 计	**324**	**185**	**45**	**52**	**42**	**665**	**84**	**118**	**182**	**281**
东城区	11	5	1	1	4	29	1	7	4	17
西城区	25	12	5	3	5	75	5	7	19	44
崇文区	9	3	2	2	2	22	3	5	5	9
宣武区	10	7		2	1	38		7	19	12
朝阳区	29	15	2	3	9	72	14	8	23	27
丰台区	31	12	10	3	6	44	7	12	13	12
石景山区	9	5	1	3		20	2	6	3	9
海淀区	28	22	2	2	2	90	18	21	25	26
门头沟区	13	8	4	1		7	2	3		2
房山区	23	14	2	7		48	1	5	10	32
通州区	20	9	2	4	5	40	2	3	11	24
顺义区	13	12			1	32	1	9	13	9
昌平区	11	5	3	2	1	16	2	5	4	5
大兴区	23	18	2	3		34	11	5	4	14
怀柔区	20	8	2	7	3	18	2	7	3	6
平谷区	22	12	3	4	3	38	10	6	7	15
密云县	20	11	4	5		23		1	9	13
延庆县	7	7				19	3	1	10	5

3-3 续表 2

单位：人

地 区	智力残疾					精神残疾				
	小计	一级	二级	三级	四级	小计	一级	二级	三级	四级
总 计	**495**	**106**	**127**	**145**	**117**	**427**	**257**	**55**	**40**	**75**
东城区	17	6	3	4	4	16	12		2	2
西城区	33	9	10	6	8	41	26	6	2	7
崇文区	15	7	6	1	1	11	9	1		1
宣武区	14	2	2	4	6	14	8	2	3	1
朝阳区	71	20	5	35	11	77	43	10	4	20
丰台区	38	7	8	12	11	36	27	1	2	6
石景山区	9	2	1	3	3	8	5	2		1
海淀区	41	11	8	11	11	36	18	4	3	11
门头沟区	6	5	1			3	3			
房山区	35	2	6	17	10	27	9	3	9	6
通州区	18	3	8	3	4	20	7	3	5	5
顺义区	19	2	8	5	4	12	9	1	2	
昌平区	31	3	11	12	5	22	12	5	1	4
大兴区	34	13	3	7	11	15	6	5	1	3
怀柔区	30	2	10	9	9	24	17	3	2	2
平谷区	31	5	10	7	9	24	18	3	1	2
密云县	37	3	21	7	6	28	18	5	2	3
延庆县	16	4	6	2	4	13	10	1	1	1

3-3a 各地区城镇多重残疾人分残疾类别、残疾等级的分布

单位：人

地 区	视力残疾					听力残疾				
	小计	一级	二级	三级	四级	小计	一级	二级	三级	四级
总 计	**157**	**41**	**16**	**11**	**89**	**343**	**67**	**42**	**163**	**71**
东城区	9	4	1		4	24	2		10	12
西城区	29	3	1	2	23	53	7	1	30	15
崇文区	15	3	1	1	10	19	3	1	13	2
宣武区	13	4	2	2	5	29	5	7	13	4
朝阳区	32	12	1	2	17	73	12	6	35	20
丰台区	10	3	2		5	23	6	1	12	4
石景山区	5	2			3	13	2	2	9	
海淀区	21	3	4	3	11	52	14	11	21	6
门头沟区	1				1	4	1	1	1	1
房山区	6	1	2	1	2	10	3		4	3
通州区						6	2	1	2	1
顺义区	3				3	10	3	4	2	1
昌平区	6	3	2		1	6	2	1	2	1
大兴区						1			1	
怀柔区						4	2	1	1	
平谷区	7	3			4	15	2	5	7	1
密云县						1	1			
延庆县										

3-3a 续表 1

单位：人

地区	言语残疾					肢体残疾				
	小计	一级	二级	三级	四级	小计	一级	二级	三级	四级
总计	**197**	**103**	**30**	**28**	**36**	**467**	**58**	**82**	**132**	**195**
东城区	11	5	1	1	4	29	1	7	4	17
西城区	25	12	5	3	5	75	5	7	19	44
崇文区	9	3	2	2	2	22	3	5	5	9
宣武区	10	7		2	1	38		7	19	12
朝阳区	29	15	2	3	9	72	14	8	23	27
丰台区	25	9	9	3	4	33	7	8	8	10
石景山区	9	5	1	3		20	2	6	3	9
海淀区	25	20	2	1	2	82	15	19	24	24
门头沟区	5	4	1			3		2		1
房山区	9	4	1	4		22		3	8	11
通州区	9	3	1	1	4	16	1		3	12
顺义区	3	3				17		5	7	5
昌平区	8	3	2	2	1	11	2	1	3	5
大兴区						2		1		1
怀柔区	5	4			1	5	1	1	2	1
平谷区	12	4	3	2	3	18	6	2	4	6
密云县	2	1		1						
延庆县	1	1				2	1			1

3-3a 续表 2

单位：人

地区	智力残疾					精神残疾				
	小计	一级	二级	三级	四级	小计	一级	二级	三级	四级
总计	**305**	**72**	**61**	**100**	**72**	**287**	**172**	**36**	**26**	**53**
东城区	17	6	3	4	4	16	12		2	2
西城区	33	9	10	6	8	41	26	6	2	7
崇文区	15	7	6	1	1	11	9	1		1
宣武区	14	2	2	4	6	14	8	2	3	1
朝阳区	71	20	5	35	11	77	43	10	4	20
丰台区	30	7	5	9	9	26	21		2	3
石景山区	9	2	1	3	3	8	5	2		1
海淀区	34	9	7	9	9	31	17	4	2	8
门头沟区	2	2				3	3			
房山区	17	2	3	8	4	13	4	3	5	1
通州区	9	2	4	1	2	9	3		3	3
顺义区	7		4		3	4	4			
昌平区	21	2	5	10	4	14	5	5	1	3
大兴区	1			1		2	1	1		
怀柔区	7		1	3	3	5	2	1	1	1
平谷区	15	1	3	6	5	11	7	1	1	2
密云县	1		1							
延庆县	2	1	1			2	2			

3-3b 各地区农村多重残疾人分残疾类别、残疾等级的分布

单位：人

地区	视力残疾					听力残疾				
	小计	一级	二级	三级	四级	小计	一级	二级	三级	四级
总 计	**73**	**24**	**4**	**4**	**41**	**158**	**55**	**12**	**46**	**45**
东城区										
西城区										
崇文区										
宣武区										
朝阳区										
丰台区	3			2	1	7	2		3	2
石景山区										
海淀区	2	1			1	5	1	1	2	1
门头沟区	3	1			2	5	2	1	2	
房山区	15	1		2	12	16	7	1	5	3
通州区	9	5	1		3	12	6		3	3
顺义区	4				4	12	9	1	2	
昌平区	4	1	2		1	4	2	1	1	
大兴区	8	5			3	18	5	1	6	6
怀柔区	2				2	10	4		3	3
平谷区	9	6			3	19	8	2	2	7
密云县	14	4	1		9	37	6	2	13	16
延庆县						13	3	2	4	4

3-3b 续表 1

单位：人

地 区	言语残疾					肢体残疾				
	小计	一级	二级	三级	四级	小计	一级	二级	三级	四级
总 计	**127**	**82**	**15**	**24**	**6**	**198**	**26**	**36**	**50**	**86**
东城区										
西城区										
崇文区										
宣武区										
朝阳区										
丰台区	6	3	1		2	11		4	5	2
石景山区										
海淀区	3	2		1		8	3	2	1	2
门头沟区	8	4	3	1		4	2	1		1
房山区	14	10	1	3		26	1	2	2	21
通州区	11	6	1	3	1	24	1	3	8	12
顺义区	10	9			1	15	1	4	6	4
昌平区	3	2	1			5		4	1	
大兴区	23	18	2	3		32	11	4	4	13
怀柔区	15	4	2	7	2	13	1	6	1	5
平谷区	10	8		2		20	4	4	3	9
密云县	18	10	4	4		23		1	9	13
延庆县	6	6				17	2	1	10	4

3-3b 续表 2

单位：人

地 区	智力残疾					精神残疾				
	小计	一级	二级	三级	四级	小计	一级	二级	三级	四级
总 计	**190**	**34**	**66**	**45**	**45**	**140**	**85**	**19**	**14**	**22**
东城区										
西城区										
崇文区										
宣武区										
朝阳区										
丰台区	8		3	3	2	10	6	1		3
石景山区										
海淀区	7	2	1	2	2	5	1		1	3
门头沟区	4	3	1							
房山区	18		3	9	6	14	5		4	5
通州区	9	1	4	2	2	11	4	3	2	2
顺义区	12	2	4	5	1	8	5	1	2	
昌平区	10	1	6	2	1	8	7			1
大兴区	33	13	3	6	11	13	5	4	1	3
怀柔区	23	2	9	6	6	19	15	2	1	1
平谷区	16	4	7	1	4	13	11	2		
密云县	36	3	20	7	6	28	18	5	2	3
延庆县	14	3	5	2	4	11	8	1	1	1

3－4 多重残疾人分残疾类别、残疾等级的年龄构成

单位：人

年龄	视力残疾					听力残疾				
	小计	一级	二级	三级	四级	小计	一级	二级	三级	四级
总 计	**230**	**65**	**20**	**15**	**130**	**501**	**122**	**54**	**209**	**116**
0岁										
1岁						1	1			
2岁										
3岁						1	1			
4岁										
5岁										
6岁	1	1								
7岁	1	1				1	1			
8岁						1	1			
9岁						1	1			
10岁						1		1		
11岁						3	2		1	
12岁						1	1			
13岁										
14岁										
15岁						1			1	
16岁										
17岁										
18岁						1	1			
19岁										
20岁						3	3			
21岁						1	1			
22岁										
23岁										
24岁										
25岁										
26岁	1	1				2	2			

3－4 续表 1

单位：人

年龄	视力残疾					听力残疾				
	小计	一级	二级	三级	四级	小计	一级	二级	三级	四级
27岁										
28岁										
29岁	1	1								
30岁										
31岁										
32岁	1				1					
33岁										
34岁						1	1			
35岁	1				1					
36岁						2	2			
37岁						2	2			
38岁						1	1			
39岁						1	1			
40岁						2	1		1	
41岁										
42岁						3	3			
43岁						4	1	1	1	1
44岁						1			1	
45岁						3	3			
46岁	1	1				2	1		1	
47岁	1				1	2			2	
48岁						3	2			1
49岁						3	3			
50岁	1	1				5	3		1	1
51岁	1				1	5	2		1	2
52岁	1				1	9	3	1	4	1
53岁	1	1				5	4		1	
54岁	2	1			1	5	4	1		

3-4 续表 2

单位：人

年龄	视力残疾					听力残疾				
	小计	一级	二级	三级	四级	小计	一级	二级	三级	四级
55岁	1				1	5	1	1	1	2
56岁	2			1	1	2	1	1		
57岁	3	1		1	1	4		2	1	1
58岁	1				1	6	1		2	3
59岁	1			1		5	2		1	2
60岁	2				2	3	1		2	
61岁	2	1			1	5	2	1	2	
62岁	2			1	1	5		1	2	2
63岁	1	1				6	2		3	1
64岁	7	3	1		3	8	3		1	4
65岁	5	1	1	1	2	6	1		3	2
66岁	3			1	2	5	1	1	2	1
67岁	3	1	1		1	6	3		1	2
68岁	2	2				6	1	1	1	3
69岁	3				3	8	2		3	3
70岁	9	3		1	5	12	1	2	4	5
71岁	7	2			5	10	1	1	2	6
72岁	6	1			5	11	1	1	4	5
73岁	4				4	17	2	1	7	7
74岁	8	3		1	4	17	4	2	6	5
75岁	12	1	2		9	19	3	4	7	5
76岁	10	1			9	18	3	2	8	5
77岁	18	3	3	2	10	27	2	1	17	7
78岁	7	3	1		3	18	2	2	9	5
79岁	11	1	2	1	7	16	2	3	9	2
80岁	7	2	1	1	3	17	2	3	6	6
81岁	8		1	1	6	21	2	3	13	3
82岁	13	4	1		8	24	2	4	16	2
83岁	14	6	2		6	22	3	4	13	2
84岁	5	1		1	3	14	2	1	7	4
85+	39	16	4	1	18	81	17	8	41	15

3-4 续表 3

单位：人

年 龄	言语残疾					肢体残疾				
	小计	一级	二级	三级	四级	小计	一级	二级	三级	四级
总 计	**324**	**185**	**45**	**52**	**42**	**665**	**84**	**118**	**182**	**281**
0岁						1		1		
1岁						2	1	1		
2岁										
3岁	4	3	1			2	1			1
4岁	2	2				2	2			
5岁	3	1		1	1	3	1	1	1	
6岁	2	1		1		1	1			
7岁	8	4	3	1		6	3	2	1	
8岁	1	1								
9岁	2	2				1				1
10岁	2	1	1			1		1		
11岁	6	3	1	1	1	3	2			1
12岁	2	1		1		1			1	
13岁										
14岁	1	1								
15岁	3	1	2			1				1
16岁										
17岁	4	2	1		1	2	1	1		
18岁	1	1				1			1	
19岁										
20岁	5	2	1	1	1					
21岁	1	1				1			1	
22岁						1				1
23岁										
24岁										
25岁	2	1		1		2	1		1	
26岁	5	3		1	1	2			1	1

3-4 续表 4

单位：人

年 龄	言语残疾					肢体残疾				
	小计	一级	二级	三级	四级	小计	一级	二级	三级	四级
27岁										
28岁										
29岁										
30岁	1	1				1	1			
31岁	1		1			1				1
32岁	3	2	1			3		1	1	1
33岁										
34岁	2	2				3	1		2	
35岁	1			1		2			1	1
36岁	4	3		1		3	1			2
37岁	3	2			1	2	1		1	
38岁	3		1	2						
39岁	3		1	1	1					
40岁	1	1				2			1	1
41岁	2				2	1		1		
42岁	5	5				3		1	1	1
43岁	3	2		1		1				1
44岁	2	1			1	2			1	1
45岁	4	2		1	1	4		3		1
46岁	2	1		1		2			1	1
47岁	4	1	1	1	1	3		1		2
48岁	3	1		2		8	1		1	6
49岁	3	2	1			2			2	
50岁	3	2			1	7		1	3	3
51岁	8	3	1	3	1	6	1	2	1	2
52岁	9	8		1		4	1			3
53岁	7	4		2	1	12	1	3	1	7
54岁	7	6		1		7	1	1	2	3

3-4 续表 5

单位：人

年龄	言语残疾					肢体残疾				
	小计	一级	二级	三级	四级	小计	一级	二级	三级	四级
55岁	6	1	1	4		3		1		2
56岁	5	4	1			6	1	1	3	1
57岁	1	1				4			3	1
58岁	3	2			1	7	1	2	1	3
59岁	7	4	2		1	13	3	1	3	6
60岁	4	3	1			4	2	1		1
61岁	3	2			1	5		1	3	1
62岁	5	2		1	2	8	2	2		4
63岁	4	4				6		1	1	4
64岁	5	3	1	1		8	1	2	1	4
65岁	6	4	1		1	13	3	2	5	3
66岁	4	3	1			12	3	2	2	5
67岁	6	2	2	1	1	9		1	2	6
68岁	4	2	1	1		8		5	2	1
69岁	9	5		2	2	19	1	4	2	12
70岁	9	4	1	2	2	23	3	2	7	11
71岁	10	5	2	1	2	25		9	5	11
72岁	4	3	1			17		1	5	11
73岁	8	5	3			24		4	7	13
74岁	14	10	1	1	2	31	6	6	9	10
75岁	9	4	1	3	1	30	6	4	8	12
76岁	5	2	2		1	23		6	8	9
77岁	8	3	1	2	2	36	2	7	6	21
78岁	3	1			2	22	2	3	9	8
79岁	7	4		2	1	24	4	1	9	10
80岁	3	1	1		1	16		1	7	8
81岁	8	7		1		22	3	7	5	7
82岁	2	1	1			24	2	3	10	9
83岁	3	1		1	1	25	2	2	10	11
84岁	5	1	1	2	1	12	1	3	4	4
85+	16	11	2	1	2	74	14	12	19	29

3－4 续表 6

单位：人

年 龄	智力残疾					精神残疾				
	小计	一级	二级	三级	四级	小计	一级	二级	三级	四级
总 计	**495**	**106**	**127**	**145**	**117**	**427**	**257**	**55**	**40**	**75**
0岁	1		1							
1岁	2	2								
2岁										
3岁	5	1	1	1	2	2		1	1	
4岁	2	2								
5岁	4	1		2	1					
6岁	3	1		1	1					
7岁	8	4	1	1	2	1		1		
8岁										
9岁	2	1			1					
10岁	3	2		1						
11岁	5	3		1	1					
12岁	2	1	1							
13岁										
14岁	1	1								
15岁	3	2			1	1	1			
16岁	1				1	1				1
17岁	5	1	1	3		1		1		
18岁	2		1		1	1	1			
19岁	1			1		1	1			
20岁	3		2	1		1	1			
21岁	1	1								
22岁	1		1							
23岁										
24岁										
25岁	2	1		1						
26岁	5	2		3		2		1		1

3-4 续表 7

单位：人

年　龄	智力残疾					精神残疾				
	小计	一级	二级	三级	四级	小计	一级	二级	三级	四级
27岁										
28岁										
29岁	2	1	1			2	2			
30岁										
31岁	2			1	1	1			1	
32岁	4	1	3			2	2			
33岁	2			1	1	2			1	1
34岁	5		2	2	1	2		1		1
35岁	4			1	3	3	1	2		
36岁	2	1		1						
37岁	2			1	1	1	1			
38岁	3	1	2			1		1		
39岁	6		1	2	3	3	1	1		1
40岁	1				1					
41岁	2		2			1	1			
42岁	2		1		1	2		1	1	
43岁	5	1		3	1	1			1	
44岁	3		1		2	2				2
45岁	4			1	3	2	1			1
46岁	7	1		3	3	5	2		1	2
47岁	7		4	1	2	5	2	2		1
48岁	6		1	3	2	6	5		1	
49岁	5		3	1	1	2	1	1		
50岁	7	2		2	3	6	4			2
51岁	14	2	2	3	7	7	4		1	2
52岁	8		3	2	3	6	2	1	1	2
53岁	8		4	3	1	9	4	2	1	2
54岁	9	1	1		7	7	5		1	1

3-4 续表 8

单位：人

年 龄	智力残疾					精神残疾				
	小计	一级	二级	三级	四级	小计	一级	二级	三级	四级
55岁	3			1	2	3		1		2
56岁	8		4	2	2	7	4	2		1
57岁	3			1	2	4	2	1	1	
58岁	3		1	2		4	3		1	
59岁	6		1		5	9	3	1	2	3
60岁	4	1	1		2	2	1			1
61岁	3			2	1	1		1		
62岁	5		3	1	1	6	4			2
63岁	1				1	4		1	1	2
64岁	6		1	4	1	7	2	4	1	
65岁	12	1	3	4	4	13	11	1		1
66岁	7	2	1	3	1	8	4	1	3	
67岁	10		1	7	2	10	3	1	2	4
68岁	3			2	1	4	2			2
69岁	12		3	5	4	16	6	2	1	7
70岁	13	3	3	4	3	14	7	2	2	3
71岁	10	4	2	1	3	10	8	1		1
72岁	9	1	4	4		9	7	1	1	
73岁	16	3	6	5	2	18	9	2	2	5
74岁	16	7	3	3	3	17	11	2	4	
75岁	17	4	6	5	2	20	14	1	1	4
76岁	17	3	6	5	3	19	13	1	2	3
77岁	12	3	3	4	2	14	8	1	1	4
78岁	12	3	3	3	3	13	9		1	3
79岁	17	5	4	6	2	16	12	2	1	1
80岁	3	2	1			3	3			
81岁	7	2		5		7	4	1		2
82岁	11	1	5	4	1	10	8		1	1
83岁	12	6	3	2	1	12	10	1		1
84岁	11	2	4	4	1	11	7	3		1
85+	44	16	15	9	4	47	40	5	1	1

3-5 残疾(含多重)人分残疾类别、残疾等级的残疾发现年龄

单位：人

残疾发现年龄	视力残疾					听力残疾				
	小计	一级	二级	三级	四级	小计	一级	二级	三级	四级
总　计	**555**	**128**	**47**	**31**	**349**	**1601**	**206**	**151**	**738**	**506**
0岁	11	5	2		4	28	17	4	6	1
1岁	6	2	1		3	27	21	1	5	
2岁	4	1			3	23	13	3	5	2
3岁	4	2			2	17	11	2	2	2
4岁	5	1	1	2	1	11	6	1	4	
5岁	5			1	4	9	4	1	4	
6岁	5	4		1		4	3		1	
7岁	1				1	9	2	1	4	2
8岁	5	1	1		3	17	4	2	7	4
9岁	1				1	5	1	1	2	1
10岁	6	2	1		3	8	1	2	5	
11岁						2	2			
12岁	5			2	3	4	1	1	1	1
13岁	1				1	5	2		3	
14岁	4				4	3		1	2	
15岁	2				2	6	2		2	2
16岁	2		1		1	2	1			1
17岁	2				2	6	1		3	2
18岁	3	2			1	3	1	1	1	
19岁	1				1	5	2		1	2
20岁	3	2			1	8	2	1		5
21岁	1				1	4			2	2
22岁	2	2				1				1
23岁	3	1			2	4	1	1	2	
24岁						7		1	6	
25岁	5	3			2	5	1	1	1	2
26岁	4				4	4			3	1

3-5 续表 1

单位：人

残疾发现年龄	视力残疾					听力残疾				
	小计	一级	二级	三级	四级	小计	一级	二级	三级	四级
27岁	1	1				3	1		2	
28岁	3	1			2	4	1		2	1
29岁	3	2			1	2			1	1
30岁	1				1	2	1		1	
31岁	2				2	10	1		4	5
32岁	3		1		2	6			5	1
33岁	3			1	2	7	1		1	5
34岁	6	2		1	3	8	1	3	1	3
35岁	6		1		5	11	1	1	4	5
36岁	2				2	10	2	2	4	2
37岁	3	1			2	2			2	
38岁	1	1				13	1	2	4	6
39岁	5	1			4	11	3	2	3	3
40岁	8	1	1	1	5	14	1	4	6	3
41岁	5	3			2	7	4		1	2
42岁	6	2		1	3	12	3	1	4	4
43岁	3	2			1	15	1	2	9	3
44岁	3	1		1	1	13		1	5	7
45岁						14	2	3	5	4
46岁	4	1			3	12	1	2	4	5
47岁	3			1	2	13	2	1	5	5
48岁	5				5	14	3	1	7	3
49岁	5	2		1	2	11		1	5	5
50岁	7	3		1	3	15	2	3	7	3
51岁	10	4	2		4	18	2	1	10	5
52岁	7	1		1	5	11	1	2	3	5
53岁	4		1		3	11		1	6	4
54岁	7	1		1	5	20	2	2	8	8

3-5 续表 2

单位：人

残疾发现年龄	视力残疾					听力残疾				
	小计	一级	二级	三级	四级	小计	一级	二级	三级	四级
55岁	5	1		1	3	23	3		12	8
56岁	15	6	1	1	7	19			13	6
57岁	6	1		1	4	26	1	3	13	9
58岁	8	1		2	5	13		1	8	4
59岁	9	1	1		7	21		2	13	6
60岁	9				9	21	4		8	9
61岁	8	3			5	27	4	3	9	11
62岁	13	3	1		9	37	1	2	21	13
63岁	9	1	1		7	26	2	6	13	5
64岁	5		2		3	29	1	3	16	9
65岁	15	4			11	36	4	5	14	13
66岁	22	2	4	1	15	36	6	3	17	10
67岁	10	3	1		6	36		3	18	15
68岁	13	3	1		9	52	4	2	26	20
69岁	21	4	2		15	49	4	9	14	22
70岁	16	3	5		8	57	1	4	29	23
71岁	14		1		13	51	4	5	21	21
72岁	16	1	2	1	12	61	2	2	32	25
73岁	12	2	1	1	8	44	1	3	22	18
74岁	11	1	1		9	45	4	4	24	13
75岁	14		3		11	44	1	4	24	15
76岁	12	2	1	2	7	35		4	15	16
77岁	17	7		2	8	29	1	5	11	12
78岁	7	3	1	1	2	39	2	2	20	15
79岁	7	3			4	30	3	3	18	6
80岁	5	3			2	37	2	3	24	8
81岁	9	2	1		6	32	3	2	16	11
82岁	11	3			8	10	1	1	6	2
83岁	8	3	2		3	24	2	1	12	9
84岁	5	1	1		3	30	2	3	20	5
85岁+	16	3	1	2	10	66	7	3	38	18

3-5 续表 3

单位：人

残疾发现年龄	言语残疾					肢体残疾				
	小计	一级	二级	三级	四级	小计	一级	二级	三级	四级
总　计	**355**	**191**	**48**	**58**	**58**	**2390**	**124**	**264**	**584**	**1418**
0岁	31	22	4	2	3	89	15	7	21	46
1岁	43	22	7	9	5	78	4	7	23	44
2岁	47	27	9	5	6	32	1	2	4	25
3岁	20	13	3	3	1	26		3	7	16
4岁	10	5		4	1	19	1		2	16
5岁	7	5	1	1		12			2	10
6岁	2	2				12	1	1	2	8
7岁	2	1			1	10			3	7
8岁	5	3	1	1		4			1	3
9岁	1	1				4				4
10岁	1	1				13	1		1	11
11岁	1				1	3			1	2
12岁	1			1		6				6
13岁						8		1	2	5
14岁						10			5	5
15岁						5			1	4
16岁						7			4	3
17岁						10			2	8
18岁						16			1	15
19岁						13		1	3	9
20岁						4				4
21岁	1				1	18		2	2	14
22岁						10			5	5
23岁						15	1	3	3	8
24岁						13		1	8	4
25岁	1				1	4	1			3
26岁						9				9

3-5 续表 4

单位：人

残疾发现年龄	言语残疾					肢体残疾				
	小计	一级	二级	三级	四级	小计	一级	二级	三级	四级
27岁						18	2	2	2	12
28岁						10		1	3	6
29岁						11			3	8
30岁						15	1	2	1	11
31岁						11	1		3	7
32岁	1				1	13			1	12
33岁						16		2	3	11
34岁	1	1				16	2	2	4	8
35岁						12		1	1	10
36岁						20		1	3	16
37岁	1				1	14		1	1	12
38岁	1			1		13		2	1	10
39岁						18			7	11
40岁	1				1	15		2	3	10
41岁						18		2	5	11
42岁	3	3				22	1	2	5	14
43岁						24		4	6	14
44岁	2		1		1	21	1	2	4	14
45岁	2		1	1		28		3	8	17
46岁	1				1	15	1		5	9
47岁	6	3		2	1	33	3	1	6	23
48岁	5	2		2	1	29	1	3	8	17
49岁	2	1			1	40	2	7	10	21
50岁	5	1		3	1	44		4	13	27
51岁	2		1	1		40	1	4	8	27
52岁	4	3	1			43	3	3	8	29
53岁	1		1			44	4	6	10	24
54岁	2	1			1	41		4	16	21

3-5 续表 5

单位：人

残疾发现年龄	言语残疾					肢体残疾				
	小计	一级	二级	三级	四级	小计	一级	二级	三级	四级
55岁	5	3		1	1	48	4	3	8	33
56岁	2	1		1		36	2	1	8	25
57岁	6	3		2	1	55	2	5	15	33
58岁	2	1			1	30		3	4	23
59岁	4	1	2		1	45	1	3	13	28
60岁	6	3			3	40	1	8	7	24
61岁	5	2	1		2	35		8	6	21
62岁	5	2		3		40	5	5	9	21
63岁	3	2	1			42	2	6	14	20
64岁	3	1	1		1	48	1	7	10	30
65岁	6	2	2	1	1	60	4	6	15	35
66岁	4	2		2		63	3	9	19	32
67岁	7	5		1	1	62	3	8	21	30
68岁	11	6	2	2	1	62	2	9	19	32
69岁	6	2	1	1	2	67		9	17	41
70岁	4	3			1	62	2	10	11	39
71岁	6	3	1	2		50	3	8	17	22
72岁	5	2	2		1	44	2	3	12	27
73岁	5	2	1	1	1	47	4	4	8	31
74岁	6	5	1			51	4	5	13	29
75岁	2		1		1	35	2	4	9	20
76岁	7	4			3	32	2	8	7	15
77岁	3	1			2	35	1	4	9	21
78岁	1			1		30	4	2	10	14
79岁	5	4			1	24	3	4	7	10
80岁	1	1				24	2	8	4	10
81岁	7	2	1	3	1	26	5	4	12	5
82岁	3	3				26	1	7	9	9
83岁	2	1		1		19	4	3	3	9
84岁	2	2				13	1	2	4	6
85岁+	8	5	1		2	45	6	9	13	17

3-5 续表 6

单位：人

残疾发现年龄	智力残疾					精神残疾				
	小计	一级	二级	三级	四级	小计	一级	二级	三级	四级
总　计	**738**	**116**	**151**	**226**	**245**	**774**	**328**	**105**	**101**	**240**
0岁	127	22	28	38	39	3	2	1		
1岁	76	10	14	24	28	4	2	1		1
2岁	37	1	10	14	12	3	1	2		
3岁	31	4	2	9	16	3	1		1	1
4岁	24	1	1	5	17	3	1		1	1
5岁	14	1	1	3	9	1				1
6岁	12			5	7	3	2			1
7岁	27	2	2	7	16	2		2		
8岁	16	1	3	5	7					
9岁	3				3	1				1
10岁	6	1		3	2	1				1
11岁	5	1	1	1	2	2	1	1		
12岁	5			1	4					
13岁	5		1	2	2	2		1		1
14岁	1			1		4		1	1	2
15岁	1		1			7		1	2	4
16岁	3	1		1	1	11	4	3		4
17岁	2				2	9	4	2		3
18岁	1			1		10	3	1	1	5
19岁	1		1			12	5	1	3	3
20岁						20	6	1	8	5
21岁	2			1	1	14	5	3	2	4
22岁	2			1	1	13	2	3	2	6
23岁						14	4	4	4	2
24岁	1				1	8	3		1	4
25岁	2			1	1	18	4	3	7	4
26岁	3				3	15	2	3	4	6

3-5 续表 7

单位：人

残疾发现年龄	智力残疾					精神残疾				
	小计	一级	二级	三级	四级	小计	一级	二级	三级	四级
27岁	2			1	1	10	3	1	1	5
28岁						8	3	1	1	3
29岁						14	3	3	1	7
30岁						6	2		1	3
31岁	1			1		18	8		3	7
32岁	2		1		1	11	2	1	3	5
33岁	1			1		11		3	4	4
34岁	1		1			11	1	1	3	6
35岁	3		1		2	10	5	1	2	2
36岁	1				1	11	2	1	2	6
37岁	4				4	11	3	2		6
38岁	2			2		12	3	3	3	3
39岁						7		2	2	3
40岁						5	1		1	3
41岁						7	1	1	1	4
42岁	2	1		1		4	1			3
43岁	3		1		2	7	2	2	1	2
44岁	3	1		1	1	9	3	1		5
45岁	2		1		1	10	7		2	1
46岁	2		1	1		14	7	3	2	2
47岁	4		2	1	1	7	2	1		4
48岁	7		2	3	2	9	2	2	1	4
49岁	5		1	2	2	10	6	2		2
50岁	3	1		1	1	6	1	1	1	3
51岁	5		1	2	2	6	3	1		2
52岁	7		2	3	2	11	3	1	1	6
53岁	2			1	1	13	4	3	1	5
54岁	4			2	2	4	2			2

3-5 续表 8

单位：人

残疾发现年龄	智力残疾					精神残疾				
	小计	一级	二级	三级	四级	小计	一级	二级	三级	四级
55岁	4		1	1	2	6	3		1	2
56岁	7		3	1	3	11	4		2	5
57岁	3	1	1		1	11	3	2	1	5
58岁	5			2	3	6	4			2
59岁	3	1	2			3	2		1	
60岁	5	1	3		1	7	2	2		3
61岁	7	1		5	1	10	4	5		1
62岁	4		1	2	1	6	3			3
63岁	7	2		4	1	11	5	1	2	3
64岁	6	2		3	1	9	4	2	1	2
65岁	10	3	3	2	2	12	7		1	4
66岁	8	3	2	1	2	9	3	3	1	2
67岁	13	4	5	1	3	14	9		2	3
68岁	10	3	3	3	1	15	10	2	2	1
69岁	20	2	5	7	6	18	9	3	2	4
70岁	11	5	2	1	3	15	9		1	5
71岁	9	2	6	1		9	4		2	3
72岁	13	2	3	6	2	17	11	1	2	3
73岁	5	1	3	1		9	5			4
74岁	10	3	2	3	2	13	7		3	3
75岁	5	1	3	1		7	6			1
76岁	12	7		4	1	9	9			
77岁	9	1	1	5	2	16	8	2	2	4
78岁	11	3	1	6	1	12	8	2		2
79岁	8	2	2	4		10	7			3
80岁	4	1	1	1	1	2	2			
81岁	7	1	3	3		9	6	1		2
82岁	9	2	5	2		10	9	1		
83岁	12	4	2	4	2	13	10	2		1
84岁	5	3		2		5	4	1		
85岁+	23	7	9	4	3	25	19	4	1	1

3－6 视力残疾(含多重)人分城乡、残疾等级的主要致残原因

单位：人

致残主要原因	合计			残疾一级		
	合计	城镇	农村	小计	城镇	农村
视力残疾(含多重)人	**555**	**389**	**166**	**128**	**86**	**42**
致残原因一						
遗传、先天异常或发育障碍	34	24	10	16	10	6
白内障	207	146	61	33	18	15
青光眼	62	39	23	21	17	4
沙眼						
角膜病	17	10	7	8	4	4
视神经病变	14	10	4	4	4	
视网膜、色素膜病变	123	92	31	32	25	7
屈光不正	32	22	10	2	1	1
弱视	11	8	3	1		1
外伤	9	6	3	2	1	1
中毒						
其他	20	16	4	7	5	2
原因不明	26	16	10	2	1	1
致残原因二						
遗传、先天异常或发育障碍						
白内障	3	2	1	1		1
青光眼	6	6		3	3	
沙眼						
角膜病	1		1			
视神经病变	3	3		1	1	
视网膜、色素膜病变	10	10		4	4	
屈光不正	11	10	1			
弱视	3	2	1			
外伤	11	8	3	2	2	
中毒	15	6	9	6	3	3
其他						
原因不明						

3－6 续表

单位：人

致残主要原因	残疾二级			残疾三级			残疾四级		
	小计	城镇	农村	小计	城镇	农村	小计	城镇	农村
视力残疾(含多重)人	**47**	**36**	**11**	**31**	**23**	**8**	**349**	**244**	**105**
致残原因一									
遗传、先天异常或发育障碍	2	2		4	2	2	12	10	2
白内障	15	12	3	10	8	2	149	108	41
青光眼	9	6	3	1	1		31	15	16
沙眼									
角膜病	3	2	1	1	1		5	3	2
视神经病变	2	1	1				8	5	3
视网膜、色素膜病变	12	11	1	8	6	2	71	50	21
屈光不正	2	1	1	1	1		27	19	8
弱视							10	8	2
外伤				1		1	6	5	1
中毒									
其他	2	1	1	2	2		9	8	1
原因不明				3	2	1	21	13	8
致残原因二									
遗传、先天异常或发育障碍									
白内障							2	2	
青光眼							3	3	
沙眼									
角膜病							1		1
视神经病变							2	2	
视网膜、色素膜病变	2	2		2	2		2	2	
屈光不正	1	1		2	2		8	7	1
弱视	1	1		1		1	1	1	
外伤				1		1	8	6	2
中毒	2		2	1	1		6	2	4
其他									
原因不明									

3－7 听力残疾(含多重)人分城乡、残疾等级的主要致残原因

单位：人

致残主要原因	合计			残疾一级		
	合计	城镇	农村	小计	城镇	农村
听力残疾(含多重)人	**1601**	**1143**	**458**	**206**	**125**	**81**
致残原因一						
遗传	33	19	14	14	5	9
母孕期病毒感染	7	5	2	6	4	2
传染性疾病	21	13	8	11	7	4
自身免疫缺陷性疾病	5	5		1	1	
全身性疾病	219	180	39	15	9	6
中耳炎	119	89	30	12	9	3
老年性耳聋	724	536	188	53	38	15
早产和低体重	2	2				
新生儿窒息	3		3	1		1
高胆红素血症						
药物中毒	63	50	13	20	17	3
创伤或意外伤害	38	20	18	9	5	4
噪声和爆震	111	91	20	9	8	1
其他	31	18	13	13	10	3
原因不明	225	115	110	42	12	30
致残原因二						
遗传						
母孕期病毒感染						
传染性疾病						
自身免疫缺陷性疾病	1	1				
全身性疾病	3	3				
中耳炎	11	9	2	2	1	1
老年性耳聋	101	90	11	6	5	1
早产和低体重						
新生儿窒息						
高胆红素血症						
药物中毒	13	8	5	3	1	2
创伤或意外伤害	5	5				
噪声和爆震	41	39	2	4	4	
其他						
原因不明						

3－7 续表

单位：人

致残主要原因	残疾二级			残疾三级			残疾四级		
	小计	城镇	农村	小计	城镇	农村	小计	城镇	农村
听力残疾(含多重)人	**151**	**106**	**45**	**738**	**547**	**191**	**506**	**365**	**141**
致残原因一									
遗传	3	1	2	10	7	3	6	6	
母孕期病毒感染				1	1				
传染性疾病	3	2	1	4	2	2	3	2	1
自身免疫缺陷性疾病	1	1		2	2		1	1	
全身性疾病	12	9	3	99	84	15	93	78	15
中耳炎	12	8	4	63	48	15	32	24	8
老年性耳聋	80	60	20	370	278	92	221	160	61
早产和低体重				2	2				
新生儿窒息				1		1	1		1
高胆红素血症									
药物中毒	8	5	3	24	18	6	11	10	1
创伤或意外伤害	5	4	1	12	5	7	12	6	6
噪声和爆震	9	7	2	57	47	10	36	29	7
其他	1	1		8	3	5	9	4	5
原因不明	17	8	9	85	50	35	81	45	36
致残原因二									
遗传									
母孕期病毒感染									
传染性疾病									
自身免疫缺陷性疾病							1	1	
全身性疾病				2	2		1	1	
中耳炎	1		1	2	2		6	6	
老年性耳聋	6	5	1	51	46	5	38	34	4
早产和低体重									
新生儿窒息									
高胆红素血症									
药物中毒	1	1		7	5	2	2	1	1
创伤或意外伤害	2	2					3	3	
噪声和爆震	6	6		26	24	2	5	5	
其他									
原因不明									

3－8 言语残疾(含多重)人分城乡、残疾等级的主要致残原因

单位：人

致残主要原因	合计			残疾一级		
	合计	城镇	农村	小计	城镇	农村
言语残疾(含多重)人	**355**	**212**	**143**	**191**	**107**	**84**
致残原因一						
唐氏综合症	5	2	3	3		3
脑性瘫痪	13	3	10	9	1	8
新生儿病理性黄疸	1	1				
早产、低体重和过期产	1	1		1	1	
腭裂	7	3	4			
智力低下	24	15	9	7	2	5
脑梗死	127	99	28	61	48	13
脑出血	21	12	9	10	6	4
脑炎	5	3	2	4	2	2
脑囊虫病						
喉、舌疾病术后	7	6	1	4	4	
听力障碍	58	24	34	46	21	25
帕金森氏病	2	2		1	1	
多发性硬化	1	1				
脊髓侧索硬化						
脑外伤	8	5	3	3	2	1
产伤						
孤独症						
癫痫	5	3	2	2	1	1
CO中毒	2	1	1	2	1	1
其他	38	19	19	22	12	10
原因不明	30	12	18	16	5	11
致残原因二						
唐氏综合症						
脑性瘫痪						
新生儿病理性黄疸						
早产、低体重和过期产						
腭裂						
智力低下						
脑梗死						
脑出血						
脑炎						
脑囊虫病						
喉、舌疾病术后						
听力障碍	1		1	1		1
帕金森氏病						
多发性硬化						
脊髓侧索硬化						
脑外伤	1	1				
产伤	1	1		1	1	
孤独症						
癫痫	2		2	2		2
CO中毒						
其他						
原因不明						

3-8 续表

单位：人

致残主要原因	残疾二级			残疾三级			残疾四级		
	小计	城镇	农村	小计	城镇	农村	小计	城镇	农村
言语残疾(含多重)人	**48**	**31**	**17**	**58**	**33**	**25**	**58**	**41**	**17**
致残原因一									
唐氏综合症				1	1		1	1	
脑性瘫痪	3	1	2	1	1				
新生儿病理性黄疸							1	1	
早产、低体重和过期产									
腭裂	1		1	2	1	1	4	2	2
智力低下	9	5	4	6	6		2	2	
脑梗死	18	15	3	20	13	7	28	23	5
脑出血	3	2	1	3	3		5	1	4
脑炎							1	1	
脑囊虫病									
喉、舌疾病术后	1		1				2	2	
听力障碍	3	1	2	7	1	6	2	1	1
帕金森氏病							1	1	
多发性硬化							1	1	
脊髓侧索硬化									
脑外伤	1	1		1		1	3	2	1
产伤									
孤独症									
癫痫				1		1	2	2	
CO中毒									
其他	6	3	3	9	4	5	1		1
原因不明	3	3		7	3	4	4	1	3
致残原因二									
唐氏综合症									
脑性瘫痪									
新生儿病理性黄疸									
早产、低体重和过期产									
腭裂									
智力低下									
脑梗死									
脑出血									
脑炎									
脑囊虫病									
喉、舌疾病术后									
听力障碍									
帕金森氏病									
多发性硬化									
脊髓侧索硬化									
脑外伤	1	1							
产伤									
孤独症									
癫痫									
CO中毒	3		3	4	1	3	4	2	2
其他									
原因不明									

3－9　肢体残疾(含多重)人分城乡、残疾等级的主要致残原因

单位：人

致残主要原因	合计			残疾一级		
	合计	城镇	农村	小计	城镇	农村
肢体残疾(含多重)人	**2390**	**1695**	**695**	**124**	**90**	**34**
致残原因一						
脑性瘫痪	44	25	19	12	4	8
发育畸形	65	41	24	2		2
侏儒症	4	2	2	1	1	
其他先天性或发育障碍	18	12	6	2	1	1
脊髓灰质炎	100	77	23	1	1	
脑血管疾病	765	581	184	76	63	13
周围血管疾病	20	16	4	2	1	1
肿瘤	23	13	10	5	2	3
骨关节病	657	495	162	1	1	
地方病	1	1				
脊髓疾病	97	49	48	2	2	
工伤	87	58	29	1	1	
交通事故	60	38	22	2	2	
脊髓损伤	12	7	5	3	2	1
脑外伤	8	6	2	1	1	
其他外伤	195	114	81	2		2
结核性感染	14	9	5			
化脓性感染	20	11	9			
中毒	4	2	2	1		1
其他	153	114	39	10	8	2
原因不明	43	24	19			
致残原因二						
脑性瘫痪	1	1				
发育畸形						
侏儒症						
其他先天性或发育障碍	1		1	1		1
脊髓灰质炎	1		1			
脑血管疾病	3	3		1	1	
周围血管疾病						
肿瘤						
骨关节病	10	10		2	2	
地方病						
脊髓疾病	10	8	2			
工伤	2	2				
交通事故	6	5	1			
脊髓损伤	2	2				
脑外伤	2	2				
其他外伤	29	20	9			
结核性感染	1	1				
化脓性感染	3	3				
中毒	1	1				
其他						
原因不明						

3－9 续表

单位：人

致残主要原因	残疾二级			残疾三级			残疾四级		
	小计	城镇	农村	小计	城镇	农村	小计	城镇	农村
肢体残疾(含多重)人	**264**	**197**	**67**	**584**	**435**	**149**	**1418**	**973**	**445**
致残原因一									
脑性瘫痪	8	4	4	10	7	3	14	10	4
发育畸形	1		1	17	10	7	45	31	14
侏儒症							3	1	2
其他先天性或发育障碍				3	2	1	13	9	4
脊髓灰质炎	10	7	3	27	25	2	62	44	18
脑血管疾病	174	136	38	252	190	62	263	192	71
周围血管疾病	3	2	1	4	4		11	9	2
肿瘤	4	2	2	9	5	4	5	4	1
骨关节病	17	12	5	123	102	21	516	380	136
地方病							1	1	
脊髓疾病	5	2	3	16	9	7	74	36	38
工伤	2	2		13	9	4	71	46	25
交通事故	6	4	2	6	4	2	46	28	18
脊髓损伤	5	2	3	3	2	1	1	1	
脑外伤	1	1		3	2	1	3	2	1
其他外伤	7	5	2	43	28	15	143	81	62
结核性感染				1		1	13	9	4
化脓性感染				4	2	2	16	9	7
中毒							3	2	1
其他	17	15	2	41	29	12	85	62	23
原因不明	4	3	1	9	5	4	30	16	14
致残原因二									
脑性瘫痪							1	1	
发育畸形									
侏儒症									
其他先天性或发育障碍									
脊髓灰质炎				1		1			
脑血管疾病							2	2	
周围血管疾病									
肿瘤									
骨关节病				2	2		6	6	
地方病									
脊髓疾病				4	4		6	4	2
工伤				1	1		1	1	
交通事故	1	1					5	4	1
脊髓损伤	1	1					1	1	
脑外伤	1	1					1	1	
其他外伤	2	2		12	9	3	15	9	6
结核性感染							1	1	
化脓性感染				1	1		2	2	
中毒				1	1				
其他									
原因不明									

3－10 智力残疾(含多重)人分城乡、残疾等级的主要致残原因

单位：人

致残主要原因	合计			残疾一级		
	合计	城镇	农村	小计	城镇	农村
智力残疾(含多重)人	**738**	**450**	**288**	**116**	**79**	**37**
致残原因一						
遗传	59	22	37	3	1	2
脑疾病	312	203	109	70	52	18
内分泌障碍	1	1				
惊厥性疾病	44	22	22	5	4	1
新生儿窒息	14	12	2	3	1	2
早产、低体重和过期产	14	11	3	1	1	
发育畸形	22	7	15	6	2	4
营养不良	2	1	1	1	1	
母孕期外伤及物理伤害	4	3	1			
产伤	3	2	1	1		1
工伤	4	3	1			
交通事故	10	5	5			
其他外伤	14	9	5	1		1
中毒与过敏反应	10	6	4	3	1	2
不良社会文化因素	7	4	3	2	1	1
其他	52	37	15	9	6	3
原因不明	166	102	64	11	9	2
致残原因二						
遗传						
脑疾病	2		2			
内分泌障碍						
惊厥性疾病	2	1	1			
新生儿窒息	1	1				
早产、低体重和过期产						
发育畸形	1		1	1		1
营养不良						
母孕期外伤及物理伤害						
产伤	1	1		1	1	
工伤						
交通事故	1	1				
其他外伤	2	2				
中毒与过敏反应						
不良社会文化因素	3	1	2			
其他						
原因不明						

3－10 续表

单位：人

致残主要原因	残疾二级			残疾三级			残疾四级		
	小计	城镇	农村	小计	城镇	农村	小计	城镇	农村
智力残疾(含多重)人	**151**	**75**	**76**	**226**	**151**	**75**	**245**	**145**	**100**
致残原因一									
遗传	17	3	14	21	10	11	18	8	10
脑疾病	78	41	37	92	69	23	72	41	31
内分泌障碍	1	1							
惊厥性疾病	5	3	2	14	7	7	20	8	12
新生儿窒息	1	1		5	5		5	5	
早产、低体重和过期产	2	2		6	5	1	5	3	2
发育畸形	3	1	2	5	1	4	8	3	5
营养不良				1		1			
母孕期外伤及物理伤害	1		1				3	3	
产伤				1	1		1	1	
工伤				2	1	1	2	2	
交通事故	3	1	2	2	1	1	5	3	2
其他外伤	1	1		4	3	1	8	5	3
中毒与过敏反应	1	1		2	2		4	2	2
不良社会文化因素	1		1	3	2	1	1	1	
其他	6	5	1	10	8	2	27	18	9
原因不明	31	15	16	58	36	22	66	42	24
致残原因二									
遗传									
脑疾病	2		2						
内分泌障碍									
惊厥性疾病	1		1	1	1				
新生儿窒息				1	1				
早产、低体重和过期产									
发育畸形									
营养不良									
母孕期外伤及物理伤害									
产伤									
工伤									
交通事故				1	1				
其他外伤	1	1		1	1				
中毒与过敏反应									
不良社会文化因素	1	1					2		2
其他									
原因不明									

3－11 精神残疾(含多重)人分城乡、残疾等级的主要致残原因

单位：人

致残主要原因	合计			残疾一级		
	合计	城镇	农村	小计	城镇	农村
精神残疾(含多重)人	**774**	**544**	**230**	**328**	**216**	**112**
致残原因一						
痴呆	302	203	99	205	133	72
其他器质性精神障碍	86	67	19	38	29	9
使用精神活性物质所致的障碍	8	5	3	3	1	2
精神分裂症	248	171	77	66	41	25
妄想性障碍	4	3	1	1	1	
分裂情感性障碍	4	4		1	1	
其他精神病性障碍	3	3				
心境障碍	61	43	18	10	7	3
神经症性障碍	37	31	6	3	3	
行为综合症	1	1				
人格障碍	6	6				
孤独症	2	1	1			
癫痫	10	6	4			
其他	1		1			
原因不明	1		1	1		1
致残原因二						
痴呆						
其他器质性精神障碍	1	1		1	1	
使用精神活性物质所致的障碍	5	4	1	1	1	
精神分裂症	2	1	1	2	1	1
妄想性障碍						
分裂情感性障碍						
其他精神病性障碍						
心境障碍	3	2	1	1		1
神经症性障碍	5	5		1	1	
行为综合症						
人格障碍	2	1	1	1		1
孤独症						
癫痫	5	4	1	2	1	1
其他						
原因不明						

3－11 续表

单位：人

致残主要原因	残疾二级			残疾三级			残疾四级		
	小计	城镇	农村	小计	城镇	农村	小计	城镇	农村
精神残疾(含多重)人	**105**	**69**	**36**	**101**	**75**	**26**	**240**	**184**	**56**
致残原因一									
痴呆	31	25	6	22	13	9	44	32	12
其他器质性精神障碍	14	8	6	9	7	2	25	23	2
使用精神活性物质所致的障碍	1	1		2	2		2	1	1
精神分裂症	46	28	18	46	36	10	90	66	24
妄想性障碍	1	1					2	1	1
分裂情感性障碍				2	2		1	1	
其他精神病性障碍							3	3	
心境障碍	5	3	2	10	6	4	36	27	9
神经症性障碍	4	1	3	4	4		26	23	3
行为综合症				1	1				
人格障碍	2	2		1	1		3	3	
孤独症	1		1	1	1				
癫痫				3	2	1	7	4	3
其他							1		1
原因不明									
致残原因二									
痴呆									
其他器质性精神障碍									
使用精神活性物质所致的障碍	1	1		1		1	2	2	
精神分裂症									
妄想性障碍									
分裂情感性障碍									
其他精神病性障碍									
心境障碍				1	1		1	1	
神经症性障碍							4	4	
行为综合症									
人格障碍							1	1	
孤独症									
癫痫	2	2					1	1	
其他									
原因不明									

3－12 视力残疾(含多重)人分年龄、性别的主要致残原因

单位：人

年 龄	遗传、先天异常或发育障碍		白内障		青光眼		沙眼		角膜病	
	男	女	男	女	男	女	男	女	男	女
总 计	**16**	**18**	**61**	**149**	**28**	**40**			**7**	**11**
0岁										
1岁										
2岁										
3岁										
4岁										
5岁										
6岁										
7岁	1									
8岁										
9岁										
10岁										
11岁										
12岁										
13岁										
14岁										
15岁										
16岁		1								
17岁		1								
18岁										
19岁										
20岁										
21岁										
22岁										
23岁										
24岁				1						
25岁										
26岁		1								
27岁										

3－12 续表 1

单位：人

年 龄	遗传、先天异常或发育障碍		白内障		青光眼		沙眼		角膜病	
	男	女	男	女	男	女	男	女	男	女
28岁										
29岁	1									
30岁										
31岁										
32岁		1				1				
33岁										
34岁										
35岁	1	1								
36岁										
37岁										
38岁		1								
39岁	1									
40岁	1									
41岁	1									
42岁										
43岁	1									
44岁	1									
45岁				1						
46岁	1	2		1						
47岁	1	2	1	1						
48岁										1
49岁	2					1				
50岁	1	1				1				
51岁	1	1								
52岁		1		2						
53岁		1			1					
54岁										
55岁					1				1	
56岁			1							

3－12　续表 2

单位：人

年　龄	遗传、先天异常或发育障碍		白内障		青光眼		沙眼		角膜病	
	男	女	男	女	男	女	男	女	男	女
57岁						1				
58岁					1	1				1
59岁		1	1		1					
60岁				1	1					
61岁	1		2	1	1					
62岁			1		2	1				
63岁				2		2				1
64岁			1	1		1				
65岁				2		2				
66岁			1	3		1				
67岁			1	5		2			1	
68岁		1	1	2		1			1	
69岁			1	4	1					
70岁		1	5	5		1			1	
71岁			4	6	1	1				2
72岁	1			4	1					1
73岁			3	5						1
74岁			1	6	1	2				
75岁			2	11	1	2				1
76岁			1	11	2	2				
77岁			5	10	2	2				1
78岁			5	5	2	2			1	1
79岁			2	5		2			1	1
80岁		1	2	6		1				
81岁			2	4	1	1				
82岁			4	5	3	3				
83岁			3	7	1	2				
84岁			1	4	1					
85+			10	28	3	4			1	

3－12　续表 3

单位：人

年 龄	视神经病变		视网膜、色素膜病变		屈光不正		弱视	
	男	女	男	女	男	女	男	女
总 计	**10**	**7**	**45**	**88**	**24**	**19**	**8**	**6**
0岁								
1岁								
2岁								
3岁								2
4岁							1	
5岁								
6岁								
7岁								
8岁								
9岁								
10岁								
11岁								
12岁								
13岁								
14岁								
15岁								
16岁								
17岁								
18岁								
19岁		1	1					
20岁								
21岁								1
22岁								
23岁								
24岁								
25岁								
26岁				1				
27岁								

3-12 续表 4

单位：人

年 龄	视神经病变		视网膜、色素膜病变		屈光不正		弱视	
	男	女	男	女	男	女	男	女
28岁								
29岁								
30岁					1			
31岁								
32岁	1		1					
33岁					1			
34岁		1						
35岁			1					
36岁								
37岁	1					1		
38岁							1	1
39岁			1					
40岁					1		1	
41岁	1			1				
42岁	1		1		2		2	
43岁				2				
44岁				1			1	
45岁			1	2	1	1		
46岁			2		1			
47岁				3	1			
48岁			1		1			
49岁				1	2		1	
50岁	1		1			1		1
51岁	1		3	2	2			
52岁				1				
53岁			1			1		
54岁			1	2	3	1		
55岁			1					
56岁			2	2		1		

3－12　续表 5

单位：人

年　龄	视神经病变		视网膜、色素膜病变		屈光不正		弱视	
	男	女	男	女	男	女	男	女
57岁			1	3			1	
58岁			1		1	1		
59岁			1					
60岁				4		1		
61岁			1	2				
62岁			1	2	1			
63岁				3		1		
64岁			2	3		1		
65岁			2	3				
66岁		1		3		1		
67岁			1	4	1			
68岁			1	2				
69岁			1	1		2		
70岁			1	6				
71岁		1	1	2	1	4		1
72岁				4	1			
73岁	1			2				
74岁			3	1				
75岁		1	1	3				
76岁			1	2				
77岁	1			4		1		
78岁	1			1				
79岁			2	2	1			
80岁		1	1	2				
81岁				4	2			
82岁				1				
83岁		1		2				
84岁				1				
85+	1		5	3		1		

3-12 续表 6

单位：人

年龄	外伤		中毒		其他		原因不明	
	男	女	男	女	男	女	男	女
总计	**14**	**6**			**8**	**12**	**12**	**14**
0岁								
1岁								
2岁								
3岁								
4岁								
5岁								
6岁						1		
7岁								
8岁								
9岁								
10岁								
11岁								
12岁								
13岁								
14岁								
15岁								
16岁								
17岁								
18岁								
19岁								
20岁								
21岁								
22岁	1							
23岁								
24岁								
25岁								
26岁								
27岁								

3－12 续表 7

单位：人

年 龄	外伤		中毒		其他		原因不明	
	男	女	男	女	男	女	男	女
28岁								
29岁								
30岁								
31岁								
32岁								
33岁								
34岁							1	
35岁								
36岁								
37岁		1						
38岁								
39岁								
40岁								
41岁	1							
42岁								
43岁								
44岁								
45岁	1						2	1
46岁								
47岁								
48岁								
49岁							1	
50岁								
51岁	2					1	1	
52岁					1			1
53岁	1							
54岁								
55岁							1	1
56岁	1				1	1		1

3－12 续表 8

单位：人

年 龄	外伤		中毒		其他		原因不明	
	男	女	男	女	男	女	男	女
57岁	1							
58岁								
59岁								
60岁						1		
61岁						1		1
62岁					1			1
63岁								
64岁	1					1		1
65岁		1				1	1	1
66岁							1	
67岁						1		
68岁					1			
69岁							2	
70岁		1						
71岁	1				1			
72岁							1	1
73岁								1
74岁					1			
75岁	1	1			1			
76岁	1					1		
77岁		1				1		1
78岁					1	1		
79岁								
80岁								
81岁								
82岁	1	1				1		
83岁								1
84岁								
85+	1						1	2

3－13 听力残疾(含多重)人分年龄、性别的主要致残原因

单位：人

年龄	遗传		母孕期病毒感染		传染性疾病		自身免疫缺陷性疾病	
	男	女	男	女	男	女	男	女
总计	**19**	**14**	**2**	**5**	**11**	**10**	**4**	**2**
0岁								
1岁								
2岁								
3岁								
4岁								
5岁								
6岁								
7岁								
8岁				1				
9岁			1					
10岁								
11岁	1	1						
12岁		1						
13岁								
14岁								
15岁								
16岁								
17岁								
18岁	1							
19岁								
20岁		1		1				
21岁		1						
22岁								
23岁								
24岁								
25岁								
26岁								
27岁								

3－13　续表 1

单位：人

年　龄	遗传		母孕期病毒感染		传染性疾病		自身免疫缺陷性疾病	
	男	女	男	女	男	女	男	女
28岁								
29岁								
30岁								
31岁								
32岁								
33岁								
34岁								
35岁		1						1
36岁								
37岁	1							
38岁	1							
39岁								
40岁								
41岁								
42岁						1		
43岁					1			
44岁								
45岁						1		
46岁								
47岁	1					1		
48岁								
49岁	2				1			
50岁						1		
51岁	1							
52岁	2	1			1			
53岁				1	1	1		
54岁		1				1		
55岁								
56岁								

3－13　续表 2

单位：人

年　龄	遗传		母孕期病毒感染		传染性疾病		自身免疫缺陷性疾病	
	男	女	男	女	男	女	男	女
57岁					1			
58岁	1				2		1	
59岁								
60岁								
61岁								
62岁								
63岁						2		
64岁					1			
65岁								
66岁	2	2					1	
67岁		1						
68岁						1		
69岁		1			2			
70岁				1		1		
71岁		1		1				
72岁								
73岁								
74岁	1							
75岁								1
76岁								
77岁	2	1						
78岁	1							
79岁	1	1						
80岁								
81岁	1				1		1	
82岁							1	
83岁								
84岁								
85+			1					

3-13 续表 3

单位：人

年 龄	全身性疾病		中耳炎		老年性耳聋		早产和低体重	
	男	女	男	女	男	女	男	女
总 计	**114**	**108**	**61**	**69**	**428**	**397**	**1**	**1**
0岁								
1岁								
2岁								
3岁								
4岁								
5岁								
6岁								
7岁								
8岁								
9岁								
10岁								
11岁								
12岁								
13岁								
14岁								
15岁								
16岁								
17岁								
18岁								
19岁								
20岁								
21岁								
22岁								
23岁								
24岁								
25岁								
26岁								
27岁								

3－13 续表 4

单位：人

年 龄	全身性疾病		中耳炎		老年性耳聋		早产和低体重	
	男	女	男	女	男	女	男	女
28岁								
29岁								
30岁								
31岁								
32岁								
33岁								
34岁				1				
35岁								
36岁				1				
37岁				1				
38岁								
39岁				1				
40岁								
41岁				1				
42岁								
43岁			1	1			1	
44岁								1
45岁				1				
46岁				2				
47岁	1		2	1				
48岁		1	3	2				
49岁	2		2					
50岁	1	1	1					
51岁			2	1		1		
52岁	1		1	1		1		
53岁		2	1					
54岁	2	1		1	2	1		
55岁		2		1	1			
56岁	2		1		1	1		

3－13 续表 5

单位：人

年 龄	全身性疾病		中耳炎		老年性耳聋		早产和低体重	
	男	女	男	女	男	女	男	女
57岁	3		3	1	1			
58岁	1	1	3		2	1		
59岁			1	1	2	2		
60岁	2		1		2	3		
61岁	1	2	2	3	4	3		
62岁	2	1		2	1			
63岁	1		1	2	2	1		
64岁			2	2	3	4		
65岁	6	1	4	1	9	4		
66岁	1	4	3	4	8	10		
67岁	1	4	1	1	11	6		
68岁	1	1	2	2	11	11		
69岁	3	3		2	8	8		
70岁	8	7	1	4	13	21		
71岁	2	5	1	5	16	9		
72岁	3	4	2	2	18	16		
73岁	6	8	2	3	17	23		
74岁	5	4	2	4	29	11		
75岁	6	6	3	3	19	22		
76岁	4	3	1	2	21	19		
77岁	8	12	3	2	31	25		
78岁	4	4	2		22	14		
79岁	3	4			17	12		
80岁	6	6	1	2	19	15		
81岁	2	2			15	22		
82岁	3	2	1	1	16	18		
83岁	5	3			15	23		
84岁	4	2	1		8	15		
85+	14	12	4	4	84	75		

3－13 续表 6

单位：人

年 龄	新生儿窒息		高胆红素血症		药物中毒		创伤或意外伤害	
	男	女	男	女	男	女	男	女
总 计	**1**	**2**			**35**	**41**	**30**	**13**
0岁								
1岁								
2岁								
3岁								
4岁								
5岁								
6岁								
7岁								
8岁								
9岁								
10岁								
11岁		1						
12岁								
13岁								
14岁								
15岁					1			
16岁								
17岁							1	
18岁								
19岁								
20岁						1		
21岁								
22岁						1		
23岁								
24岁					1			
25岁								
26岁								
27岁								

3－13 续表 7

单位：人

年龄	新生儿窒息		高胆红素血症		药物中毒		创伤或意外伤害	
	男	女	男	女	男	女	男	女
28岁								
29岁								
30岁								
31岁								
32岁								
33岁						2		
34岁								
35岁					1			
36岁					1			
37岁					1	1	1	
38岁								
39岁						1	2	
40岁								
41岁	1				1			
42岁						3		
43岁					2		2	
44岁						1		1
45岁					1			
46岁					2			
47岁						1	1	2
48岁								
49岁					4	1	1	
50岁							1	1
51岁					2	1		
52岁					1	1	1	1
53岁								1
54岁						1		
55岁						2		
56岁					1			

3－13 续表 8

单位：人

年 龄	新生儿窒息		高胆红素血症		药物中毒		创伤或意外伤害	
	男	女	男	女	男	女	男	女
57岁						2	1	
58岁						1		
59岁								
60岁					1		2	
61岁						1	1	
62岁							1	
63岁					1	2	1	
64岁						2		
65岁						2		
66岁					1	2	2	
67岁					1	1		
68岁					1		1	
69岁								
70岁					2	1		3
71岁					2	1	1	1
72岁							2	1
73岁					1		2	
74岁								
75岁					1			
76岁					1	2		
77岁					1	2	3	1
78岁								
79岁					1	1	1	
80岁								
81岁		1						
82岁						1		
83岁					1	1		
84岁						1		
85+					1	1	2	1

3-13 续表 9

单位：人

年龄	噪声和爆震		其他		原因不明	
	男	女	男	女	男	女
总计	**119**	**33**	**16**	**15**	**110**	**115**
0岁						
1岁			1		1	
2岁						
3岁				1		
4岁						
5岁						
6岁						
7岁					1	
8岁						
9岁						
10岁					1	
11岁				1		
12岁						
13岁						
14岁						
15岁				1		
16岁						
17岁						
18岁						
19岁						
20岁						
21岁						
22岁						
23岁						
24岁					1	
25岁						1
26岁					2	1
27岁						

3－13 续表 10

单位：人

年 龄	噪声和爆震		其他		原因不明	
	男	女	男	女	男	女
28岁						
29岁						
30岁						
31岁						
32岁						1
33岁						
34岁			1			
35岁	1					
36岁				1	1	
37岁						
38岁						2
39岁					1	1
40岁		1			3	1
41岁		1			1	
42岁	1	1			1	1
43岁	1	1			1	
44岁		1				
45岁	3	1			2	
46岁	1	1			2	
47岁	2					
48岁				1	4	
49岁	3					4
50岁	2				2	5
51岁	1				2	5
52岁			1	1	4	7
53岁				1	4	4
54岁					6	5
55岁	1			1	6	4
56岁	3			1	4	2

3－13 续表 11

单位：人

年 龄	噪声和爆震		其他		原因不明	
	男	女	男	女	男	女
57岁	4				4	2
58岁	2	1		1	3	3
59岁	3	1			1	3
60岁	2					
61岁	1		2		1	1
62岁			1		2	3
63岁	3	1	1		3	
64岁	4			1	2	3
65岁	5	1			1	2
66岁	1	1			2	1
67岁	6	2			4	3
68岁	4		3		2	4
69岁	2	3			2	3
70岁	4	2		1	2	3
71岁	3	1			3	2
72岁	7	1	1		4	7
73岁	5	1	1	1	3	3
74岁	6				4	4
75岁	6	2	1		1	4
76岁	6	2			2	3
77岁	2	1	1		3	
78岁	3		1	1	1	3
79岁	4	1				1
80岁	3				1	3
81岁	2				1	2
82岁	5	1			4	1
83岁	3				1	1
84岁	2	1		1	2	
85+	2	3	1		1	6

3-14　言语残疾(含多重)人分年龄、性别的主要致残原因

单位：人

年　龄	唐氏综合症		脑性瘫痪		新生儿病理性黄疸		早产、低体重和过期产		腭裂	
	男	女	男	女	男	女	男	女	男	女
总　计	**3**	**2**	**5**	**8**		**1**		**1**	**2**	**5**
0岁										
1岁										
2岁										
3岁			1							
4岁				1						1
5岁			2							1
6岁	1									
7岁				5						
8岁										
9岁										
10岁										1
11岁			1	2		1				
12岁										
13岁										
14岁		1								
15岁										
16岁										
17岁										
18岁										
19岁										
20岁										
21岁										
22岁										
23岁										
24岁										
25岁										
26岁		1								
27岁										

3-14 续表 1

单位：人

年 龄	唐氏综合症		脑性瘫痪		新生儿病理性黄疸		早产、低体重和过期产		腭裂	
	男	女	男	女	男	女	男	女	男	女
28岁										
29岁										
30岁										
31岁										
32岁	1									
33岁										
34岁	1									
35岁										
36岁										
37岁										
38岁										
39岁										1
40岁										
41岁										
42岁								1		1
43岁									1	
44岁										
45岁										
46岁										
47岁									1	
48岁										
49岁										
50岁										
51岁										
52岁										
53岁										
54岁										
55岁										
56岁			1							

3-14 续表 2

单位：人

年 龄	唐氏综合症		脑性瘫痪		新生儿病理性黄疸		早产、低体重和过期产		腭裂	
	男	女	男	女	男	女	男	女	男	女
57岁										
58岁										
59岁										
60岁										
61岁										
62岁										
63岁										
64岁										
65岁										
66岁										
67岁										
68岁										
69岁										
70岁										
71岁										
72岁										
73岁										
74岁										
75岁										
76岁										
77岁										
78岁										
79岁										
80岁										
81岁										
82岁										
83岁										
84岁										
85+										

3-14 续表 3

单位：人

年 龄	智力低下		脑梗死		脑出血		脑炎	
	男	女	男	女	男	女	男	女
总 计	**13**	**11**	**78**	**49**	**15**	**6**	**2**	**3**
0岁								
1岁								
2岁								
3岁	1							
4岁								
5岁		1						
6岁								
7岁	2							
8岁								
9岁								
10岁								
11岁								
12岁	1							
13岁								
14岁								
15岁		1						
16岁								
17岁		1						
18岁								
19岁								
20岁								
21岁								
22岁								
23岁								
24岁								
25岁								
26岁		1						
27岁								

3-14 续表 4

单位：人

年 龄	智力低下		脑梗死		脑出血		脑炎	
	男	女	男	女	男	女	男	女
28岁								
29岁								
30岁								
31岁								
32岁	1							
33岁								
34岁					1			
35岁	1							
36岁							1	
37岁								
38岁	1	1						
39岁	1							
40岁								
41岁								1
42岁			1					
43岁		2						
44岁			2					
45岁			1		1			
46岁	1							
47岁	2			1				
48岁			1					
49岁				1				
50岁			1					
51岁					1		1	
52岁								
53岁			1		1			
54岁			1		1			1
55岁		1			1			
56岁	1				1			

3-14　续表 5

单位：人

年　龄	智力低下		脑梗死		脑出血		脑炎	
	男	女	男	女	男	女	男	女
57岁						1		
58岁								
59岁			2	1	1	1		
60岁		1	1			1		
61岁			1	1	1			
62岁			2	2				
63岁			1	1				1
64岁				2				
65岁			3	1	1			
66岁			1	3	1			
67岁			3					
68岁			2		1			
69岁			3	3	1			
70岁			3	4				
71岁			3	3		1		
72岁		1	1					
73岁	1		4	2				
74岁			6	6				
75岁			4	2		1		
76岁			3	1				
77岁			5		1			
78岁			2					
79岁		1	3	3				
80岁			3					
81岁			3	4				
82岁				1				
83岁				2				
84岁			2	2				
85+			9	3	1	1		

3-14 续表 6

单位：人

年 龄	脑囊虫病		喉、舌疾病术后		听力障碍		帕金森氏病		多发性硬化	
	男	女	男	女	男	女	男	女	男	女
总 计			**5**	**2**	**26**	**33**		**2**	**1**	
0岁										
1岁										
2岁										
3岁						1				
4岁										
5岁										
6岁										
7岁										
8岁										
9岁					1					
10岁					1					
11岁						1				
12岁										
13岁										
14岁										
15岁					1					
16岁										
17岁										
18岁										
19岁										
20岁						3				
21岁						1				
22岁										
23岁										
24岁										
25岁										
26岁					1					
27岁										

3-14 续表 7

单位：人

年龄	脑囊虫病		喉、舌疾病术后		听力障碍		帕金森氏病		多发性硬化	
	男	女	男	女	男	女	男	女	男	女
28岁										
29岁										
30岁										
31岁										
32岁										
33岁										
34岁										
35岁										
36岁					2					
37岁					1	1			1	
38岁										
39岁						1				
40岁						1				
41岁										
42岁					1	1				
43岁										
44岁						1				
45岁						1				
46岁					1					
47岁										
48岁					2					
49岁			1		1	1				
50岁						2				
51岁					1	1				
52岁						4				
53岁					2	1		1		
54岁						1				
55岁			1		1					
56岁						1				

3-14 续表 8

单位：人

年 龄	脑囊虫病		喉、舌疾病术后		听力障碍		帕金森氏病		多发性硬化	
	男	女	男	女	男	女	男	女	男	女
57岁										
58岁					1					
59岁					1	1				
60岁										
61岁					1					
62岁										
63岁					1					
64岁						3				
65岁										
66岁										
67岁					2					
68岁				1	1					
69岁			1		1					
70岁						1				
71岁					1	1				
72岁						1				
73岁				1						
74岁			1							
75岁								1		
76岁										
77岁										
78岁										
79岁						1				
80岁										
81岁					1					
82岁						1				
83岁										
84岁			1			1				
85+										

3-14 续表 9

单位：人

年 龄	脊髓侧索硬化		脑外伤		产伤		孤独症	
	男	女	男	女	男	女	男	女
总 计			**6**	**3**	**1**			
0岁								
1岁								
2岁								
3岁								
4岁								
5岁					1			
6岁								
7岁								
8岁								
9岁								
10岁								
11岁								
12岁								
13岁								
14岁								
15岁								
16岁								
17岁								
18岁								
19岁								
20岁								
21岁								
22岁								
23岁								
24岁								
25岁								
26岁				1				
27岁								

3-14 续表 10

单位：人

年龄	脊髓侧索硬化		脑外伤		产伤		孤独症	
	男	女	男	女	男	女	男	女
28岁								
29岁								
30岁								
31岁								
32岁								
33岁								
34岁								
35岁								
36岁								
37岁								
38岁								
39岁								
40岁								
41岁			1					
42岁								
43岁								
44岁								
45岁								
46岁								
47岁								
48岁								
49岁			1					
50岁								
51岁			1					
52岁								
53岁								
54岁								
55岁								
56岁								

3-14 续表 11

单位：人

年 龄	脊髓侧索硬化		脑外伤		产伤		孤独症	
	男	女	男	女	男	女	男	女
57岁								
58岁			1					
59岁								
60岁			1					
61岁								
62岁								
63岁								
64岁								
65岁								
66岁								
67岁								
68岁								
69岁								
70岁				1				
71岁								
72岁				1				
73岁			1					
74岁								
75岁								
76岁								
77岁								
78岁								
79岁								
80岁								
81岁								
82岁								
83岁								
84岁								
85+								

3-14 续表 12

单位：人

年 龄	癫痫		CO中毒		其他		原因不明	
	男	女	男	女	男	女	男	女
总 计	**5**	**2**	**2**		**19**	**19**	**13**	**17**
0岁								
1岁								
2岁								
3岁	1				2			
4岁					1			
5岁								
6岁					1			
7岁							1	
8岁						1		
9岁					1			
10岁								
11岁					1			
12岁						1		
13岁								
14岁								
15岁						1		1
16岁								
17岁	1	1			2	1		
18岁					1			
19岁								
20岁	1				1			
21岁								
22岁								
23岁								
24岁								
25岁		1						1
26岁			1					
27岁								

3-14 续表 13

单位：人

年 龄	癫痫		CO中毒		其他		原因不明	
	男	女	男	女	男	女	男	女
28岁								
29岁							1	
30岁					1			
31岁					1			
32岁					1			
33岁								
34岁								
35岁								
36岁							1	
37岁								
38岁								1
39岁								
40岁								1
41岁								
42岁						1		
43岁					1			
44岁								
45岁							1	1
46岁								
47岁								
48岁								
49岁								
50岁							1	
51岁	1					1	1	1
52岁					1	2	2	1
53岁						1		1
54岁						3		
55岁						2	1	1
56岁								1

3－14 续表 14

单位：人

年 龄	癫痫		CO中毒		其他		原因不明	
	男	女	男	女	男	女	男	女
57岁								
58岁								1
59岁								
60岁	1							
61岁								1
62岁						1		
63岁								
64岁								
65岁						1		
66岁								
67岁							1	
68岁								
69岁						1		
70岁							1	
71岁					1			
72岁								
73岁					1			
74岁			1					
75岁					1			
76岁					1			1
77岁						1	1	
78岁								1
79岁								
80岁							1	
81岁								1
82岁								
83岁								1
84岁								
85+						1		1

3－15 肢体残疾(含多重)人分年龄、性别的主要致残原因

单位：人

年龄	脑性瘫痪		发育畸形		侏儒症		其他先天性或发育障碍	
	男	女	男	女	男	女	男	女
总计	**25**	**20**	**35**	**30**	**1**	**3**	**8**	**11**
0岁	1							
1岁	2						1	
2岁								
3岁	1		2					1
4岁		1	1	1				
5岁	2		2					
6岁			1					
7岁	2	5						
8岁								
9岁			1					
10岁	1							
11岁	1	2	1	2				
12岁		1						
13岁	1							
14岁								1
15岁								
16岁								
17岁	1			1				
18岁				1				
19岁			1					
20岁		2					1	
21岁							1	
22岁	1							
23岁			1	1				
24岁	1							
25岁		2					1	
26岁		2						
27岁			1					

3-15 续表 1

单位：人

年 龄	脑性瘫痪		发育畸形		侏儒症		其他先天性或发育障碍	
	男	女	男	女	男	女	男	女
28岁			1					
29岁								
30岁								1
31岁								
32岁	3	1	1					
33岁				1				
34岁			1	1				1
35岁	1							
36岁			3					1
37岁								
38岁	1		1					
39岁								
40岁				2				
41岁		1	1	1		1		
42岁			2	4				
43岁		1	3	1				
44岁							1	
45岁			1					2
46岁	2		1					1
47岁			1	1				
48岁								
49岁					1			
50岁								1
51岁				1			1	
52岁				1			1	
53岁		1	1	1		1		
54岁				1				
55岁	1		2	1			1	
56岁	1							

3－15 续表 2

单位：人

年 龄	脑性瘫痪		发育畸形		侏儒症		其他先天性或发育障碍	
	男	女	男	女	男	女	男	女
57岁								
58岁			1	1				
59岁								
60岁				2				
61岁			1					
62岁								1
63岁				1				
64岁								
65岁								
66岁				1				
67岁								
68岁								
69岁			1					1
70岁			1					
71岁								
72岁								
73岁				1				
74岁	1			1				
75岁				1				
76岁								
77岁								
78岁								
79岁						1		
80岁								
81岁			1					
82岁	1	1						
83岁								
84岁								
85+								

3－15　续表 3

单位：人

年　龄	脊髓灰质炎		脑血管疾病		周围血管疾病		肿瘤	
	男	女	男	女	男	女	男	女
总　计	**57**	**44**	**444**	**324**	**11**	**9**	**12**	**11**
0岁								
1岁								
2岁								
3岁								
4岁								
5岁								
6岁								
7岁								
8岁								
9岁								
10岁								
11岁								
12岁								
13岁								
14岁								
15岁								
16岁								
17岁							1	
18岁								
19岁								
20岁								
21岁								
22岁								
23岁								
24岁								
25岁								
26岁	1							
27岁								

3－15 续表 4

单位：人

年龄	脊髓灰质炎		脑血管疾病		周围血管疾病		肿瘤	
	男	女	男	女	男	女	男	女
28岁								
29岁								
30岁			1					
31岁								
32岁			1					
33岁								1
34岁		1	1					
35岁	2							
36岁		1						1
37岁		1						
38岁								
39岁	1							
40岁	2	2	1					
41岁	4	1	1					
42岁	2	5	4	2				
43岁	2	3	3	1			2	
44岁	1		2		1			
45岁	5	2	2	1			1	
46岁	6	2						
47岁	1	1	2	2				
48岁	9	5	6					
49岁	4	5	6	1				
50岁	5	2	6	3			1	
51岁		3	3	5				
52岁	3	2	7	2	1			
53岁		1	7	10	1	1		
54岁		2	6	3	1	1		1
55岁	3	1	7	3				1
56岁	1	1	7	6				

3－15 续表 5

单位：人

年　龄	脊髓灰质炎		脑血管疾病		周围血管疾病		肿瘤	
	男	女	男	女	男	女	男	女
57岁			11	6				
58岁	2		8	5	1			
59岁	1	1	15	10				1
60岁			11	4				
61岁		1	4	4				1
62岁			9	6				
63岁	1		9	5			1	
64岁			7	7				
65岁		1	12	6				1
66岁			6	12				
67岁			12	5			2	
68岁	1		13	7		1		
69岁			20	14				1
70岁			16	21			1	
71岁			18	16				
72岁			20	18	1	1		
73岁			23	9		1		1
74岁			18	13	1		2	
75岁			18	16				
76岁			17	14	1	3		
77岁			20	13			1	
78岁			15	7		1		
79岁			16	7	1			
80岁			7	8				
81岁			11	9				
82岁			11	8				
83岁			3	10				
84岁			3	7				
85+			18	18	2			2

3－15 续表 6

单位：人

年龄	骨关节病		地方病		脊髓疾病		工伤	
	男	女	男	女	男	女	男	女
总计	**184**	**483**	**1**		**50**	**57**	**70**	**19**
0岁								
1岁								
2岁								
3岁								
4岁								
5岁								
6岁								
7岁								
8岁								
9岁								
10岁								
11岁								
12岁								
13岁								
14岁								
15岁								
16岁								
17岁								
18岁		1						
19岁								
20岁								
21岁								
22岁	1							
23岁	1							
24岁		1						
25岁							1	
26岁								
27岁								

3－15 续表 7

单位：人

年 龄	骨关节病		地方病		脊髓疾病		工伤	
	男	女	男	女	男	女	男	女
28岁								
29岁								
30岁								
31岁								
32岁	1							
33岁								
34岁								
35岁		1						
36岁								
37岁		1					1	
38岁		3					2	
39岁	3	2			1			
40岁							1	
41岁	2						1	2
42岁	2	1						2
43岁	1						3	
44岁							1	1
45岁	3	4					2	1
46岁		3					2	
47岁	1	2			1		2	
48岁	3	2			1		4	
49岁	3	4			1	1	2	1
50岁	2	3					1	
51岁	3	6			1	2	3	
52岁	4	5			3	2		2
53岁	2	4			3	2	1	1
54岁		4				1	4	1
55岁	2	5			1	1	1	2
56岁	1	6				2	1	

3-15 续表 8

单位：人

年 龄	骨关节病		地方病		脊髓疾病		工伤	
	男	女	男	女	男	女	男	女
57岁	2	7			2	1	3	
58岁		1			1	1	3	
59岁	3	4			1		3	1
60岁	2	13					1	1
61岁	1	5				2	3	
62岁		8				1	3	1
63岁	1	11				1	2	
64岁	2	5			2	2	3	
65岁	5	11				1		
66岁	4	10			4	1	1	
67岁	1	14			3	2	4	2
68岁	4	13			1	2	1	
69岁	7	18			1	3	2	
70岁	6	25			3	1	5	1
71岁	6	24			1	2		
72岁	8	27			1	4	1	
73岁	5	23			2	1	1	
74岁	10	22			2	4		
75岁	7	30			1	3		
76岁	6	23			2	4		
77岁	5	18			1			
78岁	10	10				3		
79岁	1	18			1	2		
80岁	3	14	1		2		1	
81岁	11	13			1	2		
82岁	12	10			1	1		
83岁	8	14			1			
84岁	4	5			1	1		
85+	15	29			3	1		

3－15 续表 9

单位：人

年 龄	交通事故		脊髓损伤		脑外伤		其他外伤		结核性感染	
	男	女	男	女	男	女	男	女	男	女
总 计	**40**	**26**	**11**	**3**	**8**	**2**	**101**	**123**	**7**	**8**
0岁										
1岁										
2岁										
3岁										
4岁										
5岁								2		
6岁							1			
7岁										
8岁										
9岁										
10岁										
11岁										
12岁										
13岁										
14岁										
15岁										
16岁										
17岁							1			
18岁										
19岁							1			
20岁										
21岁								1		
22岁	1									
23岁										
24岁		1					1			
25岁										1
26岁		1							1	
27岁										

3－15　续表 10

单位：人

年　龄	交通事故		脊髓损伤		脑外伤		其他外伤		结核性感染	
	男	女	男	女	男	女	男	女	男	女
28岁										
29岁							1			
30岁								3		
31岁										
32岁	1									
33岁	1		1							
34岁		1	2							
35岁	2						1	1		
36岁	1	1								
37岁		1						1		
38岁	2									
39岁								1		
40岁	1						1			
41岁	1	1						2		
42岁	1		1				1	2		
43岁							3	1		
44岁	3									
45岁	1	1					2	1		
46岁	1	1	1				3			
47岁	1				1		1	1	1	
48岁	2		1				3			
49岁					1		3	1		
50岁	3				1		1			
51岁		1	1				4			1
52岁		1			1		4	5		
53岁	1	1					2	2	1	
54岁		1					2	1		
55岁	3	1	1				2	1		
56岁	1		1				2	2		

3－15 续表 11

单位：人

年 龄	交通事故		脊髓损伤		脑外伤		其他外伤		结核性感染	
	男	女	男	女	男	女	男	女	男	女
57岁							1	1		
58岁	1	1			2		1	2		1
59岁		1					1	2		
60岁	2							3		
61岁	1							1		
62岁		1					1	2		
63岁		1						2	1	1
64岁	1						1	3		1
65岁							1	3	1	
66岁				1			1	1		
67岁	1	1	1					5	1	
68岁		3				1	1	3	1	
69岁		1		1			1	3		
70岁	1	2				1	7	3		
71岁	1						2	1		
72岁		1					4	2		
73岁	2	1	1		2		3	3		1
74岁	2						7	2		
75岁							1	7		
76岁							4	2		
77岁	1						3	5		1
78岁							3	4		
79岁							3	4		
80岁				1			1	3		1
81岁							1	4		
82岁							4	3		
83岁							5	3		
84岁								5		
85+							4	13		

3-15 续表 12

单位：人

年龄	化脓性感染		中毒		其他		原因不明	
	男	女	男	女	男	女	男	女
总计	**12**	**11**	**5**		**86**	**67**	**22**	**21**
0岁								
1岁								
2岁								
3岁								
4岁								
5岁								
6岁								
7岁								
8岁								
9岁								
10岁					1			
11岁								
12岁								
13岁								
14岁		1				1		
15岁					1		1	
16岁								
17岁								
18岁								
19岁					2			
20岁							1	
21岁					1			
22岁						1	1	
23岁					1			
24岁					1			
25岁								
26岁					1			
27岁								

3－15 续表 13

单位：人

年 龄	化脓性感染		中毒		其他		原因不明	
	男	女	男	女	男	女	男	女
28岁					1			
29岁								
30岁					1			
31岁					2			
32岁	1					1		
33岁							2	
34岁		1						1
35岁						1		
36岁					1			
37岁	1				2	1		1
38岁						1		
39岁								
40岁		1			1			
41岁					1			
42岁						2		1
43岁	1				3		1	
44岁								
45岁						1		
46岁	1					1		
47岁		1			2	2	1	1
48岁	1		2		3	3		
49岁	1	1			3		1	
50岁					1	2		1
51岁	1				5	2		
52岁		1			2			
53岁					1	2	1	
54岁	1				3	1		2
55岁		1			3	2	1	
56岁					2	3	2	

3－15 续表 14

单位：人

年龄	化脓性感染		中毒		其他		原因不明	
	男	女	男	女	男	女	男	女
57岁								1
58岁		1			1	3		
59岁					1	3		
60岁			1			1		
61岁					1			
62岁					1	1		2
63岁	1				1			
64岁						1		2
65岁	1	1			2	1	1	
66岁					2			
67岁					2	1		
68岁					1	1	1	
69岁						1		
70岁	1				1	2		
71岁					4			2
72岁					4	1		2
73岁						2	1	1
74岁			1		3	2		2
75岁					1	3		
76岁					4		1	
77岁					4	2	1	
78岁						1	1	
79岁			1		2			
80岁	1	1			1	1	1	
81岁					1	1		
82岁						2		1
83岁		1				3		
84岁					2	2	1	
85+					2	5	2	1

3－16 智力残疾(含多重)人分年龄、性别的主要致残原因

单位：人

年 龄	遗传		脑疾病		内分泌障碍		惊厥性疾病		新生儿窒息	
	男	女	男	女	男	女	男	女	男	女
总 计	**35**	**24**	**158**	**156**	**1**		**28**	**18**	**10**	**5**
0岁			2							
1岁			2							
2岁										
3岁	2		1				1		2	
4岁				1						
5岁		1	2							
6岁	1									
7岁				5					1	
8岁	1									
9岁				1						
10岁									1	
11岁	1		1						1	2
12岁										
13岁										
14岁	1	1								
15岁		1					1			1
16岁	1		1							
17岁	1		1							1
18岁	1									
19岁	1	1		1				1		
20岁		1	1				1			
21岁								1	1	
22岁	1							1		
23岁		1						1		
24岁	1	1							1	1
25岁				1					2	
26岁		2		1				1		
27岁	1									

3－16 续表 1

单位：人

年 龄	遗传		脑疾病		内分泌障碍		惊厥性疾病		新生儿窒息	
	男	女	男	女	男	女	男	女	男	女
28岁				1						
29岁							1			
30岁			1							
31岁										
32岁	2									
33岁				1			1			
34岁	2			2				2		
35岁			3				1			
36岁	1		1	1						
37岁	1		1				1			
38岁			1				1			
39岁	1	1						1		
40岁	3		2	1			2			
41岁				1			1	1		
42岁				1			1			
43岁	1	1					1	2		
44岁			1							
45岁				1				1		
46岁		2	2	1			2			
47岁	2		2	1	1		1	1		
48岁			2	1			1			
49岁		2	2	1			1		1	
50岁		1	3							
51岁			2	2			4	1		
52岁	2	1		2						
53岁	2	2		3				2		
54岁			4	2			1			
55岁			1							
56岁	2		5	1			1			

3－16 续表 2

单位：人

年龄	遗传		脑疾病		内分泌障碍		惊厥性疾病		新生儿窒息	
	男	女	男	女	男	女	男	女	男	女
57岁			3					1		
58岁		1	1	3			1			
59岁			3	2			1			
60岁	1	1	1	1						
61岁				1						
62岁			3	2						
63岁										
64岁			2	4			1			
65岁			7	5						
66岁			3	2						
67岁		1	4	1						
68岁			1	1						
69岁			5	6						
70岁			2	7				1		
71岁	1		3	5						
72岁		1	3	3						
73岁	1		9	5						
74岁			6	5			1			
75岁			11	3						
76岁			4	9						
77岁			5	7						
78岁			5	5						
79岁		1	9	7						
80岁			1	1						
81岁			3							
82岁			3	5						
83岁				8						
84岁			3	7						
85+			14	18						

3-16 续表 3

单位：人

年龄	早产、低体重和过期产		发育畸形		营养不良		母孕期外伤及物理伤害	
	男	女	男	女	男	女	男	女
总 计	**9**	**5**	**18**	**5**	**1**	**1**	**2**	**2**
0岁			1					
1岁			1					
2岁								
3岁			1					
4岁			1					
5岁								
6岁			2					
7岁			2					
8岁								
9岁			1					
10岁								
11岁								
12岁	1							
13岁			1	1				
14岁								
15岁					1			
16岁			1					
17岁								
18岁								1
19岁		1						
20岁			1				1	
21岁		1	1					
22岁	1							
23岁								
24岁	1	1						
25岁	1		1					
26岁		1	1					
27岁	1		1					

3-16 续表 4

单位：人

年 龄	早产、低体重和过期产		发育畸形		营养不良		母孕期外伤及物理伤害	
	男	女	男	女	男	女	男	女
28岁								
29岁								
30岁								
31岁								
32岁								
33岁								
34岁				2				
35岁	1							
36岁								
37岁	1							
38岁								
39岁			1					
40岁								
41岁								
42岁		1						
43岁	1							
44岁			1					
45岁						1		1
46岁								
47岁								
48岁	1						1	
49岁								
50岁								
51岁				1				
52岁								
53岁								
54岁								
55岁								
56岁								

3－16 续表 5

单位：人

年 龄	早产、低体重和过期产		发育畸形		营养不良		母孕期外伤及物理伤害	
	男	女	男	女	男	女	男	女
57岁								
58岁								
59岁								
60岁								
61岁								
62岁								
63岁								
64岁								
65岁				1				
66岁								
67岁								
68岁								
69岁								
70岁								
71岁								
72岁								
73岁								
74岁								
75岁								
76岁								
77岁								
78岁								
79岁								
80岁								
81岁								
82岁								
83岁								
84岁								
85+								

3－16 续表 6

单位：人

年龄	产伤		工伤		交通事故		其他外伤	
	男	女	男	女	男	女	男	女
总计	**3**	**1**	**4**		**8**	**3**	**11**	**5**
0岁								
1岁								
2岁								
3岁								
4岁								
5岁	1						1	
6岁								
7岁								
8岁								
9岁								
10岁								
11岁								
12岁								
13岁								
14岁								
15岁								
16岁	1							
17岁							1	
18岁								
19岁								
20岁								
21岁								
22岁		1						
23岁								
24岁								
25岁								
26岁								1
27岁								

3－16 续表 7

单位：人

年 龄	产伤		工伤		交通事故		其他外伤	
	男	女	男	女	男	女	男	女
28岁								
29岁								
30岁								
31岁								
32岁								
33岁								
34岁								
35岁								
36岁								
37岁							2	
38岁								
39岁							1	
40岁								
41岁					1			
42岁								
43岁							1	
44岁			1					
45岁								1
46岁					1			
47岁	1				1			
48岁								1
49岁					1			
50岁							1	
51岁					2		1	
52岁			1				1	
53岁								1
54岁			1					
55岁								
56岁								

3-16 续表 8

单位：人

年龄	产伤		工伤		交通事故		其他外伤	
	男	女	男	女	男	女	男	女
57岁						1		
58岁								
59岁								
60岁								
61岁								
62岁								
63岁					1			
64岁								
65岁								
66岁								
67岁								
68岁								
69岁			1					
70岁					1	1		
71岁								
72岁						1		
73岁							1	
74岁								1
75岁								
76岁							1	
77岁								
78岁								
79岁								
80岁								
81岁								
82岁								
83岁								
84岁								
85+								

3-16 续表 9

单位：人

年龄	中毒与过敏反应		不良社会文化因素		其他		原因不明	
	男	女	男	女	男	女	男	女
总计	**5**	**5**	**5**	**5**	**33**	**19**	**73**	**93**
0岁							2	
1岁								1
2岁								1
3岁			1				3	
4岁				1			1	
5岁				1				1
6岁						1		
7岁					1			
8岁								
9岁					1			
10岁			1		1			2
11岁						1		2
12岁					1			1
13岁								
14岁								1
15岁							1	3
16岁					1		1	1
17岁			1		1			1
18岁						1	1	2
19岁		1			1		1	2
20岁							2	
21岁							1	
22岁								1
23岁							1	
24岁					1	1		
25岁						1		2
26岁	1						1	1
27岁		2					2	

3－16　续表 10

单位：人

年　龄	中毒与过敏反应		不良社会文化因素		其他		原因不明	
	男	女	男	女	男	女	男	女
28岁								
29岁		1			1			
30岁							2	
31岁					2			1
32岁	1				1		2	1
33岁					1	1		2
34岁			1					
35岁							1	2
36岁							3	1
37岁					1			
38岁								1
39岁	1			1			3	1
40岁					1			
41岁							2	1
42岁					1			1
43岁					1			3
44岁						1	1	
45岁					1		1	1
46岁					1	1	4	3
47岁								
48岁	1			1			3	1
49岁					1	1	1	2
50岁					3	2	3	2
51岁					2		2	3
52岁				1			3	3
53岁								2
54岁						1	7	2
55岁					1		1	2
56岁							2	1

3－16 续表 11

单位：人

年 龄	中毒与过敏反应		不良社会文化因素		其他		原因不明	
	男	女	男	女	男	女	男	女
57岁							2	1
58岁								
59岁								
60岁							1	
61岁					1		2	1
62岁								
63岁								2
64岁							1	
65岁								1
66岁						1		1
67岁					1		1	2
68岁								1
69岁								
70岁					1			
71岁		1						
72岁					2			1
73岁								2
74岁	1						1	1
75岁					1			2
76岁					1			3
77岁								
78岁							1	1
79岁								
80岁						1		
81岁						1	1	2
82岁						1	2	1
83岁						2	2	1
84岁							1	1
85+			1			1		11

3－17 精神残疾(含多重)人分年龄、性别的主要致残原因

单位：人

年 龄	痴呆		其他器质性精神障碍		使用精神活性物质所致的障碍		精神分裂症	
	男	女	男	女	男	女	男	女
总 计	**140**	**162**	**52**	**35**	**13**		**94**	**156**
0岁								
1岁								
2岁								
3岁								
4岁								
5岁								
6岁								
7岁				1				
8岁								
9岁								
10岁								
11岁								
12岁								
13岁								
14岁								
15岁								
16岁			1				1	
17岁								1
18岁								1
19岁				1			1	1
20岁			1					
21岁								
22岁							1	1
23岁								1
24岁								2
25岁							2	2
26岁			1				1	
27岁							2	

3－17 续表 1

单位：人

年　龄	痴呆		其他器质性精神障碍		使用精神活性物质所致的障碍		精神分裂症	
	男	女	男	女	男	女	男	女
28岁								2
29岁			1	1			2	
30岁								2
31岁			1				1	1
32岁	1		1				1	2
33岁			1	1			1	1
34岁							2	3
35岁		1		1			6	2
36岁							1	1
37岁	1						2	1
38岁			1					5
39岁			2	1			3	3
40岁				2			3	4
41岁	1						3	6
42岁			2		1		8	2
43岁							2	6
44岁	1		2				5	6
45岁		1	1	1	2		3	6
46岁	1			1	1		4	6
47岁	2	1	1				2	3
48岁	3		1		2		2	1
49岁	1		1		1		2	2
50岁	2			2			2	2
51岁	2	1	2	1			1	5
52岁		1	2		1		3	9
53岁		3		4			1	5
54岁	3	1	2					2
55岁			2				2	4
56岁	3	1					4	3

3－17 续表 2

单位：人

年龄	痴呆		其他器质性精神障碍		使用精神活性物质所致的障碍		精神分裂症	
	男	女	男	女	男	女	男	女
57岁			3	1			2	3
58岁	1	1	1	1			2	2
59岁	3	2	1		1		2	2
60岁	1	1					1	2
61岁		1					2	4
62岁	3	2						4
63岁	1		1		1		1	1
64岁	2	3					1	2
65岁	6	5	1				2	3
66岁	3	4		1				2
67岁	4	3	2	1			1	2
68岁	1	2		1				3
69岁	6	6	2	1	2			3
70岁	3	7	1	1			2	2
71岁	3	6	2	1				4
72岁	3	4	1	1	1			3
73岁	9	6	2	1			1	2
74岁	6	7	2	1			2	2
75岁	11	5	1					
76岁	5	12		2			1	2
77岁	5	7	2	1				1
78岁	6	6	1					
79岁	9	7		1				
80岁	1	2						1
81岁	4	3						1
82岁	3	6	1					
83岁	2	10						
84岁	3	7		1				
85+	15	27	2	2				1

3-17 续表 3

单位：人

年 龄	妄想性障碍		分裂情感性障碍		其他精神病性障碍		心境障碍	
	男	女	男	女	男	女	男	女
总 计	**3**	**1**	**3**	**1**	**1**	**2**	**27**	**37**
0岁								
1岁								
2岁								
3岁								
4岁								
5岁								
6岁								
7岁								
8岁								
9岁								
10岁								
11岁								
12岁								
13岁								
14岁								
15岁								
16岁								
17岁							1	
18岁								
19岁							1	
20岁								
21岁								
22岁							1	
23岁								
24岁								
25岁								
26岁							1	
27岁								

3－17 续表 4

单位：人

年 龄	妄想性障碍		分裂情感性障碍		其他精神病性障碍		心境障碍	
	男	女	男	女	男	女	男	女
28岁								
29岁								
30岁								
31岁								1
32岁								
33岁							2	
34岁								
35岁							1	1
36岁							1	
37岁				1				2
38岁	1							
39岁							1	
40岁								1
41岁							1	
42岁								1
43岁						1	2	1
44岁								
45岁								
46岁		1						3
47岁								1
48岁			2					1
49岁			1				3	1
50岁								
51岁							1	2
52岁							1	1
53岁							1	2
54岁								
55岁							1	
56岁							1	2

3－17 续表 5

单位：人

年 龄	妄想性障碍		分裂情感性障碍		其他精神病性障碍		心境障碍	
	男	女	男	女	男	女	男	女
57岁								2
58岁								1
59岁							2	
60岁								1
61岁								
62岁	1				1			
63岁								1
64岁								2
65岁								1
66岁							1	
67岁								
68岁								1
69岁								1
70岁						1		2
71岁								
72岁							1	
73岁							1	
74岁								1
75岁							2	1
76岁								
77岁								
78岁	1							2
79岁								
80岁								
81岁								
82岁								
83岁								
84岁								
85+								1

3－17 续表 6

单位：人

年龄	神经症性障碍		行为综合症		人格障碍		孤独症	
	男	女	男	女	男	女	男	女
总计	**8**	**34**		**1**	**4**	**4**	**2**	
0岁								
1岁								
2岁								
3岁							2	
4岁								
5岁								
6岁								
7岁								
8岁								
9岁								
10岁								
11岁								
12岁								
13岁								
14岁								
15岁								
16岁								
17岁								
18岁								
19岁								
20岁								
21岁								
22岁								
23岁								
24岁		1			1			
25岁								
26岁								
27岁								

3－17 续表 7

单位：人

年 龄	神经症性障碍		行为综合症		人格障碍		孤独症	
	男	女	男	女	男	女	男	女
28岁								
29岁		1						
30岁								
31岁								
32岁					1			
33岁								
34岁								
35岁		1						
36岁					1			
37岁								
38岁								
39岁								
40岁								
41岁		1				1		
42岁								
43岁	1				1			
44岁								
45岁	1							
46岁	1							
47岁								
48岁								
49岁		1						
50岁		2						
51岁	1							
52岁								
53岁		3						
54岁		2						
55岁		1						
56岁	1	1						

3－17 续表 8

单位：人

年 龄	神经症性障碍		行为综合症		人格障碍		孤独症	
	男	女	男	女	男	女	男	女
57岁		1						
58岁	1							
59岁		2						
60岁		1						
61岁								
62岁								
63岁								
64岁				1				
65岁	1							
66岁								
67岁								
68岁		1						
69岁		4				1		
70岁		3				1		
71岁		1						
72岁		1						
73岁		1						
74岁		3						
75岁	1	2						
76岁								
77岁								
78岁								
79岁								
80岁								
81岁								
82岁								
83岁								
84岁								
85+						1		

3－17 续表 9

单位：人

年龄	癫痫		其他		原因不明	
	男	女	男	女	男	女
总计	**9**	**6**		**1**		**1**
0岁						
1岁						
2岁						
3岁						
4岁						
5岁						
6岁						
7岁						
8岁						
9岁						
10岁						
11岁						
12岁						
13岁						
14岁						
15岁				1		1
16岁						
17岁		1				
18岁						
19岁						
20岁						
21岁						
22岁						
23岁						
24岁						
25岁						
26岁		1				
27岁	1					

3－17 续表 10

单位：人

年 龄	癫痫		其他		原因不明	
	男	女	男	女	男	女
28岁						
29岁						
30岁						
31岁		1				
32岁	1					
33岁	2					
34岁						
35岁						
36岁						
37岁						
38岁						
39岁						
40岁						
41岁		1				
42岁						
43岁						
44岁						
45岁						
46岁	1					
47岁	2					
48岁	1					
49岁						
50岁						
51岁						
52岁		1				
53岁						
54岁						
55岁						
56岁						

3－17 续表 11

单位：人

年 龄	癫痫		其他		原因不明	
	男	女	男	女	男	女
57岁						
58岁						
59岁						
60岁						
61岁						
62岁						
63岁						
64岁						
65岁						
66岁						
67岁						
68岁		1				
69岁						
70岁						
71岁						
72岁						
73岁						
74岁	1					
75岁						
76岁						
77岁						
78岁						
79岁						
80岁						
81岁						
82岁						
83岁						
84岁						
85+						

第四部分　残疾人的活动和参与、义务教育、社会保障、接受服务及主要需求

4－1 各地区18岁及以上视力残疾人分残疾等级的生活自理状况

单位：人

地 区	无障碍/无适用				轻度障碍			
	残疾一级	残疾二级	残疾三级	残疾四级	残疾一级	残疾二级	残疾三级	残疾四级
总 计	**20**	**15**	**13**	**166**	**16**	**12**	**3**	**37**
东城区	6	2		8	1			3
西城区		1	4	17	1	1	1	
崇文区				3				1
宣武区			1	8	2	1		6
朝阳区	2		2	14	4	1		3
丰台区		1	1	27		2		1
石景山区	1	3	2	7				
海淀区	2	1		19	3	4		3
门头沟区				8			2	
房山区	1	1		8	2	1		2
通州区	1	1		10				2
顺义区	1	1		11	1	1		3
昌平区	1			3				2
大兴区		2	2	6	1	1		
怀柔区					1			5
平谷区		1		12				4
密云县	5	1	1	3				
延庆县				2				2

4－1 续表 1

单位：人

地区	中度障碍				重度障碍			
	残疾一级	残疾二级	残疾三级	残疾四级	残疾一级	残疾二级	残疾三级	残疾四级
总　计	**16**			**7**	**7**			**5**
东城区	1							
西城区	1							
崇文区								
宣武区	1							
朝阳区	1			1	1			
丰台区	1			1				
石景山区	1							
海淀区	2			1				1
门头沟区								
房山区	1			1	2			
通州区	4			1				
顺义区								
昌平区	1				2			3
大兴区								
怀柔区								
平谷区	1				1			1
密云县	1			2	1			
延庆县								

4－1　续表 2

单位：人

地　区	极重度障碍/不能完成			
	残疾一级	残疾二级	残疾三级	残疾四级
总　计	**3**			
东城区				
西城区				
崇文区				
宣武区				
朝阳区	1			
丰台区	1			
石景山区				
海淀区				
门头沟区	1			
房山区				
通州区				
顺义区				
昌平区				
大兴区				
怀柔区				
平谷区				
密云县				
延庆县				

4－2 各地区18岁及以上视力残疾人分残疾等级的生活活动状况

单位：人

地 区	无障碍/无适用				轻度障碍			
	残疾一级	残疾二级	残疾三级	残疾四级	残疾一级	残疾二级	残疾三级	残疾四级
总 计	**2**	**5**	**2**	**83**	**11**	**13**	**3**	**86**
东城区						1		8
西城区				17			1	
崇文区				1				1
宣武区				2		1	1	9
朝阳区				4	3			6
丰台区				17		1	1	11
石景山区	1	1	2	6		1		1
海淀区				9	3	5		10
门头沟区								7
房山区				3	1	2		5
通州区	1			8				2
顺义区		1		5		1		6
昌平区					1			2
大兴区		2		2				3
怀柔区					1			5
平谷区		1		6				7
密云县				1	2	1		2
延庆县				2				1

4－2 续表 1

单位：人

地区	中度障碍				重度障碍			
	残疾一级	残疾二级	残疾三级	残疾四级	残疾一级	残疾二级	残疾三级	残疾四级
总　计	**28**	**3**	**7**	**39**	**11**	**6**	**4**	**6**
东城区	5	1		3	3			
西城区			4		2	2		
崇文区				2				
宣武区	2			3	1			
朝阳区	3		1	7	1	1	1	1
丰台区	1	1		1	1	1		
石景山区	1					1		
海淀区	3			5				
门头沟区			2	1				
房山区	3			2				1
通州区	3			2		1		1
顺义区				3	2			
昌平区	3			6				
大兴区		1		1			2	
怀柔区								
平谷区	2			1				2
密云县	2			1	1		1	1
延庆县				1				

4-2 续表 2

单位：人

地 区	极重度障碍/不能完成			
	残疾一级	残疾二级	残疾三级	残疾四级
总 计	**10**			**1**
东城区				
西城区				
崇文区				
宣武区				
朝阳区	2			
丰台区				
石景山区				
海淀区	1			
门头沟区	1			
房山区	2			
通州区	1			
顺义区				
昌平区				
大兴区	1			
怀柔区				
平谷区				1
密云县	2			
延庆县				

4-3 各地区18岁及以上视力残疾人分残疾等级的社会参与状况

单位：人

地　区	无障碍/无适用				轻度障碍			
	残疾一级	残疾二级	残疾三级	残疾四级	残疾一级	残疾二级	残疾三级	残疾四级
总　计		**7**	**2**	**60**	**14**	**8**	**8**	**94**
东城区				1	2	2		8
西城区				17			1	
崇文区								2
宣武区				1	1	1	1	12
朝阳区				1	3		1	9
丰台区				14		2	1	14
石景山区		2	2	5	2			2
海淀区				3	2	1		13
门头沟区				3			2	4
房山区		1		3				5
通州区				4	1			7
顺义区		1		4		1		2
昌平区								2
大兴区		1		1	1	1	1	4
怀柔区								1
平谷区		1						7
密云县		1		1	2		1	2
延庆县				2				

4-3 续表 1

单位：人

地区	中度障碍				重度障碍			
	残疾一级	残疾二级	残疾三级	残疾四级	残疾一级	残疾二级	残疾三级	残疾四级
总 计	**27**	**5**	**5**	**52**	**16**	**6**	**1**	**9**
东城区	6			2				
西城区			3		2	2	1	
崇文区				2				
宣武区	2			1				
朝阳区	3		1	5	2			3
丰台区					1	1		1
石景山区		1						
海淀区	3	2		5	2	2		3
门头沟区				1	1			
房山区	3	1		2	2			1
通州区	2	1		2	2			
顺义区	2			8				
昌平区	2			6	1			
大兴区			1	1		1		
怀柔区	1			4				
平谷区				9	2			1
密云县	3			2	1			
延庆县				2				

4-3 续表 2

单位：人

地　区	极重度障碍/不能完成			
	残疾一级	残疾二级	残疾三级	残疾四级
总　计	**5**	**1**		
东城区				
西城区				
崇文区				
宣武区				
朝阳区	1	1		
丰台区	1			
石景山区				
海淀区				
门头沟区				
房山区	1			
通州区				
顺义区				
昌平区	1			
大兴区				
怀柔区				
平谷区				
密云县	1			
延庆县				

4－4 各地区18岁及以上听力残疾人分残疾等级的理解和交流状况

单位：人

地 区	无障碍/无适用				轻度障碍			
	残疾一级	残疾二级	残疾三级	残疾四级	残疾一级	残疾二级	残疾三级	残疾四级
总 计	**26**	**36**	**274**	**268**	**40**	**40**	**193**	**98**
东城区		2	17	26	3		4	8
西城区	1	4	14	24	1	6	21	24
崇文区			6	3	5	3	7	1
宣武区					1	2	10	1
朝阳区	4	4	36	68	2	7	37	16
丰台区	2	4	13	14				
石景山区	1		30	22	1		6	1
海淀区	8	7	66	24	8	3	13	
门头沟区				7			7	10
房山区	1		2	2		3	8	2
通州区	1	6	11	10	3	1	8	4
顺义区		1	7	2	6	6	11	6
昌平区		2	10	6	4	1	8	
大兴区	1		11	13	1		16	1
怀柔区	1	1	14	5	1	1	7	3
平谷区	1		10	8	2	3	19	14
密云县	2	4	19	31			7	7
延庆县	3	1	8	3	2	4	4	

4－4 续表 1

单位：人

地区	中度障碍				重度障碍			
	残疾一级	残疾二级	残疾三级	残疾四级	残疾一级	残疾二级	残疾三级	残疾四级
总计	**15**	**18**	**48**	**18**	**1**	**2**	**10**	**4**
东城区		1	2	2			2	1
西城区		1	5	1			1	
崇文区	1		1					
宣武区	3	5	7	1			1	
朝阳区	1	2	3					1
丰台区	1							
石景山区								
海淀区	1							
门头沟区			8	3			1	1
房山区	1	1	4	2				
通州区	1	3	1	2				
顺义区	1	1						
昌平区	1		1					
大兴区			1					
怀柔区		2	1					1
平谷区	3	1	8	7	1	1	2	
密云县	1	1	2				3	
延庆县			4			1		

4-4 续表 2

单位：人

地 区	极重度障碍/不能完成			
	残疾一级	残疾二级	残疾三级	残疾四级
总 计	**1**	**1**	**3**	
东城区				
西城区			2	
崇文区				
宣武区				
朝阳区				
丰台区				
石景山区				
海淀区				
门头沟区		1	1	
房山区				
通州区				
顺义区				
昌平区				
大兴区				
怀柔区				
平谷区	1			
密云县				
延庆县				

4－5　各地区18岁及以上听力残疾人分残疾等级的生活自理状况

单位：人

地区	无障碍/无适用				轻度障碍			
	残疾一级	残疾二级	残疾三级	残疾四级	残疾一级	残疾二级	残疾三级	残疾四级
总　计	**68**	**80**	**447**	**359**	**10**	**12**	**57**	**18**
东城区	2	2	21	36	1	1	2	1
西城区	2	10	36	44		1	5	3
崇文区	6	2	8	4			5	
宣武区	2	4	10	2	2	3	6	
朝阳区	6	13	61	78	1		12	5
丰台区	3	4	12	14			1	
石景山区	2		35	22			1	1
海淀区	14	10	73	24	2		6	
门头沟区			9	19		1	4	
房山区	1	3	12	5		1	1	1
通州区	3	7	17	13	2	1	3	3
顺义区	5	6	18	7	2	2		1
昌平区	5	3	18	6			1	
大兴区	2		25	13			2	1
怀柔区	2	3	19	9		1	2	
平谷区	5	3	31	24		1	4	1
密云县	3	5	28	36				1
延庆县	5	5	14	3			2	

4-5 续表 1

单位：人

地 区	中度障碍				重度障碍			
	残疾一级	残疾二级	残疾三级	残疾四级	残疾一级	残疾二级	残疾三级	残疾四级
总 计	**4**	**5**	**20**	**9**	**1**		**4**	**2**
东城区			2					
西城区			1	1			1	1
崇文区		1	1					
宣武区			2					
朝阳区			2	2			1	
丰台区								
石景山区								
海淀区	1							
门头沟区			3	1			1	1
房山区	1		1					
通州区		2						
顺义区								
昌平区								
大兴区			1					
怀柔区			1					
平谷区	2	1	4	4	1			
密云县			2	1			1	
延庆县		1						

4－5　续表 2

单位：人

地　区	极重度障碍/不能完成			
	残疾一级	残疾二级	残疾三级	残疾四级
总　计				
东城区				
西城区				
崇文区				
宣武区				
朝阳区				
丰台区				
石景山区				
海淀区				
门头沟区				
房山区				
通州区				
顺义区				
昌平区				
大兴区				
怀柔区				
平谷区				
密云县				
延庆县				

4－6 各地区18岁及以上听力残疾人分残疾等级的与人相处状况

单位：人

地 区	无障碍/无适用				轻度障碍			
	残疾一级	残疾二级	残疾三级	残疾四级	残疾一级	残疾二级	残疾三级	残疾四级
总 计	**36**	**39**	**311**	**287**	**27**	**35**	**151**	**80**
东城区	1	1	15	29	2	2	10	7
西城区	1	3	19	32	1	6	17	15
崇文区			1	1	1	2	13	3
宣武区			2			2	11	2
朝阳区	7	6	46	68		4	25	15
丰台区	1	1	9	12	1	2	3	1
石景山区	2		35	23			1	
海淀区	10	8	69	24	5	2	10	
门头沟区				8			5	9
房山区	1	1	6	1		2	1	4
通州区	4	8	18	13	1	1	2	2
顺义区		1	3	1	7	6	15	7
昌平区	1	2	12	5	3	1	6	1
大兴区	1		16	13	1		10	1
怀柔区	1	1	20	8	1	1	2	
平谷区	2	2	10	13	1	1	14	8
密云县	1	4	22	33	1		5	5
延庆县	3	1	8	3	2	3	1	

4－6 续表 1

单位：人

地 区	中度障碍				重度障碍			
	残疾一级	残疾二级	残疾三级	残疾四级	残疾一级	残疾二级	残疾三级	残疾四级
总 计	**12**	**18**	**51**	**16**	**7**	**5**	**11**	**3**
东城区								
西城区		2	5	2				
崇文区	4	1			1			
宣武区	2	5	4		2		1	
朝阳区		1	3	1		2	2	
丰台区		1	1	1	1			
石景山区								
海淀区	2							
门头沟区			6	3		1	5	1
房山区	1	1	7	1				
通州区		1		1				
顺义区		1						
昌平区	1		1					
大兴区			1				1	
怀柔区		2		1				
平谷区	1	1	13	6	3	1	1	2
密云县	1	1	3				1	
延庆县		1	7			1		

4-6 续表 2

单位：人

地区	极重度障碍/不能完成			
	残疾一级	残疾二级	残疾三级	残疾四级
总计	**1**		**4**	**2**
东城区				1
西城区			2	
崇文区				
宣武区				
朝阳区				1
丰台区				
石景山区				
海淀区				
门头沟区			1	
房山区				
通州区				
顺义区				
昌平区				
大兴区				
怀柔区				
平谷区	1		1	
密云县				
延庆县				

4－7　各地区18岁及以上听力残疾人分残疾等级的生活活动状况

单位：人

地　区	无障碍/无适用				轻度障碍			
	残疾一级	残疾二级	残疾三级	残疾四级	残疾一级	残疾二级	残疾三级	残疾四级
总　计	**40**	**50**	**306**	**284**	**30**	**32**	**173**	**77**
东城区	2	2	18	30	1		6	5
西城区	2	6	22	25		3	17	21
崇文区	1	1	4	3	5	1	10	1
宣武区		1	1		1	6	14	2
朝阳区	5	7	33	59	1	6	36	20
丰台区	2	3	9	13	1	1	4	1
石景山区	1		26	21	1		10	2
海淀区	10	9	74	24	5	1	5	
门头沟区			6	13			3	7
房山区	1	1	6	4		2	5	1
通州区	1	6	12	10	2	1	6	3
顺义区	1			1	5	6	18	6
昌平区	5	3	17	6			2	
大兴区	1		14	12	1		10	2
怀柔区	1	2	12	6	1	1	7	2
平谷区	2	3	24	23	4	1	7	1
密云县	2	3	20	31		2	6	3
延庆县	3	3	8	3	2	1	7	

4－7 续表 1

单位：人

地区	中度障碍				重度障碍			
	残疾一级	残疾二级	残疾三级	残疾四级	残疾一级	残疾二级	残疾三级	残疾四级
总计	**12**	**15**	**46**	**24**			**1**	**3**
东城区		1	1	2				
西城区		2	4	3				
崇文区		1						
宣武区	3		3					
朝阳区	1		7	6				
丰台区								
石景山区								
海淀区	2							
门头沟区		1	7	1			1	
房山区	1	1	3	1				
通州区	2	3	2	3				
顺义区	1	2						1
昌平区								
大兴区			4					
怀柔区		1	3	1				
平谷区	1	1	8	3				2
密云县	1		3	4				
延庆县		2	1					

4-7 续表 2

单位：人

地 区	极重度障碍/不能完成			
	残疾一级	残疾二级	残疾三级	残疾四级
总 计	**1**		**2**	
东城区				
西城区				
崇文区				
宣武区				
朝阳区				
丰台区				
石景山区				
海淀区				
门头沟区				
房山区				
通州区				
顺义区				
昌平区				
大兴区				
怀柔区				
平谷区	1			
密云县			2	
延庆县				

4－8 各地区18岁及以上听力残疾人分残疾等级的社会参与状况

单位：人

地 区	无障碍/无适用				轻度障碍			
	残疾一级	残疾二级	残疾三级	残疾四级	残疾一级	残疾二级	残疾三级	残疾四级
总 计	**28**	**35**	**256**	**254**	**38**	**36**	**201**	**110**
东城区		2	15	24	3	1	7	12
西城区		2	12	21	1	4	27	24
崇文区				1			4	3
宣武区			1			5	13	2
朝阳区	6	3	24	60	1	4	36	18
丰台区	2	1	9	13		3	2	1
石景山区	2		35	21			1	2
海淀区	8	7	68	23	8	3	11	1
门头沟区				8			3	8
房山区			3	2		1	6	2
通州区	4	8	17	14	1	2	3	1
顺义区	3	5	14	6	4	2	4	2
昌平区			3	2	5	3	16	4
大兴区			10	7	2		17	7
怀柔区		2	15	5	2	2	5	4
平谷区	1	2	13	16	6	2	25	12
密云县		2	13	29	3	2	12	6
延庆县	2	1	4	2	2	2	9	1

4－8 续表 1

单位：人

地 区	中度障碍				重度障碍			
	残疾一级	残疾二级	残疾三级	残疾四级	残疾一级	残疾二级	残疾三级	残疾四级
总 计	**11**	**21**	**55**	**20**	**6**	**5**	**12**	**4**
东城区			3	1				
西城区	1	5	4	4				
崇文区	2	2	10		4	1		
宣武区	4	2	4					
朝阳区		4	14	6		2	2	1
丰台区			2		1			
石景山区								
海淀区					1			
门头沟区			4	3		1	6	2
房山区	2	3	5	2				
通州区				1				
顺义区		1						
昌平区								
大兴区			1					
怀柔区			1				1	
平谷区	1		1			1		1
密云县		1	3	3			3	
延庆县	1	3	3					

4－8 续表 2

单位：人

地 区	极重度障碍/不能完成			
	残疾一级	残疾二级	残疾三级	残疾四级
总 计			**4**	
东城区				
西城区				
崇文区				
宣武区				
朝阳区				
丰台区				
石景山区				
海淀区				
门头沟区			4	
房山区				
通州区				
顺义区				
昌平区				
大兴区				
怀柔区				
平谷区				
密云县				
延庆县				

4－9 各地区18岁及以上言语残疾人分残疾等级的理解和交流状况

单位：人

地 区	无障碍/无适用				轻度障碍			
	残疾一级	残疾二级	残疾三级	残疾四级	残疾一级	残疾二级	残疾三级	残疾四级
总 计	**2**	**1**	**2**	**8**	**2**		**1**	**4**
东城区								
西城区								
崇文区					1			
宣武区								
朝阳区	1			1				
丰台区		1						1
石景山区			2					
海淀区				1				
门头沟区				1			1	1
房山区				1				
通州区				3				
顺义区								
昌平区	1							
大兴区								1
怀柔区					1			
平谷区								1
密云县								
延庆县				1				

4－9 续表 1

单位：人

地　区	中度障碍				重度障碍			
	残疾一级	残疾二级	残疾三级	残疾四级	残疾一级	残疾二级	残疾三级	残疾四级
总　计	**1**		**1**	**1**	**1**			
东城区								
西城区								
崇文区								
宣武区								
朝阳区								
丰台区								
石景山区								
海淀区			1					
门头沟区								
房山区								
通州区								
顺义区								
昌平区								
大兴区								
怀柔区				1				
平谷区					1			
密云县	1							
延庆县								

4－9 续表 2

单位：人

地 区	极重度障碍/不能完成			
	残疾一级	残疾二级	残疾三级	残疾四级
总 计		**1**		
东城区				
西城区				
崇文区				
宣武区				
朝阳区				
丰台区				
石景山区				
海淀区				
门头沟区		1		
房山区				
通州区				
顺义区				
昌平区				
大兴区				
怀柔区				
平谷区				
密云县				
延庆县				

4－10　各地区18岁及以上言语残疾人分残疾等级的生活自理状况

单位：人

地　区	无障碍/无适用				轻度障碍			
	残疾一级	残疾二级	残疾三级	残疾四级	残疾一级	残疾二级	残疾三级	残疾四级
总　计	**4**	**1**	**3**	**11**	**1**		**1**	
东城区								
西城区								
崇文区								
宣武区								
朝阳区	1			1				
丰台区		1						
石景山区			2					
海淀区			1	1				
门头沟区				1			1	
房山区				1				
通州区				3				
顺义区								
昌平区	1							
大兴区				1				
怀柔区	1			1				
平谷区				1	1			
密云县	1							
延庆县				1				

4-10 续表 1

单位：人

地区	中度障碍				重度障碍			
	残疾一级	残疾二级	残疾三级	残疾四级	残疾一级	残疾二级	残疾三级	残疾四级
总计	**1**			**2**				
东城区								
西城区								
崇文区	1							
宣武区								
朝阳区								
丰台区				1				
石景山区								
海淀区								
门头沟区				1				
房山区								
通州区								
顺义区								
昌平区								
大兴区								
怀柔区								
平谷区								
密云县								
延庆县								

4－10　续表 2

单位：人

地　区	极重度障碍/不能完成			
	残疾一级	残疾二级	残疾三级	残疾四级
总　计		**1**		
东城区				
西城区				
崇文区				
宣武区				
朝阳区				
丰台区				
石景山区				
海淀区				
门头沟区		1		
房山区				
通州区				
顺义区				
昌平区				
大兴区				
怀柔区				
平谷区				
密云县				
延庆县				

4－11　各地区18岁及以上言语残疾人分残疾等级的与人相处状况

单位：人

地　区	无障碍/无适用				轻度障碍			
	残疾一级	残疾二级	残疾三级	残疾四级	残疾一级	残疾二级	残疾三级	残疾四级
总　计	**3**		**1**	**2**			**3**	**7**
东城区								
西城区								
崇文区								
宣武区								
朝阳区	1							
丰台区								1
石景山区			1				1	
海淀区							1	1
门头沟区							1	2
房山区								
通州区				1				2
顺义区								
昌平区	1							
大兴区				1				
怀柔区								
平谷区								
密云县	1							
延庆县								1

4-11 续表 1

单位：人

地 区	中度障碍				重度障碍			
	残疾一级	残疾二级	残疾三级	残疾四级	残疾一级	残疾二级	残疾三级	残疾四级
总 计	**2**	**1**		**3**	**1**			**1**
东城区								
西城区								
崇文区	1							
宣武区								
朝阳区				1				
丰台区		1						
石景山区								
海淀区								
门头沟区								
房山区								1
通州区								
顺义区								
昌平区								
大兴区								
怀柔区	1			1				
平谷区				1	1			
密云县								
延庆县								

4－11 续表 2

单位：人

地 区	极重度障碍/不能完成			
	残疾一级	残疾二级	残疾三级	残疾四级
总 计		**1**		
东城区				
西城区				
崇文区				
宣武区				
朝阳区				
丰台区				
石景山区				
海淀区				
门头沟区		1		
房山区				
通州区				
顺义区				
昌平区				
大兴区				
怀柔区				
平谷区				
密云县				
延庆县				

4－12 各地区18岁及以上言语残疾人分残疾等级的生活活动状况

单位：人

地 区	无障碍/无适用				轻度障碍			
	残疾一级	残疾二级	残疾三级	残疾四级	残疾一级	残疾二级	残疾三级	残疾四级
总 计	**3**	**1**	**3**	**5**	**2**		**1**	**5**
东城区								
西城区								
崇文区					1			
宣武区								
朝阳区	1							1
丰台区		1						
石景山区			2					
海淀区			1					1
门头沟区				1			1	1
房山区				1				
通州区				1				1
顺义区								
昌平区	1							
大兴区				1				
怀柔区	1							
平谷区					1			1
密云县								
延庆县				1				

4－12 续表 1

单位：人

地 区	中度障碍				重度障碍			
	残疾一级	残疾二级	残疾三级	残疾四级	残疾一级	残疾二级	残疾三级	残疾四级
总 计		**1**		**3**	**1**			
东城区								
西城区								
崇文区								
宣武区								
朝阳区								
丰台区				1				
石景山区								
海淀区								
门头沟区		1						
房山区								
通州区				1				
顺义区								
昌平区								
大兴区								
怀柔区				1				
平谷区								
密云县					1			
延庆县								

4－12 续表 2

单位：人

地 区	极重度障碍/不能完成			
	残疾一级	残疾二级	残疾三级	残疾四级
总 计				
东城区				
西城区				
崇文区				
宣武区				
朝阳区				
丰台区				
石景山区				
海淀区				
门头沟区				
房山区				
通州区				
顺义区				
昌平区				
大兴区				
怀柔区				
平谷区				
密云县				
延庆县				

4－13　各地区18岁及以上言语残疾人分残疾等级的社会参与状况

单位：人

地　区	无障碍/无适用				轻度障碍			
	残疾一级	残疾二级	残疾三级	残疾四级	残疾一级	残疾二级	残疾三级	残疾四级
总　计			**2**	**1**	**4**		**1**	**7**
东城区								
西城区								
崇文区								
宣武区								
朝阳区					1			1
丰台区								
石景山区			2					
海淀区							1	1
门头沟区								1
房山区								
通州区								2
顺义区								
昌平区					1			
大兴区				1				
怀柔区					1			1
平谷区								
密云县					1			
延庆县								1

4－13 续表 1

单位：人

地区	中度障碍				重度障碍			
	残疾一级	残疾二级	残疾三级	残疾四级	残疾一级	残疾二级	残疾三级	残疾四级
总　计	**2**	**1**	**1**	**5**				
东城区								
西城区								
崇文区	1							
宣武区								
朝阳区								
丰台区		1		1				
石景山区								
海淀区								
门头沟区			1	1				
房山区				1				
通州区				1				
顺义区								
昌平区								
大兴区								
怀柔区								
平谷区	1			1				
密云县								
延庆县								

4－13　续表 2

单位：人

地　区	极重度障碍/不能完成			
	残疾一级	残疾二级	残疾三级	残疾四级
总　计		**1**		
东城区				
西城区				
崇文区				
宣武区				
朝阳区				
丰台区				
石景山区				
海淀区				
门头沟区		1		
房山区				
通州区				
顺义区				
昌平区				
大兴区				
怀柔区				
平谷区				
密云县				
延庆县				

4－14　各地区18岁及以上肢体残疾人分残疾等级的身体移动状况

单位：人

地　区	无障碍/无适用				轻度障碍			
	残疾一级	残疾二级	残疾三级	残疾四级	残疾一级	残疾二级	残疾三级	残疾四级
总　计		**1**	**29**	**294**		**5**	**79**	**500**
东城区			1	26			10	48
西城区			1	11			3	68
崇文区				8			4	33
宣武区			1	15			4	26
朝阳区			2	37		1	9	37
丰台区			6	28		1	17	28
石景山区			2	8		1	2	15
海淀区			4	33			8	69
门头沟区			1	2			1	
房山区				8			6	38
通州区			1	24			3	54
顺义区				11			2	21
昌平区			3	14			2	14
大兴区				13			1	12
怀柔区		1	2	10		1	2	5
平谷区			1	12		1		20
密云县			3	9			2	4
延庆县			1	25			3	8

4－14 续表 1

单位：人

地 区	中度障碍				重度障碍			
	残疾一级	残疾二级	残疾三级	残疾四级	残疾一级	残疾二级	残疾三级	残疾四级
总 计	**1**	**16**	**180**	**284**	**5**	**74**	**95**	**41**
东城区		1	10	11		3	2	
西城区			18	48		2	9	7
崇文区			6			6		
宣武区		1	18	10		13	8	
朝阳区		7	21	8	2	5	5	
丰台区		2	8	4		13	4	
石景山区		1	4	8		4		1
海淀区		1	48	18		10	10	1
门头沟区						1		1
房山区			16	104		1	19	16
通州区			3	24	1	4	13	3
顺义区			9	6		3	8	2
昌平区		1	3	4	1	6	1	1
大兴区			5	13			4	1
怀柔区		2	1				1	1
平谷区	1		5	18	1	2	4	5
密云县			2	7		1	7	2
延庆县			3	1				

4－14 续表 2

单位：人

地　区	极重度障碍/不能完成			
	残疾一级	残疾二级	残疾三级	残疾四级
总　计	**33**	**49**	**16**	**4**
东城区	2	13		1
西城区		1	2	
崇文区	3			
宣武区	1	3		
朝阳区	8	1		
丰台区	1	4	1	
石景山区	1			
海淀区	9	12	1	
门头沟区		1		
房山区	1		7	
通州区	2	7		2
顺义区	1	2		1
昌平区		2		
大兴区	1		1	
怀柔区	1	1		
平谷区	2			
密云县		2	3	
延庆县			1	

4－15 各地区18岁及以上肢体残疾人分残疾等级的生活自理状况

单位：人

地 区	无障碍/无适用				轻度障碍			
	残疾一级	残疾二级	残疾三级	残疾四级	残疾一级	残疾二级	残疾三级	残疾四级
总 计	**1**	**1**	**56**	**663**	**1**	**7**	**133**	**363**
东城区			7	75		1	8	7
西城区				48			12	57
崇文区			1	22		1		19
宣武区			1	25			12	24
朝阳区			4	58	1	2	15	23
丰台区			11	42			13	17
石景山区			2	17		2	1	13
海淀区			16	98			27	20
门头沟区				2			2	1
房山区			3	44			10	91
通州区		1	1	63			8	36
顺义区			3	23			7	14
昌平区				14			6	16
大兴区				30			2	7
怀柔区				13			4	2
平谷区	1		4	45		1	3	8
密云县			3	16			1	4
延庆县				28			2	4

4-15 续表 1

单位：人

地区	中度障碍				重度障碍			
	残疾一级	残疾二级	残疾三级	残疾四级	残疾一级	残疾二级	残疾三级	残疾四级
总　计	**5**	**45**	**149**	**92**	**8**	**74**	**56**	**4**
东城区		3	6	4	2	7	2	
西城区			16	29		3	5	
崇文区			9			5		
宣武区		9	17	2		8	1	
朝阳区	2	8	13	1	3	4	5	
丰台区		7	11	1		9	1	
石景山区		1	3	2		3	2	
海淀区		6	25	3	1	12	3	
门头沟区								
房山区			16	29		1	16	2
通州区	2	2	9	8		8	2	
顺义区		4	8	3		1	1	
昌平区	1	3	2	2		6	1	1
大兴区			5	2			4	
怀柔区		1	1			3		1
平谷区			1	2	2	2	2	
密云县		1	4	2		2	8	
延庆县			3	2			3	

4－15 续表 2

单位：人

地区	极重度障碍/不能完成			
	残疾一级	残疾二级	残疾三级	残疾四级
总 计	**24**	**18**	**5**	**1**
东城区		6		
西城区				
崇文区	3			
宣武区	1			
朝阳区	4			
丰台区	1	4		
石景山区	1			
海淀区	8	5		
门头沟区		2		
房山区	1		3	
通州区	1			
顺义区	1			1
昌平区				
大兴区	1			
怀柔区	1	1	1	
平谷区	1			
密云县			1	
延庆县				

4－16　各地区18岁及以上肢体残疾人分残疾等级的生活活动状况

单位：人

地　区	无障碍/无适用				轻度障碍			
	残疾一级	残疾二级	残疾三级	残疾四级	残疾一级	残疾二级	残疾三级	残疾四级
总　计			**8**	**183**		**5**	**100**	**537**
东城区				32			9	47
西城区				7			12	83
崇文区			1	3				26
宣武区				5			2	33
朝阳区			1	10			3	37
丰台区				7		1	10	34
石景山区			1	6		2	1	23
海淀区			2	60		2	45	59
门头沟区				1				1
房山区			1	12			5	56
通州区				1				29
顺义区				1			3	20
昌平区				6			2	9
大兴区				9			1	16
怀柔区				3			2	7
平谷区			2	14			1	21
密云县				1			2	12
延庆县				5			2	24

4－16 续表 1

单位：人

地 区	中度障碍				重度障碍			
	残疾一级	残疾二级	残疾三级	残疾四级	残疾一级	残疾二级	残疾三级	残疾四级
总 计	**20**	**96**	**195**	**299**	**1**	**13**	**50**	**87**
东城区	2	14	11	6		3	2	1
西城区		3	20	42				2
崇文区	2	5	8	9		1	1	3
宣武区		10	24	12		4	5	1
朝阳区	6	12	27	18		1	5	15
丰台区	1	12	18	16		1	5	3
石景山区		4	5	1			1	2
海淀区	6	16	22	2		2	2	
门头沟区		2	1				1	1
房山区		1	21	77			5	13
通州区	2	6	9	48			4	25
顺义区	1	2	9	18			5	1
昌平区		5	3	11			4	6
大兴区			4	11			1	3
怀柔区		2	2	3		1	2	3
平谷区		2	1	14	1		4	6
密云县			7	6			1	2
延庆县			3	5			2	

4-16 续表 2

单位：人

地区	极重度障碍/不能完成			
	残疾一级	残疾二级	残疾三级	残疾四级
总计	**18**	**31**	**46**	**17**
东城区			1	
西城区			1	
崇文区	1			
宣武区	1	3		
朝阳区	4	1	1	2
丰台区		6	3	
石景山区	1			
海淀区	3	3		
门头沟区				
房山区	1		16	8
通州区	1	5	7	4
顺义区		3	2	1
昌平区	1	4		1
大兴区	1		5	
怀柔区	1	2		
平谷区	3	1	2	
密云县		3	7	1
延庆县			1	

4－17　各地区18岁及以上肢体残疾人分残疾等级的社会参与状况

单位：人

地　区	无障碍/无适用				轻度障碍			
	残疾一级	残疾二级	残疾三级	残疾四级	残疾一级	残疾二级	残疾三级	残疾四级
总　计			**11**	**203**	**2**	**6**	**126**	**648**
东城区			1	37		1	12	41
西城区				7			7	85
崇文区				4			6	37
宣武区				3		1	8	37
朝阳区			1	10			6	27
丰台区			1	3			8	53
石景山区			1	10	1	2	4	22
海淀区			6	65		1	43	50
门头沟区				1			2	1
房山区				5			8	93
通州区				7			1	66
顺义区				3			5	27
昌平区				3			5	19
大兴区				12			3	24
怀柔区				4		1	1	8
平谷区			1	21	1		2	20
密云县				4			3	11
延庆县				4			2	27

4－17 续表 1

单位：人

地 区	中度障碍				重度障碍			
	残疾一级	残疾二级	残疾三级	残疾四级	残疾一级	残疾二级	残疾三级	残疾四级
总 计	**7**	**82**	**203**	**248**	**22**	**51**	**52**	**23**
东城区	2	14	7	7		2	2	1
西城区		3	21	40			5	2
崇文区	3	6	4					
宣武区		10	22	11	1	6	1	
朝阳区		8	15	37	6	5	11	8
丰台区		8	24	4		10	2	
石景山区		4	2				1	
海淀区	1	14	19	5	8	8	3	1
门头沟区								1
房山区			32	65	1	1	8	3
通州区	1	4	17	33	2	7	2	1
顺义区		4	14	10	1	1		
昌平区		4	4	9	1	5		2
大兴区			6	3	1		2	
怀柔区		1	5	4		3		
平谷区		1	3	11	1	1	4	3
密云县		1	6	6		2	7	1
延庆县			2	3			4	

4－17 续表 2

单位：人

地 区	极重度障碍/不能完成			
	残疾一级	残疾二级	残疾三级	残疾四级
总 计	**8**	**6**	**7**	**1**
东城区			1	
西城区				
崇文区				
宣武区				
朝阳区	4	1	4	
丰台区	1	2	1	
石景山区				
海淀区				
门头沟区		2		
房山区				
通州区				
顺义区				1
昌平区				
大兴区				
怀柔区	1			
平谷区	2	1		
密云县			1	
延庆县				

4－18　各地区18岁及以上智力残疾人分残疾等级的理解和交流状况

单位：人

地　区	无障碍/无适用				轻度障碍			
	残疾一级	残疾二级	残疾三级	残疾四级	残疾一级	残疾二级	残疾三级	残疾四级
总　计				**11**			**7**	**65**
东城区								1
西城区				1				3
崇文区				2				2
宣武区								1
朝阳区				1			2	11
丰台区								5
石景山区				2				1
海淀区				1			1	5
门头沟区								3
房山区				2			1	3
通州区				1				5
顺义区							2	7
昌平区							1	3
大兴区								4
怀柔区				1				2
平谷区								4
密云县								5
延庆县								

4－18 续表 1

单位：人

地区	中度障碍				重度障碍			
	残疾一级	残疾二级	残疾三级	残疾四级	残疾一级	残疾二级	残疾三级	残疾四级
总　计		**1**	**46**	**25**	**1**	**13**	**19**	**1**
东城区			3	2		1		
西城区								
崇文区								
宣武区			1			1		
朝阳区		1	7			2	2	
丰台区			4	3		2	4	
石景山区								
海淀区			5	1				
门头沟区			1	3				
房山区			1	1		1	1	
通州区			2	4			1	
顺义区			7				2	
昌平区			6	2	1	3	4	1
大兴区			1					
怀柔区			3				1	
平谷区			2	5		3	1	
密云县			3	2			2	
延庆县				2			1	

4－18 续表 2

单位：人

地 区	极重度障碍/不能完成			
	残疾一级	残疾二级	残疾三级	残疾四级
总 计	**6**	**6**	**1**	**1**
东城区				
西城区				
崇文区				
宣武区	1	1		
朝阳区	1			
丰台区	1			1
石景山区				
海淀区				
门头沟区				
房山区	1			
通州区	1	1		
顺义区		2		
昌平区	1	1		
大兴区				
怀柔区		1		
平谷区				
密云县				
延庆县			1	

4－19 各地区18岁及以上智力残疾人分残疾等级的身体移动状况

单位：人

地 区	无障碍/无适用				轻度障碍			
	残疾一级	残疾二级	残疾三级	残疾四级	残疾一级	残疾二级	残疾三级	残疾四级
总 计	**4**	**20**	**71**	**101**	**1**		**1**	**2**
东城区		1	3	3				
西城区				4				
崇文区				4				
宣武区	1	2		1				
朝阳区	1	3	11	12				
丰台区	1	2	8	8				1
石景山区				3				
海淀区			6	7				
门头沟区			1	6				
房山区	1	1	3	5				1
通州区		1	3	10	1			
顺义区		2	11	7				
昌平区		4	10	6			1	
大兴区			1	4				
怀柔区		1	4	3				
平谷区		3	3	9				
密云县			5	7				
延庆县			2	2				

4－19 续表 1

单位：人

地 区	中度障碍				重度障碍			
	残疾一级	残疾二级	残疾三级	残疾四级	残疾一级	残疾二级	残疾三级	残疾四级
总 计					**2**		**1**	
东城区								
西城区								
崇文区								
宣武区							1	
朝阳区								
丰台区								
石景山区								
海淀区								
门头沟区								
房山区								
通州区								
顺义区								
昌平区					2			
大兴区								
怀柔区								
平谷区								
密云县								
延庆县								

4－19 续表 2

单位：人

地 区	极重度障碍/不能完成			
	残疾一级	残疾二级	残疾三级	残疾四级
总 计				
东城区				
西城区				
崇文区				
宣武区				
朝阳区				
丰台区				
石景山区				
海淀区				
门头沟区				
房山区				
通州区				
顺义区				
昌平区				
大兴区				
怀柔区				
平谷区				
密云县				
延庆县				

4－20 各地区18岁及以上智力残疾人分残疾等级的生活自理状况

单位：人

地 区	无障碍/无适用				轻度障碍			
	残疾一级	残疾二级	残疾三级	残疾四级	残疾一级	残疾二级	残疾三级	残疾四级
总 计			**38**	**93**		**9**	**24**	**9**
东城区				3			2	
西城区				2				2
崇文区				4				
宣武区				1		2		
朝阳区			5	11		2	6	1
丰台区			3	7			3	1
石景山区				3				
海淀区			3	7			3	
门头沟区			1	5				1
房山区			2	6		1	1	
通州区			3	9				1
顺义区			5	7		1	3	
昌平区			6	5			3	1
大兴区			1	4				
怀柔区			4	3				
平谷区			3	9		3		
密云县			1	6			2	1
延庆县			1	1			1	1

4－20 续表 1

单位：人

地 区	中度障碍				重度障碍			
	残疾一级	残疾二级	残疾三级	残疾四级	残疾一级	残疾二级	残疾三级	残疾四级
总 计	**3**	**6**	**10**	**1**	**3**	**5**	**1**	
东城区		1	1					
西城区								
崇文区								
宣武区	1						1	
朝阳区	1	1						
丰台区			2	1	1	2		
石景山区								
海淀区								
门头沟区								
房山区	1							
通州区		1			1			
顺义区			3			1		
昌平区		2	2		1	2		
大兴区								
怀柔区		1						
平谷区								
密云县			2					
延庆县								

4－20　续表 2

单位：人

地　区	极重度障碍/不能完成			
	残疾一级	残疾二级	残疾三级	残疾四级
总　计	**1**			
东城区				
西城区				
崇文区				
宣武区				
朝阳区				
丰台区				
石景山区				
海淀区				
门头沟区				
房山区				
通州区				
顺义区				
昌平区	1			
大兴区				
怀柔区				
平谷区				
密云县				
延庆县				

4－21　各地区18岁及以上智力残疾人分残疾等级的与人相处状况

单位：人

地　区	无障碍/无适用				轻度障碍			
	残疾一级	残疾二级	残疾三级	残疾四级	残疾一级	残疾二级	残疾三级	残疾四级
总　计				**11**		**1**	**7**	**45**
东城区							1	2
西城区								4
崇文区				2				2
宣武区							1	1
朝阳区				2		1	2	9
丰台区								3
石景山区				3				
海淀区								6
门头沟区								2
房山区							1	2
通州区								5
顺义区								2
昌平区				2			2	1
大兴区				1				2
怀柔区				1				1
平谷区								1
密云县								1
延庆县								1

4－21 续表 1

单位：人

地 区	中度障碍				重度障碍			
	残疾一级	残疾二级	残疾三级	残疾四级	残疾一级	残疾二级	残疾三级	残疾四级
总 计		**1**	**23**	**37**	**1**	**6**	**37**	**9**
东城区						1	2	1
西城区								
崇文区								
宣武区						1		
朝阳区		1	2	1		1	6	
丰台区			2	2			4	3
石景山区								
海淀区			5				1	1
门头沟区			1	4				
房山区			1	4				
通州区			2	4			1	1
顺义区			3	4			7	1
昌平区			3	3	1	1	6	
大兴区			1	1				
怀柔区			2	1			1	
平谷区				6		2	3	2
密云县			1	6			4	
延庆县				1			2	

4－21 续表 2

单位：人

地 区	极重度障碍/不能完成			
	残疾一级	残疾二级	残疾三级	残疾四级
总 计	**6**	**12**	**6**	**1**
东城区				
西城区				
崇文区				
宣武区	1	1		
朝阳区	1		1	
丰台区	1	2	2	1
石景山区				
海淀区				
门头沟区				
房山区	1	1	1	
通州区	1	1		
顺义区		2	1	
昌平区	1	3		
大兴区				
怀柔区		1	1	
平谷区		1		
密云县				
延庆县				

4－22 各地区18岁及以上智力残疾人分残疾等级的生活活动状况

单位：人

地区	无障碍/无适用				轻度障碍			
	残疾一级	残疾二级	残疾三级	残疾四级	残疾一级	残疾二级	残疾三级	残疾四级
总计				**10**			**9**	**53**
东城区								3
西城区								4
崇文区				3				1
宣武区								
朝阳区				1			3	10
丰台区				1				
石景山区				2				
海淀区							3	5
门头沟区								2
房山区				1				4
通州区							2	7
顺义区								2
昌平区							1	2
大兴区				1				2
怀柔区				1				1
平谷区								5
密云县								5
延庆县								

4－22 续表 1

单位：人

地　区	中度障碍				重度障碍			
	残疾一级	残疾二级	残疾三级	残疾四级	残疾一级	残疾二级	残疾三级	残疾四级
总　计			**28**	**29**	**1**	**6**	**27**	**10**
东城区			1			1	1	
西城区								
崇文区								
宣武区			1	1		1		
朝阳区			4	1		3	4	
丰台区			4	6			2	1
石景山区				1				
海淀区			3	2				
门头沟区			1	1				3
房山区			2	1			1	
通州区				2			1	1
顺义区			4	4			4	1
昌平区			3	2	1	1	6	2
大兴区			1	1				
怀柔区			2	1			2	
平谷区				3			2	1
密云县			2	2			3	
延庆县				1			1	1

4－22　续表 2

单位：人

地　区	极重度障碍/不能完成			
	残疾一级	残疾二级	残疾三级	残疾四级
总　计	**6**	**14**	**9**	**1**
东城区			1	
西城区				
崇文区				
宣武区	1	1		
朝阳区	1			
丰台区	1	2	2	1
石景山区				
海淀区				
门头沟区				
房山区	1	1		
通州区	1	1		
顺义区		2	3	
昌平区	1	3	1	
大兴区				
怀柔区		1		
平谷区		3	1	
密云县				
延庆县			1	

4－23　各地区18岁及以上智力残疾人分残疾等级的社会参与状况

单位：人

地　区	无障碍/无适用				轻度障碍			
	残疾一级	残疾二级	残疾三级	残疾四级	残疾一级	残疾二级	残疾三级	残疾四级
总　计			**1**	**14**		**6**	**29**	**57**
东城区								1
西城区				1				3
崇文区				4				
宣武区							1	1
朝阳区				4		2	5	7
丰台区							1	5
石景山区								3
海淀区							3	6
门头沟区								5
房山区							1	3
通州区				1		1	3	6
顺义区							7	5
昌平区			1			3	6	5
大兴区				1			1	3
怀柔区				2			1	1
平谷区								2
密云县				1				1
延庆县								

4－23 续表 1

单位：人

地　区	中度障碍				重度障碍			
	残疾一级	残疾二级	残疾三级	残疾四级	残疾一级	残疾二级	残疾三级	残疾四级
总　计	**1**	**6**	**33**	**30**	**6**	**7**	**10**	**2**
东城区			2	1			1	1
西城区								
崇文区								
宣武区	1	1				1		
朝阳区		1	5	1	1		1	
丰台区			6	3	1	2	1	1
石景山区								
海淀区			2	1			1	
门头沟区			1	1				
房山区		1		3	1		2	
通州区				3	1			
顺义区		2	3	2			1	
昌平区		1	3	1	2		1	
大兴区								
怀柔区			3			1		
平谷区			2	7		3	1	
密云县			5	5				
延庆县			1	2			1	

4－23 续表 2

单位：人

地　区	极重度障碍/不能完成			
	残疾一级	残疾二级	残疾三级	残疾四级
总　计		**1**		
东城区		1		
西城区				
崇文区				
宣武区				
朝阳区				
丰台区				
石景山区				
海淀区				
门头沟区				
房山区				
通州区				
顺义区				
昌平区				
大兴区				
怀柔区				
平谷区				
密云县				
延庆县				

4－24　各地区18岁及以上精神残疾人分残疾等级的理解和交流状况

单位：人

地　区	无障碍/无适用				轻度障碍			
	残疾一级	残疾二级	残疾三级	残疾四级	残疾一级	残疾二级	残疾三级	残疾四级
总　计			**1**	**26**		**2**	**15**	**95**
东城区							3	9
西城区				1				13
崇文区				1		1		1
宣武区				2		1		3
朝阳区				5			5	18
丰台区							1	8
石景山区				2			2	4
海淀区				9			2	11
门头沟区				2				3
房山区								1
通州区							1	14
顺义区								2
昌平区			1	2				1
大兴区				2			1	1
怀柔区								
平谷区								5
密云县								
延庆县								1

4－24 续表 1

单位：人

地区	中度障碍				重度障碍			
	残疾一级	残疾二级	残疾三级	残疾四级	残疾一级	残疾二级	残疾三级	残疾四级
总　计	**20**	**36**	**38**	**40**	**35**	**11**	**5**	**2**
东城区	1	5	4	1	2	1		
西城区	3	1	4	4	2			
崇文区	1			1	1		1	
宣武区	3	5		1				
朝阳区	2	3	9	3	9	1		
丰台区	1	3	3	1		1	1	
石景山区		1			1			
海淀区		5	9	5	1			
门头沟区	1		2	2		2	2	
房山区		1	4	10		1		1
通州区	2	1	2	1	1			
顺义区	1	1	1	2	8	2		
昌平区	4	3		3	2	2		
大兴区		2		2	2			
怀柔区	1	1						
平谷区		3		4	3		1	1
密云县					3	1		
延庆县		1						

4－24 续表 2

单位：人

地 区	极重度障碍/不能完成			
	残疾一级	残疾二级	残疾三级	残疾四级
总 计	**16**	**1**		
东城区				
西城区				
崇文区				
宣武区	1			
朝阳区	3			
丰台区				
石景山区	1			
海淀区				
门头沟区				
房山区				
通州区				
顺义区	3			
昌平区	1			
大兴区	2			
怀柔区				
平谷区		1		
密云县	5			
延庆县				

4－25　各地区18岁及以上精神残疾人分残疾等级的身体移动状况

单位：人

地　区	无障碍/无适用				轻度障碍			
	残疾一级	残疾二级	残疾三级	残疾四级	残疾一级	残疾二级	残疾三级	残疾四级
总　计	**12**	**20**	**38**	**128**	**27**	**26**	**17**	**33**
东城区		4	5	7	2	2	2	3
西城区	1		2	15	4	1	2	3
崇文区	2	1	1	3				
宣武区				5		5		1
朝阳区	1	1	8	18	4	3	3	8
丰台区		2	3	8		2	2	1
石景山区	1	1	2	6				
海淀区			9	19	1	4	2	5
门头沟区		2	2	4	1		2	3
房山区		1	3	11		1	1	1
通州区		1	2	15	3		1	
顺义区	1	1		4	4	1		
昌平区	2	4	1	4	4	1		2
大兴区	1	1		3	2	1	1	1
怀柔区						1		
平谷区		1		5		3	1	5
密云县	3				2			
延庆县				1		1		

4－25 续表 1

单位：人

地区	中度障碍				重度障碍			
	残疾一级	残疾二级	残疾三级	残疾四级	残疾一级	残疾二级	残疾三级	残疾四级
总计	**26**	**4**	**4**	**2**	**6**			
东城区					1			
西城区								
崇文区								
宣武区	4	1						
朝阳区	7		3		2			
丰台区	1							
石景山区	1							
海淀区		1		1				
门头沟区								
房山区								
通州区								
顺义区	7	1	1					
昌平区	1							
大兴区	1			1				
怀柔区	1							
平谷区	1				2			
密云县	2	1			1			
延庆县								

4－25 续表 2

单位：人

地 区	极重度障碍/不能完成			
	残疾一级	残疾二级	残疾三级	残疾四级
总 计				
东城区				
西城区				
崇文区				
宣武区				
朝阳区				
丰台区				
石景山区				
海淀区				
门头沟区				
房山区				
通州区				
顺义区				
昌平区				
大兴区				
怀柔区				
平谷区				
密云县				
延庆县				

4－26　各地区18岁及以上精神残疾人分残疾等级的生活自理状况

单位：人

地　区	无障碍/无适用				轻度障碍			
	残疾一级	残疾二级	残疾三级	残疾四级	残疾一级	残疾二级	残疾三级	残疾四级
总　计	**3**	**3**	**14**	**93**	**24**	**35**	**44**	**67**
东城区			2	1	1	6	4	9
西城区	1		1	14		1	3	4
崇文区			1	2	2			1
宣武区				5		1		1
朝阳区			5	19	8	4	9	7
丰台区			2	4	1	4	3	4
石景山区				4		1	2	1
海淀区			1	13	1	4	10	11
门头沟区			1	3	1	1	3	4
房山区				8		1	4	4
通州区				7	3	1	3	8
顺义区				2	3	2	1	2
昌平区		3	1	5	3	2		1
大兴区					1	1	1	5
怀柔区	1							
平谷区	1			6		4	1	4
密云县						1		
延庆县						1		1

4－26 续表 1

单位：人

地区	中度障碍				重度障碍			
	残疾一级	残疾二级	残疾三级	残疾四级	残疾一级	残疾二级	残疾三级	残疾四级
总　计	**36**	**12**	**1**	**2**	**7**			**1**
东城区	2		1					
西城区	4							
崇文区		1						
宣武区	2	5			2			
朝阳区	4				1			
丰台区				1				
石景山区	2							1
海淀区		1		1				
门头沟区		1						
房山区		1						
通州区								
顺义区	8	1			1			
昌平区	3				1			
大兴区	2	1			1			
怀柔区		1						
平谷区	2							
密云县	7				1			
延庆县								

4－26 续表 2

单位：人

地　区	极重度障碍/不能完成			
	残疾一级	残疾二级	残疾三级	残疾四级
总　计	**1**			
东城区				
西城区				
崇文区				
宣武区				
朝阳区	1			
丰台区				
石景山区				
海淀区				
门头沟区				
房山区				
通州区				
顺义区				
昌平区				
大兴区				
怀柔区				
平谷区				
密云县				
延庆县				

4－27 各地区18岁及以上精神残疾人分残疾等级的与人相处状况

单位：人

地区	无障碍/无适用				轻度障碍			
	残疾一级	残疾二级	残疾三级	残疾四级	残疾一级	残疾二级	残疾三级	残疾四级
总计				**24**			**11**	**70**
东城区								8
西城区				2			1	8
崇文区				1				1
宣武区				1				1
朝阳区				2			1	8
丰台区							1	1
石景山区				1				2
海淀区				10			5	9
门头沟区				1			1	5
房山区							1	1
通州区				1			1	13
顺义区								2
昌平区				1				1
大兴区				2				3
怀柔区								
平谷区				2				6
密云县								
延庆县								1

4-27 续表 1

单位：人

地 区	中度障碍				重度障碍			
	残疾一级	残疾二级	残疾三级	残疾四级	残疾一级	残疾二级	残疾三级	残疾四级
总 计	**10**	**27**	**36**	**60**	**42**	**18**	**12**	**9**
东城区			6	2	3	4	1	
西城区	1	1	1	6	3		2	2
崇文区				1	1	1	1	
宣武区		6		4	3			
朝阳区		3	8	15	8	1	5	1
丰台区	1	2	3	8		2	1	
石景山区		1	2	1				2
海淀区		3	6	5	1	2		1
门头沟区			2	1		2	1	
房山区		2	3	10				1
通州区		1	2		2			1
顺义区	4	3	1	2	7			
昌平区				3	6	2	1	1
大兴区	2		1		1	2		
怀柔区					1	1		
平谷区	2	3	1	2	1	1		
密云县		1			5			
延庆县		1						

4－27　续表 2

单位：人

地　区	极重度障碍/不能完成			
	残疾一级	残疾二级	残疾三级	残疾四级
总　计	**19**	**5**		
东城区		2		
西城区	1			
崇文区	1			
宣武区	1			
朝阳区	6			
丰台区				
石景山区	2			
海淀区				
门头沟区	1			
房山区				
通州区	1			
顺义区	1			
昌平区	1	3		
大兴区	1			
怀柔区				
平谷区				
密云县	3			
延庆县				

4－28 各地区18岁及以上精神残疾人分残疾等级的生活活动状况

单位：人

地 区	无障碍/无适用				轻度障碍			
	残疾一级	残疾二级	残疾三级	残疾四级	残疾一级	残疾二级	残疾三级	残疾四级
总 计				**11**		**1**	**3**	**48**
东城区				1			1	
西城区				4				5
崇文区								1
宣武区								
朝阳区				3			1	11
丰台区								2
石景山区								3
海淀区				2				8
门头沟区							1	3
房山区								2
通州区								6
顺义区								
昌平区				1				2
大兴区								1
怀柔区								
平谷区								4
密云县						1		
延庆县								

4－28 续表 1

单位：人

地区	中度障碍				重度障碍			
	残疾一级	残疾二级	残疾三级	残疾四级	残疾一级	残疾二级	残疾三级	残疾四级
总计	**2**	**5**	**12**	**55**	**14**	**32**	**41**	**48**
东城区				3	2	4	6	6
西城区			1	5	2		3	4
崇文区			1	1				
宣武区		1		2	1	5		4
朝阳区	1	1	5	7	2	2	8	5
丰台区				4		4	5	3
石景山区				1			1	2
海淀区		1	2	9		2	7	6
门头沟区		1	2	1			1	3
房山区				8		1	4	2
通州区				2			3	7
顺义区				3	3	3	1	1
昌平区	1		1	3	2	5		
大兴区				1		2	1	3
怀柔区					1			
平谷区		1		4	1	3	1	2
密云县								
延庆县				1		1		

4－28 续表 2

单位：人

地 区	极重度障碍/不能完成			
	残疾一级	残疾二级	残疾三级	残疾四级
总 计	**55**	**12**	**3**	**1**
东城区	1	2		
西城区	3	1		
崇文区	2	1		1
宣武区	3			
朝阳区	11	1		
丰台区	1			
石景山区	2	1	1	
海淀区	1	2	2	
门头沟区	1	1		
房山区		1		
通州区	3	1		
顺义区	9			
昌平区	4			
大兴区	4			
怀柔区		1		
平谷区	2			
密云县	8			
延庆县				

4－29　各地区18岁及以上精神残疾人分残疾等级的社会参与状况

单位：人

地　区	无障碍/无适用				轻度障碍			
	残疾一级	残疾二级	残疾三级	残疾四级	残疾一级	残疾二级	残疾三级	残疾四级
总　计				**3**	**1**	**2**	**1**	**60**
东城区						1	1	5
西城区					1			9
崇文区				1				1
宣武区								2
朝阳区								8
丰台区								3
石景山区								3
海淀区						1		12
门头沟区				1				1
房山区								
通州区								5
顺义区				1				
昌平区								3
大兴区								3
怀柔区								
平谷区								5
密云县								
延庆县								

4－29 续表 1

单位：人

地 区	中度障碍				重度障碍			
	残疾一级	残疾二级	残疾三级	残疾四级	残疾一级	残疾二级	残疾三级	残疾四级
总 计	**26**	**29**	**43**	**94**	**38**	**19**	**14**	**6**
东城区	2	4	4	5	1	1	2	
西城区	2		4	7	2	1		2
崇文区	2	1	1	1				
宣武区		3		4	4	3		
朝阳区	3	1	6	15	9	3	8	3
丰台区		3	5	6	1	1		
石景山区	1	1	2	2				1
海淀区		3	7	13	1	1	4	
门头沟区	1	2	4	5				
房山区		1	4	12		1		
通州区		1	3	10	2			
顺义区	2	2	1	3	9	1		
昌平区	3	3		3	4	2		
大兴区	4	2	1	2				
怀柔区					1	1		
平谷区		1	1	5	3	3		
密云县	6	1			1			
延庆县				1		1		

4－29 续表 2

单位：人

地　区	极重度障碍/不能完成			
	残疾一级	残疾二级	残疾三级	残疾四级
总　计	**6**		**1**	
东城区				
西城区				
崇文区				
宣武区				
朝阳区	2			
丰台区				
石景山区	1			
海淀区				
门头沟区				
房山区				
通州区	1			
顺义区	1			
昌平区			1	
大兴区				
怀柔区				
平谷区				
密云县	1			
延庆县				

4－30 各地区18岁及以上多重残疾人分残疾等级的理解和交流状况

单位：人

地 区	无障碍/无适用				轻度障碍			
	残疾一级	残疾二级	残疾三级	残疾四级	残疾一级	残疾二级	残疾三级	残疾四级
总 计	**28**	**26**	**79**	**50**	**55**	**31**	**76**	**63**
东城区	2	2	6	8	2	1	2	1
西城区		1	7	4	5	1	13	10
崇文区		2	5	2	1	1	5	3
宣武区	1	1	1		2	1	7	5
朝阳区	5	2	8	9	9	4	8	9
丰台区	7	4	8	5	3	1	3	3
石景山区		2	4		1	1	4	1
海淀区	3	8	19	2	6	7	8	4
门头沟区			1					
房山区	1		1		2	1	8	11
通州区	1	1	1	2	9	2	8	5
顺义区	1	2	2	1	2	1	3	2
昌平区	2			2	3	2		
大兴区	1		6	3	3	1		1
怀柔区	1		1	1	3		2	1
平谷区	3	1	4	3	2	2	1	2
密云县			2	7	2	2	4	4
延庆县			3	1		3		1

4－30 续表 1

单位：人

地区	中度障碍				重度障碍			
	残疾一级	残疾二级	残疾三级	残疾四级	残疾一级	残疾二级	残疾三级	残疾四级
总　计	**79**	**52**	**80**	**27**	**178**	**40**	**25**	**5**
东城区	2		1	1	6	1	2	
西城区	8	4	9	5	17	4	4	1
崇文区	1		1		4	2	1	
宣武区	8	8	9		8			
朝阳区	10	6	13	1	23	5	5	2
丰台区	6	1	6	2	10			
石景山区	3	2			4	1		
海淀区	4	4	5	3	13	4	1	
门头沟区	1	2			4		2	
房山区	10	2	14	4	9	3	4	
通州区	4	4	5	2	7	2		
顺义区	1	3	3		11	4	1	
昌平区	2	5	2	1	11	1	1	
大兴区	3	3	5	1	3	1		2
怀柔区	5	2	2	1	10	1	1	
平谷区	7	3	2	4	16	7		
密云县	2	3	1	1	17	4	3	
延庆县	2		2	1	5			

4－30　续表 2

单位：人

地　区	极重度障碍/不能完成			
	残疾一级	残疾二级	残疾三级	残疾四级
总　计	**128**	**2**	**2**	**1**
东城区	7			
西城区	8			1
崇文区	5			
宣武区	1			
朝阳区	20			
丰台区	14			
石景山区	1			
海淀区	14	2		
门头沟区	6			
房山区	4			
通州区	1			
顺义区	9			
昌平区	3			
大兴区	2			
怀柔区	6		1	
平谷区	10			
密云县	9		1	
延庆县	8			

4－31 各地区18岁及以上多重残疾人分残疾等级的身体移动状况

单位：人

地区	无障碍/无适用				轻度障碍			
	残疾一级	残疾二级	残疾三级	残疾四级	残疾一级	残疾二级	残疾三级	残疾四级
总计	**95**	**40**	**83**	**54**	**51**	**27**	**56**	**44**
东城区	3	1	3	2	1		2	6
西城区	5	6	9	6	1	1	4	6
崇文区	2	2	3	2			4	3
宣武区	5	2	1	1	3		5	4
朝阳区	6	1	14	9	8	4	5	8
丰台区	11	1	9	7	6	1	4	2
石景山区	2	1	2	1		1	4	
海淀区	1	2	8	3	6	4	8	5
门头沟区	3		1		3			
房山区	12	4	10	2	1		6	2
通州区	6	2	2	3	2	2	1	1
顺义区	9	1	2	1	1		1	
昌平区	3	3	2	3	3	2	1	
大兴区	1		3	4	2	4	2	3
怀柔区	5	2	4	2	3	1	2	
平谷区	7	7	4	3	8	2	2	2
密云县	10	4	6	3	3	4	3	2
延庆县	4	1		2		1	2	

4－31 续表 1

单位：人

地 区	中度障碍				重度障碍			
	残疾一级	残疾二级	残疾三级	残疾四级	残疾一级	残疾二级	残疾三级	残疾四级
总 计	**64**	**34**	**86**	**39**	**109**	**36**	**29**	**8**
东城区	2		5	2	5		1	
西城区	5	1	14	8	8	1	5	1
崇文区		1	4		2	2	1	
宣武区	1	3	8		7	5	3	
朝阳区	13	8	12	3	20	3	2	
丰台区	2		3	1	10	3		
石景山区	1	3	2		2			
海淀区	4	7	14	1	8	9	2	
门头沟区			1		3	1	1	
房山区	4	1	7	8	5	1	4	3
通州区	4	2	5	3	7	3	5	2
顺义区	6	3	4	2	3	4	2	
昌平区	1	2			8	1		
大兴区	4		4		1	1	2	
怀柔区	3				6			1
平谷区	5	1		4	8	2	1	
密云县	6	1	1	6	5			1
延庆县	3	1	2	1	1			

4－31 续表 2

单位：人

地 区	极重度障碍/不能完成			
	残疾一级	残疾二级	残疾三级	残疾四级
总 计	**149**	**14**	**8**	**1**
东城区	8	3		
西城区	19	1	1	
崇文区	7			
宣武区	4			
朝阳区	20	1	1	1
丰台区	11	1	1	
石景山区	4	1		
海淀区	21	3	1	
门头沟区	2	1		
房山区	4			
通州区	3		1	
顺义区	5	2		
昌平区	6			
大兴区	4			
怀柔区	8		1	
平谷区	10	1		
密云县	6		1	
延庆县	7		1	

4－32 各地区18岁及以上多重残疾人分残疾等级的生活自理状况

单位：人

地 区	无障碍/无适用				轻度障碍			
	残疾一级	残疾二级	残疾三级	残疾四级	残疾一级	残疾二级	残疾三级	残疾四级
总 计	**57**	**18**	**73**	**62**	**45**	**51**	**99**	**66**
东城区	1		3	4	3	1	4	6
西城区	3	3	6	6	1	4	14	9
崇文区	1		3	2	1	1	5	2
宣武区	4		1	1	1	3	9	3
朝阳区	4	1	11	14	8	9	15	4
丰台区	7	1	7	6	3		7	4
石景山区	1	1	5	1		1	1	
海淀区	1	1	11	2	4	8	14	7
门头沟区			1		1			
房山区	9	1	6	2	2	2	12	10
通州区	2		2	1	3	6	5	5
顺义区	7		2	2		1	1	1
昌平区	1	2		2	1	1	2	1
大兴区	1		3	4	2	2	5	3
怀柔区	4	1	2	1	1	1	2	2
平谷区	6	6	5	5	8	4	1	4
密云县	4	1	5	8	5	6	2	4
延庆县	1			1	1	1		1

4－32 续表 1

单位：人

地 区	中度障碍				重度障碍			
	残疾一级	残疾二级	残疾三级	残疾四级	残疾一级	残疾二级	残疾三级	残疾四级
总 计	**108**	**50**	**70**	**15**	**138**	**24**	**19**	**3**
东城区	4		3		3	2	1	
西城区	9	1	10	4	15	1	3	2
崇文区	1	4	3	1	2		1	
宣武区	6	5	7	1	9	2		
朝阳区	18	6	7	2	24	1	1	1
丰台区	5	4	3		13			
石景山区	3	3	2		1	1		
海淀区	6	6	6		11	6	2	
门头沟区	1	1	1		5		1	
房山区	4	3	6	3	7		3	
通州区	11		6	3	4	3	1	
顺义区	7	5	5		6	4	1	
昌平区	5	3	1		10	2		
大兴区	3	2	3		2	1		
怀柔区	5	1	1		9		1	
平谷区	7	2	1		6	1		
密云县	7	2	2		10		2	
延庆县	6	2	3	1	1		2	

4－32 续表 2

单位：人

地区	极重度障碍/不能完成			
	残疾一级	残疾二级	残疾三级	残疾四级
总计	**120**	**8**	**1**	
东城区	8	1		
西城区	10	1		
崇文区	6			
宣武区				
朝阳区	13			
丰台区	12	1		
石景山区	4			
海淀区	18	4		
门头沟区	4	1		
房山区	4			
通州区	2			
顺义区	4			
昌平区	4			
大兴区	4			
怀柔区	6		1	
平谷区	11			
密云县	4			
延庆县	6			

4－33 各地区18岁及以上多重残疾人分残疾等级的与人相处状况

单位：人

地区	无障碍/无适用				轻度障碍			
	残疾一级	残疾二级	残疾三级	残疾四级	残疾一级	残疾二级	残疾三级	残疾四级
总　计	**31**	**29**	**80**	**51**	**35**	**32**	**78**	**63**
东城区	2	2	6	8	2	1	2	2
西城区			4	4	3	2	15	9
崇文区		1	4	2		2	6	3
宣武区			1		1	3	6	5
朝阳区	6	4	10	6	7	2	6	10
丰台区	5	3	7	4	2	1	6	4
石景山区		2	7			2		1
海淀区	5	10	22	5	6	7	9	4
门头沟区			1					
房山区					1	1	9	10
通州区		1	2	1	5	3	5	4
顺义区		1	2	1			3	2
昌平区	3	1		1	1	1		
大兴区	1		5	3	3	2	3	2
怀柔区	1		1		1		1	2
平谷区	7	3	3	6	1	3	3	1
密云县	1	1	4	9	2		2	3
延庆县			1	1		2	2	1

4－33 续表 1

单位：人

地　区	中度障碍				重度障碍			
	残疾一级	残疾二级	残疾三级	残疾四级	残疾一级	残疾二级	残疾三级	残疾四级
总　计	**97**	**45**	**68**	**28**	**177**	**35**	**29**	**2**
东城区	6	1	2		7		1	
西城区	8	2	7	6	12	4	7	2
崇文区	2		2		3	1		
宣武区	7	4	8		11		2	
朝阳区	9	6	14	4	24	5	3	
丰台区	3	2	1	2	14		3	
石景山区	2		1		5	2		
海淀区	9	5	2		12	1		
门头沟区					5	2	1	
房山区	13	4	17	5	9	1		
通州区	8	2	3	3	8	3	3	
顺义区	7	4	3		10	1	1	
昌平区	1	3		2	5	3	3	
大兴区	3	2	2	2	2	1		
怀柔区	7	2	1	1	12	1	2	
平谷区	5	3		2	14	3	1	
密云县	3	4	4		19	4	1	
延庆县	4	1	1	1	5		1	

4－33 续表 2

单位：人

地 区	极重度障碍/不能完成			
	残疾一级	残疾二级	残疾三级	残疾四级
总 计	**128**	**10**	**7**	**2**
东城区	2			
西城区	15	2		
崇文区	6	1		
宣武区	1			
朝阳区	21		1	1
丰台区	16			
石景山区	2			
海淀区	8	2		
门头沟区	6		1	
房山区	3		1	
通州区	1		1	1
顺义区	7	4		
昌平区	11			
大兴区	3		1	
怀柔区	4		2	
平谷区	11	1		
密云县	5			
延庆县	6			

4－34　各地区18岁及以上多重残疾人分残疾等级的生活活动状况

单位：人

地　区	无障碍/无适用				轻度障碍			
	残疾一级	残疾二级	残疾三级	残疾四级	残疾一级	残疾二级	残疾三级	残疾四级
总　计	**18**	**3**	**19**	**10**	**24**	**30**	**89**	**72**
东城区	1		2			1	3	7
西城区	2		2	1	1	3	13	15
崇文区	1		1			1	5	4
宣武区					3	2	6	4
朝阳区	2		1	1	2	3	11	11
丰台区	6	1	2	4	1		6	4
石景山区	1				1	2	5	1
海淀区			5	1	6	7	22	4
门头沟区					1		1	
房山区	1	1			3	2	4	1
通州区			1	1		2	2	2
顺义区			1		4	1	1	2
昌平区	1			1			1	1
大兴区			2		1		2	4
怀柔区	1						2	
平谷区	1	1	1		1	3	2	3
密云县	1		1	1		2	3	7
延庆县						1		2

4－34 续表 1

单位：人

地 区	中度障碍				重度障碍			
	残疾一级	残疾二级	残疾三级	残疾四级	残疾一级	残疾二级	残疾三级	残疾四级
总 计	**241**	**71**	**115**	**46**	**42**	**25**	**25**	**15**
东城区	12	3	5	1	2		1	1
西城区	21	4	16	4	3	2	2	1
崇文区	8	3	5	1				
宣武区	11	6	8	1	2	1	2	
朝阳区	43	10	18	7	5	3	2	1
丰台区	21	3	6	2	2	1	2	
石景山区	4	3	3		1	1		
海淀区	27	15	5	1		1	1	3
门头沟区	4	2	2					
房山区	5	1	16	12	5		6	2
通州区	15	2	5	3	1	2	4	2
顺义区	10	6	5		1	2	1	1
昌平区	14	5	2	1	1	2		
大兴区	4	1	5	1	1	2	1	2
怀柔区	14	1	2	2	1	1	1	1
平谷区	8	2	2	5	8	4	2	1
密云县	12	4	5	4	9	3		
延庆县	8		5	1				

4－34 续表 2

单位：人

地 区	极重度障碍/不能完成			
	残疾一级	残疾二级	残疾三级	残疾四级
总 计	**143**	**22**	**14**	**3**
东城区	4			1
西城区	11	1		
崇文区	2	1	1	
宣武区	4	1	1	
朝阳区	15	1	2	1
丰台区	10	1	1	
石景山区	2			
海淀区	7	2		
门头沟区	6			
房山区	12	2	1	
通州区	6	3	2	1
顺义区	9	1	1	
昌平区	5	1		
大兴区	6	2	1	
怀柔区	9	1	2	
平谷区	20	3		
密云县	8		2	
延庆县	7	2		

4－35　各地区18岁及以上多重残疾人分残疾等级的社会参与状况

单位：人

地　区	无障碍/无适用				轻度障碍			
	残疾一级	残疾二级	残疾三级	残疾四级	残疾一级	残疾二级	残疾三级	残疾四级
总　计	**5**	**4**	**15**	**7**	**40**	**25**	**89**	**73**
东城区			2	2	4	1	2	7
西城区		1	1		5		12	9
崇文区	1		1		1	2	5	4
宣武区					3		5	5
朝阳区			1	1	4	1	11	7
丰台区	3	1	1	2	2		7	4
石景山区		1	4		2	2	3	1
海淀区			2	1	4	9	23	4
门头沟区			1					
房山区	1				2		3	5
通州区					1	2	3	3
顺义区						3	1	2
昌平区					3	1	1	3
大兴区					3		6	6
怀柔区					1	1	3	1
平谷区		1	2		4		2	4
密云县					1	1	2	7
延庆县				1		2		1

4－35 续表 1

单位：人

地区	中度障碍				重度障碍			
	残疾一级	残疾二级	残疾三级	残疾四级	残疾一级	残疾二级	残疾三级	残疾四级
总　计	**163**	**73**	**124**	**61**	**211**	**44**	**29**	**5**
东城区	7	2	5	1	6	1	2	
西城区	18	5	18	11	12	3	2	1
崇文区	4	2	6	1	4	1		
宣武区	6	9	12		11	1		
朝阳区	17	9	17	11	32	7	5	2
丰台区	8	1	6	4	23	3	3	
石景山区	4	3	1		3			
海淀区	11	9	7	4	21	7	1	
门头沟区	3				6		1	
房山区	18	6	22	10	4		2	
通州区	13	4	9	5	8	3	2	1
顺义区	13	2	6	1	10	5	2	
昌平区	10	5	1		8	2	1	
大兴区	6	5	3	1	3		2	
怀柔区	7	1	1	2	15	1	2	
平谷区	5	5	2	5	21	7	1	
密云县	10	4	6	5	17	3	2	
延庆县	3	1	2		7		1	1

4－35 续表 2

单位：人

地　区	极重度障碍/不能完成			
	残疾一级	残疾二级	残疾三级	残疾四级
总　计	**49**	**5**	**5**	
东城区	2			
西城区	3	1		
崇文区	1			
宣武区				
朝阳区	14			
丰台区	4	1		
石景山区				
海淀区	4			
门头沟区	2	2	1	
房山区	1			
通州区				
顺义区	1			
昌平区				
大兴区				
怀柔区	2		1	
平谷区	8			
密云县	2	1	1	
延庆县	5		2	

4－36 各地区视力残疾人分残疾等级的康复形式

单位：人

地　区	机构康复				延伸服务			
	残疾一级	残疾二级	残疾三级	残疾四级	残疾一级	残疾二级	残疾三级	残疾四级
总　计	**44**	**23**	**12**	**198**	**2**			**7**
东城区	5	2		9				1
西城区	2	2	4	15				
崇文区				3				
宣武区	3	1	1	14				
朝阳区	7	1	2	16				1
丰台区	2	1	1	26				1
石景山区	2	3	1	7				
海淀区	7	5		22				
门头沟区			1	8				
房山区	4	2		11	2			
通州区	3	1		12				1
顺义区	1	1		14				
昌平区	2			8				
大兴区		2	1	4				1
怀柔区	1			4				
平谷区	2	1		15				2
密云县	3	1	1	6				
延庆县				4				

4－36 续表

单位：人

地 区	社区和家庭服务			
	残疾一级	残疾二级	残疾三级	残疾四级
总 计	**17**	**4**	**4**	**14**
东城区	3			1
西城区			1	2
崇文区				1
宣武区				
朝阳区	2			3
丰台区	1	2		2
石景山区			1	
海淀区				2
门头沟区	1		1	
房山区				
通州区	2			
顺义区	1	1		
昌平区	2			
大兴区	1	1	1	1
怀柔区				1
平谷区				1
密云县	4			
延庆县				

4－37　各地区视力残疾人分残疾等级的康复内容

单位：人

地　区	医疗服务				辅助器具			
	残疾一级	残疾二级	残疾三级	残疾四级	残疾一级	残疾二级	残疾三级	残疾四级
总　计	**41**	**23**	**13**	**205**	**22**	**9**	**5**	**65**
东城区	4	2		9	1	2		10
西城区	2	2	4	16			1	1
崇文区				4				
宣武区	3	1	1	14	2		1	11
朝阳区	7	1	2	17	1			4
丰台区	2	2	1	26	2	3	1	14
石景山区	2	3	1	7	1	1		2
海淀区	5	5		23	3			5
门头沟区	1		2	8	1			1
房山区	4	2		11	2			1
通州区	4	1		13	2			6
顺义区	1	1		14	2	1		2
昌平区	2			8				
大兴区		1	1	5		1	2	2
怀柔区				5				
平谷区	2	1		16				3
密云县	2	1	1	6	5	1		2
延庆县				3				1

4－37　续表

单位：人

地　区	康复训练与服务			
	残疾一级	残疾二级	残疾三级	残疾四级
总　计	**16**	**4**	**3**	**14**
东城区	7	1		2
西城区				
崇文区				
宣武区				
朝阳区	1			1
丰台区		1	1	2
石景山区			1	
海淀区				1
门头沟区				
房山区				
通州区	2			4
顺义区				
昌平区	2			
大兴区	1	2	1	
怀柔区	1			
平谷区				2
密云县	2			2
延庆县				

4－38 各地区听力残疾人分残疾等级的康复形式

单位：人

地 区	机构康复				延伸服务			
	残疾一级	残疾二级	残疾三级	残疾四级	残疾一级	残疾二级	残疾三级	残疾四级
总 计	**30**	**47**	**247**	**207**	**9**	**5**	**51**	**36**
东城区	1		3	6		1	4	11
西城区	1	9	39	46				
崇文区	1				5	3	14	4
宣武区			2					
朝阳区	7	12	73	83				1
丰台区		2		1				1
石景山区			1	2				
海淀区	8	5	40	8				
门头沟区			4	3				
房山区	1	3	11	4		1		2
通州区	2	4	6	7				
顺义区								
昌平区	5	3	19	6				
大兴区			2		2		25	13
怀柔区	1	4	22	8	1			
平谷区	1		1	2	1			
密云县	2	5	23	31			8	4
延庆县			1					

4－38 续表

单位：人

地　区	社区和家庭服务			
	残疾一级	残疾二级	残疾三级	残疾四级
总　计	**45**	**45**	**231**	**147**
东城区	2	2	18	20
西城区	1	2	4	4
崇文区				
宣武区	4	7	16	2
朝阳区		1	3	2
丰台区	3	2	13	12
石景山区	2		35	21
海淀区	9	5	39	16
门头沟区		1	13	18
房山区	1		3	
通州区	3	6	14	9
顺义区	7	8	18	8
昌平区				
大兴区			2	1
怀柔区				1
平谷区	7	5	38	27
密云县	1			3
延庆县	5	6	15	3

4－39 各地区听力残疾人分残疾等级的康复内容

单位：人

地 区	医疗服务				辅助器具			
	残疾一级	残疾二级	残疾三级	残疾四级	残疾一级	残疾二级	残疾三级	残疾四级
总 计	**38**	**50**	**254**	**200**	**79**	**86**	**451**	**298**
东城区	1		2		2	3	25	37
西城区	1	11	41	46	2	9	32	33
崇文区	6	3	14	4	6	3	14	2
宣武区	1	2	2		3	7	17	2
朝阳区	7	12	68	81	7	9	65	67
丰台区		3	3	2	3	3	10	13
石景山区			6	4			10	4
海淀区	8	5	39	7	17	10	79	24
门头沟区			6	3			12	15
房山区	1	2	8	3	1	4	11	4
通州区	1		1	4	5	10	20	12
顺义区	7	8	17	6	7	8	18	8
昌平区			2		5	3	17	6
大兴区			2	2	2		28	14
怀柔区		1	15	6	2	3	12	3
平谷区			2	4	9	5	38	24
密云县	2	3	21	27	3	5	29	29
延庆县	3		5	1	5	4	14	1

4－39 续表

单位：人

地　区	康复训练与服务			
	残疾一级	残疾二级	残疾三级	残疾四级
总　计	**16**	**9**	**62**	**47**
东城区	1		5	5
西城区				2
崇文区	2	1	2	
宣武区				
朝阳区	4	3	16	12
丰台区				
石景山区	2		29	16
海淀区	1		4	2
门头沟区		1	2	5
房山区	1	1	2	2
通州区				
顺义区				
昌平区				
大兴区	1			
怀柔区				
平谷区	1			1
密云县				1
延庆县	3	3	2	1

4－40 各地区言语残疾人分残疾等级的康复形式

单位：人

地 区	机构康复				延伸服务			
	残疾一级	残疾二级	残疾三级	残疾四级	残疾一级	残疾二级	残疾三级	残疾四级
总 计	**3**	**1**	**3**	**7**				**1**
东城区			1					
西城区								
崇文区	1							
宣武区								
朝阳区	1			1				
丰台区		1						
石景山区			1					
海淀区								1
门头沟区				1				
房山区								
通州区				2				
顺义区								
昌平区				1				
大兴区			1					
怀柔区	1							
平谷区				1				
密云县								
延庆县				1				

4－40 续表

单位：人

地 区	社区和家庭服务			
	残疾一级	残疾二级	残疾三级	残疾四级
总 计	**3**	**2**	**3**	**8**
东城区				
西城区				
崇文区				
宣武区				
朝阳区		1		
丰台区				1
石景山区			1	
海淀区			1	1
门头沟区		1	1	1
房山区				2
通州区				1
顺义区				
昌平区	1			
大兴区				1
怀柔区				1
平谷区	1			
密云县	1			
延庆县				

4－41 各地区言语残疾人分残疾等级的康复内容

单位：人

地 区	医疗服务				辅助器具			
	残疾一级	残疾二级	残疾三级	残疾四级	残疾一级	残疾二级	残疾三级	残疾四级
总 计	**1**	**2**	**4**	**8**	**1**			**3**
东城区			1					
西城区								
崇文区								
宣武区								
朝阳区		1						
丰台区		1						
石景山区			1					
海淀区			1	1				1
门头沟区								
房山区				2				2
通州区				2				
顺义区								
昌平区				1				
大兴区			1					
怀柔区				1				
平谷区	1			1				
密云县					1			
延庆县								

4-41 续表

单位：人

地　区	康复训练与服务			
	残疾一级	残疾二级	残疾三级	残疾四级
总　计	**5**	**3**	**4**	**12**
东城区			1	
西城区				
崇文区	1			
宣武区				
朝阳区	1	1		1
丰台区		1		1
石景山区			1	
海淀区			1	2
门头沟区		1	1	2
房山区				1
通州区				1
顺义区				
昌平区	1			
大兴区				1
怀柔区	1			1
平谷区	1			1
密云县				
延庆县				1

4－42 各地区肢体残疾人分残疾等级的康复形式

单位：人

地 区	机构康复				延伸服务			
	残疾一级	残疾二级	残疾三级	残疾四级	残疾一级	残疾二级	残疾三级	残疾四级
总 计	**22**	**68**	**222**	**685**	**1**	**9**	**29**	**75**
东城区	1	6	16	65				
西城区		2	11	64			1	
崇文区	1	2	3	16				
宣武区		5	16	27		3	2	2
朝阳区	2		12	31			1	2
丰台区	1	15	24	49			1	
石景山区		4	5	25				
海淀区	6	16	50	78	1	6	11	22
门头沟区				1				
房山区	1	1	31	111			7	30
通州区	3	3	8	55			1	17
顺义区		1	6	13			1	
昌平区	1	3	2	10				
大兴区	2		8	33				
怀柔区	1	5	6	15				1
平谷区	3	3	10	50				
密云县		2	8	19			2	1
延庆县			6	23			2	

4－42 续表

单位：人

地 区	社区和家庭服务			
	残疾一级	残疾二级	残疾三级	残疾四级
总 计	**17**	**69**	**151**	**377**
东城区	1	11	8	21
西城区		1	21	71
崇文区	2	4	7	25
宣武区	1	9	13	22
朝阳区	8	14	24	50
丰台区		5	12	12
石景山区	1	2	3	7
海淀区	2	1	10	21
门头沟区		2	2	2
房山区			11	27
通州区		8	11	37
顺义区	1	4	12	28
昌平区		6	7	23
大兴区		1	3	12
怀柔区				
平谷区	1			5
密云县		1	7	3
延庆县				11

4－43　各地区肢体残疾人分残疾等级的康复内容

单位：人

地　区	医疗服务				辅助器具			
	残疾一级	残疾二级	残疾三级	残疾四级	残疾一级	残疾二级	残疾三级	残疾四级
总　计	**31**	**101**	**275**	**789**	**16**	**101**	**250**	**487**
东城区	2	13	22	71	2	15	18	50
西城区			5	28		2	22	91
崇文区	1	1	3	16		1		
宣武区		7	18	29		17	28	23
朝阳区	8	11	29	53	2	4	17	12
丰台区	1	16	23	49		9	18	10
石景山区		5	6	29	1	5	5	20
海淀区	7	23	63	108	7	21	54	72
门头沟区		2					2	1
房山区	1	1	39	136	1	1	41	115
通州区	3	4	16	93	1	10	11	40
顺义区		1	6	15		2	3	5
昌平区	1	6	5	18	1	9	8	22
大兴区	2	1	9	31	1	1	3	3
怀柔区	1	5	6	16		1	4	1
平谷区	4	3	10	50				3
密云县		2	10	20		3	16	17
延庆县			5	27				2

4－43 续表

单位：人

地 区	康复训练与服务			
	残疾一级	残疾二级	残疾三级	残疾四级
总 计	**25**	**104**	**245**	**488**
东城区		6	7	19
西城区		1	12	23
崇文区	2	4	7	25
宣武区	1	15	25	35
朝阳区	7	13	21	43
丰台区		10	19	15
石景山区	1	6	8	16
海淀区	8	22	59	86
门头沟区		2		2
房山区	1	1	31	86
通州区	1	3	8	40
顺义区	1	4	13	28
昌平区	1	8	6	18
大兴区			5	15
怀柔区		5	2	10
平谷区	2	1	2	8
密云县		3	16	14
延庆县			4	5

4－44 各地区智力残疾人分残疾等级的康复形式

单位：人

地 区	机构康复				延伸服务			
	残疾一级	残疾二级	残疾三级	残疾四级	残疾一级	残疾二级	残疾三级	残疾四级
总 计	**4**	**7**	**15**	**24**			**1**	**5**
东城区		1	1					
西城区								
崇文区				1				
宣武区		1						
朝阳区				1				2
丰台区		1	1					
石景山区								
海淀区				2				
门头沟区								
房山区	2	2	4	6				
通州区	1	1		1				3
顺义区	1		1					
昌平区			2				1	
大兴区				1				
怀柔区			3	3				
平谷区		1	3	7				
密云县								
延庆县				2				

4－44 续表

单位：人

地 区	社区和家庭服务			
	残疾一级	残疾二级	残疾三级	残疾四级
总 计	**6**	**17**	**65**	**99**
东城区			2	3
西城区			1	5
崇文区				4
宣武区	2	1	1	2
朝阳区	1	3	11	10
丰台区	1	2	7	9
石景山区				4
海淀区			8	7
门头沟区			1	6
房山区				2
通州区		1	3	8
顺义区		2	11	10
昌平区	2	4	9	7
大兴区		1	2	7
怀柔区		1	1	1
平谷区		2		3
密云县			5	9
延庆县			3	2

4－45 各地区智力残疾人分残疾等级的康复内容

单位：人

地区	医疗服务				辅助器具			
	残疾一级	残疾二级	残疾三级	残疾四级	残疾一级	残疾二级	残疾三级	残疾四级
总计	**4**	**10**	**19**	**31**				**1**
东城区		1	2	3				
西城区								
崇文区				3				
宣武区		1						
朝阳区			2	2				1
丰台区				1				
石景山区								
海淀区				1				
门头沟区				1				
房山区	1	2	4	6				
通州区	1	1						
顺义区	1		1	1				
昌平区	1	3	4	1				
大兴区			1					
怀柔区				2				
平谷区		2	3	7				
密云县								
延庆县			2	3				

4-45 续表

单位：人

地 区	康复训练与服务			
	残疾一级	残疾二级	残疾三级	残疾四级
总 计	**8**	**20**	**70**	**107**
东城区			1	1
西城区			1	5
崇文区				3
宣武区	2	2	1	2
朝阳区	1	3	10	12
丰台区	1	3	8	9
石景山区				4
海淀区			8	9
门头沟区			1	6
房山区	1		1	3
通州区	1	2	3	12
顺义区		2	11	10
昌平区	2	4	12	6
大兴区		1	2	8
怀柔区		1	4	3
平谷区		2		3
密云县			5	9
延庆县			2	2

4－46 各地区精神残疾人分残疾等级的康复形式

单位：人

地 区	机构康复				延伸服务			
	残疾一级	残疾二级	残疾三级	残疾四级	残疾一级	残疾二级	残疾三级	残疾四级
总 计	**35**	**24**	**23**	**69**	**2**	**1**	**2**	**12**
东城区	1			1				
西城区	2	1	1	4	1			4
崇文区	1			1				
宣武区	4	6		6				
朝阳区	4	2	8	15			2	5
丰台区		1	1	5				
石景山区	1	1						
海淀区	1	3	7	11				
门头沟区				1				
房山区		2	4	11				
通州区	1							
顺义区	8	1						
昌平区	6	3	1	6				
大兴区				1				
怀柔区	1	1						
平谷区	1	2	1	5	1	1		3
密云县	4			1				
延庆县		1		1				

4－46 续表

单位：人

地 区	社区和家庭服务			
	残疾一级	残疾二级	残疾三级	残疾四级
总 计	**34**	**25**	**36**	**84**
东城区	2	6	7	9
西城区	2		3	10
崇文区	1	1	1	2
宣武区				
朝阳区	10	2	4	6
丰台区	1	3	4	4
石景山区	1		2	6
海淀区		2	4	14
门头沟区	1	2	4	7
房山区				1
通州区	2	1	4	15
顺义区	4	2	1	4
昌平区	1	2		
大兴区	4	2	1	4
怀柔区				
平谷区	1	1	1	2
密云县	4	1		
延庆县				

4－47 各地区精神残疾人分残疾等级的康复内容

单位：人

地 区	医疗服务				辅助器具			
	残疾一级	残疾二级	残疾三级	残疾四级	残疾一级	残疾二级	残疾三级	残疾四级
总 计	**65**	**47**	**59**	**151**			**1**	**1**
东城区	3	6	7	10				
西城区	5	1	4	18				
崇文区	2	1	1	3				
宣武区	4	6		6				
朝阳区	14	4	14	23				1
丰台区	1	4	5	9				
石景山区	2	1	2	6				
海淀区	1	5	11	24			1	
门头沟区	1	2	4	7				
房山区		2	4	10				
通州区	3	1	4	14				
顺义区	10	2						
昌平区	7	5	1	6				
大兴区	4	2	1	5				
怀柔区	1	1						
平谷区	2	3	1	8				
密云县	5			1				
延庆县		1		1				

4－47 续表

单位：人

地 区	康复训练与服务			
	残疾一级	残疾二级	残疾三级	残疾四级
总 计	**44**	**30**	**38**	**106**
东城区	1	2	4	2
西城区	5	1	4	18
崇文区	2	1	1	3
宣武区				
朝阳区	13	4	9	16
丰台区	1	3	3	6
石景山区	2	1	2	6
海淀区	1	1	4	13
门头沟区	1	2	3	8
房山区		2	1	7
通州区	1	1	3	14
顺义区	7	2	1	4
昌平区	5	5	1	4
大兴区				
怀柔区				
平谷区	2	4	2	5
密云县	3	1		
延庆县				

4－48 各地区多重残疾人分残疾等级的康复形式

单位：人

地 区	机构康复				延伸服务			
	残疾一级	残疾二级	残疾三级	残疾四级	残疾一级	残疾二级	残疾三级	残疾四级
总 计	**193**	**69**	**133**	**71**	**31**	**11**	**23**	**8**
东城区	3	1	4	3				
西城区	10	2	12	13	4	2	2	
崇文区	1	1	6	1	5	2	2	1
宣武区	11	5	7	4			1	
朝阳区	27	6	21	10	1	1	2	1
丰台区	9	5	7	2			1	
石景山区	1	3	3	1	1			
海淀区	18	15	21	3	9	4	9	
门头沟区	2							
房山区	18	7	22	7	1		3	6
通州区	7	3	4	1	2	1		
顺义区	2		2	1	3			
昌平区	15	4	1	1				
大兴区	14	3	6	3	1		2	
怀柔区	19	3	4	3				
平谷区	20	9	5	4	4	1		
密云县	6		5	11			1	
延庆县	10	2	3	3				

4－48 续表

单位：人

地 区	社区和家庭服务			
	残疾一级	残疾二级	残疾三级	残疾四级
总 计	**276**	**82**	**112**	**72**
东城区	16	3	7	7
西城区	24	6	19	9
崇文区	8	2	4	3
宣武区	9	5	9	1
朝阳区	39	10	13	10
丰台区	31	3	10	8
石景山区	8	4	5	
海淀区	15	6	4	6
门头沟区	11	4	3	
房山区	7	1	2	2
通州区	15	5	10	8
顺义区	19	10	7	3
昌平区	7	5	4	2
大兴区	14	4	3	6
怀柔区	7	1	3	1
平谷区	16	3	2	5
密云县	25	9	5	1
延庆县	5	1	2	

4－49　各地区多重残疾人分残疾等级的康复内容

单位：人

地　区	医疗服务				辅助器具			
	残疾一级	残疾二级	残疾三级	残疾四级	残疾一级	残疾二级	残疾三级	残疾四级
总　计	**334**	**104**	**182**	**105**	**163**	**59**	**133**	**51**
东城区	13	3	8	6	6	3	6	6
西城区	35	8	14	10	6	3	25	11
崇文区	9	4	10	2	4	1	3	1
宣武区	11	6	6	4	5	6	11	3
朝阳区	48	11	31	15	29	9	13	5
丰台区	30	6	10	6	15	3	7	2
石景山区	5	6	6	1	4	3	6	
海淀区	38	22	32	9	24	17	26	2
门头沟区	7		2			1	1	
房山区	24	7	24	13	7	4	14	9
通州区	17	7	8	6	12	2	4	1
顺义区	4		4	3	3	1	2	1
昌平区	17	6	1		3	1		1
大兴区	14	5	8	6	10		6	
怀柔区	19	2	4	3	9	1	1	1
平谷区	22	9	5	8	19	4	2	1
密云县	7		5	11	7		5	7
延庆县	14	2	4	2			1	

4－49 续表

单位：人

地 区	康复训练与服务			
	残疾一级	残疾二级	残疾三级	残疾四级
总 计	**320**	**103**	**135**	**66**
东城区	8	1	3	1
西城区	27	6	6	5
崇文区	9	3	5	3
宣武区	10	8	12	2
朝阳区	39	11	14	12
丰台区	24	3	7	2
石景山区	9	6	7	1
海淀区	29	18	25	5
门头沟区	10	3	2	
房山区	20	4	15	9
通州区	13	5	10	6
顺义区	24	10	7	3
昌平区	21	7	5	2
大兴区	18	3	2	5
怀柔区	8	2	4	2
平谷区	25	3	1	1
密云县	20	9	7	6
延庆县	6	1	3	1

4－50 各地区残疾人分城乡、残疾等级的持证情况

单位：人

地 区	持证残疾人			持证残疾人 残疾一级		
	合计	城镇	农村	小计	城镇	农村
总 计	**1132**	**787**	**345**	**245**	**152**	**93**
东城区	87	87		19	19	
西城区	92	92		13	13	
崇文区	37	37		8	8	
宣武区	63	63		13	13	
朝阳区	110	110		32	32	
丰台区	91	69	22	14	10	4
石景山区	25	25		3	3	
海淀区	118	103	15	23	20	3
门头沟区	19	10	9	6	3	3
房山区	73	40	33	13	6	7
通州区	91	47	44	12	4	8
顺义区	47	13	34	10	2	8
昌平区	74	38	36	20	6	14
大兴区	40	1	39	10		10
怀柔区	36	13	23	13	5	8
平谷区	51	29	22	15	6	9
密云县	52	8	44	17	1	16
延庆县	26	2	24	4	1	3

4－50 续表

单位：人

地 区	持证残疾人								
	残疾二级			残疾三级			残疾四级		
	小计	城镇	农村	小计	城镇	农村	小计	城镇	农村
合 计	**125**	**87**	**38**	**268**	**195**	**73**	**494**	**353**	**141**
东城区	11	11		19	19		38	38	
西城区	7	7		18	18		54	54	
崇文区	5	5		5	5		19	19	
宣武区	14	14		9	9		27	27	
朝阳区	5	5		29	29		44	44	
丰台区	10	7	3	27	21	6	40	31	9
石景山区	2	2		5	5		15	15	
海淀区	14	11	3	36	33	3	45	39	6
门头沟区	2	1	1	3	1	2	8	5	3
房山区	4	4		23	13	10	33	17	16
通州区	10	3	7	13	8	5	56	32	24
顺义区	4	1	3	16	6	10	17	4	13
昌平区	15	6	9	16	13	3	23	13	10
大兴区	3		3	10		10	17	1	16
怀柔区	5	3	2	8	2	6	10	3	7
平谷区	7	5	2	10	8	2	19	10	9
密云县	5	2	3	15	4	11	15	1	14
延庆县	2		2	6	1	5	14		14

4－52　6-14岁听力残疾人分年龄、性别、残疾等级的在校生接受义务教育情况

单位：人

年龄	残疾人		残疾一级							
			普通教育学校普通班		普通教育学校特教班		特殊教育学校		其他	
	男	女	男	女	男	女	男	女	男	女
总　计	**1**		**1**							
6岁										
7岁										
8岁										
9岁										
10岁										
11岁	1		1							
12岁										
13岁										
14岁										

4－52　续表 1

单位：人

年龄	残疾二级							
	普通教育学校普通班		普通教育学校特教班		特殊教育学校		其他	
	男	女	男	女	男	女	男	女
总　计								
6岁								
7岁								
8岁								
9岁								
10岁								
11岁								
12岁								
13岁								
14岁								

4－52 续表 2

单位：人

年 龄	残疾三级							
	普通教育学校普通班		普通教育学校特教班		特殊教育学校		其他	
	男	女	男	女	男	女	男	女
总 计								
6岁								
7岁								
8岁								
9岁								
10岁								
11岁								
12岁								
13岁								
14岁								

4－52 续表 3

单位：人

年 龄	残疾四级							
	普通教育学校普通班		普通教育学校特教班		特殊教育学校		其他	
	男	女	男	女	男	女	男	女
总 计								
6岁								
7岁								
8岁								
9岁								
10岁								
11岁								
12岁								
13岁								
14岁								

4－54　6-14岁肢体残疾人分年龄、性别、残疾等级的在校生接受义务教育情况

单位：人

年　龄	残疾人		残疾一级							
			普通教育学校普通班		普通教育学校特教班		特殊教育学校		其他	
	男	女	男	女	男	女	男	女	男	女
总　计	**5**	**5**		**1**						
6岁	1									
7岁	1									
8岁										
9岁										
10岁	1									
11岁	1	2								
12岁										
13岁	1									
14岁		3		1						

4－54　续表 1

单位：人

年　龄	残疾二级							
	普通教育学校普通班		普通教育学校特教班		特殊教育学校		其他	
	男	女	男	女	男	女	男	女
总　计								
6岁								
7岁								
8岁								
9岁								
10岁								
11岁								
12岁								
13岁								
14岁								

4－54 续表 2

单位：人

年 龄	残疾三级							
	普通教育学校普通班		普通教育学校特教班		特殊教育学校		其他	
	男	女	男	女	男	女	男	女
总 计	**1**							
6岁								
7岁								
8岁								
9岁								
10岁								
11岁								
12岁								
13岁	1							
14岁								

4－54 续表 3

单位：人

年 龄	残疾四级							
	普通教育学校普通班		普通教育学校特教班		特殊教育学校		其他	
	男	女	男	女	男	女	男	女
总 计	**3**	**4**						
6岁								
7岁	1							
8岁								
9岁								
10岁	1							
11岁	1	2						
12岁								
13岁								
14岁		2						

4－55　6-14岁智力残疾人分年龄、性别、残疾等级的在校生接受义务教育情况

单位：人

年　龄	残疾人		残疾一级							
			普通教育学校普通班		普通教育学校特教班		特殊教育学校		其他	
	男	女	男	女	男	女	男	女	男	女
总　计	**8**	**6**	**1**	**1**						
6岁	1									
7岁	1									
8岁	1									
9岁		1								
10岁	1	1								
11岁	1	2								
12岁	1									
13岁	1	1	1	1						
14岁	1	1								

4－55　续表 1

单位：人

年　龄	残疾二级							
	普通教育学校普通班		普通教育学校特教班		特殊教育学校		其他	
	男	女	男	女	男	女	男	女
总　计	**2**							
6岁								
7岁								
8岁								
9岁								
10岁								
11岁	1							
12岁	1							
13岁								
14岁								

4-55 续表 2

单位：人

年龄	残疾三级							
	普通教育学校普通班		普通教育学校特教班		特殊教育学校		其他	
	男	女	男	女	男	女	男	女
总 计		**1**			**1**			
6岁								
7岁								
8岁								
9岁								
10岁					1			
11岁		1						
12岁								
13岁								
14岁								

4-55 续表 3

单位：人

年龄	残疾四级							
	普通教育学校普通班		普通教育学校特教班		特殊教育学校		其他	
	男	女	男	女	男	女	男	女
总 计		**3**	**1**	**1**	**1**			
6岁								
7岁					1			
8岁			1					
9岁				1				
10岁		1						
11岁		1						
12岁								
13岁								
14岁		1						

4－57　6–14岁多重残疾人分年龄、性别、残疾等级的在校生接受义务教育情况

单位：人

年　龄	残疾人		残疾一级							
			普通教育学校普通班		普通教育学校特教班		特殊教育学校		其他	
	男	女	男	女	男	女	男	女	男	女
总　计	**14**	**15**					**3**	**3**	**1**	
6岁	2	1								
7岁	4	5					1			
8岁		1						1		
9岁	3						1			
10岁	2	1								
11岁	2	4					1	1		
12岁	1	2						1	1	
13岁										
14岁		1								

4－57　续表 1

单位：人

年　龄	残疾二级							
	普通教育学校普通班		普通教育学校特教班		特殊教育学校		其他	
	男	女	男	女	男	女	男	女
总　计						**1**		**1**
6岁								
7岁								1
8岁								
9岁								
10岁						1		
11岁								
12岁								
13岁								
14岁								

4－57 续表 2

单位：人

年 龄	残疾三级							
	普通教育学校普通班		普通教育学校特教班		特殊教育学校		其他	
	男	女	男	女	男	女	男	女
总 计	**1**							
6岁								
7岁	1							
8岁								
9岁								
10岁								
11岁								
12岁								
13岁								
14岁								

4－57 续表 3

单位：人

年 龄	残疾四级							
	普通教育学校普通班		普通教育学校特教班		特殊教育学校		其他	
	男	女	男	女	男	女	男	女
总 计		**1**						
6岁								
7岁								
8岁								
9岁								
10岁								
11岁		1						
12岁								
13岁								
14岁								

4－58　各地区6–14岁残疾人分城乡、残疾等级的在校生接受义务教育情况

单位：人

地　区	残疾人		残疾一级							
			普通教育学校普通班		普通教育学校特教班		特殊教育学校		其他	
	城镇	农村	城镇	农村	城镇	农村	城镇	农村	城镇	农村
总　计	**25**	**29**	**2**	**2**			**2**	**4**	**1**	
东城区	1									
西城区	3									
崇文区	2						1			
宣武区	1		1							
朝阳区	2									
丰台区	1	1								
石景山区	2									
海淀区	2	2								
门头沟区		1						1		
房山区	4									
通州区	2	2					1	1		
顺义区	1	2	1							
昌平区	3								1	
大兴区		16		1				1		
怀柔区		1								
平谷区		2		1				1		
密云县		2								
延庆县	1									

4－58 续表 1

单位：人

地区	残疾二级							
	普通教育学校普通班		普通教育学校特教班		特殊教育学校		其他	
	城镇	农村	城镇	农村	城镇	农村	城镇	农村
总　计	**2**					**1**	**1**	
东城区								
西城区								
崇文区								
宣武区								
朝阳区								
丰台区	1							
石景山区								
海淀区								
门头沟区								
房山区	1							
通州区								
顺义区								
昌平区							1	
大兴区						1		
怀柔区								
平谷区								
密云县								
延庆县								

4－58 续表 2

单位：人

地区	残疾三级							
	普通教育学校普通班		普通教育学校特教班		特殊教育学校		其他	
	城镇	农村	城镇	农村	城镇	农村	城镇	农村
总　计	**3**				**1**			
东城区	1							
西城区					1			
崇文区								
宣武区								
朝阳区								
丰台区								
石景山区								
海淀区	2							
门头沟区								
房山区								
通州区								
顺义区								
昌平区								
大兴区								
怀柔区								
平谷区								
密云县								
延庆县								

4－58 续表 3

单位：人

地 区	残疾四级							
	普通教育学校普通班		普通教育学校特教班		特殊教育学校		其他	
	城镇	农村	城镇	农村	城镇	农村	城镇	农村
总 计	**7**	**4**	**1**	**1**	**1**			
东城区								
西城区	2							
崇文区								
宣武区								
朝阳区	2							
丰台区								
石景山区					1			
海淀区								
门头沟区								
房山区	2							
通州区	1	1						
顺义区				1				
昌平区								
大兴区		2						
怀柔区								
平谷区								
密云县		1						
延庆县			1					

4-59 各地区16岁及以上视力残疾人分城乡的参加社会保险情况

单位：人

地　区	残疾人			参加社会保险人数					
				养老保险			医疗保险		
	合计	城镇	农村	小计	城镇	农村	小计	城镇	农村
总　计	**322**	**229**	**93**	**57**	**53**	**4**	**111**	**107**	**4**
东城区	21	21		7	7		13	13	
西城区	26	26							
崇文区	4	4		2	2		3	3	
宣武区	19	19		4	4		14	14	
朝阳区	30	30		3	3		17	17	
丰台区	36	25	11	11	9	2	24	21	3
石景山区	14	14		5	5		8	8	
海淀区	36	34	2	15	15		22	22	
门头沟区	11	5	6	5	4	1	4	4	
房山区	19	11	8	2	2		2	2	
通州区	19	9	10	1		1	1		1
顺义区	18	7	11						
昌平区	12	7	5	2	2		2	2	
大兴区	12		12						
怀柔区	6	2	4						
平谷区	20	13	7				1	1	
密云县	15	2	13						
延庆县	4		4						

4-59 续表

单位：人

地 区	参加社会保险人数						未参加		
	工伤保险			失业保险					
	小计	城镇	农村	小计	城镇	农村	小计	城镇	农村
总 计	**6**	**6**		**12**	**10**	**2**	**207**	**120**	**87**
东城区	1	1		1	1		8	8	
西城区							26	26	
崇文区							1	1	
宣武区							5	5	
朝阳区	1	1		3	3		12	12	
丰台区				2	1	1	11	4	7
石景山区	1	1		2	2		6	6	
海淀区							14	12	2
门头沟区	2	2		2	2		6	1	5
房山区	1	1		1	1		17	9	8
通州区				1		1	18	9	9
顺义区							18	7	11
昌平区							9	4	5
大兴区							12		12
怀柔区							6	2	4
平谷区							19	12	7
密云县							15	2	13
延庆县							4		4

4-60 各地区16岁及以上听力残疾人分城乡的参加社会保险情况

单位：人

地区	残疾人			参加社会保险人数					
				养老保险			医疗保险		
	合计	城镇	农村	小计	城镇	农村	小计	城镇	农村
总　计	**1097**	**799**	**298**	**148**	**132**	**16**	**334**	**318**	**16**
东城区	68	68		13	13		31	31	
西城区	106	106		1	1		4	4	
崇文区	27	27							
宣武区	31	31		8	8		25	25	
朝阳区	181	181		4	4		80	80	
丰台区	34	29	5	19	18	1	23	22	1
石景山区	61	61					45	45	
海淀区	130	123	7	77	74	3	77	74	3
门头沟区	39	20	19	4	2	2	5	3	2
房山区	26	18	8	1	1		2	2	
通州区	51	28	23						
顺义区	41	13	28	2	1	1	2	1	1
昌平区	33	24	9	4	4		19	19	
大兴区	44	6	38	9	3	6	11	5	6
怀柔区	37	7	30	3	2	1	5	4	1
平谷区	81	44	37	1	1		4	3	1
密云县	77	9	68				1		1
延庆县	30	4	26	2		2			

4-60 续表

单位：人

地区	参加社会保险人数						未参加		
	工伤保险			失业保险					
	小计	城镇	农村	小计	城镇	农村	小计	城镇	农村
总　计	**8**	**6**	**2**	**15**	**13**	**2**	**754**	**477**	**277**
东城区	1	1		1	1		37	37	
西城区							102	102	
崇文区							27	27	
宣武区							6	6	
朝阳区	1	1		3	3		101	101	
丰台区				2	2		9	5	4
石景山区							16	16	
海淀区	1	1		2	2		51	47	4
门头沟区	2	2		2	2		34	17	17
房山区							24	16	8
通州区							51	28	23
顺义区	1	1		1	1		38	12	26
昌平区							14	5	9
大兴区				1		1	32	1	31
怀柔区	1		1	2	1	1	32	3	29
平谷区				1	1		77	41	36
密云县	1		1				75	9	66
延庆县							28	4	24

4-61 各地区16岁及以上言语残疾人分城乡的参加社会保险情况

单位：人

地 区	残疾人			参加社会保险人数					
				养老保险			医疗保险		
	合计	城镇	农村	小计	城镇	农村	小计	城镇	农村
总 计	**26**	**13**	**13**	**6**	**5**	**1**	**9**	**8**	**1**
东城区									
西城区									
崇文区	1	1		1	1		1	1	
宣武区									
朝阳区	2	2					1	1	
丰台区	2	1	1	1		1	2	1	1
石景山区	2	2		2	2		2	2	
海淀区	2	2		1	1		1	1	
门头沟区	4	2	2	1	1		1	1	
房山区	1	1							
通州区	3		3						
顺义区									
昌平区	2	1	1				1	1	
大兴区	1		1						
怀柔区	2		2						
平谷区	2	1	1						
密云县	1		1						
延庆县	1		1						

4-61 续表

单位：人

地区	参加社会保险人数						未参加		
	工伤保险			失业保险					
	小计	城镇	农村	小计	城镇	农村	小计	城镇	农村
总　计	**1**	**1**		**3**	**2**	**1**	**17**	**5**	**12**
东城区									
西城区									
崇文区									
宣武区									
朝阳区							1	1	
丰台区				1		1			
石景山区				1	1				
海淀区							1	1	
门头沟区	1	1		1	1		3	1	2
房山区							1	1	
通州区							3		3
顺义区									
昌平区							1		1
大兴区							1		1
怀柔区							2		2
平谷区							2	1	1
密云县							1		1
延庆县							1		1

4–62 各地区16岁及以上肢体残疾人分城乡的参加社会保险情况

单位：人

地 区	残疾人			参加社会保险人数					
				养老保险			医疗保险		
	合计	城镇	农村	小计	城镇	农村	小计	城镇	农村
总 计	**1708**	**1222**	**486**	**378**	**352**	**26**	**599**	**570**	**29**
东城区	128	128		20	20		76	76	
西城区	170	170					5	5	
崇文区	60	60		36	36		36	36	
宣武区	100	100		70	70		70	70	
朝阳区	143	143		11	11		82	82	
丰台区	118	87	31	67	58	9	79	70	9
石景山区	47	47		13	13		35	35	
海淀区	224	203	21	75	71	4	102	100	2
门头沟区	7	4	3	1	1		2	2	
房山区	216	87	129	28	26	2	39	33	6
通州区	142	60	82	29	23	6	27	22	5
顺义区	66	25	41	5	4	1	5	4	1
昌平区	52	36	16	14	14		23	23	
大兴区	51	4	47	3	3		7	3	4
怀柔区	28	9	19	1		1	6	5	1
平谷区	72	48	24	2	2		4	4	
密云县	42	5	37						
延庆县	42	6	36	3		3	1		1

4-62 续表

单位：人

地区	参加社会保险人数						未参加		
	工伤保险			失业保险					
	小计	城镇	农村	小计	城镇	农村	小计	城镇	农村
总　计	**50**	**45**	**5**	**86**	**80**	**6**	**1096**	**645**	**451**
东城区	1	1		11	11		51	51	
西城区							165	165	
崇文区	2	2		6	6		22	22	
宣武区				4	4		30	30	
朝阳区	5	5		9	9		59	59	
丰台区	7	5	2	23	20	3	39	17	22
石景山区	3	3		1	1		12	12	
海淀区	2	1	1	3	3		120	103	17
门头沟区	1	1		1	1		5	2	3
房山区	22	21	1	13	12	1	176	53	123
通州区	2	1	1	3	2	1	113	37	76
顺义区							61	21	40
昌平区	2	2		9	9		29	13	16
大兴区	1	1					44	1	43
怀柔区							21	4	17
平谷区	2	2		2	2		68	44	24
密云县							42	5	37
延庆县				1		1	39	6	33

4–63 各地区16岁及以上智力残疾人分城乡的参加社会保险情况

单位：人

地 区	残疾人			参加社会保险人数					
				养老保险			医疗保险		
	合计	城镇	农村	小计	城镇	农村	小计	城镇	农村
总 计	**211**	**127**	**84**	**31**	**29**	**2**	**38**	**34**	**4**
东城区	7	7		3	3		4	4	
西城区	5	5							
崇文区	4	4		1	1		1	1	
宣武区	6	6		1	1		2	2	
朝阳区	27	27		7	7		9	9	
丰台区	20	16	4	10	10		9	9	
石景山区	3	3					1	1	
海淀区	14	13	1	5	4	1	6	5	1
门头沟区	7	1	6				1		1
房山区	12	5	7						
通州区	17	12	5	1		1	1		1
顺义区	21	3	18						
昌平区	23	11	12	3	3		3	3	
大兴区	5		5				1		1
怀柔区	8	1	7						
平谷区	15	10	5						
密云县	12	3	9						
延庆县	5		5						

4-63 续表

单位：人

地　区	参加社会保险人数						未参加		
	工伤保险			失业保险					
	小计	城镇	农村	小计	城镇	农村	小计	城镇	农村
总　计	**1**	**1**		**18**	**17**	**1**	**170**	**90**	**80**
东城区							3	3	
西城区							5	5	
崇文区							2	2	
宣武区				1	1		4	4	
朝阳区				6	6		17	17	
丰台区	1	1		7	7		10	6	4
石景山区				1	1		2	2	
海淀区				2	2		8	8	
门头沟区							6	1	5
房山区							12	5	7
通州区				1		1	16	12	4
顺义区							21	3	18
昌平区							20	8	12
大兴区							4		4
怀柔区							8	1	7
平谷区							15	10	5
密云县							12	3	9
延庆县							5		5

4-64 各地区16岁及以上精神残疾人分城乡的参加社会保险情况

单位：人

地 区	残疾人			参加社会保险人数					
				养老保险			医疗保险		
	合计	城镇	农村	小计	城镇	农村	小计	城镇	农村
总 计	**346**	**257**	**89**	**69**	**66**	**3**	**110**	**106**	**4**
东城区	26	26					10	10	
西城区	28	28		3	3		1	1	
崇文区	7	7		4	4		4	4	
宣武区	16	16		1	1		10	10	
朝阳区	58	58		19	19		30	30	
丰台区	19	15	4	7	6	1	10	9	1
石景山区	11	11					6	6	
海淀区	42	37	5	24	23	1	23	22	1
门头沟区	15	10	5	3	3		3	3	
房山区	18	12	6				5	5	
通州区	23	8	15	2	2		2	2	
顺义区	20	8	12						
昌平区	19	8	11	4	4		3	3	
大兴区	12		12				1		1
怀柔区	2	1	1	2	1	1	1	1	
平谷区	19	11	8				1		1
密云县	9	1	8						
延庆县	2		2						

4-64 续表

单位：人

地 区	参加社会保险人数						未参加		
	工伤保险			失业保险					
	小计	城镇	农村	小计	城镇	农村	小计	城镇	农村
总 计	**9**	**9**		**32**	**31**	**1**	**229**	**145**	**84**
东城区							16	16	
西城区				1	1		25	25	
崇文区	3	3		3	3		3	3	
宣武区							6	6	
朝阳区				12	12		28	28	
丰台区				5	4	1	9	6	3
石景山区							5	5	
海淀区	1	1		7	7		18	14	4
门头沟区	3	3		1	1		12	7	5
房山区							13	7	6
通州区	2	2		2	2		21	6	15
顺义区							20	8	12
昌平区							13	2	11
大兴区							11		11
怀柔区				1	1				
平谷区							18	11	7
密云县							9	1	8
延庆县							2		2

4-65 各地区16岁及以上多重残疾人分城乡的参加社会保险情况

单位：人

地 区	残疾人			参加社会保险人数					
				养老保险			医疗保险		
	合计	城镇	农村	小计	城镇	农村	小计	城镇	农村
总 计	**1033**	**705**	**328**	**146**	**129**	**17**	**266**	**246**	**20**
东城区	44	44		1	1		15	15	
西城区	102	102		1	1		1	1	
崇文区	33	33		14	14		15	15	
宣武区	52	52		15	15		34	34	
朝阳区	140	140		21	21		57	57	
丰台区	74	55	19	25	22	3	32	28	4
石景山区	24	24		4	4		20	20	
海淀区	107	98	9	38	34	4	47	42	5
门头沟区	18	9	9	3		3	5	2	3
房山区	74	31	43	4	4		11	11	
通州区	54	20	34	3	2	1	3	2	1
顺义区	46	19	27	3	1	2	4	2	2
昌平区	35	24	11	6	6		13	11	2
大兴区	35	3	32	3	2	1	3	2	1
怀柔区	40	12	28	3	2	1	6	4	2
平谷区	67	35	32	2		2			
密云县	62	2	60						
延庆县	26	2	24						

4-65 续表

单位：人

地区	参加社会保险人数						未参加		
	工伤保险			失业保险					
	小计	城镇	农村	小计	城镇	农村	小计	城镇	农村
总　计	**8**	**7**	**1**	**15**	**15**		**757**	**453**	**304**
东城区							29	29	
西城区							100	100	
崇文区	3	3		3	3		18	18	
宣武区				2	2		18	18	
朝阳区	1	1		3	3		83	83	
丰台区				3	3		39	25	14
石景山区	1	1		1	1		4	4	
海淀区							60	56	4
门头沟区							13	7	6
房山区	2	2		1	1		62	19	43
通州区							51	18	33
顺义区							41	17	24
昌平区				1	1		20	11	9
大兴区							32	1	31
怀柔区	1		1	1	1		34	8	26
平谷区							65	35	30
密云县							62	2	60
延庆县							26	2	24

4-66 各地区视力残疾人分城乡、残疾等级的领取低保金和救济情况

单位：人

地区	残疾人		残疾一级				残疾二级			
			领取低保人数		领取过救济人数		领取低保人数		领取过救济人数	
	城镇	农村	城镇	农村	城镇	农村	城镇	农村	城镇	农村
总 计	**232**	**93**	**10**	**2**	**11**	**2**	**3**	**1**	**4**	**1**
东城区	21		4		4					
西城区	26									
崇文区	4									
宣武区	19									
朝阳区	32		2		3				1	
丰台区	25	11					1		1	
石景山区	14						2		2	
海淀区	34	2								
门头沟区	5	6								
房山区	11	8	1		1					
通州区	9	10	1		1					
顺义区	7	11	1		1					
昌平区	7	5	1		1					
大兴区		12						1		1
怀柔区	2	4								
平谷区	14	7								
密云县	2	13		2		2				
延庆县		4								

4-66 续表

单位：人

地　区	残疾三级				残疾四级			
	领取低保人数		领取过救济人数		领取低保人数		领取过救济人数	
	城镇	农村	城镇	农村	城镇	农村	城镇	农村
总　计		**1**		**1**	**11**	**1**	**13**	**1**
东城区							1	
西城区								
崇文区								
宣武区					2		2	
朝阳区					1		2	
丰台区					2		2	
石景山区					1		1	
海淀区					3		3	
门头沟区								
房山区					1		1	
通州区						1		1
顺义区					1		1	
昌平区								
大兴区		1		1				
怀柔区								
平谷区								
密云县								
延庆县								

4-67 各地区听力残疾人分城乡、残疾等级的领取低保金和救济情况

单位：人

地区	残疾人		残疾一级				残疾二级			
			领取低保人数		领取过救济人数		领取低保人数		领取过救济人数	
	城镇	农村	城镇	农村	城镇	农村	城镇	农村	城镇	农村
总　计	**800**	**300**	**1**	**4**	**1**	**5**	**2**	**3**	**4**	**3**
东城区	68									
西城区	106						1		2	
崇文区	27									
宣武区	31									
朝阳区	182									
丰台区	29	5		1		1				
石景山区	61									
海淀区	123	7	1		1					
门头沟区	20	19					1		1	
房山区	18	8		1		1		1		1
通州区	28	23								
顺义区	13	28						1		1
昌平区	24	9		1		1				
大兴区	6	39		1		1				
怀柔区	7	30								
平谷区	44	38							1	
密云县	9	68								
延庆县	4	26				1		1		1

4-67 续表

单位：人

地 区	残疾三级				残疾四级			
	领取低保人数		领取过救济人数		领取低保人数		领取过救济人数	
	城镇	农村	城镇	农村	城镇	农村	城镇	农村
总 计	**6**	**9**	**9**	**10**	**3**	**3**	**5**	**4**
东城区			1		1		2	
西城区	2		3		1		2	
崇文区								
宣武区								
朝阳区								
丰台区	2		2					
石景山区								
海淀区	2		2					
门头沟区								
房山区		2		2				
通州区					1		1	
顺义区		1	1	2				
昌平区								
大兴区						2		3
怀柔区								
平谷区		4		4				
密云县						1		1
延庆县		2		2				

4-68 各地区言语残疾人分城乡、残疾等级的领取低保金和救济情况

单位：人

地 区	残疾人		残疾一级				残疾二级			
			领取低保人数		领取过救济人数		领取低保人数		领取过救济人数	
	城镇	农村	城镇	农村	城镇	农村	城镇	农村	城镇	农村
总 计	**15**	**16**		**2**		**2**				
东城区	1									
西城区										
崇文区	1									
宣武区										
朝阳区	3									
丰台区	1	1								
石景山区	2									
海淀区	2	1								
门头沟区	2	2								
房山区	1	1								
通州区		3								
顺义区										
昌平区	1	1								
大兴区		2								
怀柔区		2		1		1				
平谷区	1	1								
密云县		1		1		1				
延庆县		1								

4-68 续表

单位：人

地区	残疾三级				残疾四级			
	领取低保人数		领取过救济人数		领取低保人数		领取过救济人数	
	城镇	农村	城镇	农村	城镇	农村	城镇	农村
总计	**1**		**1**					
东城区								
西城区								
崇文区								
宣武区								
朝阳区								
丰台区								
石景山区								
海淀区								
门头沟区	1		1					
房山区								
通州区								
顺义区								
昌平区								
大兴区								
怀柔区								
平谷区								
密云县								
延庆县								

4-69 各地区肢体残疾人分城乡、残疾等级的领取低保金和救济情况

单位：人

地区	残疾人		残疾一级				残疾二级			
			领取低保人数		领取过救济人数		领取低保人数		领取过救济人数	
	城镇	农村	城镇	农村	城镇	农村	城镇	农村	城镇	农村
总计	**1228**	**497**	**5**	**1**	**5**	**1**	**8**	**7**	**15**	**7**
东城区	129		1		1		3		4	
西城区	171								1	
崇文区	60		1		1					
宣武区	100		1		1		2		4	
朝阳区	144								1	
丰台区	87	32					1		1	
石景山区	47								1	
海淀区	203	21	2		2		1		1	
门头沟区	4	3								
房山区	90	129								
通州区	60	83						1		1
顺义区	25	41						1		1
昌平区	36	16		1		1		2		2
大兴区	4	55								
怀柔区	9	19						2	1	2
平谷区	48	24								
密云县	5	38					1	1	1	1
延庆县	6	36								

4-69 续表

单位：人

地 区	残疾三级				残疾四级			
	领取低保人数		领取过救济人数		领取低保人数		领取过救济人数	
	城镇	农村	城镇	农村	城镇	农村	城镇	农村
总 计	**25**	**14**	**33**	**17**	**55**	**40**	**73**	**44**
东城区	5		6		5		6	
西城区	3		5		18		23	
崇文区					1		2	
宣武区	2		5		3		4	
朝阳区			1		6		7	
丰台区	3		3		6		6	
石景山区	1		1		3		4	
海淀区	2		2		1		1	
门头沟区	1		1		1		2	
房山区	2	9	2	9	3	23	3	23
通州区				1		4	3	6
顺义区	1		2		1		3	1
昌平区	2		2		4	3	5	3
大兴区		2		2		2		1
怀柔区	2		2	1		4		5
平谷区	1		1		3	2	3	3
密云县		1		2			1	
延庆县		2		2		2		2

4-70 各地区智力残疾人分城乡、残疾等级的领取低保金和救济情况

单位：人

地区	残疾人		残疾一级				残疾二级			
			领取低保人数		领取过救济人数		领取低保人数		领取过救济人数	
	城镇	农村	城镇	农村	城镇	农村	城镇	农村	城镇	农村
总计	**145**	**98**	**1**	**1**	**2**	**1**	**6**	**2**	**9**	**2**
东城区	7						1		1	
西城区	6									
崇文区	5									
宣武区	7		1		1		1		1	
朝阳区	28						1		2	
丰台区	17	4					1		2	
石景山区	4									
海淀区	14	3								
门头沟区	1	6								
房山区	9	7					1		1	
通州区	13	5		1		1			1	
顺义区	4	21						1		1
昌平区	13	12			1			1		1
大兴区		11								
怀柔区	2	7								
平谷区	11	5					1		1	
密云县	3	11								
延庆县	1	6								

4-70 续表

单位：人

地区	残疾三级				残疾四级			
	领取低保人数		领取过救济人数		领取低保人数		领取过救济人数	
	城镇	农村	城镇	农村	城镇	农村	城镇	农村
总　计	**6**	**8**	**8**	**9**	**16**	**8**	**21**	**9**
东城区	1		1				2	
西城区					1		1	
崇文区					1		1	
宣武区					2		2	
朝阳区					2		2	
丰台区	1		1		5		5	
石景山区					2		3	
海淀区	1		1		2		2	
门头沟区								
房山区		1		1		1		1
通州区						1		1
顺义区		2		2		1		1
昌平区	1	3	2	3	1		1	
大兴区				1		1		2
怀柔区	1	2	1	2		1		1
平谷区	1		1			1	2	1
密云县			1			1		1
延庆县						1		1

4-71 各地区精神残疾人分城乡、残疾等级的领取低保金和救济情况

单位：人

地 区	残疾人		残疾一级				残疾二级			
			领取低保人数		领取过救济人数		领取低保人数		领取过救济人数	
	城镇	农村	城镇	农村	城镇	农村	城镇	农村	城镇	农村
总 计	**257**	**90**	**12**	**1**	**14**	**9**	**6**	**3**	**8**	**4**
东城区	26						1		1	
西城区	28		4		4					
崇文区	7								1	
宣武区	16		1		1		3		3	
朝阳区	58		4		4					
丰台区	15	4								
石景山区	11				1					
海淀区	37	5						1		1
门头沟区	10	5							1	
房山区	12	6								
通州区	8	15	1		1	1		1		1
顺义区	8	12	1	1	2	2	1		1	
昌平区	8	11				3				2
大兴区		12								
怀柔区	1	1					1		1	
平谷区	11	8								
密云县	1	9	1		1	3				
延庆县		2						1		

4-71 续表

单位：人

地区	残疾三级				残疾四级			
	领取低保人数		领取过救济人数		领取低保人数		领取过救济人数	
	城镇	农村	城镇	农村	城镇	农村	城镇	农村
总 计	**9**	**1**	**13**	**1**	**20**	**5**	**29**	**11**
东城区					1		1	
西城区	1		1		6		7	
崇文区					1		1	
宣武区								
朝阳区	5		6		2		2	
丰台区			1					
石景山区					1		1	
海淀区	2		3		1		4	
门头沟区	1		1		1		3	
房山区					2	1	2	1
通州区		1	1	1	3	3	4	4
顺义区					1		2	1
昌平区							1	2
大兴区								
怀柔区								
平谷区					1	1	1	3
密云县								
延庆县								

4-72 各地区多重残疾人分城乡、残疾等级的领取低保金和救济情况

单位：人

地区	残疾人		残疾一级				残疾二级			
			领取低保人数		领取过救济人数		领取低保人数		领取过救济人数	
	城镇	农村	城镇	农村	城镇	农村	城镇	农村	城镇	农村
总计	**723**	**358**	**25**	**28**	**32**	**40**	**11**	**6**	**16**	**6**
东城区	44		2		2					
西城区	103		3		4					
崇文区	36		2		2					
宣武区	52		1		1		2		2	
朝阳区	141		3		5				1	
丰台区	56	20		2		2	1		1	
石景山区	26									
海淀区	99	11	2		3				1	
门头沟区	9	11	3		3				1	
房山区	33	43	3	7	3	7	1		1	
通州区	21	35		1		2	1		2	
顺义区	20	27		3	2	4	2		2	
昌平区	28	11	1	2	2	3	1		1	
大兴区	3	53		2		2		1		1
怀柔区	12	29	2	3	2	3	1	1	1	1
平谷区	36	33	3	3	3	9	2		3	
密云县	2	61		2		5		2		2
延庆县	2	24		3		3		2		2

4-72 续表

单位：人

地 区	残疾三级				残疾四级			
	领取低保人数		领取过救济人数		领取低保人数		领取过救济人数	
	城镇	农村	城镇	农村	城镇	农村	城镇	农村
总 计	**14**	**15**	**22**	**17**	**5**	**6**	**8**	**9**
东城区								
西城区	2		3		1		2	
崇文区	1		1					
宣武区	2		2					
朝阳区	2		3		1		1	
丰台区	2		2					
石景山区								
海淀区	1		2				1	
门头沟区								
房山区	2	9	2	10		5		6
通州区	1		2	1			1	
顺义区			2					
昌平区					1		1	
大兴区		2		2		1		2
怀柔区					2		2	
平谷区	1		3					
密云县		3		3				1
延庆县		1		1				

4－73 各地区残疾人分城乡的曾接受服务或扶助

单位：人次

地 区	合计		医疗服务与救助		辅助器具	
	城镇	农村	城镇	农村	城镇	农村
总 计	**5368**	**1911**	**2967**	**1097**	**961**	**166**
东城区	401		258		58	
西城区	592		378		118	
崇文区	296		118		67	
宣武区	423		224		107	
朝阳区	771		505		104	
丰台区	431	108	188	60	90	12
石景山区	392		118		40	
海淀区	923	64	468	40	240	10
门头沟区	69	65	49	46	5	3
房山区	226	306	153	187	22	49
通州区	214	241	107	130	32	29
顺义区	116	181	69	117	14	11
昌平区	196	98	109	60	40	5
大兴区	22	251	12	113	8	17
怀柔区	46	111	23	41	1	4
平谷区	206	150	163	115	10	8
密云县	30	233	16	129	4	16
延庆县	14	103	9	59	1	2

4－73 续表 1

单位：人次

地　区	康复训练与服务		教育费用补助或减免		职业教育与培训	
	城镇	农村	城镇	农村	城镇	农村
总　计	**435**	**50**	**18**	**14**	**17**	**1**
东城区	9		3		2	
西城区	8		1		1	
崇文区	39		3		3	
宣武区	48		2		2	
朝阳区	21				5	
丰台区	75	8	3		4	
石景山区	32		3			
海淀区	147	4	1			
门头沟区	7	8				
房山区	9	1	1			
通州区	13	13		1		
顺义区	2	4		4		1
昌平区	15	3	1			
大兴区	1	1		4		
怀柔区		6				
平谷区	9	1		1		
密云县		1		4		
延庆县						

4－73 续表 2

单位：人次

地 区	就业安置或扶持		贫困残疾人救助与扶持		法律援助与服务	
	城镇	农村	城镇	农村	城镇	农村
总 计	**46**	**23**	**264**	**242**	**7**	**2**
东城区	3		36			
西城区	1		10			
崇文区	2		5			
宣武区	2		27		1	
朝阳区	10		41			
丰台区	7	3	7	1	4	
石景山区	1		13			
海淀区	5	2	16	1	1	
门头沟区		1	6	1		
房山区		2	15	60	1	
通州区	8	5	17	22		
顺义区	1	3	17	15		
昌平区	4		19	22		1
大兴区		5		50		1
怀柔区	1	1	10	14		
平谷区			21	25		
密云县	1		4	24		
延庆县		1		7		

4－73 续表 3

单位：人次

地区	无障碍设施		信息无障碍		生活服务	
	城镇	农村	城镇	农村	城镇	农村
总计	**124**	**17**	**54**	**2**	**101**	**11**
东城区	5				1	
西城区	15		9		8	
崇文区	42				4	
宣武区	3		2		4	
朝阳区	3		12		6	
丰台区	2	3		1	11	4
石景山区	25		29		42	
海淀区	1		1		14	
门头沟区					1	
房山区	8	1				1
通州区	16	9		1	2	
顺义区		2	1		1	2
昌平区	1				5	2
大兴区		1				2
怀柔区	2					
平谷区	1				2	
密云县						
延庆县		1				

4－73　续表 4

单位：人次

地　区	文化服务		其他		未曾接受任何服务或扶助	
	城镇	农村	城镇	农村	城镇	农村
总　计	**61**	**2**	**7**	**3**	**306**	**281**
东城区					26	
西城区	1				42	
崇文区	2				11	
宣武区	1					
朝阳区	3				61	
丰台区	7	2		1	33	13
石景山区	47		3		39	
海淀区			1		28	7
门头沟区					1	6
房山区					17	5
通州区					19	31
顺义区			3	2	8	20
昌平区					2	5
大兴区					1	57
怀柔区					9	45
平谷区						
密云县					5	59
延庆县					4	33

4-74 各地区视力残疾人分城乡的曾接受服务或扶助

单位：人次

地区	合计		医疗服务与救助		辅助器具	
	城镇	农村	城镇	农村	城镇	农村
总计	**366**	**113**	**211**	**73**	**66**	**11**
东城区	42		21		8	
西城区	29		24		1	
崇文区	5		2			
宣武区	31		19		10	
朝阳区	47		29		9	
丰台区	46	13	20	8	10	2
石景山区	39		10		5	
海淀区	51	2	34	1	15	
门头沟区	9	7	5	5	3	1
房山区	14	8	11	8		
通州区	10	12	7	7		
顺义区	11	16	7	11	1	4
昌平区	13	6	5	4	3	1
大兴区		13		2		1
怀柔区	2	9	2	4		1
平谷区	14	7	13	7	1	
密云县	3	16	2	13		1
延庆县		4		3		

4-74 续表 1

单位：人次

地 区	康复训练与服务		教育费用补助或减免		职业教育与培训	
	城镇	农村	城镇	农村	城镇	农村
总 计	**11**	**2**	**9**		**2**	
东城区			3		1	
西城区	2					
崇文区						
宣武区						
朝阳区						
丰台区	4		2		1	
石景山区	2		2			
海淀区	2					
门头沟区						
房山区			1			
通州区						
顺义区						
昌平区	1		1			
大兴区						
怀柔区		2				
平谷区						
密云县						
延庆县						

4-74 续表 2

单位：人次

地 区	就业安置或扶持		贫困残疾人救助与扶持		法律援助与服务	
	城镇	农村	城镇	农村	城镇	农村
总 计	**5**		**21**	**7**		
东城区			5			
西城区			1			
崇文区						
宣武区						
朝阳区			6			
丰台区	3		2			
石景山区			2			
海淀区						
门头沟区						
房山区			2			
通州区			1	1		
顺义区			2			
昌平区	1					
大兴区				2		
怀柔区				2		
平谷区						
密云县	1			2		
延庆县						

4-74 续表 3

单位：人次

地　区	无障碍设施		信息无障碍		生活服务	
	城镇	农村	城镇	农村	城镇	农村
总　计	**10**	**1**	**3**	**1**	**9**	**1**
东城区	4					
西城区						
崇文区	2					
宣武区					2	
朝阳区	1					
丰台区						
石景山区	2		2		6	
海淀区						
门头沟区					1	
房山区						
通州区				1		
顺义区		1	1			
昌平区	1					
大兴区						1
怀柔区						
平谷区						
密云县						
延庆县						

4-74 续表 4

单位：人次

地 区	文化服务		其他		未曾接受任何服务或扶助	
	城镇	农村	城镇	农村	城镇	农村
总 计	**6**		**1**		**12**	**17**
东城区						
西城区					1	
崇文区					1	
宣武区						
朝阳区					2	
丰台区					4	3
石景山区	6		1		1	
海淀区						1
门头沟区						1
房山区						
通州区					2	3
顺义区						
昌平区					1	1
大兴区						7
怀柔区						
平谷区						
密云县						
延庆县						1

4-75 各地区听力残疾人分城乡的曾接受服务或扶助

单位：人次

地 区	合计		医疗服务与救助		辅助器具	
	城镇	农村	城镇	农村	城镇	农村
总 计	**1095**	**345**	**544**	**164**	**217**	**31**
东城区	87		40		24	
西城区	140		68		32	
崇文区	74		27		24	
宣武区	45		31		13	
朝阳区	228		116		44	
丰台区	44	9	12	2	3	1
石景山区	110		32		2	
海淀区	159	8	89	4	43	2
门头沟区	22	19	20	15	1	
房山区	18	14	6	8		2
通州区	32	23	16	10	3	2
顺义区	18	33	8	16	4	3
昌平区	35	12	22	8	13	2
大兴区	9	47	5	18	3	5
怀柔区	7	30				
平谷区	51	48	44	38	5	6
密云县	11	75	6	35	2	6
延庆县	5	27	2	10	1	2

4-75 续表 1

单位：人次

地区	康复训练与服务		教育费用补助或减免		职业教育与培训	
	城镇	农村	城镇	农村	城镇	农村
总计	**24**		**1**	**1**	**1**	
东城区						
西城区			1		1	
崇文区	21					
宣武区						
朝阳区						
丰台区						
石景山区						
海淀区	2					
门头沟区	1					
房山区						
通州区						
顺义区						
昌平区						
大兴区						
怀柔区						
平谷区						
密云县				1		
延庆县						

4-75 续表 2

单位：人次

地　区	就业安置或扶持		贫困残疾人救助与扶持		法律援助与服务	
	城镇	农村	城镇	农村	城镇	农村
总　计	**1**	**1**	**15**	**21**	**2**	
东城区			4			
西城区			3			
崇文区			2			
宣武区						
朝阳区	1					
丰台区					2	
石景山区						
海淀区			3			
门头沟区						
房山区				4		
通州区			1			
顺义区				2		
昌平区				1		
大兴区		1		5		
怀柔区						
平谷区			2	4		
密云县				3		
延庆县				2		

4-75 续表 3

单位：人次

地 区	无障碍设施		信息无障碍		生活服务	
	城镇	农村	城镇	农村	城镇	农村
总 计	**9**	**1**	**34**		**20**	**3**
东城区						
西城区			5		4	
崇文区						
宣武区					1	
朝阳区			12			
丰台区		1			7	2
石景山区	9		17		8	
海淀区						
门头沟区						
房山区						
通州区						
顺义区						
昌平区						
大兴区						1
怀柔区						
平谷区						
密云县						
延庆县						

4-75 续表 4

单位：人次

地区	文化服务		其他		未曾接受任何服务或扶助	
	城镇	农村	城镇	农村	城镇	农村
总计	**20**	**1**	**2**	**1**	**205**	**121**
东城区					19	
西城区					26	
崇文区						
宣武区						
朝阳区	3				52	
丰台区	4	1			16	2
石景山区	13		1		28	
海淀区					22	2
门头沟区						4
房山区					12	
通州区					12	11
顺义区			1	1	5	11
昌平区						1
大兴区					1	17
怀柔区					7	30
平谷区						
密云县					3	30
延庆县					2	13

4-76 各地区言语残疾人分城乡的曾接受服务或扶助

单位：人次

地　区	合计		医疗服务与救助		辅助器具	
	城镇	农村	城镇	农村	城镇	农村
总　计	**25**	**21**	**12**	**11**		**1**
东城区	1					
西城区						
崇文区	1		1			
宣武区						
朝阳区	3		3			
丰台区	3	1	1	1		
石景山区	4		1			
海淀区	5	1	2			
门头沟区	4	4	2	2		
房山区	2	2	1	1		1
通州区		3		1		
顺义区						
昌平区	1	1		1		
大兴区		3		2		
怀柔区		2		1		
平谷区	1	2	1	1		
密云县		1				
延庆县		1		1		

4-76 续表 1

单位：人次

地 区	康复训练与服务		教育费用补助或减免		职业教育与培训	
	城镇	农村	城镇	农村	城镇	农村
总 计	**4**	**3**				
东城区						
西城区						
崇文区						
宣武区						
朝阳区						
丰台区						
石景山区	1					
海淀区	1					
门头沟区	2	2				
房山区						
通州区						
顺义区						
昌平区						
大兴区						
怀柔区						
平谷区		1				
密云县						
延庆县						

4-76 续表 2

单位：人次

地 区	就业安置或扶持		贫困残疾人救助与扶持		法律援助与服务	
	城镇	农村	城镇	农村	城镇	农村
总 计	**1**	**1**	**1**	**3**		
东城区						
西城区						
崇文区						
宣武区						
朝阳区						
丰台区						
石景山区						
海淀区	1					
门头沟区						
房山区			1			
通州区		1				
顺义区						
昌平区						
大兴区				1		
怀柔区				1		
平谷区						
密云县				1		
延庆县						

4-76 续表 3

单位：人次

地 区	无障碍设施		信息无障碍		生活服务	
	城镇	农村	城镇	农村	城镇	农村
总 计	**1**				**2**	
东城区						
西城区						
崇文区						
宣武区						
朝阳区						
丰台区	1				1	
石景山区					1	
海淀区						
门头沟区						
房山区						
通州区						
顺义区						
昌平区						
大兴区						
怀柔区						
平谷区						
密云县						
延庆县						

4-76 续表 4

单位：人次

地区	文化服务		其他		未曾接受任何服务或扶助	
	城镇	农村	城镇	农村	城镇	农村
总计			**1**		**3**	**2**
东城区					1	
西城区						
崇文区						
宣武区						
朝阳区						
丰台区						
石景山区					1	
海淀区			1			1
门头沟区						
房山区						
通州区						1
顺义区						
昌平区					1	
大兴区						
怀柔区						
平谷区						
密云县						
延庆县						

4-77 各地区肢体残疾人分城乡的曾接受服务或扶助

单位：人次

地 区	合计		医疗服务与救助		辅助器具	
	城镇	农村	城镇	农村	城镇	农村
总 计	**2169**	**701**	**1188**	**443**	**481**	**88**
东城区	173		124		22	
西城区	243		168		57	
崇文区	127		53		27	
宣武区	206		100		58	
朝阳区	203		143		29	
丰台区	208	50	86	27	62	7
石景山区	129		41		26	
海淀区	440	31	201	20	124	6
门头沟区	6	5	4	3	1	1
房山区	121	198	86	121	18	40
通州区	108	120	54	73	24	17
顺义区	36	48	24	40	5	2
昌平区	74	26	35	14	19	2
大兴区	8	76	4	45	4	6
怀柔区	12	28	9	17		1
平谷区	61	32	48	24	3	1
密云县	8	49	4	32	2	5
延庆县	6	38	4	27		

4-77 续表 1

单位：人次

地 区	康复训练与服务		教育费用补助或减免		职业教育与培训	
	城镇	农村	城镇	农村	城镇	农村
总 计	**262**	**26**	**3**	**5**	**2**	
东城区	6				1	
西城区	6					
崇文区	5		2		1	
宣武区	32					
朝阳区	16					
丰台区	56	6				
石景山区	13					
海淀区	98	3	1			
门头沟区	1	1				
房山区	6	1				
通州区	10	9				
顺义区						
昌平区	8	1				
大兴区				2		
怀柔区		4				
平谷区	5					
密云县		1		3		
延庆县						

4-77 续表 2

单位：人次

地区	就业安置或扶持		贫困残疾人救助与扶持		法律援助与服务	
	城镇	农村	城镇	农村	城镇	农村
总计	**11**	**12**	**80**	**76**	**2**	**2**
东城区			17			
西城区						
崇文区	1		1			
宣武区			13			
朝阳区	4		9			
丰台区	1	2		1	1	
石景山区	1		7			
海淀区	1	2	4			
门头沟区						
房山区		1	3	32	1	
通州区	2	2	3	9		
顺义区		2	5	2		
昌平区	1		8	6		1
大兴区		1		11		1
怀柔区		1	3	4		
平谷区			5	7		
密云县			2	3		
延庆县		1		1		

4-77 续表 3

单位：人次

地 区	无障碍设施		信息无障碍		生活服务	
	城镇	农村	城镇	农村	城镇	农村
总 计	**76**	**9**	**6**	**1**	**25**	**2**
东城区						
西城区	10				2	
崇文区	31				1	
宣武区	2		1			
朝阳区	1					
丰台区	1	2		1		1
石景山区	11		4		7	
海淀区	1		1		9	
门头沟区						
房山区	6	1				
通州区	13	4			2	
顺义区		1			1	1
昌平区					3	
大兴区		1				
怀柔区						
平谷区						
密云县						
延庆县						

4-77 续表 4

单位：人次

地　区	文化服务		其他		未曾接受任何服务或扶助	
	城镇	农村	城镇	农村	城镇	农村
总　计	**15**		**1**		**17**	**37**
东城区					3	
西城区						
崇文区	2				3	
宣武区						
朝阳区					1	
丰台区					1	3
石景山区	13		1		5	
海淀区						
门头沟区						
房山区					1	2
通州区						6
顺义区					1	
昌平区						2
大兴区						9
怀柔区						1
平谷区						
密云县						5
延庆县					2	9

4-78 各地区智力残疾人分城乡的曾接受服务或扶助

单位：人次

地区	合计		医疗服务与救助		辅助器具	
	城镇	农村	城镇	农村	城镇	农村
总计	**210**	**126**	**92**	**52**	**1**	
东城区	14		7			
西城区	6		1			
崇文区	7					
宣武区	18		6		1	
朝阳区	38		18			
丰台区	21	5	9	3		
石景山区	12		2			
海淀区	17	3	9			
门头沟区	1	8	1	5		
房山区	11	9	7	6		
通州区	16	5	4			
顺义区	4	31	2	13		
昌平区	21	18	12	12		
大兴区		17		5		
怀柔区	3	7	1			
平谷区	16	6	10	5		
密云县	4	11	2	2		
延庆县	1	6	1	1		

4-78 续表 1

单位：人次

地 区	康复训练与服务		教育费用补助或减免		职业教育与培训	
	城镇	农村	城镇	农村	城镇	农村
总 计	**11**	**3**	**4**	**3**	**12**	
东城区						
西城区						
崇文区	1				2	
宣武区	2		2		2	
朝阳区	1				5	
丰台区	1		1		3	
石景山区	1		1			
海淀区						
门头沟区						
房山区	1					
通州区	2					
顺义区		3		3		
昌平区	2					
大兴区						
怀柔区						
平谷区						
密云县						
延庆县						

4-78 续表 2

单位：人次

地　区	就业安置或扶持		贫困残疾人救助与扶持		法律援助与服务	
	城镇	农村	城镇	农村	城镇	农村
总　计	**19**	**6**	**34**	**26**		
东城区	1		5			
西城区	1		1			
崇文区	1					
宣武区	1		4			
朝阳区	4		4			
丰台区	3	1	2			
石景山区			3			
海淀区	2		2	1		
门头沟区		1		1		
房山区			1	2		
通州区	5	1	1	1		
顺义区		1		4		
昌平区	1		5	4		
大兴区		2		7		
怀柔区			1	3		
平谷区			4	1		
密云县			1	1		
延庆县				1		

4-78 续表 3

单位：人次

地 区	无障碍设施		信息无障碍		生活服务	
	城镇	农村	城镇	农村	城镇	农村
总 计			**1**		**10**	**3**
东城区					1	
西城区						
崇文区						
宣武区						
朝阳区					2	
丰台区						
石景山区			1		3	
海淀区					1	
门头沟区						
房山区						1
通州区						
顺义区						
昌平区					1	2
大兴区						
怀柔区						
平谷区					2	
密云县						
延庆县						

4-78 续表 4

单位：人次

地区	文化服务		其他		未曾接受任何服务或扶助	
	城镇	农村	城镇	农村	城镇	农村
总计	**1**				**25**	**33**
东城区						
西城区					3	
崇文区					3	
宣武区						
朝阳区					4	
丰台区					2	1
石景山区	1					
海淀区					3	2
门头沟区						1
房山区					2	
通州区					4	3
顺义区					2	7
昌平区						
大兴区						3
怀柔区					1	4
平谷区						
密云县					1	8
延庆县						4

4-79 各地区精神残疾人分城乡的曾接受服务或扶助

单位：人次

地区	合计		医疗服务与救助		辅助器具	
	城镇	农村	城镇	农村	城镇	农村
总计	**337**	**118**	**248**	**73**	**2**	
东城区	30		26			
西城区	30		25			
崇文区	8		7			
宣武区	21		16			
朝阳区	71		58			
丰台区	16	4	13	4		
石景山区	31		10			
海淀区	47	5	36	5	2	
门头沟区	13	5	9	5		
房山区	14	7	11	5		
通州区	14	22	8	14		
顺义区	15	16	8	12		
昌平区	10	20	8	10		
大兴区		12		1		
怀柔区	2	1	1	1		
平谷区	13	12	11	8		
密云县	2	12	1	7		
延庆县		2		1		

4-79 续表 1

单位：人次

地 区	康复训练与服务		教育费用补助或减免		职业教育与培训	
	城镇	农村	城镇	农村	城镇	农村
总 计	**12**	**1**				
东城区	1					
西城区						
崇文区	1					
宣武区						
朝阳区	1					
丰台区						
石景山区	5					
海淀区	2					
门头沟区						
房山区						
通州区						
顺义区						
昌平区	1	1				
大兴区						
怀柔区						
平谷区	1					
密云县						
延庆县						

4-79 续表 2

单位：人次

地区	就业安置或扶持		贫困残疾人救助与扶持		法律援助与服务	
	城镇	农村	城镇	农村	城镇	农村
总计	**2**		**48**	**26**	**2**	
东城区			3			
西城区			2			
崇文区						
宣武区			4		1	
朝阳区			12			
丰台区			1			
石景山区			1			
海淀区	1		4		1	
门头沟区			4			
房山区			2	1		
通州区			6	7		
顺义区	1		5	3		
昌平区			1	8		
大兴区						
怀柔区			1			
平谷区			1	4		
密云县			1	3		
延庆县						

4-79 续表 3

单位：人次

地 区	无障碍设施		信息无障碍		生活服务	
	城镇	农村	城镇	农村	城镇	农村
总 计			**1**		**8**	**1**
东城区						
西城区						
崇文区						
宣武区						
朝阳区						
丰台区						
石景山区			1		8	
海淀区						
门头沟区						
房山区						
通州区						
顺义区						1
昌平区						
大兴区						
怀柔区						
平谷区						
密云县						
延庆县						

4-79 续表 4

单位：人次

地区	文化服务		其他		未曾接受任何服务或扶助	
	城镇	农村	城镇	农村	城镇	农村
总计	**5**		**1**		**8**	**17**
东城区						
西城区					3	
崇文区						
宣武区						
朝阳区						
丰台区					2	
石景山区	5				1	
海淀区					1	
门头沟区						
房山区					1	1
通州区						1
顺义区			1			
昌平区						1
大兴区						11
怀柔区						
平谷区						
密云县						2
延庆县						1

4-80 各地区多重残疾人分城乡的曾接受服务或扶助

单位：人次

地区	合计		医疗服务与救助		辅助器具	
	城镇	农村	城镇	农村	城镇	农村
总计	**1166**	**487**	**672**	**281**	**194**	**35**
东城区	54		40		4	
西城区	144		92		28	
崇文区	74		28		16	
宣武区	102		52		25	
朝阳区	181		138		22	
丰台区	93	26	47	15	15	2
石景山区	67		22		7	
海淀区	204	14	97	10	56	2
门头沟区	14	17	8	11		1
房山区	46	68	31	38	4	6
通州区	34	56	18	25	5	10
顺义区	32	37	20	25	4	2
昌平区	42	15	27	11	5	
大兴区	5	83	3	40	1	5
怀柔区	20	34	10	18	1	2
平谷区	50	43	36	32	1	1
密云县	2	69	1	40		4
延庆县	2	25	2	16		

4-80 续表 1

单位：人次

地区	康复训练与服务		教育费用补助或减免		职业教育与培训	
	城镇	农村	城镇	农村	城镇	农村
总　计	**111**	**15**	**1**	**5**		**1**
东城区	2					
西城区						
崇文区	11		1			
宣武区	14					
朝阳区	3					
丰台区	14	2				
石景山区	10					
海淀区	42	1				
门头沟区	3	5				
房山区	2					
通州区	1	4		1		
顺义区	2	1		1		1
昌平区	3	1				
大兴区	1	1		2		
怀柔区						
平谷区	3			1		
密云县						
延庆县						

4-80 续表 2

单位：人次

地 区	就业安置或扶持		贫困残疾人救助与扶持		法律援助与服务	
	城镇	农村	城镇	农村	城镇	农村
总 计	**7**	**3**	**65**	**83**	**1**	
东城区	2		2			
西城区			3			
崇文区			2			
宣武区	1		6			
朝阳区	1		10			
丰台区			2		1	
石景山区						
海淀区			3			
门头沟区			2			
房山区		1	6	21		
通州区	1	1	5	4		
顺义区			5	4		
昌平区	1		5	3		
大兴区		1		24		
怀柔区	1		5	4		
平谷区			9	9		
密云县				11		
延庆县				3		

4-80 续表 3

单位：人次

地 区	无障碍设施		信息无障碍		生活服务	
	城镇	农村	城镇	农村	城镇	农村
总 计	**28**	**6**	**9**		**27**	**1**
东城区	1					
西城区	5		4		2	
崇文区	9				3	
宣武区	1		1		1	
朝阳区	1				4	
丰台区					3	1
石景山区	3		4		9	
海淀区					4	
门头沟区						
房山区	2					
通州区	3	5				
顺义区						
昌平区					1	
大兴区						
怀柔区	2					
平谷区	1					
密云县						
延庆县		1				

4-80 续表 4

单位：人次

地 区	文化服务		其他		未曾接受任何服务或扶助	
	城镇	农村	城镇	农村	城镇	农村
总 计	**14**	**1**	**1**	**2**	**36**	**54**
东城区					3	
西城区	1				9	
崇文区					4	
宣武区	1					
朝阳区					2	
丰台区	3	1		1	8	4
石景山区	9				3	
海淀区					2	1
门头沟区					1	
房山区					1	2
通州区					1	6
顺义区			1	1		2
昌平区						
大兴区						10
怀柔区					1	10
平谷区						
密云县					1	14
延庆县						5

4−81 各地区视力残疾人分残疾等级的曾接受服务或扶助

单位：人次

地 区	医疗服务与救助				辅助器具			
	残疾一级	残疾二级	残疾三级	残疾四级	残疾一级	残疾二级	残疾三级	残疾四级
总 计	**57**	**22**	**10**	**195**	**11**	**6**	**4**	**56**
东城区	8	2		11	1	1		6
西城区	2	2	3	17			1	
崇文区				2				
宣武区	3	1	1	14	1			9
朝阳区	8	1	2	18	3	1		5
丰台区	2	2	1	23		1	1	10
石景山区	1	2	1	6		1	2	2
海淀区	7	5		23	2	2		11
门头沟区	1		1	8				4
房山区	6	2		11				
通州区	3	1		10				
顺义区	2	2		14				5
昌平区	4			5	1			3
大兴区				2	1			
怀柔区	1			5	1			
平谷区	2	1		17				1
密云县	7	1	1	6	1			
延庆县				3				

4-81 续表 1

单位：人次

地区	康复训练与服务				教育费用补助或减免			
	残疾一级	残疾二级	残疾三级	残疾四级	残疾一级	残疾二级	残疾三级	残疾四级
总　计	**2**	**2**	**1**	**8**	**3**	**2**		**4**
东城区					2	1		
西城区			1	1				
崇文区								
宣武区								
朝阳区								
丰台区		1		3				2
石景山区	1			1		1		1
海淀区	1	1						
门头沟区								
房山区					1			
通州区								
顺义区								
昌平区				1				1
大兴区								
怀柔区				2				
平谷区								
密云县								
延庆县								

4-81 续表 2

单位：人次

地　区	职业教育与培训				就业安置或扶持			
	残疾一级	残疾二级	残疾三级	残疾四级	残疾一级	残疾二级	残疾三级	残疾四级
总　计		**1**		**1**			**1**	**4**
东城区				1				
西城区								
崇文区								
宣武区								
朝阳区								
丰台区		1						3
石景山区								
海淀区								
门头沟区								
房山区								
通州区								
顺义区								
昌平区								1
大兴区								
怀柔区								
平谷区								
密云县							1	
延庆县								

4-81 续表 3

单位：人次

地 区	贫困残疾人救助与扶持				法律援助与服务			
	残疾一级	残疾二级	残疾三级	残疾四级	残疾一级	残疾二级	残疾三级	残疾四级
总 计	**13**	**3**	**1**	**11**				
东城区	4			1				
西城区	1							
崇文区								
宣武区								
朝阳区	3	1		2				
丰台区				2				
石景山区		1		1				
海淀区								
门头沟区								
房山区	1			1				
通州区	1			1				
顺义区	1			1				
昌平区								
大兴区		1	1					
怀柔区				2				
平谷区								
密云县	2							
延庆县								

4-81 续表 4

单位：人次

地　区	无障碍设施				信息无障碍			
	残疾一级	残疾二级	残疾三级	残疾四级	残疾一级	残疾二级	残疾三级	残疾四级
总　计	**2**			**9**				**4**
东城区				4				
西城区								
崇文区				2				
宣武区								
朝阳区	1							
丰台区								
石景山区				2				2
海淀区								
门头沟区								
房山区								
通州区								1
顺义区	1							1
昌平区				1				
大兴区								
怀柔区								
平谷区								
密云县								
延庆县								

4-81 续表 5

单位：人次

地 区	生活服务				文化服务			
	残疾一级	残疾二级	残疾三级	残疾四级	残疾一级	残疾二级	残疾三级	残疾四级
总 计	**2**	**2**		**6**		**1**	**2**	**3**
东城区								
西城区								
崇文区								
宣武区				2				
朝阳区								
丰台区								
石景山区	1	2		3		1	2	3
海淀区								
门头沟区				1				
房山区								
通州区								
顺义区								
昌平区								
大兴区	1							
怀柔区								
平谷区								
密云县								
延庆县								

4-81 续表 6

单位：人次

地区	其他				未曾接受任何服务或扶助			
	残疾一级	残疾二级	残疾三级	残疾四级	残疾一级	残疾二级	残疾三级	残疾四级
总　计			**1**		**4**	**3**	**3**	**19**
东城区								
西城区							1	
崇文区								1
宣武区								
朝阳区								2
丰台区					1	1		5
石景山区			1		1			
海淀区								1
门头沟区							1	
房山区								
通州区					2			3
顺义区								
昌平区								2
大兴区						2	1	4
怀柔区								
平谷区								
密云县								
延庆县								1

4-82 各地区听力残疾人分残疾等级的曾接受服务或扶助

单位：人次

地 区	医疗服务与救助				辅助器具			
	残疾一级	残疾二级	残疾三级	残疾四级	残疾一级	残疾二级	残疾三级	残疾四级
总 计	**61**	**62**	**352**	**233**	**33**	**35**	**143**	**37**
东城区	3	1	12	24	2	2	12	8
西城区	1	5	33	29	2	5	19	6
崇文区	6	3	14	4	6	3	14	1
宣武区	4	7	18	2	4	3	6	
朝阳区	5	11	57	43	4	8	26	6
丰台区	1	2	5	6	1	1	1	1
石景山区			21	11			2	
海淀区	13	8	53	19	10	3	28	4
门头沟区		1	14	20			1	
房山区	1	4	6	3			1	1
通州区	3	5	11	7		1	4	
顺义区	4	4	12	4	1	2	3	1
昌平区	5	2	17	6	1	3	9	2
大兴区	1		16	6	1		5	2
怀柔区								
平谷区	9	5	39	29	1	2	7	1
密云县	2	4	18	17		1	4	3
延庆县	3		6	3		1	1	1

4-82 续表 1

单位：人次

地 区	康复训练与服务				教育费用补助或减免			
	残疾一级	残疾二级	残疾三级	残疾四级	残疾一级	残疾二级	残疾三级	残疾四级
总 计	**7**	**2**	**14**	**1**		**1**		**1**
东城区								
西城区						1		
崇文区	6	2	12	1				
宣武区								
朝阳区								
丰台区								
石景山区								
海淀区	1		1					
门头沟区			1					
房山区								
通州区								
顺义区								
昌平区								
大兴区								
怀柔区								
平谷区								
密云县								1
延庆县								

4-82 续表 2

单位：人次

地区	职业教育与培训				就业安置或扶持			
	残疾一级	残疾二级	残疾三级	残疾四级	残疾一级	残疾二级	残疾三级	残疾四级
总　计	**1**				**1**		**1**	
东城区								
西城区	1							
崇文区								
宣武区								
朝阳区							1	
丰台区								
石景山区								
海淀区								
门头沟区								
房山区								
通州区								
顺义区								
昌平区								
大兴区					1			
怀柔区								
平谷区								
密云县								
延庆县								

4-82 续表 3

单位：人次

地区	贫困残疾人救助与扶持				法律援助与服务			
	残疾一级	残疾二级	残疾三级	残疾四级	残疾一级	残疾二级	残疾三级	残疾四级
总　计	**5**	**5**	**14**	**12**		**2**		
东城区			1	3				
西城区		1	1	1				
崇文区		1	1					
宣武区								
朝阳区								
丰台区						2		
石景山区								
海淀区	1		1	1				
门头沟区								
房山区	1	1	2					
通州区				1				
顺义区		1	1					
昌平区	1							
大兴区	1		1	3				
怀柔区								
平谷区		1	5					
密云县				3				
延庆县	1		1					

4-82 续表 4

单位：人次

地　区	无障碍设施				信息无障碍			
	残疾一级	残疾二级	残疾三级	残疾四级	残疾一级	残疾二级	残疾三级	残疾四级
总　计	**1**		**6**	**3**	**2**	**2**	**19**	**11**
东城区								
西城区					1	1	1	2
崇文区								
宣武区								
朝阳区					1	1	5	5
丰台区	1							
石景山区			6	3			13	4
海淀区								
门头沟区								
房山区								
通州区								
顺义区								
昌平区								
大兴区								
怀柔区								
平谷区								
密云县								
延庆县								

4-82 续表 5

单位：人次

地 区	生活服务				文化服务			
	残疾一级	残疾二级	残疾三级	残疾四级	残疾一级	残疾二级	残疾三级	残疾四级
总 计	**1**	**2**	**11**	**9**		**1**	**13**	**7**
东城区								
西城区				4				
崇文区								
宣武区			1					
朝阳区								3
丰台区	1	2	5	1		1	4	
石景山区			5	3			9	4
海淀区								
门头沟区								
房山区								
通州区								
顺义区								
昌平区								
大兴区				1				
怀柔区								
平谷区								
密云县								
延庆县								

4-82 续表 6

单位：人次

地 区	其他				未曾接受任何服务或扶助			
	残疾一级	残疾二级	残疾三级	残疾四级	残疾一级	残疾二级	残疾三级	残疾四级
总　计			**3**		**13**	**25**	**151**	**137**
东城区						1	7	11
西城区						1	8	17
崇文区								
宣武区								
朝阳区						2	14	36
丰台区					1	1	8	8
石景山区			1		2		14	12
海淀区						2	19	3
门头沟区							3	1
房山区					1		8	3
通州区					2	4	8	9
顺义区			2		3	4	5	4
昌平区							1	
大兴区							12	6
怀柔区					2	4	22	9
平谷区								
密云县					1	1	13	18
延庆县					1	5	9	

4-83 各地区言语残疾人分残疾等级的曾接受服务或扶助

单位：人次

地　区	医疗服务与救助				辅助器具			
	残疾一级	残疾二级	残疾三级	残疾四级	残疾一级	残疾二级	残疾三级	残疾四级
总　计	**3**	**3**	**4**	**13**				**1**
东城区								
西城区								
崇文区	1							
宣武区								
朝阳区	1	1		1				
丰台区		1		1				
石景山区			1					
海淀区			1	1				
门头沟区		1	1	2				
房山区				2				1
通州区				1				
顺义区								
昌平区				1				
大兴区			1	1				
怀柔区				1				
平谷区	1			1				
密云县								
延庆县				1				

4-83 续表 1

单位：人次

地　区	康复训练与服务				教育费用补助或减免			
	残疾一级	残疾二级	残疾三级	残疾四级	残疾一级	残疾二级	残疾三级	残疾四级
总　计		**1**	**3**	**3**				
东城区								
西城区								
崇文区								
宣武区								
朝阳区								
丰台区								
石景山区			1					
海淀区			1					
门头沟区		1	1	2				
房山区								
通州区								
顺义区								
昌平区								
大兴区								
怀柔区								
平谷区				1				
密云县								
延庆县								

4-83 续表 2

单位：人次

地 区	职业教育与培训				就业安置或扶持			
	残疾一级	残疾二级	残疾三级	残疾四级	残疾一级	残疾二级	残疾三级	残疾四级
总 计								**2**
东城区								
西城区								
崇文区								
宣武区								
朝阳区								
丰台区								
石景山区								
海淀区								1
门头沟区								
房山区								
通州区								1
顺义区								
昌平区								
大兴区								
怀柔区								
平谷区								
密云县								
延庆县								

4-83 续表 3

单位：人次

地区	贫困残疾人救助与扶持				法律援助与服务			
	残疾一级	残疾二级	残疾三级	残疾四级	残疾一级	残疾二级	残疾三级	残疾四级
总 计	**2**		**1**	**1**				
东城区								
西城区								
崇文区								
宣武区								
朝阳区								
丰台区								
石景山区								
海淀区								
门头沟区								
房山区				1				
通州区								
顺义区								
昌平区								
大兴区			1					
怀柔区	1							
平谷区								
密云县	1							
延庆县								

4-83 续表 4

单位：人次

地　区	无障碍设施				信息无障碍			
	残疾一级	残疾二级	残疾三级	残疾四级	残疾一级	残疾二级	残疾三级	残疾四级
总　计				**1**				
东城区								
西城区								
崇文区								
宣武区								
朝阳区								
丰台区				1				
石景山区								
海淀区								
门头沟区								
房山区								
通州区								
顺义区								
昌平区								
大兴区								
怀柔区								
平谷区								
密云县								
延庆县								

4-83 续表 5

单位：人次

地　区	生活服务				文化服务			
	残疾一级	残疾二级	残疾三级	残疾四级	残疾一级	残疾二级	残疾三级	残疾四级
总　计			**1**	**1**				
东城区								
西城区								
崇文区								
宣武区								
朝阳区								
丰台区				1				
石景山区			1					
海淀区								
门头沟区								
房山区								
通州区								
顺义区								
昌平区								
大兴区								
怀柔区								
平谷区								
密云县								
延庆县								

4-83 续表 6

单位：人次

地区	其他				未曾接受任何服务或扶助			
	残疾一级	残疾二级	残疾三级	残疾四级	残疾一级	残疾二级	残疾三级	残疾四级
总　计				**1**	**1**		**2**	**2**
东城区							1	
西城区								
崇文区								
宣武区								
朝阳区								
丰台区								
石景山区							1	
海淀区				1				1
门头沟区								
房山区								
通州区								1
顺义区								
昌平区					1			
大兴区								
怀柔区								
平谷区								
密云县								
延庆县								

4-84 各地区肢体残疾人分残疾等级的曾接受服务或扶助

单位：人次

地 区	医疗服务与救助				辅助器具			
	残疾一级	残疾二级	残疾三级	残疾四级	残疾一级	残疾二级	残疾三级	残疾四级
总 计	**39**	**141**	**389**	**1062**	**15**	**71**	**192**	**291**
东城区	2	16	24	82		3	7	12
西城区		3	32	133		2	15	40
崇文区	2	6	10	35	2	6	6	13
宣武区	1	17	31	51		14	24	20
朝阳区	10	14	37	82	1	2	18	8
丰台区	1	19	37	56	1	13	23	32
石景山区	1	5	6	29		4	4	18
海淀区	9	23	71	118	8	17	46	59
门头沟区		2	2	3			1	1
房山区	1	1	45	160		1	23	34
通州区	3	10	19	95	1	1	10	29
顺义区	1	4	18	41		1	3	3
昌平区	1	9	7	32	1	6	3	11
大兴区	2	1	10	36	1		4	5
怀柔区	1	5	6	14				1
平谷区	4	3	10	55			1	3
密云县		3	17	16		1	4	2
延庆县			7	24				

4-84 续表 1

单位：人次

地区	康复训练与服务				教育费用补助或减免			
	残疾一级	残疾二级	残疾三级	残疾四级	残疾一级	残疾二级	残疾三级	残疾四级
总　计	**7**	**35**	**79**	**167**	**1**		**4**	**3**
东城区				6				
西城区		1	1	4				
崇文区				5	1			1
宣武区		4	8	20				
朝阳区	1	1	7	7				
丰台区	1	9	18	34				
石景山区	1		3	9				
海淀区	4	17	30	50			1	
门头沟区		1		1				
房山区			5	2				
通州区			2	17				
顺义区								
昌平区		2	3	4				
大兴区							1	1
怀柔区				4				
平谷区			1	4				
密云县			1				2	1
延庆县								

4-84 续表 2

单位：人次

地区	职业教育与培训				就业安置或扶持			
	残疾一级	残疾二级	残疾三级	残疾四级	残疾一级	残疾二级	残疾三级	残疾四级
总　计				**2**		**1**	**6**	**16**
东城区				1				
西城区								
崇文区				1			1	
宣武区								
朝阳区							1	3
丰台区						1	1	1
石景山区								1
海淀区								3
门头沟区								
房山区							1	
通州区								4
顺义区								2
昌平区							1	
大兴区							1	
怀柔区								1
平谷区								
密云县								
延庆县								1

4-84 续表 3

单位：人次

地　区	贫困残疾人救助与扶持				法律援助与服务			
	残疾一级	残疾二级	残疾三级	残疾四级	残疾一级	残疾二级	残疾三级	残疾四级
总　计	**6**	**21**	**40**	**89**			**1**	**3**
东城区	1	4	6	6				
西城区								
崇文区	1							
宣武区	1	4	5	3				
朝阳区		1	1	7				
丰台区		1					1	
石景山区		1	1	5				
海淀区	1		2	1				
门头沟区								
房山区			11	24				1
通州区		1	1	10				
顺义区		1	2	4				
昌平区	1	2	3	8				1
大兴区	1	1	2	7				1
怀柔区		3	2	2				
平谷区			2	10				
密云县		2	2	1				
延庆县				1				

4-84 续表 4

单位：人次

地区	无障碍设施				信息无障碍			
	残疾一级	残疾二级	残疾三级	残疾四级	残疾一级	残疾二级	残疾三级	残疾四级
总　计	**1**	**6**	**16**	**62**		**2**	**2**	**3**
东城区								
西城区			2	8				
崇文区		5	4	22				
宣武区			1	1			1	
朝阳区				1				
丰台区			1	2		1		
石景山区	1	1	2	7		1		3
海淀区			1				1	
门头沟区								
房山区			2	5				
通州区			2	15				
顺义区			1					
昌平区								
大兴区				1				
怀柔区								
平谷区								
密云县								
延庆县								

4-84 续表 5

单位：人次

地区	生活服务				文化服务			
	残疾一级	残疾二级	残疾三级	残疾四级	残疾一级	残疾二级	残疾三级	残疾四级
总计		**5**	**6**	**16**		**2**	**3**	**10**
东城区								
西城区				2				
崇文区				1				2
宣武区								
朝阳区								
丰台区				1				
石景山区		1	1	5		2	3	8
海淀区		2	3	4				
门头沟区								
房山区								
通州区		1		1				
顺义区			1	1				
昌平区		1	1	1				
大兴区								
怀柔区								
平谷区								
密云县								
延庆县								

4-84 续表 6

单位：人次

地区	其他				未曾接受任何服务或扶助			
	残疾一级	残疾二级	残疾三级	残疾四级	残疾一级	残疾二级	残疾三级	残疾四级
总　计			**1**			**2**	**5**	**47**
东城区								3
西城区								
崇文区								3
宣武区								
朝阳区								1
丰台区								4
石景山区			1			1	1	3
海淀区								
门头沟区								
房山区								3
通州区						1		5
顺义区							1	
昌平区							1	1
大兴区							1	8
怀柔区								1
平谷区								
密云县								5
延庆县							1	10

4-85 各地区智力残疾人分残疾等级的曾接受服务或扶助

单位：人次

地 区	医疗服务与救助				辅助器具			
	残疾一级	残疾二级	残疾三级	残疾四级	残疾一级	残疾二级	残疾三级	残疾四级
总 计	**6**	**17**	**52**	**69**			**1**	
东城区		1	3	3				
西城区				1				
崇文区								
宣武区	1	2	1	2			1	
朝阳区	1	2	8	7				
丰台区		1	4	7				
石景山区				2				
海淀区			5	4				
门头沟区				6				
房山区	2	2	3	6				
通州区		1		3				
顺义区		1	10	4				
昌平区	2	4	11	7				
大兴区		1	1	3				
怀柔区			1					
平谷区		2	3	10				
密云县			2	2				
延庆县				2				

4-85 续表 1

单位：人次

地　区	康复训练与服务				教育费用补助或减免			
	残疾一级	残疾二级	残疾三级	残疾四级	残疾一级	残疾二级	残疾三级	残疾四级
总　计	**2**	**3**	**3**	**6**	**1**		**1**	**5**
东城区								
西城区								
崇文区				1				
宣武区	1	1			1			1
朝阳区			1					
丰台区		1						1
石景山区				1				1
海淀区								
门头沟区								
房山区				1				
通州区				2				
顺义区		1	1	1			1	2
昌平区	1		1					
大兴区								
怀柔区								
平谷区								
密云县								
延庆县								

4-85 续表 2

单位：人次

地 区	职业教育与培训				就业安置或扶持			
	残疾一级	残疾二级	残疾三级	残疾四级	残疾一级	残疾二级	残疾三级	残疾四级
总 计	**2**		**2**	**8**	**1**	**2**	**6**	**16**
东城区							1	
西城区								1
崇文区				2				1
宣武区	1			1		1		
朝阳区			1	4			1	3
丰台区	1		1	1	1	1	1	1
石景山区								
海淀区							1	1
门头沟区								1
房山区								
通州区								6
顺义区							1	
昌平区							1	
大兴区								2
怀柔区								
平谷区								
密云县								
延庆县								

4-85 续表 3

单位：人次

地　区	贫困残疾人救助与扶持				法律援助与服务			
	残疾一级	残疾二级	残疾三级	残疾四级	残疾一级	残疾二级	残疾三级	残疾四级
总　计	**3**	**11**	**20**	**26**				
东城区		1	2	2				
西城区				1				
崇文区								
宣武区	1	1		2				
朝阳区		2		2				
丰台区		1		1				
石景山区				3				
海淀区			2	1				
门头沟区				1				
房山区		1	1	1				
通州区	1	1						
顺义区		1	2	1				
昌平区	1	1	6	1				
大兴区		1	2	4				
怀柔区			3	1				
平谷区		1	1	3				
密云县			1	1				
延庆县				1				

4-85　续表 4

单位：人次

地　区	无障碍设施				信息无障碍			
	残疾一级	残疾二级	残疾三级	残疾四级	残疾一级	残疾二级	残疾三级	残疾四级
总　计								**1**
东城区								
西城区								
崇文区								
宣武区								
朝阳区								
丰台区								
石景山区								1
海淀区								
门头沟区								
房山区								
通州区								
顺义区								
昌平区								
大兴区								
怀柔区								
平谷区								
密云县								
延庆县								

4-85 续表 5

单位：人次

地区	生活服务				文化服务			
	残疾一级	残疾二级	残疾三级	残疾四级	残疾一级	残疾二级	残疾三级	残疾四级
总计		**3**	**6**	**4**				**1**
东城区		1						
西城区								
崇文区								
宣武区								
朝阳区		1	1					
丰台区								
石景山区				3				1
海淀区			1					
门头沟区								
房山区				1				
通州区								
顺义区								
昌平区			3					
大兴区								
怀柔区								
平谷区		1	1					
密云县								
延庆县								

4-85 续表 6

单位：人次

地　区	其他				未曾接受任何服务或扶助			
	残疾一级	残疾二级	残疾三级	残疾四级	残疾一级	残疾二级	残疾三级	残疾四级
总　计					**1**	**2**	**19**	**36**
东城区								
西城区							1	2
崇文区								3
宣武区								
朝阳区							1	3
丰台区							2	1
石景山区								
海淀区							1	4
门头沟区							1	
房山区							1	1
通州区						1	3	3
顺义区					1		2	6
昌平区								
大兴区								3
怀柔区						1	1	3
平谷区								
密云县							3	6
延庆县							3	1

4-86 各地区精神残疾人分残疾等级的曾接受服务或扶助

单位：人次

地 区	医疗服务与救助				辅助器具			
	残疾一级	残疾二级	残疾三级	残疾四级	残疾一级	残疾二级	残疾三级	残疾四级
总 计	**63**	**48**	**59**	**151**		**1**		**1**
东城区	3	6	7	10				
西城区	5	1	4	15				
崇文区	2	1	1	3				
宣武区	4	6		6				
朝阳区	14	4	14	26				
丰台区	1	4	4	8				
石景山区	2	1	2	5				
海淀区	1	5	11	24		1		1
门头沟区	1	2	4	7				
房山区		2	4	10				
通州区	2	1	4	15				
顺义区	12	3	1	4				
昌平区	6	5	1	6				
大兴区				1				
怀柔区	1	1						
平谷区	3	4	2	10				
密云县	6	1		1				
延庆县		1						

4-86 续表 1

单位：人次

地区	康复训练与服务				教育费用补助或减免			
	残疾一级	残疾二级	残疾三级	残疾四级	残疾一级	残疾二级	残疾三级	残疾四级
总 计	**4**	**2**	**3**	**4**				
东城区	1							
西城区								
崇文区	1							
宣武区								
朝阳区				1				
丰台区								
石景山区	1	1	1	2				
海淀区			1	1				
门头沟区								
房山区								
通州区								
顺义区								
昌平区		1	1					
大兴区								
怀柔区								
平谷区	1							
密云县								
延庆县								

4-86 续表 2

单位：人次

地区	职业教育与培训				就业安置或扶持			
	残疾一级	残疾二级	残疾三级	残疾四级	残疾一级	残疾二级	残疾三级	残疾四级
总计								**2**
东城区								
西城区								
崇文区								
宣武区								
朝阳区								
丰台区								
石景山区								
海淀区								1
门头沟区								
房山区								
通州区								
顺义区								1
昌平区								
大兴区								
怀柔区								
平谷区								
密云县								
延庆县								

4-86 续表 3

单位：人次

地 区	贫困残疾人救助与扶持				法律援助与服务			
	残疾一级	残疾二级	残疾三级	残疾四级	残疾一级	残疾二级	残疾三级	残疾四级
总 计	**19**	**11**	**14**	**30**		**1**		**1**
东城区		1	1	1				
西城区	1		1					
崇文区								
宣武区	1	2		1		1		
朝阳区	4		6	2				
丰台区			1					
石景山区				1				
海淀区			2	2				1
门头沟区		1	1	2				
房山区				3				
通州区	2	1	2	8				
顺义区	4	1		3				
昌平区	3	3		3				
大兴区								
怀柔区		1						
平谷区		1		4				
密云县	4							
延庆县								

4-86 续表 4

单位：人次

地区	无障碍设施				信息无障碍			
	残疾一级	残疾二级	残疾三级	残疾四级	残疾一级	残疾二级	残疾三级	残疾四级
总计								1
东城区								
西城区								
崇文区								
宣武区								
朝阳区								
丰台区								
石景山区								1
海淀区								
门头沟区								
房山区								
通州区								
顺义区								
昌平区								
大兴区								
怀柔区								
平谷区								
密云县								
延庆县								

4-86 续表 5

单位：人次

地　区	生活服务				文化服务			
	残疾一级	残疾二级	残疾三级	残疾四级	残疾一级	残疾二级	残疾三级	残疾四级
总　计	**2**	**1**	**2**	**4**	**1**		**1**	**3**
东城区								
西城区								
崇文区								
宣武区								
朝阳区								
丰台区								
石景山区	2	1	2	3	1		1	3
海淀区								
门头沟区								
房山区								
通州区								
顺义区				1				
昌平区								
大兴区								
怀柔区								
平谷区								
密云县								
延庆县								

4-86 续表 6

单位：人次

地 区	其他				未曾接受任何服务或扶助			
	残疾一级	残疾二级	残疾三级	残疾四级	残疾一级	残疾二级	残疾三级	残疾四级
总 计	**1**				**8**	**2**	**2**	**13**
东城区								
西城区								3
崇文区								
宣武区								
朝阳区								
丰台区							1	1
石景山区								1
海淀区								1
门头沟区								
房山区								2
通州区					1			
顺义区	1							
昌平区					1			
大兴区					4	2	1	4
怀柔区								
平谷区								
密云县					2			
延庆县								1

4-87 各地区多重残疾人分残疾等级的曾接受服务或扶助

单位：人次

地 区	医疗服务与救助				辅助器具			
	残疾一级	残疾二级	残疾三级	残疾四级	残疾一级	残疾二级	残疾三级	残疾四级
总 计	**442**	**144**	**237**	**130**	**70**	**46**	**89**	**24**
东城区	18	4	9	9	2		2	
西城区	34	9	30	19	6	4	15	3
崇文区	9	4	10	5	5	3	5	3
宣武区	20	10	17	5	5	7	11	2
朝阳区	65	17	36	20	10	3	6	3
丰台区	35	7	14	6	5	3	7	2
石景山区	10	4	7	1	2	2	3	
海淀区	41	25	33	8	16	18	22	2
门头沟区	12	4	3		1			
房山区	24	7	25	13	2	1	4	3
通州区	18	7	11	7	5	1	6	3
顺义区	23	10	8	4	1	3	2	
昌平区	22	9	5	2	2	1	1	1
大兴区	22	5	10	6	2		4	
怀柔区	19	3	3	3	3			
平谷区	39	13	7	9	2			
密云县	20	4	6	11	1		1	2
延庆县	11	2	3	2				

4-87 续表 1

单位：人次

地区	康复训练与服务				教育费用补助或减免			
	残疾一级	残疾二级	残疾三级	残疾四级	残疾一级	残疾二级	残疾三级	残疾四级
总　计	**55**	**25**	**36**	**10**	**5**	**1**		
东城区	1		1					
西城区								
崇文区	6	1	3	1	1			
宣武区	5	3	4	2				
朝阳区	1		1	1				
丰台区	5	2	6	3				
石景山区	6	2	2					
海淀区	13	13	16	1				
门头沟区	5	2	1					
房山区	1		1					
通州区	3		1	1	1			
顺义区	1	1		1	1			
昌平区	3	1						
大兴区	2				1	1		
怀柔区								
平谷区	3				1			
密云县								
延庆县								

4-87 续表 2

单位：人次

地　区	职业教育与培训				就业安置或扶持			
	残疾一级	残疾二级	残疾三级	残疾四级	残疾一级	残疾二级	残疾三级	残疾四级
总　计	**1**				**5**	**1**	**3**	**1**
东城区					1		1	
西城区								
崇文区								
宣武区					1			
朝阳区					1			
丰台区								
石景山区								
海淀区								
门头沟区								
房山区							1	
通州区					1			1
顺义区	1							
昌平区						1		
大兴区							1	
怀柔区					1			
平谷区								
密云县								
延庆县								

4-87 续表 3

单位：人次

地区	贫困残疾人救助与扶持				法律援助与服务			
	残疾一级	残疾二级	残疾三级	残疾四级	残疾一级	残疾二级	残疾三级	残疾四级
总计	**77**	**23**	**33**	**15**			**1**	
东城区	2							
西城区	2		1					
崇文区	1	1						
宣武区	1	1	4					
朝阳区	5	1	3	1				
丰台区		1	1				1	
石景山区								
海淀区	1	1	1					
门头沟区	2							
房山区	9	1	11	6				
通州区	3	2	3	1				
顺义区	6	2	1					
昌平区	5	2		1				
大兴区	16	3	2	3				
怀柔区	5	2		2				
平谷区	12	3	3					
密云县	5	2	3	1				
延庆县	2	1						

4-87 续表 4

单位：人次

地 区	无障碍设施				信息无障碍			
	残疾一级	残疾二级	残疾三级	残疾四级	残疾一级	残疾二级	残疾三级	残疾四级
总 计	**9**	**6**	**15**	**4**	**2**	**1**	**5**	**1**
东城区			1					
西城区	2		3				4	
崇文区	1	2	4	2				
宣武区		1			1			
朝阳区	1							
丰台区								
石景山区	1		1	1	1	1	1	1
海淀区								
门头沟区								
房山区		1	1					
通州区	3	1	4					
顺义区								
昌平区								
大兴区								
怀柔区			1	1				
平谷区	1							
密云县								
延庆县		1						

4-87 续表 5

单位：人次

地　区	生活服务				文化服务			
	残疾一级	残疾二级	残疾三级	残疾四级	残疾一级	残疾二级	残疾三级	残疾四级
总　计	**16**	**2**	**7**	**3**	**9**	**2**	**4**	
东城区								
西城区	1		1		1			
崇文区	3							
宣武区	1				1			
朝阳区		1	1	2				
丰台区	2		1	1	3		1	
石景山区	4	1	4		4	2	3	
海淀区	4							
门头沟区								
房山区								
通州区								
顺义区								
昌平区	1							
大兴区								
怀柔区								
平谷区								
密云县								
延庆县								

4-87 续表 6

单位：人次

地 区	其他				未曾接受任何服务或扶助			
	残疾一级	残疾二级	残疾三级	残疾四级	残疾一级	残疾二级	残疾三级	残疾四级
总 计	**2**		**1**		**38**	**13**	**22**	**17**
东城区							2	1
西城区					4	1	1	3
崇文区					2		2	
宣武区								
朝阳区					2			
丰台区	1				4	1	3	4
石景山区						3		
海淀区					1		1	1
门头沟区					1			
房山区					1		1	1
通州区					3	2	1	1
顺义区	1		1		1		1	
昌平区								
大兴区					4	2	1	3
怀柔区					5	1	4	1
平谷区								
密云县					8	3	3	1
延庆县					2		2	1

4－88 各地区残疾人分城乡的主要需求

单位：人次

地 区	合计		医疗服务与救助		辅助器具	
	城镇	农村	城镇	农村	城镇	农村
总 计	**7793**	**3202**	**2553**	**1022**	**1454**	**526**
东城区	612		207		155	
西城区	1071		331		204	
崇文区	318		94		41	
宣武区	490		164		96	
朝阳区	1213		449		144	
丰台区	601	197	187	63	132	31
石景山区	459		137		87	
海淀区	1248	121	448	40	298	20
门头沟区	92	122	28	39	19	22
房山区	475	581	148	179	85	127
通州区	255	309	65	104	43	51
顺义区	166	318	41	82	25	45
昌平区	258	165	71	55	39	10
大兴区	27	327	8	109	5	47
怀柔区	76	178	28	59	12	12
平谷区	370	262	124	80	58	47
密云县	38	441	12	150	7	94
延庆县	24	181	11	62	4	20

4－88 续表 1

单位：人次

地区	康复训练与服务		教育费用补助或减免		职业教育与培训	
	城镇	农村	城镇	农村	城镇	农村
总计	**976**	**260**	**66**	**42**	**36**	**15**
东城区	37		2			
西城区	69		14		5	
崇文区	58		5		2	
宣武区	51		6		4	
朝阳区	106		2		3	
丰台区	120	34	3	2	8	1
石景山区	72		7		3	
海淀区	288	20	9		3	1
门头沟区	7	8	1	3		1
房山区	39	34	3		2	1
通州区	31	31	2	3	2	2
顺义区	14	37	2	5	1	4
昌平区	41	24	4	7	3	
大兴区	3	16		10		2
怀柔区	6	9		1		1
平谷区	27	16	5	3		
密云县	2	21		7		1
延庆县	5	10	1	1		1

4－88 续表 2

单位：人次

地　区	就业安置或扶持		贫困残疾人救助与扶持		法律援助与服务	
	城镇	农村	城镇	农村	城镇	农村
总　计	**212**	**96**	**991**	**938**	**82**	**28**
东城区	14		62		9	
西城区	12		100		4	
崇文区	6		36		7	
宣武区	10		51		3	
朝阳区	54		120		11	
丰台区	28	9	57	30	8	4
石景山区	10		43		1	
海淀区	20	5	87	15	16	5
门头沟区		2	18	28	4	
房山区	16	24	122	181	5	
通州区	18	7	60	100	2	4
顺义区	4	6	36	83	2	2
昌平区	9	3	42	51	4	3
大兴区	1	9		86	1	
怀柔区	2	11	15	54	2	1
平谷区	7	8	129	104	3	1
密云县	1	8	11	142		4
延庆县		4	2	64		4

4－88 续表 3

单位：人次

地 区	无障碍设施		信息无障碍		生活服务	
	城镇	农村	城镇	农村	城镇	农村
总 计	**447**	**46**	**125**	**1**	**517**	**152**
东城区	31		3		41	
西城区	171		56		77	
崇文区	34		1		14	
宣武区	35		12		42	
朝阳区	97		24		92	
丰台区	5	2			43	18
石景山区	21		18		29	
海淀区	8	3	4		53	8
门头沟区					10	18
房山区	18	24	1	1	23	10
通州区	2	1			26	3
顺义区	2	3	2		34	45
昌平区	11	1			18	10
大兴区	4	5	2		1	19
怀柔区	5	4	1		2	2
平谷区	3		1		11	3
密云县		1			1	9
延庆县		2				7

4－88 续表 4

单位：人次

地 区	文化服务		其他		不选择	
	城镇	农村	城镇	农村	城镇	农村
总 计	**106**	**5**	**25**	**4**	**203**	**67**
东城区	8		6		37	
西城区	7		5		16	
崇文区			3		17	
宣武区	9		2		5	
朝阳区	37		7		67	
丰台区	7				3	3
石景山区	16		1		14	
海淀区	9	1		1	5	2
门头沟区				1	5	
房山区	7				6	
通州区	1				3	3
顺义区				1	3	5
昌平区	4				12	1
大兴区		1			2	23
怀柔区	1	2			2	22
平谷区			1		1	
密云县		1		1	4	2
延庆县					1	6

4-89 各地区视力残疾人分城乡的主要需求

单位：人次

地 区	合计		医疗服务与救助		辅助器具	
	城镇	农村	城镇	农村	城镇	农村
总 计	**477**	**193**	**193**	**70**	**68**	**14**
东城区	48		9		5	
西城区	41		25		2	
崇文区	8		2			
宣武区	36		19		9	
朝阳区	65		26		7	
丰台区	60	21	18	7	13	1
石景山区	42		13		9	
海淀区	56	5	32	2	13	1
门头沟区	7	14	3	3	2	2
房山区	24	18	9	8	1	1
通州区	17	20	8	9	3	1
顺义区	19	19	4	8	1	1
昌平区	16	10	7	2	1	1
大兴区		23		9		3
怀柔区	6	9	2	3	1	1
平谷区	29	16	14	7	1	
密云县	3	29	2	8		1
延庆县		9		4		1

4-89 续表 1

单位：人次

地　区	康复训练与服务		教育费用补助或减免		职业教育与培训	
	城镇	农村	城镇	农村	城镇	农村
总　计	**19**	**3**	**8**	**8**	**5**	**1**
东城区			1			
西城区	2					
崇文区						
宣武区	2					
朝阳区	4					
丰台区	4			1	3	
石景山区					1	
海淀区	5	1				
门头沟区				2		
房山区			2			
通州区			1	1	1	1
顺义区			2	2		
昌平区						
大兴区						
怀柔区	1	2				
平谷区	1		2			
密云县				2		
延庆县						

4-89 续表 2

单位：人次

地区	就业安置或扶持		贫困残疾人救助与扶持		法律援助与服务	
	城镇	农村	城镇	农村	城镇	农村
总 计	**15**	**11**	**73**	**64**	**4**	**2**
东城区	3		7		2	
西城区			2			
崇文区	1		2			
宣武区			2			
朝阳区	3		11			
丰台区	1	3	12	4		
石景山区	1		1			
海淀区			5	1		
门头沟区		1		5		
房山区	2		5	8	1	
通州区	1	1	3	7		
顺义区	2		5	4	1	
昌平区	1		5	4		
大兴区		1		8		
怀柔区			2	3		
平谷区		2	10	6		
密云县		3	1	10		2
延庆县				4		

4-89 续表 3

单位：人次

地 区	无障碍设施		信息无障碍		生活服务	
	城镇	农村	城镇	农村	城镇	农村
总 计	**26**	**4**	**12**		**24**	**10**
东城区	5		3		2	
西城区	3		3		4	
崇文区	2					
宣武区					3	
朝阳区	10				2	
丰台区	1	1			3	2
石景山区	1		5		5	
海淀区	1					
门头沟区					1	
房山区	1	1			2	
通州区						
顺义区	1	1	1		1	1
昌平区	1					2
大兴区		1				1
怀柔区						
平谷区					1	1
密云县						3
延庆县						

4-89 续表 4

单位：人次

地 区	文化服务		其他		不选择	
	城镇	农村	城镇	农村	城镇	农村
总 计	**15**		**6**	**1**	**9**	**5**
东城区	5		5		1	
西城区						
崇文区					1	
宣武区	1					
朝阳区					2	
丰台区	2				3	2
石景山区	5		1			
海淀区						
门头沟区				1	1	
房山区	1					
通州区						
顺义区					1	2
昌平区	1					1
大兴区						
怀柔区						
平谷区						
密云县						
延庆县						

4-90 各地区听力残疾人分城乡的主要需求

单位：人次

地区	合计		医疗服务与救助		辅助器具	
	城镇	农村	城镇	农村	城镇	农村
总计	**1582**	**577**	**491**	**167**	**521**	**209**
东城区	93		13		33	
西城区	218		66		62	
崇文区	76		27		25	
宣武区	68		21		21	
朝阳区	324		118		61	
丰台区	54	9	17	3	24	3
石景山区	165		52		50	
海淀区	257	15	89	6	110	7
门头沟区	24	38	9	14	13	15
房山区	52	24	16	6	17	6
通州区	35	30	7	5	27	22
顺义区	28	62	12	28	11	28
昌平区	38	14	8	7	12	3
大兴区	9	61	2	16	2	17
怀柔区	13	39	7	11	5	3
平谷区	103	81	18	9	40	30
密云县	17	154	6	57	6	60
延庆县	8	50	3	5	2	15

4-90 续表 1

单位：人次

地区	康复训练与服务		教育费用补助或减免		职业教育与培训	
	城镇	农村	城镇	农村	城镇	农村
总计	**116**	**5**	**8**	**4**	**2**	**2**
东城区	3		1			
西城区			2		2	
崇文区	21					
宣武区	2					
朝阳区	2					
丰台区						
石景山区	39		1			
海淀区	43	1	2			
门头沟区						
房山区	2	1				
通州区						
顺义区						
昌平区	1		2			
大兴区				2		1
怀柔区						
平谷区	1	3				
密云县				1		
延庆县	2			1		1

4-90 续表 2

单位：人次

地 区	就业安置或扶持		贫困残疾人救助与扶持		法律援助与服务	
	城镇	农村	城镇	农村	城镇	农村
总 计	**12**	**12**	**126**	**125**	**16**	**4**
东城区	1		5		2	
西城区	3		16		1	
崇文区			2			
宣武区			2		1	
朝阳区	2		27		5	
丰台区			1		3	
石景山区			2		1	
海淀区	1	1	6			
门头沟区				2		
房山区		1	15	7		
通州区			1	3		
顺义区	1		1	6	1	
昌平区	3		3	4		
大兴区	1			16	1	
怀柔区		4		2	1	1
平谷区		4	43	34		1
密云县		1	2	33		1
延庆县		1		18		1

4-90 续表 3

单位：人次

地区	无障碍设施		信息无障碍		生活服务	
	城镇	农村	城镇	农村	城镇	农村
总计	**18**	**6**	**75**		**60**	**15**
东城区	1				5	
西城区	8		35		9	
崇文区			1			
宣武区	1		7		10	
朝阳区	7		21		22	
丰台区					7	2
石景山区			8		2	
海淀区					1	
门头沟区						7
房山区		2			2	1
通州区						
顺义区			1		1	
昌平区	1				1	
大兴区		2	1			
怀柔区						
平谷区			1			
密云县						
延庆县		2				5

4-90 续表 4

单位：人次

地　区	文化服务		其他		不选择	
	城镇	农村	城镇	农村	城镇	农村
总　计	**24**		**4**		**109**	**28**
东城区	3				26	
西城区			3		11	
崇文区						
宣武区	2				1	
朝阳区	13		1		45	
丰台区	2					1
石景山区	2				8	
海淀区	1				4	
门头沟区					2	
房山区						
通州区						
顺义区						
昌平区	1				6	
大兴区					2	7
怀柔区						18
平谷区						
密云县					3	1
延庆县					1	1

4-91 各地区言语残疾人分城乡的主要需求

单位：人次

地 区	合计		医疗服务与救助		辅助器具	
	城镇	农村	城镇	农村	城镇	农村
总 计	**34**	**33**	**11**	**11**	**2**	**1**
东城区	1		1			
西城区						
崇文区	3		1			
宣武区						
朝阳区	7		2			
丰台区	3	1	1	1		
石景山区	4		2			
海淀区	6	1	2		1	
门头沟区	3	4			1	1
房山区	3	2	1	1		
通州区		8		2		
顺义区						
昌平区	1	3		1		
大兴区		3		2		
怀柔区		4		2		
平谷区	3	3	1	1		
密云县		1				
延庆县		3		1		

4-91 续表 1

单位：人次

地　区	康复训练与服务		教育费用补助或减免		职业教育与培训	
	城镇	农村	城镇	农村	城镇	农村
总　计	**8**	**7**		**1**		**1**
东城区						
西城区						
崇文区	1					
宣武区						
朝阳区	3					
丰台区						
石景山区	1					
海淀区	1	1				
门头沟区	1	2				
房山区						1
通州区		2		1		
顺义区						
昌平区		1				
大兴区		1				
怀柔区						
平谷区	1					
密云县						
延庆县						

4-91 续表 2

单位：人次

地　区	就业安置或扶持		贫困残疾人救助与扶持		法律援助与服务	
	城镇	农村	城镇	农村	城镇	农村
总　计	**1**	**4**	**4**	**8**	**1**	
东城区						
西城区						
崇文区			1			
宣武区						
朝阳区	1		1			
丰台区						
石景山区						
海淀区						
门头沟区				1		
房山区			1		1	
通州区				3		
顺义区						
昌平区		1				
大兴区						
怀柔区		1		1		
平谷区		1	1	1		
密云县				1		
延庆县		1		1		

4-91 续表 3

单位：人次

地区	无障碍设施		信息无障碍		生活服务	
	城镇	农村	城镇	农村	城镇	农村
总　计	**2**				**3**	
东城区						
西城区						
崇文区						
宣武区						
朝阳区						
丰台区	1				1	
石景山区					1	
海淀区	1				1	
门头沟区						
房山区						
通州区						
顺义区						
昌平区						
大兴区						
怀柔区						
平谷区						
密云县						
延庆县						

4-91 续表 4

单位：人次

地区	文化服务		其他		不选择	
	城镇	农村	城镇	农村	城镇	农村
总计					**2**	
东城区						
西城区						
崇文区						
宣武区						
朝阳区						
丰台区						
石景山区						
海淀区						
门头沟区					1	
房山区						
通州区						
顺义区						
昌平区					1	
大兴区						
怀柔区						
平谷区						
密云县						
延庆县						

4-92 各地区肢体残疾人分城乡的主要需求

单位：人次

地区	合计		医疗服务与救助		辅助器具	
	城镇	农村	城镇	农村	城镇	农村
总 计	**2933**	**1132**	**932**	**357**	**581**	**199**
东城区	306		113		95	
西城区	450		128		101	
崇文区	120		30		7	
宣武区	215		63		43	
朝阳区	287		109		29	
丰台区	249	93	82	29	67	22
石景山区	130		35		19	
海淀区	549	57	188	18	118	8
门头沟区	6	7	1	2	1	1
房山区	239	379	72	111	54	102
通州区	100	138	21	50	9	18
顺义区	48	87	7	7	3	14
昌平区	85	40	17	11	22	6
大兴区	10	81	4	31	1	9
怀柔区	25	49	9	19	3	1
平谷区	94	46	45	23	6	1
密云县	9	97	2	32	1	15
延庆县	11	58	6	24	2	2

4-92 续表 1

单位：人次

地 区	康复训练与服务		教育费用补助或减免		职业教育与培训	
	城镇	农村	城镇	农村	城镇	农村
总 计	**427**	**79**	**25**	**13**	**7**	**2**
东城区	18					
西城区	25		10		2	
崇文区	15		4		2	
宣武区	39		3		1	
朝阳区	37		1		1	
丰台区	72	24				
石景山区	10		2			
海淀区	166	9	2			1
门头沟区	1	1				
房山区	7	14	1		1	
通州区	7	8		1		1
顺义区	3	6				
昌平区	14	2	2	6		
大兴区	2	5		2		
怀柔区	2	2				
平谷区	7	1				
密云县	1	6		4		
延庆县	1	1				

4-92 续表 2

单位：人次

地　区	就业安置或扶持		贫困残疾人救助与扶持		法律援助与服务	
	城镇	农村	城镇	农村	城镇	农村
总　计	**59**	**40**	**336**	**332**	**20**	**9**
东城区	2		28			
西城区	5		27		2	
崇文区			11		5	
宣武区	5		25			
朝阳区	12		28		1	
丰台区	4	2	7	7	1	1
石景山区	6		25			
海淀区	9	4	32	7		1
门头沟区			2	3		
房山区	5	15	61	115	3	
通州区	7	5	27	48	2	3
顺义区		1	10	28		
昌平区			13	10	3	2
大兴区		3		20		
怀柔区	1	5	5	18		
平谷区	2		30	21	3	
密云县	1	4	3	30		1
延庆县		1	2	25		1

4-92 续表 3

单位：人次

地　区	无障碍设施		信息无障碍		生活服务	
	城镇	农村	城镇	农村	城镇	农村
总　计	**286**	**25**	**12**	**1**	**165**	**50**
东城区	20				22	
西城区	125		6		16	
崇文区	25				7	
宣武区	22				5	
朝阳区	42				7	
丰台区	2	1			14	7
石景山区	15		3		7	
海淀区	3	2	2		27	6
门头沟区					1	
房山区	14	18		1	11	3
通州区	2	1			22	1
顺义区	1				22	27
昌平区	8	1			4	2
大兴区	3					
怀柔区	4	1	1			1
平谷区						
密云县		1				3
延庆县						

4-92 续表 4

单位：人次

地 区	文化服务		其他		不选择	
	城镇	农村	城镇	农村	城镇	农村
总 计	**17**	**2**	**9**	**2**	**57**	**21**
东城区					8	
西城区			1		2	
崇文区			2		12	
宣武区	4		2		3	
朝阳区	3		4		13	
丰台区						
石景山区	4				4	
海淀区	2			1		
门头沟区						
房山区	4				6	
通州区					3	2
顺义区				1	2	3
昌平区					2	
大兴区						11
怀柔区		2				
平谷区					1	
密云县					1	1
延庆县						4

4-93 各地区智力残疾人分城乡的主要需求

单位：人次

地区	合计		医疗服务与救助		辅助器具	
	城镇	农村	城镇	农村	城镇	农村
总计	**361**	**224**	**76**	**68**	**1**	
东城区	19		7			
西城区	17		1			
崇文区	12		3			
宣武区	20		4		1	
朝阳区	71		15			
丰台区	45	11	9	2		
石景山区	12		2			
海淀区	27	4	3			
门头沟区	1	18		6		
房山区	24	17	7	6		
通州区	34	11	4	4		
顺义区	9	55	3	16		
昌平区	32	36	10	12		
大兴区		20		5		
怀柔区	3	13		5		
平谷区	30	14	8	5		
密云县	3	13		2		
延庆县	2	12		5		

4-93 续表 1

单位：人次

地 区	康复训练与服务		教育费用补助或减免		职业教育与培训	
	城镇	农村	城镇	农村	城镇	农村
总 计	**37**	**21**	**11**	**6**	**14**	**7**
东城区						
西城区	2		1			
崇文区	1					
宣武区	1		3		3	
朝阳区	5				2	
丰台区	6	1	2		3	1
石景山区	1		1		2	
海淀区	1	1	2			
门头沟区						
房山区	3	1			1	
通州区	11	2			1	
顺义区	1	12		1		4
昌平区	4	3		1	2	
大兴区				1		1
怀柔区		1		1		1
平谷区			1	2		
密云县						
延庆县	1		1			

4-93 续表 2

单位：人次

地　区	就业安置或扶持		贫困残疾人救助与扶持		法律援助与服务	
	城镇	农村	城镇	农村	城镇	农村
总　计	**59**	**17**	**94**	**78**	**9**	**1**
东城区	1		6		5	
西城区	1		4			
崇文区	3		2		1	
宣武区	4		3			
朝阳区	16		13		2	
丰台区	10	2	11	4	1	
石景山区			3			
海淀区	5		10			1
门头沟区				6		
房山区	3	2	8	7		
通州区	8		9	3		
顺义区	1	5	4	17		
昌平区	2	2	7	12		
大兴区		4		8		
怀柔区	1		1	4		
平谷区	4	1	10	5		
密云县			3	8		
延庆县		1		4		

4-93 续表 3

单位：人次

地区	无障碍设施		信息无障碍		生活服务	
	城镇	农村	城镇	农村	城镇	农村
总计	**1**				**39**	**19**
东城区						
西城区					5	
崇文区					1	
宣武区	1					
朝阳区					13	
丰台区					2	1
石景山区					3	
海淀区					3	
门头沟区						6
房山区					1	1
通州区						1
顺义区						
昌平区					5	6
大兴区						
怀柔区						
平谷区					6	1
密云县						1
延庆县						2

4-93 续表 4

单位：人次

地区	文化服务		其他		不选择	
	城镇	农村	城镇	农村	城镇	农村
总计	**15**	**1**	**1**	**1**	**4**	**5**
东城区						
西城区	3					
崇文区					1	
宣武区						
朝阳区	5					
丰台区	1					
石景山区						
海淀区	3					2
门头沟区					1	
房山区	1					
通州区	1					1
顺义区						
昌平区	1				1	
大兴区						1
怀柔区					1	1
平谷区			1			
密云县		1		1		
延庆县						

4-94 各地区精神残疾人分城乡的主要需求

单位：人次

地 区	合计		医疗服务与救助		辅助器具	
	城镇	农村	城镇	农村	城镇	农村
总 计	**635**	**222**	**245**	**83**	**4**	
东城区	46		25			
西城区	75		26		1	
崇文区	19		7			
宣武区	33		16		1	
朝阳区	142		58			
丰台区	44	10	15	4		
石景山区	31		9			
海淀区	95	12	36	5	2	
门头沟区	29	12	9	5		
房山区	36	17	12	6		
通州区	20	31	8	12		
顺义区	17	32	6	9		
昌平区	17	32	7	11		
大兴区		29		12		
怀柔区	3	2	1	1		
平谷区	26	21	9	8		
密云县	2	21	1	8		
延庆县		3		2		

4-94 续表 1

单位：人次

地 区	康复训练与服务		教育费用补助或减免		职业教育与培训	
	城镇	农村	城镇	农村	城镇	农村
总 计	**131**	**36**	**2**	**2**	**2**	**1**
东城区	10					
西城区	21					
崇文区	5					
宣武区						
朝阳区	27					
丰台区	8	1				
石景山区	7					
海淀区	14	1	1		2	
门头沟区	3		1			
房山区	11	4				
通州区	5	4				
顺义区	5	7		1		
昌平区	6	9				
大兴区				1		
怀柔区						
平谷区	8	5				
密云县	1	4				1
延庆县		1				

4-94 续表 2

单位：人次

地 区	就业安置或扶持		贫困残疾人救助与扶持		法律援助与服务	
	城镇	农村	城镇	农村	城镇	农村
总 计	**35**	**2**	**108**	**76**	**21**	**6**
东城区	5		4			
西城区	1		17			
崇文区	1		6			
宣武区			4			
朝阳区	14		9		1	
丰台区	6	1	9	3		1
石景山区	1		4			
海淀区	4		12	3	16	2
门头沟区			9	5	3	
房山区	2	1	10	5		
通州区			7	14		1
顺义区			6	10		1
昌平区	1		2	11		1
大兴区				8		
怀柔区				1	1	
平谷区			9	8		
密云县				8		
延庆县						

4-94 续表 3

单位：人次

地区	无障碍设施		信息无障碍		生活服务	
	城镇	农村	城镇	农村	城镇	农村
总计	**6**				**57**	**14**
东城区					1	
西城区					6	
崇文区						
宣武区					12	
朝阳区	4				18	
丰台区					5	
石景山区					5	
海淀区	2				4	
门头沟区					4	2
房山区					1	1
通州区						
顺义区						4
昌平区						
大兴区						7
怀柔区					1	
平谷区						
密云县						
延庆县						

4-94 续表 4

单位：人次

地 区	文化服务		其他		不选择	
	城镇	农村	城镇	农村	城镇	农村
总 计	**18**	**2**	**2**		**4**	
东城区			1			
西城区			1		2	
崇文区						
宣武区						
朝阳区	11					
丰台区	1					
石景山区	4				1	
海淀区	2	1				
门头沟区						
房山区						
通州区						
顺义区						
昌平区					1	
大兴区		1				
怀柔区						
平谷区						
密云县						
延庆县						

4-95 各地区多重残疾人分城乡的主要需求

单位：人次

地区	合计		医疗服务与救助		辅助器具	
	城镇	农村	城镇	农村	城镇	农村
总计	**1771**	**821**	**605**	**266**	**277**	**103**
东城区	99		39		22	
西城区	270		85		38	
崇文区	80		24		9	
宣武区	118		41		21	
朝阳区	317		121		47	
丰台区	146	52	45	17	28	5
石景山区	75		24		9	
海淀区	258	27	98	9	54	4
门头沟区	22	29	6	9	2	3
房山区	97	124	31	41	13	18
通州区	49	71	17	22	4	10
顺义区	45	63	9	14	10	2
昌平区	69	30	22	11	4	
大兴区	8	110	2	34	2	18
怀柔区	26	62	9	18	3	7
平谷区	85	81	29	27	11	16
密云县	4	126	1	43		18
延庆县	3	46	2	21		2

4-95 续表 1

单位：人次

地 区	康复训练与服务		教育费用补助或减免		职业教育与培训	
	城镇	农村	城镇	农村	城镇	农村
总 计	**238**	**109**	**12**	**8**	**6**	**1**
东城区	6					
西城区	19		1		1	
崇文区	15		1			
宣武区	7					
朝阳区	28		1			
丰台区	30	8	1	1	2	
石景山区	14		3			
海淀区	58	6	2		1	
门头沟区	2	5		1		1
房山区	16	14				
通州区	8	15	1			
顺义区	5	12		1	1	
昌平区	16	9			1	
大兴区	1	10		4		
怀柔区	3	4				
平谷区	9	7	2	1		
密云县		11				
延庆县	1	8				

4-95 续表 2

单位：人次

地区	就业安置或扶持		贫困残疾人救助与扶持		法律援助与服务	
	城镇	农村	城镇	农村	城镇	农村
总 计	**31**	**10**	**250**	**255**	**11**	**6**
东城区	2		12			
西城区	2		34		1	
崇文区	1		12		1	
宣武区	1		15		2	
朝阳区	6		31		2	
丰台区	7	1	17	12	3	2
石景山区	2		8			
海淀区	1		22	4		1
门头沟区		1	7	6	1	
房山区	4	5	22	39		
通州区	2	1	13	22		
顺义区			10	18		1
昌平区	2		12	10	1	
大兴区		1		26		
怀柔区		1	7	25		
平谷区	1		26	29		
密云县			2	52		
延庆县				12		2

4-95 续表 3

单位：人次

地 区	无障碍设施		信息无障碍		生活服务	
	城镇	农村	城镇	农村	城镇	农村
总 计	**108**	**11**	**26**		**169**	**44**
东城区	5				11	
西城区	35		12		37	
崇文区	7				6	
宣武区	11		5		12	
朝阳区	34		3		30	
丰台区	1				11	6
石景山区	5		2		6	
海淀区	1	1	2		17	2
门头沟区					4	3
房山区	3	3	1		6	4
通州区					4	1
顺义区		2			10	13
昌平区	1				8	
大兴区	1	2	1		1	11
怀柔区	1	3			1	1
平谷区	3				4	1
密云县					1	2
延庆县						

4-95 续表 4

单位：人次

地区	文化服务		其他		不选择	
	城镇	农村	城镇	农村	城镇	农村
总计	**17**		**3**		**18**	**8**
东城区					2	
西城区	4				1	
崇文区			1		3	
宣武区	2				1	
朝阳区	5		2		7	
丰台区	1					
石景山区	1				1	
海淀区	1				1	
门头沟区						
房山区	1					
通州区						
顺义区						
昌平区	1				1	
大兴区						4
怀柔区	1				1	3
平谷区						
密云县						
延庆县						1

4-96 各地区视力残疾人分残疾等级的主要需求

单位：人次

地 区	医疗服务与救助				辅助器具			
	残疾一级	残疾二级	残疾三级	残疾四级	残疾一级	残疾二级	残疾三级	残疾四级
总 计	**44**	**22**	**13**	**184**	**15**	**8**	**5**	**54**
东城区	2			7	2	1		2
西城区	2	2	4	17			1	1
崇文区				2				
宣武区	3	1	1	14	1			8
朝阳区	8	1	2	15				7
丰台区	2	1	1	21	1	2	1	10
石景山区	2	3	1	7	1	1	2	5
海淀区	7	5		22	2	1		11
门头沟区			2	4	1		1	2
房山区	4	2		11	2			
通州区	3	1		13	1	1		2
顺义区	1	2		9	1	1		
昌平区	4			5	1			1
大兴区	1	2	1	5		1		2
怀柔区				5	1			1
平谷区	2	1		18				1
密云县	3	1	1	5	1			
延庆县				4				1

4-96 续表 1

单位：人次

地区	康复训练与服务				教育费用补助或减免			
	残疾一级	残疾二级	残疾三级	残疾四级	残疾一级	残疾二级	残疾三级	残疾四级
总计	**2**	**3**	**3**	**14**	**4**			**12**
东城区								1
西城区			1	1				
崇文区								
宣武区				2				
朝阳区	1		1	2				
丰台区			1	3				1
石景山区								
海淀区	1	3		2				
门头沟区					1			1
房山区					1			1
通州区								2
顺义区					1			3
昌平区								
大兴区								
怀柔区				3				
平谷区				1				2
密云县					1			1
延庆县								

4-96 续表 2

单位：人次

地 区	职业教育与培训				就业安置或扶持			
	残疾一级	残疾二级	残疾三级	残疾四级	残疾一级	残疾二级	残疾三级	残疾四级
总　计	**1**	**1**		**4**	**10**	**3**		**13**
东城区					2	1		
西城区								
崇文区								1
宣武区								
朝阳区					2			1
丰台区		1		2	2			2
石景山区				1		1		
海淀区								
门头沟区								1
房山区								2
通州区	1			1	1			1
顺义区								2
昌平区					1			
大兴区						1		
怀柔区								
平谷区								2
密云县					2			1
延庆县								

4-96 续表 3

单位：人次

地 区	贫困残疾人救助与扶持				法律援助与服务			
	残疾一级	残疾二级	残疾三级	残疾四级	残疾一级	残疾二级	残疾三级	残疾四级
总 计	**38**	**8**	**4**	**87**	**2**			**4**
东城区	3			4	1			1
西城区	1			1				
崇文区				2				
宣武区	1			1				
朝阳区	3	1		7				
丰台区	2	2		12				
石景山区	1							
海淀区	1	1		4				
门头沟区	1		1	3				
房山区	5	1		7				1
通州区	4			6				
顺义区	2	1		6				1
昌平区	4			5				
大兴区	1	2	2	3				
怀柔区				5				
平谷区	2			14				
密云县	7		1	3	1			1
延庆县				4				

4-96 续表 4

单位：人次

地 区	无障碍设施				信息无障碍			
	残疾一级	残疾二级	残疾三级	残疾四级	残疾一级	残疾二级	残疾三级	残疾四级
总 计	**10**	**1**	**4**	**15**	**3**	**3**	**3**	**3**
东城区	3	1		1	2			1
西城区			2	1		1	1	1
崇文区				2				
宣武区								
朝阳区	3		1	6				
丰台区				2				
石景山区				1	1	2	2	
海淀区	1							
门头沟区								
房山区	1			1				
通州区								
顺义区	1			1				1
昌平区	1							
大兴区			1					
怀柔区								
平谷区								
密云县								
延庆县								

4-96 续表 5

单位：人次

地区	生活服务				文化服务			
	残疾一级	残疾二级	残疾三级	残疾四级	残疾一级	残疾二级	残疾三级	残疾四级
总计	**10**	**2**	**1**	**21**	**3**	**1**		**11**
东城区				2	3			2
西城区	1		1	2				
崇文区								
宣武区	1			2				1
朝阳区	1			1				
丰台区	2			3				2
石景山区	1	1		3		1		4
海淀区								
门头沟区				1				
房山区	1	1						1
通州区								
顺义区				2				
昌平区				2				1
大兴区	1							
怀柔区								
平谷区				2				
密云县	2			1				
延庆县								

4-96 续表 6

单位：人次

地区	其他				不选择			
	残疾一级	残疾二级	残疾三级	残疾四级	残疾一级	残疾二级	残疾三级	残疾四级
总　计	**2**		**2**	**3**		**2**		**12**
东城区	2			3		1		
西城区								
崇文区								1
宣武区								
朝阳区								2
丰台区						1		4
石景山区			1					
海淀区								
门头沟区			1					1
房山区								
通州区								
顺义区								3
昌平区								1
大兴区								
怀柔区								
平谷区								
密云县								
延庆县								

4–97　各地区听力残疾人分残疾等级的主要需求

单位：人次

地　区	医疗服务与救助				辅助器具			
	残疾一级	残疾二级	残疾三级	残疾四级	残疾一级	残疾二级	残疾三级	残疾四级
总　计	**53**	**55**	**329**	**221**	**65**	**74**	**375**	**216**
东城区		1	7	5	1	1	12	19
西城区	1	6	29	30	2	9	27	24
崇文区	6	3	14	4	6	3	14	2
宣武区	4	4	13		3	5	12	1
朝阳区	5	9	56	48	5	5	32	19
丰台区	1	3	5	11	3	3	10	11
石景山区	2		33	17	2		32	16
海淀区	13	7	56	19	13	10	74	20
门头沟区		1	9	13		1	13	14
房山区	2	3	12	5	1	4	14	4
通州区	1	2	2	7	5	10	20	14
顺义区	7	8	17	8	7	8	16	8
昌平区	3		10	2	2	1	9	3
大兴区	1		11	6	1		13	5
怀柔区			12	6			7	1
平谷区	3	2	11	11	9	4	34	23
密云县	3	4	28	28	3	5	27	31
延庆县	1	2	4	1	2	5	9	1

4-97 续表 1

单位：人次

地 区	康复训练与服务				教育费用补助或减免			
	残疾一级	残疾二级	残疾三级	残疾四级	残疾一级	残疾二级	残疾三级	残疾四级
总 计	**17**	**4**	**72**	**28**	**2**		**6**	**4**
东城区	1			2				1
西城区								2
崇文区	6	2	12	1				
宣武区	1			1				
朝阳区			1	1				
丰台区								
石景山区	2		24	13			1	
海淀区	6	2	31	5	1		1	
门头沟区								
房山区			1	2				
通州区								
顺义区								
昌平区			1				1	1
大兴区							2	
怀柔区								
平谷区	1		1	2				
密云县							1	
延庆县			1	1	1			

4-97 续表 2

单位：人次

地　区	职业教育与培训				就业安置或扶持			
	残疾一级	残疾二级	残疾三级	残疾四级	残疾一级	残疾二级	残疾三级	残疾四级
总　计	**1**	**1**	**2**		**2**	**6**	**13**	**3**
东城区								1
西城区	1	1				2	1	
崇文区								
宣武区								
朝阳区						1		1
丰台区								
石景山区								
海淀区						1	1	
门头沟区								
房山区							1	
通州区								
顺义区							1	
昌平区					1	1	1	
大兴区			1				1	
怀柔区						1	3	
平谷区					1		2	1
密云县							1	
延庆县			1				1	

4-97 续表 3

单位：人次

地区	贫困残疾人救助与扶持				法律援助与服务			
	残疾一级	残疾二级	残疾三级	残疾四级	残疾一级	残疾二级	残疾三级	残疾四级
总计	**24**	**27**	**115**	**85**		**3**	**8**	**9**
东城区			1	4			1	1
西城区		2	5	9				1
崇文区		1	1					
宣武区		1	1			1		
朝阳区	2	3	10	12			1	4
丰台区				1		2	1	
石景山区			2				1	
海淀区	2		3	1				
门头沟区			1	1				
房山区	2	4	11	5				
通州区		1	1	2				
顺义区		3	3	1			1	
昌平区	2		4	1				
大兴区	2		9	5			1	
怀柔区				2				2
平谷区	9	5	37	26			1	
密云县	1	3	17	14				1
延庆县	4	4	9	1			1	

4-97 续表 4

单位：人次

地 区	无障碍设施				信息无障碍			
	残疾一级	残疾二级	残疾三级	残疾四级	残疾一级	残疾二级	残疾三级	残疾四级
总 计	**2**	**4**	**9**	**9**	**2**	**9**	**45**	**19**
东城区			1					
西城区		1	3	4	2	3	17	13
崇文区								1
宣武区		1				1	6	
朝阳区	2		3	2		4	16	1
丰台区								
石景山区							4	4
海淀区								
门头沟区								
房山区		1		1				
通州区								
顺义区							1	
昌平区			1					
大兴区				2			1	
怀柔区								
平谷区						1		
密云县								
延庆县		1	1					

4-97 续表 5

单位：人次

地　区	生活服务				文化服务			
	残疾一级	残疾二级	残疾三级	残疾四级	残疾一级	残疾二级	残疾三级	残疾四级
总　计	**4**	**8**	**44**	**19**	**1**	**1**	**12**	**10**
东城区		1	3	1		1	1	1
西城区			3	6				
崇文区								
宣武区	1	1	8				2	
朝阳区		2	12	8			5	8
丰台区	1	2	5	1			2	
石景山区			2				1	1
海淀区			1		1			
门头沟区			5	2				
房山区	1		1	1				
通州区								
顺义区	1							
昌平区			1				1	
大兴区								
怀柔区								
平谷区								
密云县								
延庆县		2	3					

4-97 续表 6

单位：人次

地　区	其他				不选择			
	残疾一级	残疾二级	残疾三级	残疾四级	残疾一级	残疾二级	残疾三级	残疾四级
总　计		**1**	**1**	**2**	**5**	**9**	**50**	**73**
东城区					2	1	9	14
西城区			1	2		1	2	8
崇文区								
宣武区								1
朝阳区		1			1	2	13	29
丰台区								1
石景山区							2	6
海淀区							3	1
门头沟区								2
房山区								
通州区								
顺义区								
昌平区						2	3	1
大兴区							6	3
怀柔区					2	3	10	3
平谷区								
密云县							1	3
延庆县							1	1

4-98 各地区言语残疾人分残疾等级的主要需求

单位：人次

地 区	医疗服务与救助				辅助器具			
	残疾一级	残疾二级	残疾三级	残疾四级	残疾一级	残疾二级	残疾三级	残疾四级
总 计	**4**	**2**	**5**	**11**		**1**	**1**	**1**
东城区			1					
西城区								
崇文区	1							
宣武区								
朝阳区	1	1						
丰台区		1		1				
石景山区			2					
海淀区			1	1				1
门头沟区						1	1	
房山区				2				
通州区				2				
顺义区								
昌平区				1				
大兴区			1	1				
怀柔区	1			1				
平谷区	1			1				
密云县								
延庆县				1				

4-98 续表 1

单位：人次

地区	康复训练与服务				教育费用补助或减免			
	残疾一级	残疾二级	残疾三级	残疾四级	残疾一级	残疾二级	残疾三级	残疾四级
总　计	**3**	**2**	**2**	**8**				**1**
东城区								
西城区								
崇文区	1							
宣武区								
朝阳区	1	1		1				
丰台区								
石景山区			1					
海淀区				2				
门头沟区		1	1	1				
房山区								
通州区				2				1
顺义区								
昌平区				1				
大兴区				1				
怀柔区								
平谷区	1							
密云县								
延庆县								

4-98 续表 2

单位：人次

地区	职业教育与培训				就业安置或扶持			
	残疾一级	残疾二级	残疾三级	残疾四级	残疾一级	残疾二级	残疾三级	残疾四级
总 计				**1**				**5**
东城区								
西城区								
崇文区								
宣武区								
朝阳区								1
丰台区								
石景山区								
海淀区								
门头沟区								
房山区				1				
通州区								
顺义区								
昌平区								1
大兴区								
怀柔区								1
平谷区								1
密云县								
延庆县								1

4-98 续表 3

单位：人次

地区	贫困残疾人救助与扶持				法律援助与服务			
	残疾一级	残疾二级	残疾三级	残疾四级	残疾一级	残疾二级	残疾三级	残疾四级
总　计	**4**			**8**				**1**
东城区								
西城区								
崇文区	1							
宣武区								
朝阳区				1				
丰台区								
石景山区								
海淀区								
门头沟区				1				
房山区				1				1
通州区				3				
顺义区								
昌平区								
大兴区								
怀柔区	1							
平谷区	1			1				
密云县	1							
延庆县				1				

4-98 续表 4

单位：人次

地　区	无障碍设施				信息无障碍			
	残疾一级	残疾二级	残疾三级	残疾四级	残疾一级	残疾二级	残疾三级	残疾四级
总　计			**1**	**1**				
东城区								
西城区								
崇文区								
宣武区								
朝阳区								
丰台区				1				
石景山区								
海淀区			1					
门头沟区								
房山区								
通州区								
顺义区								
昌平区								
大兴区								
怀柔区								
平谷区								
密云县								
延庆县								

4-98 续表 5

单位：人次

地　区	生活服务				文化服务			
	残疾一级	残疾二级	残疾三级	残疾四级	残疾一级	残疾二级	残疾三级	残疾四级
总　计			**2**	**1**				
东城区								
西城区								
崇文区								
宣武区								
朝阳区								
丰台区				1				
石景山区			1					
海淀区			1					
门头沟区								
房山区								
通州区								
顺义区								
昌平区								
大兴区								
怀柔区								
平谷区								
密云县								
延庆县								

4-98 续表 6

单位：人次

地 区	其他				不选择			
	残疾一级	残疾二级	残疾三级	残疾四级	残疾一级	残疾二级	残疾三级	残疾四级
总 计					**1**			**1**
东城区								
西城区								
崇文区								
宣武区								
朝阳区								
丰台区								
石景山区								
海淀区								
门头沟区								1
房山区								
通州区								
顺义区								
昌平区					1			
大兴区								
怀柔区								
平谷区								
密云县								
延庆县								

4-99 各地区肢体残疾人分残疾等级的主要需求

单位：人次

地 区	医疗服务与救助				辅助器具			
	残疾一级	残疾二级	残疾三级	残疾四级	残疾一级	残疾二级	残疾三级	残疾四级
总 计	**29**	**117**	**303**	**840**	**16**	**83**	**205**	**476**
东城区	2	17	24	70	2	15	19	59
西城区		2	22	104		2	22	77
崇文区	1	3	4	22		1	1	5
宣武区	1	11	22	29		10	18	15
朝阳区	7	13	27	62	2	2	15	10
丰台区	1	20	33	57	1	15	25	48
石景山区		5	6	24	1	2	2	14
海淀区	8	23	65	110	7	19	39	61
门头沟区		2		1			1	1
房山区	1	1	40	141	1	1	32	122
通州区	3	5	11	52	1	6	3	17
顺义区		1	3	10		1	5	11
昌平区		4	3	21		6	6	16
大兴区		1	7	27	1	1	2	6
怀柔区	1	5	6	16		2	1	1
平谷区	4	3	9	52			3	4
密云县		1	15	18			8	8
延庆县			6	24			3	1

4-99 续表 1

单位：人次

地区	康复训练与服务				教育费用补助或减免			
	残疾一级	残疾二级	残疾三级	残疾四级	残疾一级	残疾二级	残疾三级	残疾四级
总　计	**13**	**64**	**156**	**273**	**2**	**1**	**9**	**26**
东城区		2	4	12				
西城区		1	6	18			1	9
崇文区		2	3	10	1			3
宣武区		7	9	23			2	1
朝阳区	2	4	14	17		1		
丰台区	1	17	30	48				
石景山区	1	2	4	3			1	1
海淀区	8	17	56	94			1	1
门头沟区		1		1				
房山区			5	16				1
通州区		1	2	12			1	
顺义区		3	5	1				
昌平区		5	5	6	1			7
大兴区			4	3				2
怀柔区		1		3				
平谷区	1		3	4				
密云县		1	4	2			3	1
延庆县			2					

4-99 续表 2

单位：人次

地　区	职业教育与培训				就业安置或扶持			
	残疾一级	残疾二级	残疾三级	残疾四级	残疾一级	残疾二级	残疾三级	残疾四级
总　计			**2**	**7**	**3**	**2**	**19**	**75**
东城区								2
西城区				2				5
崇文区			1	1				
宣武区			1			1	1	3
朝阳区				1	1			11
丰台区							4	2
石景山区							1	5
海淀区				1	2		4	7
门头沟区								
房山区				1			5	15
通州区				1				12
顺义区								1
昌平区								
大兴区							1	2
怀柔区							1	5
平谷区								2
密云县						1	2	2
延庆县								1

4-99 续表 3

单位：人次

地 区	贫困残疾人救助与扶持				法律援助与服务			
	残疾一级	残疾二级	残疾三级	残疾四级	残疾一级	残疾二级	残疾三级	残疾四级
总 计	**9**	**49**	**160**	**450**	**3**	**1**	**3**	**22**
东城区	1	5	8	14				
西城区		1	6	20				2
崇文区		1	1	9	1	1		3
宣武区	1	5	10	9				
朝阳区	1	4	6	17				1
丰台区		2	5	7			1	1
石景山区		1	5	19				
海淀区	1	7	17	14				1
门头沟区		2	2	1				
房山区	1	1	39	135			2	1
通州区	1	6	14	54	1			4
顺义区		2	10	26				
昌平区		3	4	16	1			4
大兴区			5	15				
怀柔区	1	5	4	13				
平谷区	2	2	6	41				3
密云县		2	14	17				1
延庆县			4	23				1

4-99 续表 4

单位：人次

地 区	无障碍设施				信息无障碍			
	残疾一级	残疾二级	残疾三级	残疾四级	残疾一级	残疾二级	残疾三级	残疾四级
总 计	**2**	**22**	**76**	**211**			**2**	**11**
东城区		3	3	14				
西城区		2	25	98				6
崇文区	1	4	4	16				
宣武区		5	7	10				
朝阳区		3	17	22				
丰台区				3				
石景山区	1	2	3	9				3
海淀区			3	2			1	1
门头沟区								
房山区			5	27				1
通州区				3				
顺义区			1					
昌平区		2	2	5				
大兴区			2	1				
怀柔区			4	1			1	
平谷区								
密云县		1						
延庆县								

4-99 续表 5

单位：人次

地　区	生活服务				文化服务			
	残疾一级	残疾二级	残疾三级	残疾四级	残疾一级	残疾二级	残疾三级	残疾四级
总　计	**7**	**29**	**56**	**123**		**3**	**8**	**8**
东城区	1	8	6	7				
西城区			2	14				
崇文区			1	6				
宣武区			1	4		2		2
朝阳区	3	1		3			2	1
丰台区		4	8	9				
石景山区		2	1	4		1	1	2
海淀区	1	2	9	21			2	
门头沟区			1					
房山区			6	8			3	1
通州区		2	3	18				
顺义区	1	5	17	26				
昌平区	1	4		1				
大兴区								
怀柔区				1				2
平谷区								
密云县		1	1	1				
延庆县								

4-99 续表 6

单位：人次

地 区	其他				不选择			
	残疾一级	残疾二级	残疾三级	残疾四级	残疾一级	残疾二级	残疾三级	残疾四级
总 计			**5**	**6**	**4**	**3**	**10**	**61**
东城区								8
西城区			1					2
崇文区			1	1	1		2	9
宣武区			1	1		1		2
朝阳区			1	3	2	1	3	7
丰台区								
石景山区						1		3
海淀区				1				
门头沟区								
房山区							2	4
通州区							1	4
顺义区			1				1	4
昌平区								2
大兴区					1		1	9
怀柔区								
平谷区								1
密云县								2
延庆县								4

4-100 各地区智力残疾人分残疾等级的主要需求

单位：人次

地 区	医疗服务与救助				辅助器具			
	残疾一级	残疾二级	残疾三级	残疾四级	残疾一级	残疾二级	残疾三级	残疾四级
总 计	**7**	**19**	**51**	**67**			**1**	
东城区		1	3	3				
西城区				1				
崇文区				3				
宣武区	1	2	1				1	
朝阳区		1	7	7				
丰台区		1	4	6				
石景山区				2				
海淀区			3					
门头沟区			1	5				
房山区	2	2	3	6				
通州区	1	2	1	4				
顺义区	1	2	10	6				
昌平区	2	4	9	7				
大兴区		1	1	3				
怀柔区		1	3	1				
平谷区		2	2	9				
密云县			1	1				
延庆县			2	3				

4-100 续表 1

单位：人次

地 区	康复训练与服务				教育费用补助或减免			
	残疾一级	残疾二级	残疾三级	残疾四级	残疾一级	残疾二级	残疾三级	残疾四级
总 计	**4**	**8**	**20**	**26**	**3**	**3**	**4**	**7**
东城区								
西城区			1	1			1	
崇文区				1				
宣武区	1				2			1
朝阳区	1		1	3				
丰台区		1	4	2		2		
石景山区				1				1
海淀区			1	1			2	
门头沟区								
房山区			1	3				
通州区		2	3	8				
顺义区	1	2	5	5			1	
昌平区	1	2	4		1			
大兴区								1
怀柔区		1				1		
平谷区								3
密云县								
延庆县				1				1

4-100 续表 2

单位：人次

地 区	职业教育与培训				就业安置或扶持			
	残疾一级	残疾二级	残疾三级	残疾四级	残疾一级	残疾二级	残疾三级	残疾四级
总 计	**2**		**4**	**15**	**3**	**7**	**20**	**46**
东城区								1
西城区								1
崇文区								3
宣武区	1			2	1	1		2
朝阳区			1	1		1	7	8
丰台区			1	3	1	2	3	6
石景山区				2				
海淀区							1	4
门头沟区								
房山区	1				1	1	2	1
通州区				1				8
顺义区			1	3			1	5
昌平区			1	1			2	2
大兴区				1				4
怀柔区				1			1	
平谷区						2	2	1
密云县								
延庆县							1	

4-100 续表 3

单位：人次

地区	贫困残疾人救助与扶持				法律援助与服务			
	残疾一级	残疾二级	残疾三级	残疾四级	残疾一级	残疾二级	残疾三级	残疾四级
总计	**7**	**18**	**65**	**82**	**2**		**4**	**4**
东城区		1	3	2			3	2
西城区				4				
崇文区				2				1
宣武区		2		1				
朝阳区		1	7	5	1			1
丰台区	1	3	5	6	1			
石景山区				3				
海淀区			5	5			1	
门头沟区			1	5				
房山区	2	2	4	7				
通州区	1	1	3	7				
顺义区	1	1	12	7				
昌平区	2	4	9	4				
大兴区		1	2	5				
怀柔区			3	2				
平谷区		2	3	10				
密云县			5	6				
延庆县			3	1				

4-100 续表 4

单位：人次

地 区	无障碍设施				信息无障碍			
	残疾一级	残疾二级	残疾三级	残疾四级	残疾一级	残疾二级	残疾三级	残疾四级
总 计			**1**					
东城区								
西城区								
崇文区								
宣武区			1					
朝阳区								
丰台区								
石景山区								
海淀区								
门头沟区								
房山区								
通州区								
顺义区								
昌平区								
大兴区								
怀柔区								
平谷区								
密云县								
延庆县								

4-100 续表 5

单位：人次

地 区	生活服务				文化服务			
	残疾一级	残疾二级	残疾三级	残疾四级	残疾一级	残疾二级	残疾三级	残疾四级
总 计	**1**	**7**	**17**	**33**		**1**	**4**	**11**
东城区								
西城区				5				3
崇文区				1				
宣武区								
朝阳区	1	2	4	6		1	2	2
丰台区			2	1			1	
石景山区				3				
海淀区			1	2				3
门头沟区			1	5				
房山区				2				1
通州区				1			1	
顺义区								
昌平区		2	5	4				1
大兴区								
怀柔区								
平谷区		3	1	3				
密云县			1					1
延庆县			2					

4-100 续表 6

单位：人次

地　区	其他				不选择			
	残疾一级	残疾二级	残疾三级	残疾四级	残疾一级	残疾二级	残疾三级	残疾四级
总　计			**1**	**1**			**1**	**8**
东城区								
西城区								
崇文区								1
宣武区								
朝阳区								
丰台区								
石景山区								
海淀区								2
门头沟区								1
房山区								
通州区								1
顺义区								
昌平区							1	
大兴区								1
怀柔区								2
平谷区			1					
密云县				1				
延庆县								

4-101　各地区精神残疾人分残疾等级的主要需求

单位：人次

地　区	医疗服务与救助				辅助器具			
	残疾一级	残疾二级	残疾三级	残疾四级	残疾一级	残疾二级	残疾三级	残疾四级
总　计	**65**	**50**	**58**	**155**	**2**		**1**	**1**
东城区	3	6	6	10				
西城区	5	1	4	16	1			
崇文区	2	1	1	3				
宣武区	4	6		6	1			
朝阳区	14	4	14	26				
丰台区	1	4	5	9				
石景山区	1	1	2	5				
海淀区	1	5	11	24			1	1
门头沟区		2	4	8				
房山区		2	4	12				
通州区	2	1	4	13				
顺义区	10	3		2				
昌平区	7	5	1	5				
大兴区	4	2	1	5				
怀柔区	1	1						
平谷区	3	4	1	9				
密云县	7	1		1				
延庆县		1		1				

4-101 续表 1

单位：人次

地 区	康复训练与服务				教育费用补助或减免			
	残疾一级	残疾二级	残疾三级	残疾四级	残疾一级	残疾二级	残疾三级	残疾四级
总 计	**39**	**21**	**35**	**72**	**1**			**3**
东城区	3	1	5	1				
西城区	3	1	4	13				
崇文区	1	1	1	2				
宣武区								
朝阳区	7	3	8	9				
丰台区		1	3	5				
石景山区	1		2	4				
海淀区	1	2	5	7				1
门头沟区	1			2				1
房山区		2	3	10				
通州区	1	1		7				
顺义区	7	2	1	2	1			
昌平区	6	4	1	4				
大兴区								1
怀柔区								
平谷区	3	2	2	6				
密云县	5							
延庆县		1						

4-101 续表 2

单位：人次

地 区	职业教育与培训				就业安置或扶持			
	残疾一级	残疾二级	残疾三级	残疾四级	残疾一级	残疾二级	残疾三级	残疾四级
总 计				**3**	**2**	**4**	**11**	**20**
东城区							2	3
西城区								1
崇文区					1			
宣武区								
朝阳区						1	6	7
丰台区					1	2		4
石景山区								1
海淀区				2		1	1	2
门头沟区								
房山区							1	2
通州区								
顺义区								
昌平区							1	
大兴区								
怀柔区								
平谷区								
密云县				1				
延庆县								

4-101 续表 3

单位：人次

地 区	贫困残疾人救助与扶持				法律援助与服务			
	残疾一级	残疾二级	残疾三级	残疾四级	残疾一级	残疾二级	残疾三级	残疾四级
总　计	**47**	**29**	**33**	**75**		**5**	**8**	**14**
东城区	1	2		1				
西城区	5		4	8				
崇文区	2	1	1	2				
宣武区	2	2						
朝阳区	4	2	2	1				1
丰台区	1	2	4	5			1	
石景山区		1	1	2				
海淀区	1	1	7	6		2	6	10
门头沟区	1	2	4	7		1	1	1
房山区		2	3	10				
通州区	2	1	4	14				1
顺义区	9	3	1	3				1
昌平区	6	4		3		1		
大兴区	3	2		3				
怀柔区	1					1		
平谷区	2	3	2	10				
密云县	7	1						
延庆县								

4-101 续表 4

单位：人次

地 区	无障碍设施				信息无障碍			
	残疾一级	残疾二级	残疾三级	残疾四级	残疾一级	残疾二级	残疾三级	残疾四级
总 计		**2**	**1**	**3**				
东城区								
西城区								
崇文区								
宣武区								
朝阳区		1	1	2				
丰台区								
石景山区								
海淀区		1		1				
门头沟区								
房山区								
通州区								
顺义区								
昌平区								
大兴区								
怀柔区								
平谷区								
密云县								
延庆县								

4-101 续表 5

单位：人次

地 区	生活服务				文化服务			
	残疾一级	残疾二级	残疾三级	残疾四级	残疾一级	残疾二级	残疾三级	残疾四级
总 计	**20**	**14**	**10**	**27**	**2**	**1**	**2**	**15**
东城区		1						
西城区	1	1		4				
崇文区								
宣武区	4	4		4				
朝阳区	8	1	5	4	2		2	7
丰台区		2		3		1		
石景山区	1	1	1	2				4
海淀区			1	3				3
门头沟区	1		1	4				
房山区			1	1				
通州区								
顺义区	2	1		1				
昌平区								
大兴区	3	2	1	1				1
怀柔区		1						
平谷区								
密云县								
延庆县								

4-101 续表 6

单位：人次

地　区	其他				不选择			
	残疾一级	残疾二级	残疾三级	残疾四级	残疾一级	残疾二级	残疾三级	残疾四级
总　计			**1**	**1**	**1**			**3**
东城区			1					
西城区				1				2
崇文区								
宣武区								
朝阳区								
丰台区								
石景山区					1			
海淀区								
门头沟区								
房山区								
通州区								
顺义区								
昌平区								1
大兴区								
怀柔区								
平谷区								
密云县								
延庆县								

4-102 各地区多重残疾人分残疾等级的主要需求

单位：人次

地 区	医疗服务与救助				辅助器具			
	残疾一级	残疾二级	残疾三级	残疾四级	残疾一级	残疾二级	残疾三级	残疾四级
总 计	**392**	**130**	**225**	**124**	**147**	**57**	**122**	**54**
东城区	15	4	10	10	7	3	6	6
西城区	33	9	27	16	1	2	24	11
崇文区	9	3	8	4	3	1	4	1
宣武区	14	10	14	3	7	4	8	2
朝阳区	56	14	32	19	27	6	8	6
丰台区	34	6	14	8	14	6	8	5
石景山区	10	7	6	1	1	2	6	
海淀区	40	25	34	8	15	17	23	3
门头沟区	11	2	2		2	2	1	
房山区	24	7	27	14	6	4	12	9
通州区	16	7	10	6	8	1	5	
顺义区	10	3	6	4	4	3	4	1
昌平区	20	7	3	3	2	1	1	
大兴区	17	4	9	6	13	1	5	1
怀柔区	19	3	3	2	8	1	1	
平谷区	32	10	7	7	20	2	3	2
密云县	19	6	9	10	8	1	2	7
延庆县	13	3	4	3	1		1	

4-102 续表 1

单位：人次

地 区	康复训练与服务				教育费用补助或减免			
	残疾一级	残疾二级	残疾三级	残疾四级	残疾一级	残疾二级	残疾三级	残疾四级
总 计	**177**	**51**	**86**	**33**	**11**	**4**	**4**	**1**
东城区	4		1	1				
西城区	12		3	4	1			
崇文区	6	2	5	2	1			
宣武区	3	2	2					
朝阳区	14	3	9	2	1			
丰台区	21	5	8	4	1	1		
石景山区	6	4	3	1	1	1	1	
海淀区	17	15	25	7	1		1	
门头沟区	4	2	1		1			
房山区	12	4	12	2				
通州区	9	4	5	5	1			
顺义区	12	1	3	1	1			
昌平区	18	4	2	1				
大兴区	8	3			1	1	1	1
怀柔区	5		2					
平谷区	13	1		2	1	1	1	
密云县	8	1	2					
延庆县	5		3	1				

4-102 续表 2

单位：人次

地　区	职业教育与培训				就业安置或扶持			
	残疾一级	残疾二级	残疾三级	残疾四级	残疾一级	残疾二级	残疾三级	残疾四级
总　计	**2**	**3**	**1**	**1**	**19**	**5**	**12**	**5**
东城区						1	1	
西城区	1							2
崇文区					1			
宣武区							1	
朝阳区					5		1	
丰台区	1		1		5		3	
石景山区					1		1	
海淀区		1					1	
门头沟区		1				1		
房山区					5		3	1
通州区					1	1		1
顺义区				1				
昌平区		1				2		
大兴区					1			
怀柔区								1
平谷区							1	
密云县								
延庆县								

4-102 续表 3

单位：人次

地 区	贫困残疾人救助与扶持				法律援助与服务			
	残疾一级	残疾二级	残疾三级	残疾四级	残疾一级	残疾二级	残疾三级	残疾四级
总 计	**251**	**78**	**109**	**67**	**9**		**5**	**3**
东城区	5	1	5	1				
西城区	19	3	5	7	1			
崇文区	6	2	3	1	1			
宣武区	4	2	7	2	1		1	
朝阳区	9	5	12	5	2			
丰台区	19	1	7	2	2		2	1
石景山区	4	4						
海淀区	15	7	4				1	
门头沟区	10	2	1				1	
房山区	20	5	22	14				
通州区	14	6	8	7				
顺义区	15	7	4	2	1			
昌平区	14	5	2	1				1
大兴区	14	4	4	4				
怀柔区	20	3	5	4				
平谷区	31	12	6	6				
密云县	26	7	11	10				
延庆县	6	2	3	1	1			1

4-102　续表 4

单位：人次

地　区	无障碍设施				信息无障碍			
	残疾一级	残疾二级	残疾三级	残疾四级	残疾一级	残疾二级	残疾三级	残疾四级
总　计	**45**	**13**	**37**	**24**	**8**	**3**	**13**	**2**
东城区	2		1	2				
西城区	7	1	17	10	2		9	1
崇文区		2	2	3				
宣武区	4	1	4	2	4		1	
朝阳区	16	6	9	3	1	1	1	
丰台区	1							
石景山区	3		2		1		1	
海淀区	1	1				1	1	
门头沟区								
房山区	2	1		3				1
通州区								
顺义区	1		1					
昌平区	1							
大兴区	2		1			1		
怀柔区	2	1		1				
平谷区	3							
密云县								
延庆县								

4-102　续表 5

单位：人次

地　区	生活服务				文化服务			
	残疾一级	残疾二级	残疾三级	残疾四级	残疾一级	残疾二级	残疾三级	残疾四级
总　计	**113**	**43**	**41**	**16**	**6**	**3**	**5**	**3**
东城区	2	3	3	3				
西城区	19	6	7	5	2	1	1	
崇文区	4	1	1					
宣武区	9		3			1	1	
朝阳区	21	4	3	2	2		1	2
丰台区	8	2	5	2	1			
石景山区	3	2	1					1
海淀区	14	2	3			1		
门头沟区	6		1					
房山区	5	3	2				1	
通州区	2	1	2					
顺义区	10	8	5					
昌平区	3	3	2				1	
大兴区	3	4	2	3				
怀柔区	1		1		1			
平谷区	1	4						
密云县	2			1				
延庆县								

4-102 续表 6

单位：人次

地区	其他				不选择			
	残疾一级	残疾二级	残疾三级	残疾四级	残疾一级	残疾二级	残疾三级	残疾四级
总计	**2**	**1**			**13**		**8**	**57**
东城区					1		1	5
西城区					1			
崇文区		1			1		2	7
宣武区								1
朝阳区	2				4		2	
丰台区								
石景山区							1	1
海淀区								1
门头沟区								
房山区								
通州区								12
顺义区								7
昌平区					1			4
大兴区					1		1	
怀柔区					3		1	13
平谷区								2
密云县								4
延庆县					1			

第五部分　社区和住户基本情况

5－1 调查社区基本情况

地 区	调查社区(个)			社区人口情况		社区残疾人情况(人)			
	合计	居委会	村委会	户数(户)	人口(人)	残疾人	持 证残疾人	享受定期救助人数	享受临时救助人数
总 计	**176**	**118**	**58**	**279740**	**747381**	**14930**	**10020**	**2196**	**2016**
东城区	10	10		19374	48839	1231	886	107	45
西城区	12	12		20665	56122	1134	837	190	463
崇文区	6	6		11745	33536	813	657	131	117
宣武区	8	8		17560	48548	1027	856	203	224
朝阳区	24	22	2	66063	176467	2613	2168	346	413
丰台区	14	10	4	29407	73485	1173	666	137	130
石景山区	6	6		7998	24488	488	373	95	21
海淀区	26	24	2	40638	116222	1893	1171	147	143
门头沟区	4	2	2	1817	4141	81	66	12	21
房山区	12	4	8	10866	28635	837	371	199	28
通州区	10		10	6774	14501	677	309	52	74
顺义区	8	2	6	5633	16703	445	256	74	18
昌平区	8	5	3	17951	43577	842	506	204	86
大兴区	8	2	6	6136	15886	234	174	35	24
怀柔区	4	2	2	4587	11191	162	106	25	17
平谷区	6	1	5	5700	16912	595	324	117	117
密云县	6	1	5	3576	9041	387	158	37	19
延庆县	4	1	3	3250	9087	298	136	85	56

5-1 续表

单位：个

地区	社区残疾人基层组织建设情况				
	有残疾人协会(小组)的社区	有残疾人专职委员会的社区	有康复站的社区	有社区康复协调员的社区	有无障碍设施的社区(居委会)
总　计	**153**	**132**	**86**	**102**	**89**
东城区	10	7	5	4	10
西城区	12	11	7	11	11
崇文区	4	4	5	6	6
宣武区	8	7	5	7	1
朝阳区	22	20	17	20	22
丰台区	13	13	10	13	7
石景山区	6	3	5	5	4
海淀区	26	23	15	10	15
门头沟区	3	3		2	2
房山区	6	8	3	3	1
通州区	10	5	1	1	
顺义区	8	8	3	5	2
昌平区	6	6	5	6	2
大兴区	8	7	3	4	2
怀柔区	4		1	2	2
平谷区	5	5		2	1
密云县		2	1	1	
延庆县	2				1

5－2 各地区调查社区公共服务机构的覆盖情况

单位：个

地 区	距离法律服务所(司法所)				距离特教学校(班)			
	0公里	1－2公里	3－5公里	5公里以上	0公里	1－2公里	3－5公里	5公里以上
总 计	**55**	**56**	**39**	**26**	**19**	**28**	**25**	**104**
东城区	7	2		1		1		9
西城区	3	7	2		4	2	2	4
崇文区	4	1	1			1	3	2
宣武区	5	1		2	2	2		4
朝阳区	6	10	5	3	3	1		20
丰台区	2	5	7		1	5	5	3
石景山区	2	3	1		1	1	1	3
海淀区	4	13	6	3	4	5	5	12
门头沟区	2		2					4
房山区	4			8				12
通州区	4	2	3	1		1	1	8
顺义区	1	2	3	2	1	1		6
昌平区	2	2	3	1			2	6
大兴区	3	1	1	3	2	1	1	4
怀柔区	4					2	1	1
平谷区		4	2			2	1	3
密云县		2	2	2		2	3	1
延庆县	2	1	1		1	1		2

5-2 续表

单位：个

地区	距离文化活动站(室)				距离卫生室(所、站)			
	0公里	1-2公里	3-5公里	5公里以上	0公里	1-2公里	3-5公里	5公里以上
总　计	**136**	**19**	**8**	**13**	**122**	**36**	**7**	**11**
东城区	9	1			7	2		1
西城区	11	1			6	6		
崇文区	6				5		1	
宣武区	7			1	6	1		1
朝阳区	20	4			14	6	1	3
丰台区	13		1		12	1	1	
石景山区	4	2			3	2	1	
海淀区	13	9	1	3	9	12	2	3
门头沟区	4				4			
房山区	9			3	11			1
通州区	7			3	8	1		1
顺义区	4		3	1	6	2		
昌平区	7	1			8			
大兴区	8				5	1	1	1
怀柔区	4				3	1		
平谷区	3	1	1	1	6			
密云县	4		1	1	5	1		
延庆县	3		1		4			

5－2a 各地区调查城镇社区公共服务机构的覆盖情况

单位：个

地区	距离法律服务所(司法所)				距离特教学校(班)			
	0公里	1－2公里	3－5公里	5公里以上	0公里	1－2公里	3－5公里	5公里以上
总计	**45**	**46**	**28**	**13**	**19**	**24**	**17**	**72**
东城区	7	2		1		1		9
西城区	3	7	2		4	2	2	4
崇文区	4	1	1			1	3	2
宣武区	5	1		2	2	2		4
朝阳区	6	10	5	3	3	1		20
丰台区	1	4	5		1	4	4	1
石景山区	2	3	1		1	1	1	3
海淀区	4	12	6	2	4	5	4	11
门头沟区	1		1					2
房山区	2			4				6
通州区	2		1	1		1	1	2
顺义区	1	1	2		1	1		2
昌平区	2	2	2				2	4
大兴区	2				2			
怀柔区	2					2		
平谷区		2	2			2		2
密云县		1				1		
延庆县	1				1			

5－2a 续表

单位：个

地区	距离文化活动站(室)				距离卫生室(所、站)			
	0公里	1－2公里	3－5公里	5公里以上	0公里	1－2公里	3－5公里	5公里以上
总　计	**102**	**18**	**5**	**7**	**84**	**33**	**6**	**9**
东城区	9	1			7	2		1
西城区	11	1			6	6		
崇文区	6				5		1	
宣武区	7			1	6	1		1
朝阳区	20	4			14	6	1	3
丰台区	9		1		8	1	1	
石景山区	4	2			3	2	1	
海淀区	12	8	1	3	8	11	2	3
门头沟区	2				2			
房山区	4			2	5			1
通州区	4				4			
顺义区	2		2		2	2		
昌平区	5	1			6			
大兴区	2				1	1		
怀柔区	2				1	1		
平谷区	1	1	1	1	4			
密云县	1				1			
延庆县	1				1			

5－2b　各地区调查农村社区公共服务机构的覆盖情况

单位：个

地　区	距离法律服务所(司法所)				距离特教学校(班)			
	0公里	1－2公里	3－5公里	5公里以上	0公里	1－2公里	3－5公里	5公里以上
总　计	**10**	**10**	**11**	**13**		**4**	**8**	**32**
东城区								
西城区								
崇文区								
宣武区								
朝阳区								
丰台区	1	1	2			1	1	2
石景山区								
海淀区		1		1			1	1
门头沟区	1		1					2
房山区	2			4				6
通州区	2	2	2					6
顺义区		1	1	2				4
昌平区			1	1				2
大兴区	1	1	1	3		1	1	4
怀柔区	2						1	1
平谷区		2					1	1
密云县		1	2	2		1	3	1
延庆县	1	1	1			1		2

5－2b 续表

单位：个

地 区	距离文化活动站(室)				距离卫生室(所、站)			
	0公里	1－2公里	3－5公里	5公里以上	0公里	1－2公里	3－5公里	5公里以上
总 计	**34**	**1**	**3**	**6**	**38**	**3**	**1**	**2**
东城区								
西城区								
崇文区								
宣武区								
朝阳区								
丰台区	4				4			
石景山区								
海淀区	1	1			1	1		
门头沟区	2				2			
房山区	5			1	6			
通州区	3			3	4	1		1
顺义区	2		1	1	4			
昌平区	2				2			
大兴区	6				4		1	1
怀柔区	2				2			
平谷区	2				2			
密云县	3		1	1	4	1		
延庆县	2		1		3			

5－3 调查农村社区的收入水平与公共服务机构覆盖情况

单位：个、人

2005年本村人均收入	社区个数	社区享受定期救助人数	社区享受临时救助人数	距离法律服务所(司法所)			
				0公里	1－2公里	3－5公里	5公里以上
总　计	**44**	**417**	**280**	**10**	**10**	**11**	**13**
1000元以下							
1000–1500元							
1500–2000元	1	1	2			1	
2000–2500元	1	7	2				1
2500–3000元	1	33	16			1	
3000–3500元	1	5		1			
3500–4000元	1	18	7				1
4000–4500元	3	22	4		2		1
4500–5000元	4	74	62		2	1	1
5000元以上	32	257	187	9	6	8	9

5-3 续表 1

单位：个

2005年本村人均收入	距离特教学校(班)				距离文化活动站(室)			
	0公里	1-2公里	3-5公里	5公里以上	0公里	1-2公里	3-5公里	5公里以上
总　计		**4**	**8**	**32**	**34**	**1**	**3**	**6**
1000元以下								
1000-1500元								
1500-2000元				1			1	
2000-2500元				1				1
2500-3000元				1			1	
3000-3500元				1	1			
3500-4000元				1	1			
4000-4500元			1	2	2	1		
4500-5000元			1	3	4			
5000元以上		4	6	22	26		1	5

5－3 续表 2

单位：个

2005年本村人均收入	距离卫生室(所、站)			
	0公里	1－2公里	3－5公里	5公里以上
总　计	**38**	**3**	**1**	**2**
1000元以下				
1000–1500元				
1500–2000元	1			
2000–2500元	1			
2500–3000元	1			
3000–3500元	1			
3500–4000元	1			
4000–4500元	2	1		
4500–5000元	4			
5000元以上	27	2	1	2

5－4　各地区调查户2005年人均收入

地　区	总人口(人)	总户数(户)	2005年度调查户人均收入(元)	按人均收入分组的户数(户)			
				0－683元	684－944元	945－2000元	2001－3000元
总　计	**74795**	**26670**	**11064**	**233**	**120**	**1512**	**1519**
东城区	4248	1544	14262	1	1	4	17
西城区	5376	2005	15224	10		13	38
崇文区	2513	868	15570			2	4
宣武区	3296	1312	12999	18		11	26
朝阳区	10092	3960	15412			13	59
丰台区	6129	2082	10271	1		65	93
石景山区	2604	890	12122	1		1	15
海淀区	10538	3904	16385	19	1	28	62
门头沟区	1759	616	5472	13	3	61	64
房山区	5072	1676	5242	23	24	278	241
通州区	4392	1501	5291	13	11	112	197
顺义区	3393	1076	5685	31	15	184	138
昌平区	3318	1187	8338	12	9	107	70
大兴区	3272	1096	6216	21	16	186	106
怀柔区	1855	650	7703	3	3	55	56
平谷区	2635	838	6202	29	8	138	130
密云县	2620	879	4712	31	21	149	123
延庆县	1683	586	6342	7	8	105	80

5-4 续表

地 区	按人均收入分组的户数(户)						
	3001-4000元	4001-5000元	5001-6000元	6001-7000元	7001-10000元	10001-20000元	20000元以上
总 计	**2235**	**1753**	**1748**	**1369**	**4265**	**7715**	**4201**
东城区	88	58	85	43	246	682	319
西城区	72	73	118	58	322	779	522
崇文区	16	24	30	25	153	395	219
宣武区	56	56	94	56	256	513	226
朝阳区	157	147	228	146	649	1442	1119
丰台区	194	148	115	162	458	640	206
石景山区	47	43	63	38	198	366	118
海淀区	132	119	170	105	561	1508	1199
门头沟区	91	74	74	45	103	80	8
房山区	252	162	181	117	197	185	16
通州区	307	241	157	150	215	88	10
顺义区	141	114	94	81	104	147	27
昌平区	113	76	83	62	247	342	66
大兴区	140	126	61	68	162	169	41
怀柔区	86	71	28	52	134	137	25
平谷区	119	90	49	46	85	105	39
密云县	140	92	75	75	112	57	4
延庆县	84	39	43	40	63	80	37

5－4a 各地区城镇调查户2005年人均收入

地 区	总人口(人)	总户数(户)	2005年度调查户人均收入(元)	按人均收入分组的户数(户)			
				0－683元	684－944元	945－2000元	2001－3000元
总 计	**55773**	**20485**	**13187**	**79**	**16**	**346**	**621**
东城区	4248	1544	14262	1	1	4	17
西城区	5376	2005	15224	10		13	38
崇文区	2513	868	15570			2	4
宣武区	3296	1312	12999	18		11	26
朝阳区	10092	3960	15412			13	59
丰台区	4259	1505	11485			22	54
石景山区	2604	890	12122	1		1	15
海淀区	9709	3602	16983	16		17	42
门头沟区	858	335	6823	1		12	17
房山区	2574	885	6578	2	1	63	89
通州区	1783	652	5725	1		31	67
顺义区	1681	539	7566	5	7	46	52
昌平区	2482	912	9947	2	2	10	29
大兴区	857	308	10886	5		8	8
怀柔区	887	310	10950	1		4	9
平谷区	1715	557	7393	16	4	79	80
密云县	418	158	6714			6	13
延庆县	421	143	12499		1	4	2

5－4a 续表

地 区	按人均收入分组的户数(户)						
	3001－4000元	4001－5000元	5001－6000元	6001－7000元	7001－10000元	10001－20000元	20000元以上
总 计	**1211**	**1013**	**1292**	**970**	**3547**	**7274**	**4116**
东城区	88	58	85	43	246	682	319
西城区	72	73	118	58	322	779	522
崇文区	16	24	30	25	153	395	219
宣武区	56	56	94	56	256	513	226
朝阳区	157	147	228	146	649	1442	1119
丰台区	113	76	85	103	328	534	190
石景山区	47	43	63	38	198	366	118
海淀区	100	95	148	86	496	1435	1167
门头沟区	46	33	50	26	72	72	6
房山区	132	86	113	81	148	156	14
通州区	135	104	76	73	111	49	5
顺义区	51	43	49	56	71	133	26
昌平区	60	59	72	53	229	332	64
大兴区	23	25	14	24	64	109	28
怀柔区	18	16	8	31	85	114	24
平谷区	69	55	27	36	60	93	38
密云县	21	11	24	20	42	19	2
延庆县	7	9	8	15	17	51	29

5－4b 各地区农村调查户2005年人均收入

地 区	总人口(人)	总户数(户)	2005年度调查户人均收入(元)	按人均收入分组的户数(户)			
				0－683元	684－944元	945－2000元	2001－3000元
总 计	**19022**	**6185**	**4837**	**154**	**104**	**1166**	**898**
东城区							
西城区							
崇文区							
宣武区							
朝阳区							
丰台区	1870	577	7506	1		43	39
石景山区							
海淀区	829	302	9387	3	1	11	20
门头沟区	901	281	4184	12	3	49	47
房山区	2498	791	3865	21	23	215	152
通州区	2609	849	4994	12	11	81	130
顺义区	1712	537	3837	26	8	138	86
昌平区	836	275	3561	10	7	97	41
大兴区	2415	788	4558	16	16	178	98
怀柔区	968	340	4728	2	3	51	47
平谷区	920	281	3981	13	4	59	50
密云县	2202	721	4332	31	21	143	110
延庆县	1262	443	4288	7	7	101	78

5－4b 续表

地 区	按人均收入分组的户数(户)						
	3001－4000元	4001－5000元	5001－6000元	6001－7000元	7001－10000元	10001－20000元	20000元以上
总 计	**1024**	**740**	**456**	**399**	**718**	**441**	**85**
东城区							
西城区							
崇文区							
宣武区							
朝阳区							
丰台区	81	72	30	59	130	106	16
石景山区							
海淀区	32	24	22	19	65	73	32
门头沟区	45	41	24	19	31	8	2
房山区	120	76	68	36	49	29	2
通州区	172	137	81	77	104	39	5
顺义区	90	71	45	25	33	14	1
昌平区	53	17	11	9	18	10	2
大兴区	117	101	47	44	98	60	13
怀柔区	68	55	20	21	49	23	1
平谷区	50	35	22	10	25	12	1
密云县	119	81	51	55	70	38	2
延庆县	77	30	35	25	46	29	8

5－5 各地区有残疾人调查户2005年人均收入

地 区	有残疾人的调查户(户)	有残疾人调查户总人口(人)	残疾人数(人)	2005年度有残疾人的调查户人均收入(元)	按人均收入分组的户数(户)		
					0－683元	684－944元	945－2000元
总 计	**4293**	**13028**	**4852**	**7936**	**96**	**68**	**511**
东城区	261	766	296	11981		1	
西城区	378	1103	440	11763	1		1
崇文区	123	422	140	11322			1
宣武区	206	524	225	10128	2		1
朝阳区	520	1500	588	11474			3
丰台区	276	910	307	8004			19
石景山区	146	483	165	9375			
海淀区	513	1556	562	12090	1		9
门头沟区	95	278	103	5016	2	2	10
房山区	336	956	376	4108	10	14	102
通州区	288	853	313	4180	5	8	47
顺义区	193	606	217	3552	16	9	49
昌平区	164	479	182	6197	8	6	27
大兴区	161	589	197	3708	8	7	53
怀柔区	108	346	125	4323		2	22
平谷区	234	785	281	3751	14	6	70
密云县	195	595	223	2892	23	11	64
延庆县	96	277	112	3500	6	2	33

5－5 续表

地 区	按人均收入分组的户数(户)							
	2001－3000元	3001－4000元	4001－5000元	5001－6000元	6001－7000元	7001－10000元	10001－20000元	20000元以上
总 计	**364**	**431**	**328**	**338**	**195**	**636**	**1026**	**300**
东城区	3	17	18	16	10	53	106	37
西城区	9	18	21	35	18	77	146	52
崇文区	2	1	10	9	3	36	52	9
宣武区	8	10	17	17	11	43	81	16
朝阳区	13	23	38	38	33	107	189	76
丰台区	20	35	17	22	17	67	68	11
石景山区	6	7	12	18	8	32	57	6
海淀区	12	28	26	44	20	86	207	80
门头沟区	12	10	12	13	9	14	11	
房山区	44	45	24	26	18	31	21	1
通州区	46	70	46	27	11	21	6	1
顺义区	32	34	15	16	5	7	8	2
昌平区	15	11	11	12	9	25	39	1
大兴区	21	21	13	10	8	9	9	2
怀柔区	21	24	12	6	4	7	9	1
平谷区	53	35	18	11	1	11	13	2
密云县	28	28	15	11	6	7	2	
延庆县	19	14	3	7	4	3	2	3

5－5a 各地区城镇有残疾人调查户2005年人均收入

地 区	有残疾人的调查户(户)	有残疾人调查户总人口(人)	残疾人数(人)	2005年度有残疾人的调查户人均收入(元)	按人均收入分组的户数(户)		
					0－683元	684－944元	945－2000元
总 计	**3028**	**8961**	**3400**	**10003**	**13**	**10**	**114**
东城区	261	766	296	11981		1	
西城区	378	1103	440	11763	1		1
崇文区	123	422	140	11322			1
宣武区	206	524	225	10128	2		1
朝阳区	520	1500	588	11474			3
丰台区	204	633	230	8863			4
石景山区	146	483	165	9375			
海淀区	468	1394	512	12760			7
门头沟区	49	121	51	6842			3
房山区	160	448	174	5385		1	27
通州区	128	356	139	4799			11
顺义区	67	222	77	4340	3	4	13
昌平区	106	306	117	8464	2	1	3
大兴区	12	29	13	12986			
怀柔区	29	81	33	8087			1
平谷区	140	481	165	4381	5	3	37
密云县	20	61	22	4613			2
延庆县	11	31	13	10876			

5－5a 续表

地 区	按人均收入分组的户数(户)							
	2001－3000元	3001－4000元	4001－5000元	5001－6000元	6001－7000元	7001－10000元	10001－20000元	20000元以上
总 计	**154**	**232**	**213**	**259**	**159**	**581**	**995**	**298**
东城区	3	17	18	16	10	53	106	37
西城区	9	18	21	35	18	77	146	52
崇文区	2	1	10	9	3	36	52	9
宣武区	8	10	17	17	11	43	81	16
朝阳区	13	23	38	38	33	107	189	76
丰台区	11	25	11	18	14	53	58	10
石景山区	6	7	12	18	8	32	57	6
海淀区	7	18	22	40	17	77	200	80
门头沟区	5	4	2	7	7	10	11	
房山区	15	30	12	17	15	24	18	1
通州区	18	39	20	14	6	16	3	1
顺义区	12	10	5	5	3	4	6	2
昌平区	5	3	7	12	9	24	39	1
大兴区			1			4	6	1
怀柔区	2	4	4		1	7	9	1
平谷区	34	19	10	8	1	10	11	2
密云县	3	4	2	4	2	2	1	
延庆县	1		1	1	1	2	2	3

5－5b 各地区农村有残疾人调查户2005年人均收入

地 区	有残疾人的调查户(户)	有残疾人调查户总人口(人)	残疾人数(人)	2005年度有残疾人的调查户人均收入(元)	按人均收入分组的户数(户)		
					0－683元	684－944元	945－2000元
总 计	**1265**	**4067**	**1452**	**3383**	**83**	**58**	**397**
东城区							
西城区							
崇文区							
宣武区							
朝阳区							
丰台区	72	277	77	6041			15
石景山区							
海淀区	45	162	50	6323	1		2
门头沟区	46	157	52	3608	2	2	7
房山区	176	508	202	2982	10	13	75
通州区	160	497	174	3737	5	8	36
顺义区	126	384	140	3096	13	5	36
昌平区	58	173	65	2188	6	5	24
大兴区	149	560	184	3228	8	7	53
怀柔区	79	265	92	3172		2	21
平谷区	94	304	116	2753	9	3	33
密云县	175	534	201	2695	23	11	62
延庆县	85	246	99	2571	6	2	33

5-5b 续表

地区	按人均收入分组的户数(户)							
	2001-3000元	3001-4000元	4001-5000元	5001-6000元	6001-7000元	7001-10000元	10001-20000元	20000元以上
总计	**210**	**199**	**115**	**79**	**36**	**55**	**31**	**2**
东城区								
西城区								
崇文区								
宣武区								
朝阳区								
丰台区	9	10	6	4	3	14	10	1
石景山区								
海淀区	5	10	4	4	3	9	7	
门头沟区	7	6	10	6	2	4		
房山区	29	15	12	9	3	7	3	
通州区	28	31	26	13	5	5	3	
顺义区	20	24	10	11	2	3	2	
昌平区	10	8	4			1		
大兴区	21	21	12	10	8	5	3	1
怀柔区	19	20	8	6	3			
平谷区	19	16	8	3		1	2	
密云县	25	24	13	7	4	5	1	
延庆县	18	14	2	6	3	1		

5-6 各地区调查户的住房状况

单位：户、平方米

地　区	总户数	人均住房面积	住房结构				
			钢筋混凝土	混合结构	砖木结构	木、竹、草结构	其他
总　计	**26670**	**24.57**	**4066**	**12563**	**10012**	**13**	**16**
东城区	1544	17.41	25	721	797	1	
西城区	2005	18.24	114	1325	566		
崇文区	868	23.35	290	514	64		
宣武区	1312	16.98	162	580	570		
朝阳区	3960	24.25	1391	2177	391	1	
丰台区	2082	22.21	411	1082	587		2
石景山区	890	20.79	300	589	1		
海淀区	3904	24.61	1130	2505	267		2
门头沟区	616	13.52		203	411		2
房山区	1676	22.23	40	490	1136	1	9
通州区	1501	34.92	3	377	1121		
顺义区	1076	29.84		303	773		
昌平区	1187	26.97	1	771	415		
大兴区	1096	30	4	322	770		
怀柔区	650	29.4		443	207		
平谷区	838	34.72	176	8	650	3	1
密云县	879	30.29	19	9	844	7	
延庆县	586	30.98		144	442		

5-6 续表

单位：户

地 区	住房来源			
	自有	租赁	借用	其他来源
总 计	**18419**	**7680**	**561**	**10**
东城区	623	881	40	
西城区	934	982	88	1
崇文区	608	251	9	
宣武区	547	707	57	1
朝阳区	2689	1181	88	2
丰台区	1175	859	48	
石景山区	752	126	12	
海淀区	2720	1096	86	2
门头沟区	263	350	3	
房山区	1275	369	32	
通州区	1410	78	13	
顺义区	1028	41	7	
昌平区	1043	142	2	
大兴区	832	250	13	1
怀柔区	497	129	24	
平谷区	779	40	16	3
密云县	760	113	6	
延庆县	484	85	17	

5-6a 各地区城镇调查户的住房状况

单位：户、平方米

地 区	总户数	人均住房面积	住房结构				
			钢筋混凝土	混合结构	砖木结构	木、竹、草结构	其他
总 计	**20485**	**23.03**	**4034**	**12017**	**4423**	**5**	**6**
东城区	1544	17.41	25	721	797	1	
西城区	2005	18.24	114	1325	566		
崇文区	868	23.35	290	514	64		
宣武区	1312	16.98	162	580	570		
朝阳区	3960	24.25	1391	2177	391	1	
丰台区	1505	21.43	411	941	153		
石景山区	890	20.79	300	589	1		
海淀区	3602	24.15	1130	2343	127		2
门头沟区	335	12.34		201	132		2
房山区	885	22.23	39	416	429		1
通州区	652	31.84		368	284		
顺义区	539	26.88		302	237		
昌平区	912	27.23	1	771	140		
大兴区	308	24.78		308			
怀柔区	310	31.23		310			
平谷区	557	37.09	169	5	379	3	1
密云县	158	23.83	2	3	153		
延庆县	143	31.7		143			

5-6a 续表

单位：户

地 区	住房来源			
	自有	租赁	借用	其他来源
总 计	**13289**	**6712**	**474**	**10**
东城区	623	881	40	
西城区	934	982	88	1
崇文区	608	251	9	
宣武区	547	707	57	1
朝阳区	2689	1181	88	2
丰台区	846	613	46	
石景山区	752	126	12	
海淀区	2575	945	80	2
门头沟区	1	334		
房山区	540	337	8	
通州区	612	32	8	
顺义区	511	25	3	
昌平区	769	141	2	
大兴区	258	41	8	1
怀柔区	287	14	9	
平谷区	507	35	12	3
密云县	94	63	1	
延庆县	136	4	3	

5-6b 各地区农村调查户的住房状况

单位：户、平方米

地　区	总户数	人均住房面积	住房结构				
			钢筋混凝土	混合结构	砖木结构	木、竹、草结构	其他
总　计	**6185**	**29.07**	**32**	**546**	**5589**	**8**	**10**
东城区							
西城区							
崇文区							
宣武区							
朝阳区							
丰台区	577	23.99		141	434		2
石景山区							
海淀区	302	30.01		162	140		
门头沟区	281	14.64		2	279		
房山区	791	22.24	1	74	707	1	8
通州区	849	37.03	3	9	837		
顺义区	537	32.75		1	536		
昌平区	275	26.21			275		
大兴区	788	31.85	4	14	770		
怀柔区	340	27.72		133	207		
平谷区	281	30.3	7	3	271		
密云县	721	31.52	17	6	691	7	
延庆县	443	30.74		1	442		

5-6b 续表

单位：户

地区	住房来源			
	自有	租赁	借用	其他来源
总计	**5130**	**968**	**87**	
东城区				
西城区				
崇文区				
宣武区				
朝阳区				
丰台区	329	246	2	
石景山区				
海淀区	145	151	6	
门头沟区	262	16	3	
房山区	735	32	24	
通州区	798	46	5	
顺义区	517	16	4	
昌平区	274	1		
大兴区	574	209	5	
怀柔区	210	115	15	
平谷区	272	5	4	
密云县	666	50	5	
延庆县	348	81	14	

5-7 各地区有残疾人调查户的住房状况

单位：户、平方米

地　区	总户数	人均住房面积	住房结构				
			钢筋混凝土	混合结构	砖木结构	木、竹、草结构	其他
总　计	**4293**	**24.16**	**527**	**1801**	**1957**	**3**	**5**
东城区	261	17.1	4	105	151	1	
西城区	378	17.04	17	244	117		
崇文区	123	18.39	42	69	12		
宣武区	206	16.77	17	102	87		
朝阳区	520	23.79	184	312	24		
丰台区	276	21.14	53	150	73		
石景山区	146	19.13	44	101	1		
海淀区	513	25.12	131	347	34		1
门头沟区	95	13.95		33	62		
房山区	336	22.83	7	71	253	1	4
通州区	288	34.89		67	221		
顺义区	193	29.6		20	173		
昌平区	164	24.67		92	72		
大兴区	161	31.29		16	145		
怀柔区	108	29.66		54	54		
平谷区	234	31.44	22	3	208	1	
密云县	195	27.58	6	3	186		
延庆县	96	29		12	84		

5-7 续表

单位：户

地 区	住房来源			
	自有	租赁	借用	其他来源
总 计	**3364**	**860**	**67**	**2**
东城区	105	152	4	
西城区	199	172	6	1
崇文区	95	28		
宣武区	94	108	4	
朝阳区	434	82	4	
丰台区	183	91	2	
石景山区	135	9	2	
海淀区	441	69	3	
门头沟区	44	50	1	
房山区	269	59	8	
通州区	280	4	4	
顺义区	182	5	6	
昌平区	158	6		
大兴区	153	7	1	
怀柔区	96	4	8	
平谷区	223	4	6	1
密云县	184	6	5	
延庆县	89	4	3	

5-7a 各地区城镇有残疾人调查户的住房状况

单位：户、平方米

地 区	总户数	人均住房面积	住房结构				
			钢筋混凝土	混合结构	砖木结构	木、竹、草结构	其他
总 计	**3028**	**22.05**	**520**	**1710**	**795**	**2**	**1**
东城区	261	17.1	4	105	151	1	
西城区	378	17.04	17	244	117		
崇文区	123	18.39	42	69	12		
宣武区	206	16.77	17	102	87		
朝阳区	520	23.79	184	312	24		
丰台区	204	19.93	53	132	19		
石景山区	146	19.13	44	101	1		
海淀区	468	23.82	131	328	8		1
门头沟区	49	14.66		32	17		
房山区	160	23.18	7	57	96		
通州区	128	32.08		63	65		
顺义区	67	24.99		20	47		
昌平区	106	25.74		92	14		
大兴区	12	27.14		12			
怀柔区	29	30.36		29			
平谷区	140	32.48	20	1	118	1	
密云县	20	24.11	1		19		
延庆县	11	33.77		11			

5-7a 续表

单位：户

地　区	住房来源			
	自有	租赁	借用	其他来源
总　计	**2169**	**819**	**38**	**2**
东城区	105	152	4	
西城区	199	172	6	1
崇文区	95	28		
宣武区	94	108	4	
朝阳区	434	82	4	
丰台区	122	80	2	
石景山区	135	9	2	
海淀区	404	62	2	
门头沟区		49		
房山区	102	58		
通州区	124	2	2	
顺义区	61	3	3	
昌平区	100	6		
大兴区	11	1		
怀柔区	26	1	2	
平谷区	132	3	4	1
密云县	17	2	1	
延庆县	8	1	2	

5-7b 各地区农村有残疾人调查户的住房状况

单位：户、平方米

地 区	总户数	人均住房面积	住房结构				
			钢筋混凝土	混合结构	砖木结构	木、竹、草结构	其他
总 计	**1265**	**28.8**	**7**	**91**	**1162**	**1**	**4**
东城区							
西城区							
崇文区							
宣武区							
朝阳区							
丰台区	72	23.9		18	54		
石景山区							
海淀区	45	36.3		19	26		
门头沟区	46	13.41		1	45		
房山区	176	22.53		14	157	1	4
通州区	160	36.91		4	156		
顺义区	126	32.26			126		
昌平区	58	22.78			58		
大兴区	149	31.5		4	145		
怀柔区	79	29.44		25	54		
平谷区	94	29.8	2	2	90		
密云县	175	27.98	5	3	167		
延庆县	85	28.4		1	84		

5-7b 续表

单位：户

地 区	住房来源			
	自有	租赁	借用	其他来源
总 计	**1195**	**41**	**29**	
东城区				
西城区				
崇文区				
宣武区				
朝阳区				
丰台区	61	11		
石景山区				
海淀区	37	7	1	
门头沟区	44	1	1	
房山区	167	1	8	
通州区	156	2	2	
顺义区	121	2	3	
昌平区	58			
大兴区	142	6	1	
怀柔区	70	3	6	
平谷区	91	1	2	
密云县	167	4	4	
延庆县	81	3	1	

5-8 各地区调查户家用电器拥有和用电状况

单位：户、度

地区	总户数	有家用电器户数						户月均生活用电量
		彩色电视机	电冰箱	洗衣机	电话	电脑	无上述家电	
总计	**26670**	**25392**	**22023**	**20219**	**24628**	**12077**	**441**	**100**
东城区	1544	1503	1443	1360	1495	977	9	124
西城区	2005	1937	1834	1698	1951	1229	4	113
崇文区	868	859	827	792	858	596	1	128
宣武区	1312	1245	1138	1035	1259	681	13	107
朝阳区	3960	3824	3563	3407	3871	2405	15	124
丰台区	2082	1995	1777	1652	1891	1021	37	108
石景山区	890	880	852	763	873	533	2	105
海淀区	3904	3730	3511	3383	3622	2730	42	114
门头沟区	616	558	404	275	418	29	44	47
房山区	1676	1559	1166	985	1430	211	71	59
通州区	1501	1426	1223	1018	1335	296	41	88
顺义区	1076	1009	771	661	969	237	38	70
昌平区	1187	1151	985	839	1092	345	15	85
大兴区	1096	1021	655	603	943	247	18	70
怀柔区	650	603	469	413	601	203	7	97
平谷区	838	783	529	529	771	168	26	69
密云县	879	779	564	494	747	71	35	71
延庆县	586	530	312	312	502	98	23	63

5-8a 各地区城镇调查户家用电器拥有和用电状况

单位：户、度

地区	总户数	有家用电器户数						户月均生活用电量
		彩色电视机	电冰箱	洗衣机	电话	电脑	无上述家电	
总计	**20485**	**19778**	**18345**	**17061**	**19415**	**11304**	**189**	**109**
东城区	1544	1503	1443	1360	1495	977	9	124
西城区	2005	1937	1834	1698	1951	1229	4	113
崇文区	868	859	827	792	858	596	1	128
宣武区	1312	1245	1138	1035	1259	681	13	107
朝阳区	3960	3824	3563	3407	3871	2405	15	124
丰台区	1505	1480	1387	1313	1396	859	10	107
石景山区	890	880	852	763	873	533	2	105
海淀区	3602	3474	3340	3226	3397	2593	26	114
门头沟区	335	299	195	123	194	16	28	41
房山区	885	848	727	629	792	175	23	71
通州区	652	623	562	477	586	144	17	97
顺义区	539	522	459	373	496	195	11	82
昌平区	912	894	825	743	863	325	4	94
大兴区	308	301	289	270	294	172		95
怀柔区	310	308	301	281	308	171		138
平谷区	557	516	366	366	514	145	20	77
密云县	158	122	100	78	125	14	6	67
延庆县	143	143	137	127	143	74		96

5-8b 各地区农村调查户家用电器拥有和用电状况

单位：户、度

地 区	总户数	有家用电器户数						户月均生活用电量
		彩色电视机	电冰箱	洗衣机	电话	电脑	无上述家电	
总 计	**6185**	**5614**	**3678**	**3158**	**5213**	**773**	**252**	**69**
东城区								
西城区								
崇文区								
宣武区								
朝阳区								
丰台区	577	515	390	339	495	162	27	112
石景山区								
海淀区	302	256	171	157	225	137	16	120
门头沟区	281	259	209	152	224	13	16	54
房山区	791	711	439	356	638	36	48	46
通州区	849	803	661	541	749	152	24	80
顺义区	537	487	312	288	473	42	27	57
昌平区	275	257	160	96	229	20	11	57
大兴区	788	720	366	333	649	75	18	61
怀柔区	340	295	168	132	293	32	7	60
平谷区	281	267	163	163	257	23	6	53
密云县	721	657	464	416	622	57	29	72
延庆县	443	387	175	185	359	24	23	52

5-9 各地区有残疾人户家用电器拥有和用电状况

单位：户、度

地 区	总户数	有家用电器户数						户月均生活用电量
		彩色电视机	电冰箱	洗衣机	电话	电脑	无上述家电	
总 计	**4293**	**4032**	**3366**	**2966**	**3744**	**1176**	**160**	**93**
东城区	261	255	247	223	248	118	1	123
西城区	378	374	358	314	358	158		112
崇文区	123	120	116	110	120	62	1	121
宣武区	206	197	187	167	191	71	4	96
朝阳区	520	512	506	465	508	217	3	129
丰台区	276	264	243	231	256	108	4	107
石景山区	146	146	143	119	146	61		109
海淀区	513	507	492	457	486	245	4	125
门头沟区	95	88	62	44	69	1	6	45
房山区	336	289	182	141	238	11	34	46
通州区	288	260	217	156	233	29	17	76
顺义区	193	161	96	74	148	13	22	52
昌平区	164	156	114	92	134	19	6	80
大兴区	161	150	83	83	133	16	8	60
怀柔区	108	101	77	58	91	15	1	88
平谷区	234	210	114	114	189	19	16	53
密云县	195	157	97	86	137	7	22	56
延庆县	96	85	32	32	59	6	11	45

5-9a 各地区城镇有残疾人户家用电器拥有和用电状况

单位：户、度

地　区	总户数	有家用电器户数						户月均生活用电量
		彩色电视机	电冰箱	洗衣机	电话	电脑	无上述家电	
总　计	**3028**	**2933**	**2728**	**2429**	**2818**	**1084**	**52**	**107**
东城区	261	255	247	223	248	118	1	123
西城区	378	374	358	314	358	158		112
崇文区	123	120	116	110	120	62	1	121
宣武区	206	197	187	167	191	71	4	96
朝阳区	520	512	506	465	508	217	3	129
丰台区	204	200	192	179	192	87	2	110
石景山区	146	146	143	119	146	61		109
海淀区	468	466	456	424	450	225	2	121
门头沟区	49	46	32	21	35		2	43
房山区	160	146	114	93	132	11	9	59
通州区	128	117	103	75	104	14	7	85
顺义区	67	57	43	30	54	10	8	61
昌平区	106	103	94	81	96	18	2	99
大兴区	12	12	12	10	12	3		95
怀柔区	29	28	29	26	28	9		131
平谷区	140	127	72	75	116	16	10	59
密云县	20	16	13	9	17	1	1	80
延庆县	11	11	11	8	11	3		107

5-9b 各地区农村有残疾人户家用电器拥有和用电状况

单位：户、度

地 区	总户数	有家用电器户数						户月均生活用电量
		彩色电视机	电冰箱	洗衣机	电话	电脑	无上述家电	
总 计	**1265**	**1099**	**638**	**537**	**926**	**92**	**108**	**58**
东城区								
西城区								
崇文区								
宣武区								
朝阳区								
丰台区	72	64	51	52	64	21	2	97
石景山区								
海淀区	45	41	36	33	36	20	2	171
门头沟区	46	42	30	23	34	1	4	48
房山区	176	143	68	48	106		25	33
通州区	160	143	114	81	129	15	10	68
顺义区	126	104	53	44	94	3	14	47
昌平区	58	53	20	11	38	1	4	45
大兴区	149	138	71	73	121	13	8	57
怀柔区	79	73	48	32	63	6	1	73
平谷区	94	83	42	39	73	3	6	44
密云县	175	141	84	77	120	6	21	53
延庆县	85	74	21	24	48	3	11	37

主要统计指标解释

总抚养比 指人口总体中非劳动年龄人口数与劳动年龄人口数之比。通常用百分比表示。说明每 100 名劳动年龄人口大致要负担多少名非劳动年龄人口。用于从人口角度反映人口与经济发展的基本关系。计算公式为:

$$GDR = \frac{P_{0-14} + P_{65+}}{P_{15-64}} \times 100\%$$

其中: GDR 为总抚养比;

P_{0-14} 为 0 ~ 14 岁少年儿童人口数;

P_{65+} 为 65 岁及以上的老年人口数;

P_{15-64} 为 15 ~ 64 岁劳动年龄人口数。

老年抚养比 指人口中老年人口数与劳动年龄人口数之比。通常用百分比表示。用以表明每 100 名劳动年龄人口要负担多少名老年人。老年人口抚养比是从经济角度反映人口老化社会后果的指标之一。计算公式为:

$$ODR = \frac{P_{65+}}{P_{15-64}} \times 100\%$$

其中: ODR 为老年人口抚养比;

P_{65+} 为 65 岁及以上的老年人口数;

P_{15-64} 为 15 ~ 64 岁劳动年龄人口数。

少儿抚养比 也称少年儿童抚养系数。指某一人口中少年儿童人口数与劳动年龄人口数之比。通常用百分比表示。以反映每 100 名劳动年龄人口要负担多少名少年儿童。计算公式为:

$$CDR = \frac{P_{0-14}}{P_{15-64}} \times 100\%$$

其中: CDR 为少年儿童抚养比;

P_{0-14} 为 0 ~ 14 岁少年儿童人口数;

P_{15-64} 为 15 ~ 64 岁劳动年龄人口数。

文盲人口 指 15 岁及以上不识字或识字很少的人口。根据《住户调查表》指标“R8.是否识字”登记为“2.否”的数据汇总。

经济活动人口 指 15 岁及以上参加或未参加社会经济活动的人口。包括在业人口和不在业人口。

在业人口和不在业人口分别根据《住户调查表》指标“R11.当前是否有工作”的登记数据汇总。

职业状况 指 15 岁及以上在业人口所从事的社会劳动工作种类。本资料中职业分类参照国家分类标准《职业分类与代码》(GB/T 6565-1999),将全国职业分类划分为大类和中类。

未工作状况 指 15 岁及以上不在业人口的未工作状况。根据《住户调查表》指标“R13.当前未工作状况”的登记数据汇总。

致残主要原因 根据被调查残疾人从《残疾人调查表》“C4.致残主要原因”多个选项中选出的主要两项合并汇总。

曾接受服务或扶助 根据被调查残疾人从《残疾人调查表》“T6.曾接受过何种服务或扶助”的 14 个选项中选出的主要三项合并汇总。

主要需求 根据被调查残疾人从《残疾人调查表》“T7. 本人主要需求”的 14 个选项中选出的主要三项合并汇总。

附　　录

附录 1

北京市第二次全国残疾人抽样调查主要数据公报

北京市第二次全国残疾人抽样调查领导小组

北京市统计局

2006 年 12 月 27 日

经国务院批准，我国进行了第二次全国残疾人抽样调查。在第二次全国残疾人抽样调查领导小组统一领导下，按照全国统一的调查方案，北京市第二次全国残疾人抽样调查领导小组组织实施了我市的调查。经过两年的充分准备，我市于 2006 年 4 月 1 日开始调查，通过调查工作人员的艰苦努力，调查的各项任务已基本完成。现将初步汇总的主要数据公布如下:

一、调查的基本情况

本次调查采取分层、多阶段、整群概率比例抽样方法，在我市各区县抽取 88 个乡(镇、街道)，共 176 个调查小区，平均每个调查小区 420 人左右。

本次调查标准时间为 2006 年 4 月 1 日零时，入户调查时间自 2006 年 4 月 1 日起至 5 月 22 日结束。在市政府和各区县政府直接领导下，组织了 21 个调查队、380 名调查员、190 名各科医生、21 名统计员以及 1400 名陪调员，逐户进行询问登记、筛查和残疾评定，现已全部完成入户调查、复查和调查质量的核查工作。

我市共调查了 26670 户、74795 人，调查的抽样比为 4.85‰。入户见面 68393 人，占调查总人数的 91.44%；按照《第二次全国残疾人抽样调查残疾筛查方法》，7 岁以上疑似残疾人筛出率为 12.54%，疑似残疾人检查率达到 99.47%。

二、残疾人数及其比例

根据调查初步汇总，被调查户中有残疾人的家庭共 4293 户，确定视力、听力、言语、肢体、智力、精神和多重残疾共 4852 人。其中，视力残疾 325 人，听力残疾 1100 人，言语残疾 31 人，肢体残疾 1725 人，智力残疾 243 人，精神残疾 347 人，多重残疾 1081 人。

本次调查结果显示，我市残疾人占总人口的比例为 6.49%，据此推算 2006 年 4 月 1 日零时我市各类残疾人的总数为 99.9 万人。各类残疾人的人数及各占残疾人总人数的比重分别是: 视力残疾 6.7 万人，占 6.71%；听力残疾 22.7 万人，占 22.72%；言语残疾 0.6 万人，占 0.60%；肢体残疾 35.5 万人，占 35.53%；智力残疾 5.0 万人，占 5.01%；精神残疾 7.1 万人，占 7.11%；多重残疾 22.3 万人，占 22.32%。

与 1987 年第一次全国残疾人抽样调查比较，我市残疾人口总量增加，残疾人比例上升，残疾类别结构变动。影响这一变化的因素有，两次调查间人口增长与结构变动、社会与环境变化、残疾标准修订等，更深入的分析有待于在详细数据汇总和更全面的资料收集后进行。

三、调查质量评价

在入户调查、复查完毕后，我市按照《事后质量核查工作细则》进行核查，核查结果符合调查方案要求。经对调查实施过程和数据质量进行综合评估，本次调查是一次成功的调查，数据真实可信。调查获得的丰富数据，将为我市经济社会和残疾人事业的发展提供可靠依据。

注:

1. 本公报为初步汇总数。

2. 本次调查登记对象为具有中华人民共和国国籍并居住在中华人民共和国境内大陆的常住人口，残疾人按照《第二次全国残疾人抽样调查残疾标准》评定。

附录 2

第二次全国残疾人抽样调查方案

（国务院 2005 年 11 月 4 日批准）

为贯彻国务院办公厅《关于开展第二次全国残疾人抽样调查的通知》（国办发[2004]73 号），根据《中华人民共和国统计法》、《中华人民共和国残疾人保障法》，制定本方案。

一、组织领导

第二次全国残疾人抽样调查工作在国务院和地方各级人民政府的领导下，按照全国统一部署、部门分工协作、地方分级负责、各方共同参与的原则组织实施。

（一）国务院成立第二次全国残疾人抽样调查领导小组，由有关部门负责人组成，负责这次残疾人抽样调查工作的全面领导与部署。领导小组下设第二次全国残疾人抽样调查办公室，负责这次抽样调查的组织实施工作。

（二）第二次全国残疾人抽样调查办公室成立专家委员会，协助制定和审核调查的重要技术文件，提供决策建议和技术咨询。

（三）各省、自治区、直辖市和被抽中县（市、区）成立残疾人抽样调查领导小组和办公室，负责本地区的残疾人抽样调查工作。

被抽中县（市、区）要做好调查队组建、经费落实和现场组织工作。

被抽中县（市、区）所在地（市）成立相应的领导或工作机构，帮助、督促本地区被抽中县（市、区）做好调查队组建、经费落实和现场调查组织等工作。

各级残疾人抽样调查领导小组组长是本次调查工作的全面负责人,办公室主任是本次调查的具体负责人。

二、调查目的

通过调查，掌握全国和各省、自治区、直辖市各类残疾人的数量、结构、地区分布、致残原因、家庭状况及其康复、教育、劳动就业和参与社会生活等情况，为国家制定经济和社会发展规划，以及有关残疾人的法律法规、政策和规划提供可靠的依据，促进残疾人事业与国民经济和社会协调发展。

三、调查对象

此次调查的对象是具有中华人民共和国国籍，并在被抽中调查小区内常住的人（指自然人，下同）。

调查采用按常住人口登记的原则，以户为单位填报，只调查家庭户，不调查集体户，单身居住独自生活的也作为一个家庭户进行登记。

此次不调查中国人民解放军现役军人和武装警察（包括军队管理的离退休干部）。

应当在本调查小区进行登记的人包括:

1. 居住本调查小区，户口在本乡、镇、街道;
2. 居住本调查小区半年以上，户口在外乡、镇、街道;
3. 居住本调查小区不满半年，离开户口所在地半年以上;
4. 居住本调查小区，户口待定。

常住户口虽然在本乡、镇、街道，但已离开本乡、镇、街道半年以上的人，不属于本调查小区的调查对象。

此次调查的重点是残疾人。残疾人是指在心理、生理、人体结构上，某种组织、功能丧失或者不正常，全部或部分丧失以正常方式从事某种活动能力的人。残疾类别包括：视力残疾、听力残疾、言语残疾、肢体残疾、智力残疾、精神残疾。凡有两种及两种以上残疾的人，列为多重残疾。残疾评定标准和方法按照第二次全国残疾人抽样调查专家委员会重新修订的《残疾标准》及相关方法实施。

四、调查内容

第二次全国残疾人抽样调查使用三种调查表，一是《住户调查表》，二是《残疾人调查表》，三是《社区调查表》。调查项目共有 52 个，调查样本人群的家庭及其个人的状况，重点调查残疾人的致残原因、生活状况及其主要需求。

五、调查的范围、规模和标准时间

第二次全国残疾人抽样调查在 31 个省、自治区、直辖市同时进行，设计总样本量为 260 万人。

调查的标准时间为：2006 年 4 月 1 日 0 时。

六、样本的设计和抽取

此次调查以全国为总体，各省、自治区、直辖市为次总体，采用分层、多阶段、整群、概率比例抽样方法。各省、自治区、直辖市的调查样本量，由第二次全国残疾人抽样调查领导小组确定分配。

各省、自治区、直辖市根据第二次全国残疾人抽样调查办公室规定的分层原则，结合本地的实际情况，对第一级的县（市、区）进行科学、合理的分层，编制抽样框，由第二次全国残疾人抽样调查办公室与各省、自治区、直辖市共同抽取一级样本单位。

各省、自治区、直辖市按照第二次全国残疾人抽样调查办公室规定的抽样原则和要求，制定本省抽样实施方案，经第二次全国残疾人抽样调查办公室审核后，抽取县级以下样本单位，并将具体的抽取步骤和抽中单位名称一起报第二次全国残疾人抽样调查办公室审定。

七、调查队的组建、培训与试点

（一）被抽中县（市、区）都要按照规定组建调查队。调查队在县级残疾人抽样调查领导小组领导下开展调查工作。

调查队由队长、调查副队长、医务副队长、调查员、各科医生和统计员组成。调查队组成人员要具备一定的工作经验，责任心强，身体条件胜任调查工作。调查工作人员必须稳定，在调查工作未结束前，不得变动。

调查队实行责任制，明确职责分工，加强团结协作。

（二）第二次全国残疾人抽样调查办公室负责省级调查业务骨干和医生的系统培训，使之成为省级培训班的教员；各省、自治区、直辖市残疾人抽样调查办公室负责本地区调查队的培训。

（三）第二次全国残疾人抽样调查办公室组织不同层次的试点，检验调查方案的科学性和可操作性，锻炼和提高省级骨干组织调查的实际能力和现场登记的水平。

各省、自治区、直辖市在正式调查前，要结合培训安排被抽中县（市、区）调查队的业务骨干参加试点调查，试点调查不能代替正式调查。

八、现场登记和复查

此次调查的现场登记和复查工作，从 2006 年 4 月 1 日开始到 5 月 31 日以前结束。

现场登记和复查工作要求做到：坚持入户调查，努力提高见面率；积极动员被调查人如实申报，做到不重复，不遗漏；认真询问、筛查和检查评定，提高准确度；搞好自查、互查和议查，最大限度地控制调查误差。

各调查小区要由熟悉当地情况、责任心强的同志担任陪调员，组成陪调组，协同调查员和医生入户，做好宣传、摸底、现场调查登记和复查工作。

（一）摸底工作

调查前的摸底工作，是做好入户调查登记的基础。调查员要提前进入调查小区，在陪调员的协助下摸清本调查小区范围内需要调查的户数、人口数，重点摸清疑似残疾人和 0—6 岁的儿童人数，编制好《调查底册》。

各省、自治区、直辖市残疾人抽样调查办公室将摸底汇总数据于2006年3月25日前报送到第二次全国残疾人抽样调查办公室。

（二）现场登记

1. 入户调查。调查员根据《调查底册》入户，按照《住户调查表》的登记项目，逐人逐项询问，填写《住户调查表》；对7岁及以上人群，按照残疾筛查问卷逐人询问、筛查，并对筛查出的疑似残疾人填写《7岁及以上人群筛查交接单》；对0~6岁的儿童，填写《0-6岁儿童健康检查记录表》。

2. 残疾检查评定。各科医生根据调查员筛查出的《7岁及以上人群筛查交接单》和《0-6岁儿童健康检查记录表》，采取设站与入户相结合的方式逐人检查、评定，对确诊的残疾人，填写《残疾评定记录表》和《残疾人调查表》。

调查期间，医生应对确诊的残疾人进行医疗、康复指导。

（三）复查

调查队组织调查员和医生按照规定的方法进行全面复查。复查采取自查、互查和议查三种形式进行。

调查员和医生每天应对当日调查填写的调查表进行自查。

每个调查小区登记结束后，调查员应分小组对《住户调查表》进行互查和逻辑检查；各科医生要对自己填写的《残疾评定记录表》、《残疾人调查表》进行综合分析检查。

在现场调查登记中和小区调查登记结束后，调查队都要按照规定的方法进行议查，重点议查疑似残疾人的漏筛。

复查中发现的有疑问的人和户，要进一步核查，发现差错，经核实后，予以改正。

（四）调查的后续工作

各级残疾人抽样调查办公室负责收集、汇总调查中残疾人亟待解决的问题，报当地人民政府或有关部门酌处。

九、事后质量核查

现场登记和复查工作结束后，各省、自治区、直辖市残疾人抽样调查办公室应按照全国统一规定的事后质量核查办法和要求，选调高素质的调查员作为核查人员，组建事后质量核查队，对事后质量核查的调查小区，重新入户进行调查登记，计算全国的调查误差。核查人员不得在原来的调查小区参加质量核查工作。

全国统一组织的事后质量核查结果将作为评估第二次全国残疾人抽样调查数据质量的主要依据之一。

十、调查数据的处理

（一）快速汇总

各地按照第二次全国残疾人抽样调查办公室统一规定，对调查的主要数据进行逐级快速汇总。

1. 各县（市、区）残疾人抽样调查办公室将调查数据快速汇总结果于2006年6月5日前报送到省级残疾人抽样调查办公室。

2. 各省、自治区、直辖市残疾人抽样调查办公室将各县（市、区）上报的数据，经审核无误后汇总，将结果于2006年6月15日前报送到第二次全国残疾人抽样调查办公室。

3. 第二次全国残疾人抽样调查办公室负责汇总全国调查主要数据，并对数据进行分析评估后发布公报。

（二）电子计算机数据处理

第二次全国残疾人抽样调查办公室负责制定本次调查的数据处理方案。

1. 省级残疾人抽样调查办公室对调查表进行验收后，组织编码员按照统一规定的标准进行编码。编码前要对编码员进行统一的培训。

编码资料经全面复核、验收合格后，方可交付录入。

2. 第二次全国残疾人抽样调查办公室组织对调查资料进行电子计算机数据处理，对调查的全部数据进行录入汇总，建立国家级和省级残疾人数据库。

3．调查数据的全面汇总和处理工作，于 2007 年底前全部完成。

4．本次调查的原始资料由各省、自治区、直辖市残疾人抽样调查办公室保管。

十一、调查数据的分析研究

对本次调查获得的不同数据进行分析研究，撰写综合分析报告；同时，对调查数据反映出的有关残疾人的突出问题，制定专题研究课题，邀请政府有关部门、大专院校和国内外研究机构共同研究开发。研究结果以专题报告、论文集形式发表或出版。

全国和各省、自治区、直辖市残疾人抽样调查领导小组组织专人分析研究调查资料，就制定残疾人的法规、方针、政策和工作规划提出建议，供政府和各有关部门研究处理。

十二、宣传工作

各省、自治区、直辖市和被抽中县（市、区）要依靠各级宣传部门，按照第二次全国残疾人抽样调查办公室制定的宣传提纲和宣传口径，利用各种宣传媒体和多种宣传形式，积极开展残疾人抽样调查的宣传活动，在 2006 年 3 月中旬要掀起宣传高潮，以取得广大群众和社会对现场调查的支持与配合。

十三、调查经费

根据国务院要求，第二次全国残疾人抽样调查经费由中央和地方财政共同负担。各级财政应根据需要，统筹安排经费，以保证这次残疾人抽样调查各项工作的顺利开展。

残疾人抽样调查办公室要严格按照专款专用的原则，加强调查经费的管理使用，杜绝挤占挪用。

十四、总结表彰

各级残疾人抽样调查机构要认真做好调查的总结工作，各省、自治区、直辖市于 2006 年 12 月底前将调查业务技术总结和现场调查工作总结报送第二次全国残疾人抽样调查办公室；第二次全国残疾人抽样调查领导小组于 2007 年 11 月底前向国务院报送第二次全国残疾人抽样调查工作总结。

第二次全国残疾人抽样调查领导小组将于 2007 年初表彰调查工作先进单位和个人。

十五、实施本方案的文件

为保证全国按照统一标准、统一要求、高质量地搞好本次调查工作，第二次全国残疾人抽样调查领导小组统一制定各种文件、表格和工作细则。

（一）《第二次全国残疾人抽样调查残疾标准》包括：视力残疾标准、听力残疾标准、言语残疾标准、肢体残疾标准、智力残疾标准和精神残疾标准。

（二）调查、统计表格包括：《住户调查表》、《残疾人调查表》（主表）；《社区调查表》、《失查疑似残疾人登记表》；《7 岁及以上人群残疾筛查问卷》、《0-6 岁儿童健康体检记录表》、《残疾评定记录表》、《调查底册》；过录、快速汇总和计算机汇总等统计用表；调查各个环节的交接用表。

（三）工作细则包括：《调查登记和复查工作细则》、《质量控制和验收工作细则》、《摸底工作细则》、《快速汇总工作细则》、《编码工作细则》、《抽样方案》、《数据处理方案》、《资料装订、包装、运输、管理工作细则》等。

（四）填表说明包括：《住户调查表》、《残疾人调查表》、《社区调查表》、《残疾评定记录表》等填表说明。

（五）工作手册包括：《调查工作手册》、《调查员手册》、《医生手册》。

附录 3

第二次全国残疾人抽样调查残疾标准

（国务院 2005 年 11 月 4 日批准）

视力残疾标准

一、视力残疾的定义

视力残疾，是指由于各种原因导致双眼视力低下并且不能矫正或视野缩小，以致影响其日常生活和社会参与。

视力残疾包括盲及低视力。

二、视力残疾的分级

类　　别	级别	最佳矫正视力
盲	一级	无光感～＜0.02；或视野半径＜5 度
	二级	0.02～＜0.05；或视野半径＜10 度
低视力	三级	0.05～＜0.1
	四级	0.1～＜0.3

〔注〕

1. 盲或低视力均指双眼而言，若双眼视力不同，则以视力较好的一眼为准。如仅有单眼为盲或低视力，而另一眼的视力达到或优于 0.3，则不属于视力残疾范畴。

2. 最佳矫正视力是指以适当镜片矫正所能达到的最好视力或针孔视力。

3. 以注视点为中心，视野半径＜10 度者，不论其视力如何均属于盲。

听力残疾标准

一、听力残疾的定义

听力残疾，是指人由于各种原因导致双耳不同程度的永久性听力障碍，听不到或听不清周围环境声及言语声，以致影响日常生活和社会参与。

二、听力残疾的分级

听力残疾一级：

听觉系统的结构和功能方面极重度损伤，较好耳平均听力损失≥91 dB HL，在无助听设备帮助下，不能依靠听觉进行言语交流，在理解和交流等活动上极度受限，在参与社会生活方面存在极严重障碍。

听力残疾二级：

听觉系统的结构和功能重度损伤，较好耳平均听力损失在 81～90 dB HL 之间，在无助听设备帮助下，在理解和交流等活动上重度受限，在参与社会生活方面存在严重障碍。

听力残疾三级：

听觉系统的结构和功能中重度损伤，较好耳平均听力损失在 61～80 dB HL 之间，在无助听设备帮助下，在理解和交流等活动上中度受限，在参与社会生活方面存在中度障碍。

听力残疾四级:

听觉系统的结构和功能中度损伤，较好耳平均听力损失在 41 ~ 60dB HL 之间，在无助听设备帮助下，在理解和交流等活动上轻度受限，在参与社会生活方面存在轻度障碍。

言语残疾标准

一、言语残疾的定义

言语残疾，是指由于各种原因导致的不同程度的言语障碍，经治疗一年以上不愈或病程超过两年者,而不能或难以进行正常的言语交往活动，以致影响日常生活和社会参与（3 岁以下不定残)。

言语残疾包括:

1. 失语：是指由于大脑言语区域以及相关部位损伤所导致的获得性言语功能丧失或受损。

2. 运动性构音障碍：是指由于神经肌肉病变导致构音器官的运动障碍，主要表现为不会说话、说话费力、发声和发音不清等。

3. 器官结构异常所致的构音障碍：是指构音器官形态结构异常所致的构音障碍。其代表为腭裂以及舌或颌面部术后造成的构音障碍。主要表现为不能说话、鼻音过重、发音不清等。

4. 发声障碍（嗓音障碍)：是指由于呼吸及喉存在器质性病变导致的失声、发声困难、声音嘶哑等。

5. 儿童言语发育迟滞：指儿童在生长发育过程中其言语发育落后于实际年龄的状态。主要表现不会说话、说话晚、发音不清等。

6. 听力障碍所致的语言障碍：是指由于听觉障碍所致的言语障碍。主要表现为不会说话或者发音不清。

7. 口吃：是指言语的流畅性障碍。常表现为在说话的过程中拖长音、重复、语塞并伴有面部及其他行为变化等。

二、言语残疾的分级

言语残疾一级:

无任何言语功能或语音清晰度 ≤ 10%，言语表达能力等级测试未达到一级测试水平，不能进行任何言语交流。

言语残疾二级:

具有一定的发声及言语能力。语音清晰度在 11% ~ 25%之间，言语表达能力等级测试未达到二级测试水平。

言语残疾三级:

可以进行部分言语交流。语音清晰度在 26% ~ 45%之间，言语表达能力等级测试未达到三级测试水平。

言语残疾四级:

能进行简单会话，但用较长句或长篇表达困难。语音清晰度在 46% ~ 65%之间，言语表达能力等级测试未达到四级测试水平。

肢体残疾标准

一、肢体残疾的定义

肢体残疾，是指人体运动系统的结构、功能损伤造成四肢残缺或四肢、躯干麻痹(瘫痪)、畸形等而致人体运动功能不同程度丧失以及活动受限或参与的局限。

肢体残疾包括:

1. 上肢或下肢因伤、病或发育异常所致的缺失、畸形或功能障碍;

2. 脊柱因伤、病或发育异常所致的畸形或功能障碍;

3. 中枢、周围神经因伤、病或发育异常造成躯干或四肢的功能障碍。

二、肢体残疾的分级

肢体残疾一级：不能独立实现日常生活活动。

1. 四肢瘫：四肢运动功能重度丧失；
2. 截瘫：双下肢运动功能完全丧失；
3. 偏瘫：一侧肢体运动功能完全丧失；
4. 单全上肢和双小腿缺失；
5. 单全下肢和双前臂缺失；
6. 双上臂和单大腿（或单小腿）缺失；
7. 双全上肢或双全下肢缺失；
8. 四肢在不同部位缺失；
9. 双上肢功能极重度障碍或三肢功能重度障碍。

肢体残疾二级：基本上不能独立实现日常生活活动。

1. 偏瘫或截瘫，残肢保留少许功能（不能独立行走）；
2. 双上臂或双前臂缺失；
3. 双大腿缺失；
4. 单全上肢和单大腿缺失；
5. 单全下肢和单上臂缺失；
6. 三肢在不同部位缺失（除外一级中的情况）；
7. 二肢功能重度障碍或三肢功能中度障碍。

肢体残疾三级：能部分独立实现日常生活活动。

1. 双小腿缺失；
2. 单前臂及其以上缺失；
3. 单大腿及其以上缺失；
4. 双手拇指或双手拇指以外其他手指全缺失；
5. 二肢在不同部位缺失（除外二级中的情况）；
6. 一肢功能重度障碍或二肢功能中度障碍。

肢体残疾四级：基本上能独立实现日常生活活动。

1. 单小腿缺失；
2. 双下肢不等长，差距在 5 厘米以上（含 5 厘米）；
3. 脊柱强（僵）直；
4. 脊柱畸形，驼背畸形大于 70 度或侧凸大于 45 度；
5. 单手拇指以外其他四指全缺失；
6. 单侧拇指全缺失；
7. 单足跗跖关节以上缺失；
8. 双足趾完全缺失或失去功能；
9. 侏儒症（身高不超过 130 厘米的成年人）；
10. 一肢功能中度障碍或两肢功能轻度障碍；
11. 类似上述的其他肢体功能障碍。

智力残疾标准

一、智力残疾的定义

智力残疾，是指智力显著低于一般人水平，并伴有适应行为的障碍。此类残疾是由于神经系统结构、

附录 4

第二次全国残疾人抽样调查住户调查表

经国务院批准进行第二次全国残疾人抽样调查
调查登记的标准时间：2006 年 4 月 1 日 0 时
调查登记的原始资料不向任何单位和个人提供，仅供汇总使用
公民应履行如实申报调查项目的义务

表　　号：残调 1 表
制表机关：第二次全国残疾人抽样调查办公室
批准机关：国家统计局
批准文号：国统函【2005】227 号
有效期截止时间：2006 年 6 月 30 日

本户地址：________省（自治区、直辖市）________县（市、区）________乡（镇、街道）________村（居）委会调查小区

H1.本户编号	H2.本户登记人数	H3.本户残疾人数	H4.本户住房建筑面积	H5.本户住房建筑结构	H6.本户住房来源	H7.上年度本户全部收入	H8.本户拥有的主要家电	H9.本户月均生活用电量
______号	合计____人 男____人 女____人	合计____人 男____人 女____人	______平方米	1. 钢筋混凝土 2. 混合结构 3. 砖木结构 4. 木、竹、草结构 5. 其他	1. 自有 2. 租赁 3. 借用 4. 其他	______元	1. 彩色电视机 2. 电冰箱 3. 洗衣机 4. 电话 5. 电脑	______度

备　　注	
本户见面：____人 0−6 岁： 疑似残疾人： 疑似类别：	其他：

每个人都填报							6 岁以上人口填报		15 岁及以上人口填报					定性结果
R1.姓名	R2.与户主的关系	R3.性别	R4.出生年月	R5.民族	R6.户口登记状况	R7.户口性质	R8.是否识字	R9.受教育程度	R10.婚姻状况	R11.当前是否有工作	R12.职业	R13.当前未工作状况	R14.未工作者主要生活来源	R15.属于何种残疾
	1. 户主 2. 配偶 3. 子女 4. 孙子女 5. 父母 6. 祖父母 7. 兄弟姐妹 8. 其他	1. 男 2. 女	______年 ______月 （______周岁）	族	1. 住本调查小区，户口在本乡、镇、街道。 2. 住本调查小区半年以上，户口在外乡、镇、街道。 3. 住本调查小区不满半年，离开户口所在地半年以上。 4. 住本调查小区，户口待定。 （跳 R8）	1. 农业 2. 非农业	1. 是 2. 否 （跳 R10）	1. 未上过学 2. 小学 3. 初中 4. 高中 5. 中专 6. 大学专科 7. 大学本科 8. 研究生	1. 未婚 2. 初婚有配偶 3. 再婚有配偶 4. 离婚 5. 丧偶	（3 月 25−31 日内是否从事过 1 小时以上有收入的工作） 1. 有工作 2. 无工作 （跳 R13）	单位全称和做什么具体工作： ______ （跳 R15）	1. 在校学生 2. 离退休 3. 料理家务 4. 丧失劳动能力 5. 毕业后未工作 6. 因单位原因失去原工作 7. 因本人原因失去原工作 8. 承包土地被征用 9. 其他	1. 离退休金 2. 领取基本生活费 3. 家庭其他成员供养 4. 财产性收入 5. 保险收入 6. 其他	1. 视力残疾 2. 听力残疾 3. 言语残疾 4. 肢体残疾 5. 智力残疾 6. 精神残疾 7. 多重残疾
	2. 配偶 3. 子女 4. 孙子女 5. 父母 6. 祖父母 7. 兄弟姐妹 8. 其他	1. 男 2. 女	______年 ______月 （______周岁）	族	1. 住本调查小区，户口在本乡、镇、街道。 2. 住本调查小区半年以上，户口在外乡、镇、街道。 3. 住本调查小区不满半年，离开户口所在地半年以上。 4. 住本调查小区，户口待定。 （跳 R8）	1. 农业 2. 非农业	1. 是 2. 否 （跳 R10）	1. 未上过学 2. 小学 3. 初中 4. 高中 5. 中专 6. 大学专科 7. 大学本科 8. 研究生	1. 未婚 2. 初婚有配偶 3. 再婚有配偶 4. 离婚 5. 丧偶	（3 月 25−31 日内是否从事过 1 小时以上有收入的工作） 1. 有工作 2. 无工作 （跳 R13）	单位全称和做什么具体工作： ______ （跳 R15）	1. 在校学生 2. 离退休 3. 料理家务 4. 丧失劳动能力 5. 毕业后未工作 6. 因单位原因失去原工作 7. 因本人原因失去原工作 8. 承包土地被征用 9. 其他	1. 离退休金 2. 领取基本生活费 3. 家庭其他成员供养 4. 财产性收入 5. 保险收入 6. 其他	1. 视力残疾 2. 听力残疾 3. 言语残疾 4. 肢体残疾 5. 智力残疾 6. 精神残疾 7. 多重残疾
	3. 子女 4. 孙子女 5. 父母 6. 祖父母 7. 兄弟姐妹 8. 其他	1. 男 2. 女	______年 ______月 （______周岁）	族	1. 住本调查小区，户口在本乡、镇、街道。 2. 住本调查小区半年以上，户口在外乡、镇、街道。 3. 住本调查小区不满半年，离开户口所在地半年以上。 4. 住本调查小区，户口待定。 （跳 R8）	1. 农业 2. 非农业	1. 是 2. 否 （跳 R10）	1. 未上过学 2. 小学 3. 初中 4. 高中 5. 中专 6. 大学专科 7. 大学本科 8. 研究生	1. 未婚 2. 初婚有配偶 3. 再婚有配偶 4. 离婚 5. 丧偶	（3 月 25−31 日内是否从事过 1 小时以上有收入的工作） 1. 有工作 2. 无工作 （跳 R13）	单位全称和做什么具体工作： ______ （跳 R15）	1. 在校学生 2. 离退休 3. 料理家务 4. 丧失劳动能力 5. 毕业后未工作 6. 因单位原因失去原工作 7. 因本人原因失去原工作 8. 承包土地被征用 9. 其他	1. 离退休金 2. 领取基本生活费 3. 家庭其他成员供养 4. 财产性收入 5. 保险收入 6. 其他	1. 视力残疾 2. 听力残疾 3. 言语残疾 4. 肢体残疾 5. 智力残疾 6. 精神残疾 7. 多重残疾
	3. 子女 4. 孙子女 5. 父母 6. 祖父母 7. 兄弟姐妹 8. 其他	1. 男 2. 女	______年 ______月 （______周岁）	族	1. 住本调查小区，户口在本乡、镇、街道。 2. 住本调查小区半年以上，户口在外乡、镇、街道。 3. 住本调查小区不满半年，离开户口所在地半年以上。 4. 住本调查小区，户口待定。 （跳 R8）	1. 农业 2. 非农业	1. 是 2. 否 （跳 R10）	1. 未上过学 2. 小学 3. 初中 4. 高中 5. 中专 6. 大学专科 7. 大学本科 8. 研究生	1. 未婚 2. 初婚有配偶 3. 再婚有配偶 4. 离婚 5. 丧偶	（3 月 25−31 日内是否从事过 1 小时以上有收入的工作） 1. 有工作 2. 无工作 （跳 R13）	单位全称和做什么具体工作： ______ （跳 R15）	1. 在校学生 2. 离退休 3. 料理家务 4. 丧失劳动能力 5. 毕业后未工作 6. 因单位原因失去原工作 7. 因本人原因失去原工作 8. 承包土地被征用 9. 其他	1. 离退休金 2. 领取基本生活费 3. 家庭其他成员供养 4. 财产性收入 5. 保险收入 6. 其他	1. 视力残疾 2. 听力残疾 3. 言语残疾 4. 肢体残疾 5. 智力残疾 6. 精神残疾 7. 多重残疾

（新增表户记录只填写“H1.本户编号”）　本户共____页，本页是第____页　申报人（签字）：________　调查员（签字）：________　填报日期：____年____月____日　装订页码第____页

功能障碍，使个体活动和参与受到限制，需要环境提供全面、广泛、有限和间歇的支持。

智力残疾包括：在智力发育期间（18 岁之前），由于各种有害因素导致的精神发育不全或智力迟滞；或者智力发育成熟以后，由于各种有害因素导致智力损害或智力明显衰退。

二、智力残疾的分级

级　别	分级标准			
	发展商（DQ） 0-6 岁	智商（IQ） 7 岁及以上	适应性行为 （AB）	WHO-DAS Ⅱ分值 18 岁以上
一级	≤25	＜20	极重度	≥116 分
二级	26~39	20~34	重度	106~115 分
三级	40~54	35~49	中度	96~105 分
四级	55~75	50~69	轻度	52~95 分

精神残疾标准

一、精神残疾的定义

精神残疾，是指各类精神障碍持续一年以上未痊愈，由于存在认知、情感和行为障碍，以致影响其日常生活和社会参与。

二、精神残疾的分级

18 岁以上（含）的精神障碍患者根据《世界卫生组织残疾评定量表Ⅱ》（WHO-DASⅡ）分数和下述的适应行为表现，18 岁以下者依据下述的适应行为的表现，把精神残疾划分为四级：

精神残疾一级：

WHO-DASⅡ值≥116 分，适应行为严重障碍；生活完全不能自理，忽视自己的生理、心理的基本要求。不与人交往，无法从事工作，不能学习新事物。需要环境提供全面、广泛的支持，生活长期、全部需他人监护。

精神残疾二级：

WHO-DASⅡ值在 106~115 分之间，适应行为重度障碍；生活大部分不能自理，基本不与人交往，只与照顾者简单交往，能理解照顾者的简单指令，有一定学习能力。监护下能从事简单劳动。能表达自己的基本需求，偶尔被动参与社交活动；需要环境提供广泛的支持，大部分生活仍需他人照料。

精神残疾三级：

WHO-DASⅡ值在 96~105 分之间，适应行为中度障碍；生活上不能完全自理，可以与人进行简单交流，能表达自己的情感。能独立从事简单劳动，能学习新事物，但学习能力明显比一般人差。被动参与社交活动，偶尔能主动参与社交活动；需要环境提供部分的支持，即所需要的支持服务是经常性的、短时间的需求，部分生活需由他人照料。

精神残疾四级：

WHO-DASⅡ值在 52~95 分之间，适应行为轻度障碍；生活上基本自理，但自理能力比一般人差，有时忽略个人卫生。能与人交往，能表达自己的情感，体会他人情感的能力较差，能从事一般的工作，学习新事物的能力比一般人稍差；偶尔需要环境提供支持，一般情况下生活不需要由他人照料。

多重残疾

存在两种或两种以上残疾为多重残疾。多重残疾应指出其残疾的类别。多重残疾分级按所属残疾中最重类别残疾分级标准进行分级。

附录 5

第二次全国残疾人抽样调查《住户调查表》填写说明

一、《住户调查表》填写方法

《住户调查表》由调查员根据申报人的回答，如实填写。

（一）《住户调查表》的填写方法有两种：有标准答案的栏目，根据实际情况圈填；没有标准答案的栏目，用文字或阿拉伯数字据实填写。

（二）《住户调查表》以户为单位填写，每页可填写 4 人，超过 4 人的家庭户酌情增加调查表。增加的调查表只填写“H1.本户编号”和按人填报的栏目“R1－R15”以及表下方有关内容，不再填写其他按户填报的栏目“H2—H9”。增加的调查表要与首页表顺序保存，不要分开，以防散乱，发生差错。超过 9 人的家庭户分为两户进行填报，其中一户按新增户处理。

（三）调查表填写错误的更改方法。如果文字或数字填写错误，必须用直尺将错误的地方用双线划去。横行书写的，用双横线划去，在划线的上方另行填写；竖行填写的，用双竖线划去，在划线的右侧另行填写；圈填错误的，应将错圈序码连同文字答案用双横线划去，再据实圈填。

（四）表内每个栏目下边的小方格是编码格，调查员不得填写。

二、《住户调查表》填写注意事项

（一）调查表的栏目使用钢笔或签字笔填写，字迹要端正清楚。必须用国家统一规范的简化字书写，不得使用同音异体字和繁体字。阿拉伯数字必须按“0123456789”的正体书写。

（二）在调查登记家庭户中每个人的情况时，要力争与本人见面，无特殊情况，不得由他人代替申报。

（三）调查员应对被调查户申报的情况保密，不得对外提供。

（四）《调查底册》和家庭《户口簿》仅供调查时参考，不得照抄。

三、《住户调查表》的填写顺序

《住户调查表》要逐人逐栏进行询问填写，不得漏填或错填。《住户调查表》填写的顺序是：

第一步，填写左上角的“本户地址”和“H1.本户编号”。

第二步，填写按人填报的栏目 R1－R14，按户主、配偶、子女等顺序逐人逐项登记（“R15.属于何种残疾”暂不圈填，待医生检查评定后再圈填），并以本人登记的顺序作为“本人行号”。

第三步，填写按户填报的栏目，包括“H2.本户登记人数”、“H4.本户住房建筑面积”、“H5.本户住房建筑结构”、“H6.本户住房来源”、“H7.上年度本户全部收入”、“H8.本户拥有的主要家电”、“H9.本户月均生活用电量”。（“H3.本户残疾人数”暂不填写，待医生检查评定后再填写）。

第四步，与被调查户核对主要情况无误后，请家庭的主要申报人在表下方签名或盖章，调查员填写表下方的“本户共___页，本页是第___页”，然后签字并填写填报日期；“装订页码第___页”待本调查小区调查表装订成册后再填写。

第五步，根据医生检查的定性结果，填写“R15.属于何种残疾”，并据此填写本户户记录中的“H3.本户残疾人数”。

第六步，“备注”栏分为两部分填写。左栏属于规定的填写内容，包括本户见面人数，0～6 岁儿童姓名，疑似残疾人的姓名和残疾类别；右栏填写调查中发现的特殊情况。

四、《住户调查表》指标解释

第二次全国残疾人抽样调查的标准时间为：2006 年 4 月 1 日 0 时。此次调查的数据是反映标准时间点的人口状况。2006 年 4 月 1 日 0 时之前出生的人需要登记，之后出生的人则不登记；2006 年 4 月 1 日 0 时之前死亡的人不登记，之后死亡的人需要登记。准确地把握标准时间是防止重复登记和漏登记的重要措施。

（一）按人填报的栏目共有 15 个

R1.姓名：竖行填写本人的正式姓名，无正式姓名的，可填写乳名、小名或某某氏；未取名的婴儿可填写“未取名”。

R2.与户主的关系：指户内各成员与户主之间的关系，并不是指户内各成员与申报人之间的关系。

1.户主。表内所填写的第一人必须是户主。如果户主外出半年以上，按照调查对象标准规定，其不属于本调查小区的调查对象，则由本户另确定一位新的户主，并作为第一人填写，其他成员按照与新户主的关系据实圈填。一户中只能有一位户主。

2.配偶。户主的配偶指户主的妻子或丈夫，必须填在第二格。一户中只能有一个人填为户主的配偶。

3.子女。包括户主的儿子、女儿、儿媳、女婿，一般应按照年龄大小顺序填写。

4.孙子女。包括户主的孙子、孙女、孙媳、孙婿、重孙子女、重孙媳、重孙婿及外孙、重外孙子女等。

5.父母。包括户主的父亲、母亲、公公、婆婆、岳父、岳母、继父、继母。

6.祖父母。包括户主的祖父母、外祖父、外祖母、曾祖父、曾祖母、继祖父、继祖母。

7.兄弟姐妹。包括户主和配偶的兄弟姐妹、表兄弟姐妹等。

8.其他。指上述家庭成员之外的其他人员，如朋友、同事、同学、同乡、保姆等均圈填此项。

R3.性别：根据被调查人的性别据实圈填。

R4.出生年月：被调查人的出生年月按公历用阿拉伯数字填写；只知农历的，按农历月份+1 视为公历填写。从出生日期到调查的标准时间为止，满 12 个月的算一周岁（即使少一天也不算一周岁），不满 12 个月的婴儿填写为 0 周岁。

R5.民族：指被调查人的民族成份。要按《各民族名称一览表》据实竖行填写，要填写全称而不要写简称。父母不是同一民族的，其不满 18 周岁的子女，民族未定的，由父母商定，选填父亲或母亲一方的民族；已满 18 周岁的子女，是填报父亲还是母亲的民族，由本人决定。如果确实有新出现的民族，则据实填报，在备注栏说明；外国人加入中国籍的，其本人的民族和我国某一民族相同，就填报这一民族，例如朝鲜人加入中国籍的，即填朝鲜族；没有相同民族的，按外国人加入中国籍填写，填报为“入籍”。

R6.户口登记状况：指被调查人的常住户口登记状况，设有四个标准答案，即为本次调查对象的四款人。

根据国务院批准的《第二次全国残疾人抽样调查方案》规定，“此次调查的对象是具有中华人民共和国国籍，并居住在被抽中调查小区内常住的人。调查采用按常住人口登记的原则，以户为单位填报，只调查家庭户，不调查集体户。单身居住独自生活的也作为一个家庭进行登记。本次不调查中国人民解放军现役军人和武装警察（包括部队管理的离退休干部）。”

确定被调查人是否属于本次调查的对象，关键是准确掌握调查的空间标准和时间标准。

空间标准：指户口是否在“本乡、镇、街道”所辖的地理区域。

时间标准：指常住本调查小区时间连续“半年”。

本次调查规定的连续“半年”是指从 2005 年 10 月 1 日 0 时到 2006 年 4 月 1 日 0 时。对于在本调查小区居住并从事商业、手工业、服务业、建筑业等活动的人，偶尔返回户口登记地或临时外出探亲访友（包括春节返乡探亲）、出差，判断其在本调查小区居住的时间和离开常住户口登记地的时间时，都不应扣除偶尔返回或临时外出的时间。

调查员可按以下四个标准答案根据调查对象的实际情况圈填。

1.住本调查小区，户口在本乡、镇、街道；

2.住本调查小区半年以上，户口在外乡、镇、街道；

3.住本调查小区不满半年，离开户口所在地半年以上；

4.住本调查小区，户口待定。

第一款人：包括两种情况，一是常住户口在本乡、镇、街道，居住在本调查小区的人；二是常住户口在本乡、镇、街道，但是人离开本乡、镇、街道不满半年的人（包括调查时临时出国考察、学习和旅游等情况不满半年的人)。

常住户口在本户、外出（离开本乡、镇、街道）已超过半年的人，不属于本调查小区的调查对象。

第二款人：是指调查时已在本调查小区常住时间半年以上，但常住户口在其他乡、镇、街道的人。

第三款人：是指调查时在本调查小区常住时间虽然不满半年，常住户口在其他乡、镇、街道，但已离开常住户口登记地半年以上的人。

第四款人：是指调查时居住在本调查小区，在任何地方都没有登记常住户口的人（包括手持户口迁移证、退伍证、出生证、劳改释放证等尚未办理常住户口登记手续的人）。填报此款人的直接跳问 R8。

本次调查对以下情况作了特殊规定：

1.高中及高中以下在校住宿的学生，凡是经常回家的（例如周六、日回家），本次调查规定按调查对象第一款人进行登记。

2.婚嫁、搬迁到本调查小区的人或户，即使来本调查小区居住不满半年而户口在外乡、镇、街道，但因其具有长期居住的意义，本次调查规定按调查对象第一款人进行登记。

3.凡是户口在集体户、人在家庭户居住的人，本次调查规定按调查对象第一款人在被调查户进行登记。

R7.户口性质：指被调查人的常住户口性质，按户口簿上常住户口性质据实圈填。取消了农业户口和非农业户口的地区，按照取消前的户口性质圈填。农民进城已办理了小城镇户口的，也圈填“2.非农业”；在“R6.户口登记状况”中填报为“4.住本调查小区，户口待定”的人不填报本栏。

R8、R9 两栏限 6 岁及以上的人填报。

R8.是否识字：指被调查人是否达到国务院规定的脱盲标准（城市居民和乡、镇企业职工识字 2000 个，乡村居民识字 1500 个）。调查登记时可询问是否具有阅读通俗书报刊或写便条、简单书信的能力。凡具有简单读写能力的人，圈填“1.是”，没有达到脱盲标准的人，则圈填“2.否”。圈填“2.否”的人，不再填报“R9.受教育程度”，跳问“R10、婚姻状况”。

R9.受教育程度：指本人接受国内外教育的最高学历。通过自学或成人学历教育经国家统一考试合格的，可分别归入相应的受教育程度。

1.未上过学。指被调查人识字，但从未接受过国家或其他办学机构实施的各级各类学校教育。参加过各种扫盲班或成人识字班的人，也圈填此项。

2.小学。指接受的最高一级教育为小学，无论其是在校、毕业、肄业或辍学均圈填此项。只读过私塾的也填报此项。

3.初中。指接受的最高一级教育为初中，无论其是在校、毕业、肄业或辍学均圈填此项。技工学校相当于初中的也圈填此项。

4.高中。指接受的最高一级教育为普通高中、职业高中，无论其是在校、毕业、肄业或辍学均圈填此项。

5.中专。指接受的最高一级教育为中等专业学校，无论其是在校、毕业、肄业或辍学均圈填此项。

6.大学专科。指接受的最高一级教育为大学专科。在普通高等学校学习大学专科的，无论其在校、毕业、肄业或辍学均圈填此项。

凡在国家授权承认学历的广播电视大学、职工大学、高等院校举办的函授大学、夜大学和其他形式的大学，按教育部颁布的大学专科教学大纲进行授课的，其毕业生圈填此项；其肄业生、在校生按原有受教育程度圈填。

通过自学，经国家统一举办的考试，并取得大学专科毕业证书的，也圈填此项标准答案。

7.大学本科。指接受的最高一级教育为大学本科。在普通高等学校学习大学本科的，无论其是在校、毕业、肄业或辍学均圈填此项。

凡在国家授权承认学历的广播电视大学、职工大学、高等院校举办的函授大学、夜大学和其他形式的大学，按教育部颁布的大学本科教学大纲进行授课的，其毕业生圈填此项；其肄业生、在校生按原有受教育程度圈填。

通过自学和进修大学课程，经国家统一举办的考试，并取得大学本科毕业证书的，也圈填此项标准答案。

8.研究生。指接受的最高一级教育为硕士、博士研究生，无论其是在校、毕业、肄业或辍学均圈填此项。

在职接受研究生教育的，其毕业生圈填此项，肄业生和在校生按原有受教育程度圈填。

凡是没有按教育部的教学大纲培训或只学单科的人，不能圈填“大学专科”、“大学本科”或“研究生”，一律按照原有受教育程度圈填。

R10-R14 栏限 15 岁及以上的人填报。

R10.婚姻状况：指被调查人在调查标准时间的实际婚姻状况。

1.未婚。指从未结过婚的人。

2.初婚有配偶。指本人有配偶，且属于第一次婚姻的人。对于没有办理结婚登记而未婚同居的人，按其申报的圈填。

3.再婚有配偶。指本人有配偶，但属于第二次及以上婚姻的人。

4.离婚。指夫妻间已办理了离婚手续，并在调查标准时间仍未再结婚的人。未办理离婚手续，而长期分居，不圈填此项，而应圈填“2.初婚有配偶”或“3.再婚有配偶”。

5.丧偶。指夫妇一方丧亡，在调查标准时间时还没有再结婚的人。

R11.当前是否有工作：指被调查人在调查标准时间前一周（即 2006 年 3 月 25—31 日），是否从事过不少于一小时有收入的社会劳动。工作时间不足一小时的，应视为无工作。填报无工作的则不再询问职业栏目，直接跳填“R13.当前未工作状况”。

有收入是指在该周内曾经得到或能够得到工资或家庭收益等，包括现金和实物收入。农民在承包的土地上劳动应视为有收入的工作；家庭成员在自家经营的商店、门市部、工厂劳动，既使没有任何收入，也应视同为有收入工作。

在职休假、培训学习、临时停工和季节性歇业而未工作，也视为当前有工作，包括如因生病或受伤而短期休息、休假和休养的人；脱产学习的人；由于天气原因、季节或电力故障、原料或燃料短缺等原因临时停工的人；从事季节性工作，正值歇业的人等。

R12.职业：指本人所从事的社会劳动工作种类。要求必须填写工作单位全称和所做的具体工作。

填写职业要注意以下几点：

1.填写职业要具体、详细。既要填写工作单位全称，也要填写具体做什么工作。例如“北京重型机床厂钳工”、“北京市公交总公司司机”等，不能笼统地填写“工人”；机关工作人员不能笼统填写“干部”，应填写其工作单位全称和职业，例如“北京市统计局主任科员”、“中国科学院工程师”等；农民不能笼统地填写“农民”或“种地”，而应具体填写为“粮农”、“菜农”或者“养鸡”等。

2.具有中级以上技术职称的行政领导人员，应按行政领导职务填写其职业；同时担任党和行政职务的领导干部，应按主要职务填写职业。

3.工种尚未确定，暂时又无具体工作的，可填“工种未定”。

4.农村就业人口中，凡在乡镇或村办企业中有比较固定的工作，既使在调查标准时间前一周干的是农活，仍要填报其比较固定的职业。

5.调查标准时间前一周内同时从事一种以上工作的，按所从事时间最长的工作种类填写；不能确定时间长短的，按其经济收入较多的工作填写。

6.没有固定性工作的个体经营者，进城务工经商和农闲时进行其他经济活动的人，企业停工停产自某出路从事一些临时性工作的职工，填写调查标准时间前一周主要从事的具体工作。

脱产进入学校学习者，不填职业栏，而应填写“R13.当前未工作状况”栏。

R13.当前未工作状况：此栏限十五岁及十五岁以上当前没有工作的人填写。

1.在校学生。指正在接受各级各类学校教育并有学籍的人。

2.离退休。指已办理离休、退休手续，依靠领取离退休金生活的人。离休、退休后又参加社会劳动并取得报酬的人，应视为有工作，不应圈填此项。

3.料理家务。主要从事家务劳动，且没有劳动收入的人圈填。离退休人员参加部分家务劳动的则不填此栏。农村中既料理家务又务农或从事家庭副业的人，应按在业人口填写职业，不应圈填此栏。

4.丧失劳动能力。指因心理、生理残疾和疾病等原因，在现有劳动条件下丧失了从事劳动的能力、不能参加社会劳动的人。也包括年老体弱生活不能自理的人员。但不包括领取退休金的人员。

5.毕业后未工作。指从学校毕业后从未工作过的人。

6.因单位原因失去原工作。指用人单位或雇主提出与劳动者本人中断劳动关系而失去原工作的人。包括:被原单位辞退、除名、开除的人；劳动合同到期后单位不同意续签劳动合同的人；因单位破产而失去工作的人；未办理正式退休手续的“内退”人员；仍与原工作单位保留劳动关系的下岗人员。

7.因本人原因失去原工作。指本人因各种原因提出与单位中断劳动关系而离开原工作岗位的人。包括辞职的人和劳动合同到期后本人不同意与单位继续签订劳动合同的人。

8.承包土地被征用。指本人承包或转包、租用集体或他人的土地，被有关部门和单位依据土地征用制度的规定征作公益性用地而失去工作。受雇在别人承包的土地上工作，因该土地被征用而失去工作的人，不圈此项，而应圈填“6、因单位原因失去原工作”。

9.其他。除以上八种人之外的未工作人口，圈填为“其他”。

R14.未工作者主要生活来源：根据被调查人情况据实圈填。如果同时有多项生活费来源，则选择其中最主要一项标准答案圈填。

1.离退休金。指办理了离休、退休手续的人，从原工作单位或社会保险部门领取的离退休生活费。

2.领取基本生活费。为了保证基本生活水平而领取的生活费。包括：企业下岗、内退职工领取的基本生活费，失业救济金；民政部门发放给烈军属的生活抚恤金，发给五保户和残疾人的生活补助费，以及发给城镇低收入户的最低生活保障金等。

3.家庭其他成员供养。指被调查人依靠家庭其他成员的经济收入生活。单独生活、由本家庭户外的其他亲属供养的也圈填此项。

4.财产性收入。指以资金储蓄、借贷入股以及财产经营、租赁等所取得的利息、股息、红利、租金等财产性收入生活。

5.保险收入。指主要靠从保险公司领取保险金生活。

6.其他。除以上几种情况之外的其他生活费来源。

R15.定性结果：此栏待医生对残疾人检查定性以后再由调查员填写。如果是残疾人，属于哪类残疾，就圈填哪类残疾；如果被调查人具有多种残疾现象，就圈填“7、多重残疾”；没有残疾的人不填报此栏。

（二）按户填报的栏目

按户填报的栏目共有 9 个。其中 H1 为本户编号，根据调查底册的序号填写；H2 和 H3 应与本户人记录中的有关栏目合计数相符；H4—H9 栏与人记录栏目无关，是以户为单位填报的项目。

H1.本户编号：按《调查底册》序号填写“H1 本户编号”。

在登记时，如果发现《调查底册》中某户为空户，则将本小区的最后一户前移，使用该户的“本户编号”；如果某户中实际居住着两户，其中一户使用原来的“本户编号”，另一户的“本户编号”续在本调查小区所有户编号的最后，按顺序编写户编号；居住三户或以上的，依次类推（上述户编号的改动须经调查队负责调查的副队长核定后进行，防止错乱）。

H2.本户登记人数：在本户调查登记的人数,应与人记录的合计人数一致。

H3.本户残疾人数：根据人记录的“R15.属于何种残疾”的定性结果，分男、女性别的残疾人数填写。

H4.本户住房　建筑面积：本户住房的建筑面积按住房的外墙计算。

1.知道建筑面积的可直接填报；不知道住房建筑面积，只知道使用面积的，则可使用公式换算：

建筑面积＝使用面积（包括扩建的使用面积）÷ 0.7

附录 6

第二次全国残疾人抽样调查残疾人调查表

经国务院批准进行第二次全国残疾人抽样调查
调查登记的标准时间：2006 年 4 月 1 日 0 时
调查登记的原始资料不向任何单位和个人提供，仅供汇总使用
公民应履行如实申报调查项目的义务

表　　号：残调 2 表
制表机关：第二次全国残疾人抽样调查办公室
批准机关：国家统计局
批准文号：国统函【2005】227 号
有效期截止时间：2006 年 6 月 30 日

H1.本户编号	R1.本人行号
________号	______号

本户地址：______________省（自治区、直辖市）______________县（市、区）______________乡（镇、街道）______________村（居）委会调查小区

残疾人姓名____________　性别______　年龄______周岁　户主姓名____________

C1.残疾类别	C2.残疾等级	C3.残疾发现时间	C4.致残主要原因（选择主要致残原因不超过两项）
1. 视力残疾	1. 一级 2. 二级 3. 三级 4. 四级	________年	01. 遗传、先天异常或发育障碍 02. 白内障 03. 青光眼 04. 沙眼 05. 角膜病 06. 视神经病变 07. 视网膜、色素膜病变 08. 屈光不正 09. 弱视 10. 外伤 11. 中毒 12. 其他 13. 原因不明
2. 听力残疾	1. 一级 2. 二级 3. 三级 4. 四级	________年	01. 遗传 02. 母孕期病毒感染 03. 传染性疾病 04. 自身免疫缺陷性疾病 05. 全身性疾病 06. 中耳炎 07. 老年性耳聋 08. 早产和低体重 09. 新生儿窒息 10. 高胆红素血症 11. 药物中毒 12. 创伤或意外伤害 13. 噪声和爆震 14. 其他 15. 原因不明
3. 言语残疾	1. 一级 2. 二级 3. 三级 4. 四级	________年	01. 唐氏综合症 02. 脑性瘫痪 03. 新生儿病理性黄疸 04. 早产、低体重和过期产 05. 腭裂 06. 智力低下 07. 脑梗死 08. 脑出血 09. 脑炎 10. 脑囊虫病 11. 喉、舌疾病术后 12. 听力障碍 13. 帕金森氏病 14. 多发性硬化 15. 脊髓侧索硬化 16. 脑外伤 17. 产伤 18. 孤独症 19. 癫痫 20. CO 中毒 21. 其他 22. 原因不明
4. 肢体残疾	1. 一级 2. 二级 3. 三级 4. 四级	________年	01. 脑性瘫痪 02. 发育畸形 03. 侏儒症 04. 其他先天性或发育障碍 05. 脊髓灰质炎 06. 脑血管疾病 07. 周围血管疾病 08. 肿瘤 09. 骨关节病 10. 地方病 11. 脊髓疾病 12. 工伤 13. 交通事故 14. 脊髓损伤 15. 脑外伤 16. 其他外伤 17. 结核性感染 18. 化脓性感染 19. 中毒 20. 其他 21. 原因不明
5. 智力残疾	1. 一级 2. 二级 3. 三级 4. 四级	________年	01. 遗传 02. 脑疾病 03. 内分泌障碍 04. 惊厥性疾病 05. 新生儿窒息 06. 早产、低体重和过期产 07. 发育畸形 08. 营养不良 09. 母孕期外伤及物理伤害 10. 产伤 11. 工伤 12. 交通事故 13. 其他外伤 14. 中毒与过敏反应 15. 不良社会文化因素 16. 其他 17. 原因不明
6. 精神残疾	1. 一级 2. 二级 3. 三级 4. 四级	________年	01. 痴呆 02. 其他器质性精神障碍 03. 使用精神活性物质所致的障碍 04. 精神分裂症 05. 妄想性障碍 06. 分裂情感性障碍 07. 其他精神病性障碍 08. 心境障碍 09. 神经症性障碍 10. 行为综合征 11. 人格障碍 12. 孤独症 13. 癫痫 14. 其他 15. 原因不明

T1.残疾人活动和参与评定（18 岁以上填报）

理解和交流	身体移动	生活自理	与人相处	生活活动	社会参与
1. 无障碍/无适用 2. 轻度障碍 3. 中度障碍 4. 重度障碍 5. 极重度障碍/不能完成	1. 无障碍/无适用 2. 轻度障碍 3. 中度障碍 4. 重度障碍 5. 极重度障碍/不能完成	1. 无障碍/无适用 2. 轻度障碍 3. 中度障碍 4. 重度障碍 5. 极重度障碍/不能完成	1. 无障碍/无适用 2. 轻度障碍 3. 中度障碍 4. 重度障碍 5. 极重度障碍/不能完成	1. 无障碍/无适用 2. 轻度障碍 3. 中度障碍 4. 重度障碍 5. 极重度障碍/不能完成	1. 无障碍/无适用 2. 轻度障碍 3. 中度障碍 4. 重度障碍 5. 极重度障碍/不能完成

T2.今后康复建议		T3.是否持有残疾人证	T4.接受义务教育情况（在校生填报）	T5.社会保障情况		
康复形式 1. 机构康复 2. 延伸服务 3. 社区和家庭服务	康复内容 1. 医疗服务 2. 辅助器具 3. 康复训练与服务	1. 是 2. 否	1. 普通教育学校普通班 2. 普通教育学校特教班 3. 特殊教育学校 4. 其他	参加社会保险情况（16 岁以上填报）： 1. 养老保险 2. 医疗保险 3. 工伤保险 4. 失业保险 5. 未参加	是否领取低保金： 1. 是 2. 否	是否领取过救济： 1. 是 2. 否

T6.曾接受何种服务或扶助（填报最主要三项）	T7.本人主要需求（填报最主要三项）
01. 医疗服务与救助 02. 辅助器具 03. 康复训练与服务 04. 教育费用补助或减免（6 岁以上填报） 05. 职业教育与培训（12 岁以上填报） 06. 就业安置或扶持（16 岁以上填报） 07. 贫困残疾人救助与扶持 08. 法律援助与服务 09. 无障碍设施 10. 信息无障碍 11. 生活服务 12. 文化服务 13. 其他 14. 未曾接受任何服务或扶助	01. 医疗服务与救助 02. 辅助器具 03. 康复训练与服务 04. 教育费用补助或减免（6 岁以上填报） 05. 职业教育与培训（12 岁以上填报） 06. 就业安置或扶持（16 岁以上填报） 07. 贫困残疾人救助与扶持 08. 法律援助与服务 09. 无障碍设施 10. 信息无障碍 11. 生活服务 12. 文化服务 13. 其他 14. 不选择

备注：

医生（签字）：__________ __________ __________

申报人（签字）：__________　填报日期：________年____月____日

装订页码第____页

2.住旅馆或租借房屋的常住户，一律按现住房的实际情况填写其住房面积。

3.居住在工作场所的户，住房面积应该填写其居住房间的建筑面积。

4.合住在同一所住房里的住户，其建筑面积为各户所独立使用的房间面积加上公共使用面积（包括厨房、厕所、门厅、阳台等）的一部分；两户合用的面积，各按二分之一计算，三户合用的面积，各按三分之一计算；以此类推。

5.属于本小区调查对象，但居无定所的常住户（如进城的流动人口）睡在桥下、公园和车站等地方的人，其住房面积填“0”平方米。

H5.本户住房建筑结构：指本户住房建筑的结构（指承重结构，如承重墙、梁、柱等）所用的建筑材料。本栏目设有五个标准答案。

1.钢筋混凝土：指承重的主要构件是用钢筋混凝土建造的住房。包括薄壳结构、大模板现浇结构及使用滑模、升板等建造的钢筋混凝土结构的房屋。

2.混合结构：指承重的主要构件是用钢筋混凝土和砖、木建造的房屋。如一幢房屋的梁是用钢筋混凝土制成，以砖墙为承重墙，或者梁使用木材建造，柱是使用钢筋混凝土。

3.砖木结构：是指承重的主要构件是砖和木材。如一幢房屋是木制房架、砖墙、木柱建造的。

4.木、竹、草结构：指房屋的主要建筑材料为木、竹、草。如一幢房屋是木（竹）制房架、草顶。

5.其他：不属于上述结构类型的房屋都归此类。如砖拱结构、窑洞、蒙古包等。

H6.本户住房来源：指本户获取住房的途径，包括拥有全部产权或部分产权。本栏目设有四个标准答案，可根据住房的拥有情况，据实圈填。

1.自有：指本户住房的产权属于本户私人所有。既包括城镇和农村中私人自建的房屋，也包括私人从单位或房地产开发单位购买的房屋，还包括继承的私有遗产房等情况。

2.租赁：指本户住房属于交纳房租费后获有使用权。既包括由单位作为福利分配给本单位职工、产权归单位所有、个人交纳少量房租费的住房，也包括从市场上租用的房屋。

3.借用：指不用交房租费，临时借住单位或亲朋好友的房屋。

4.其他：指不属于以上几种房屋产权性质的住房，圈填此项。

H7.上年度本户全部收入：指被调查户 2005 年度全部经济收入，包括工薪收入、经营性净收入、财产性收入、转移性收入（如保险、奖金、抚恤金、资助、出租房收入等）。农村的全部收入包括各种农作物、养殖等实物收获，并要将实物折算成人民币，根据全户所有人的合计收入是多少就填报多少。但是，家中雇佣保姆和非亲属的经济收入不包括在内。

对亲属供养情况收入的计算，如果供养人与被供养人在同一户居住，供养费不计入总收入；如果不在同一户，供养费应计入被供养人所在户的总收入中。

H8.本户拥有的主要家电：本栏属于多选栏目，共列出五种家庭常用的主要电器名称。可根据被调查户拥有（指拥有所有权或使用权）并能使用的家用电器分别圈填。彩色电视机，不包括黑白电视机；电冰箱包括单门、双门和多门的；洗衣机包括全自动和半自动（含双缸和单缸的）；电话包括有线电话和无线电话（手机）；电脑指电子计算机。

H9.本户月均生活用电量：根据本户的月平均用电量填报。如果只知道用电费用，可根据当地每度电价换算成用电度数。

附录 7

第二次全国残疾人抽样调查《残疾人调查表》填写说明

一、填写注意事项

（一）《残疾人调查表》由医生填写，填表人员要严格按照规定填写，保证本表的工整与清洁。

（二）本表要求使用铅笔填写，字迹要端正清楚，不得潦草模糊。不得用同音异体字；简化字必须按国家公布的《简化字总表》书写；阿拉伯数字必须按“0 1 2 3 4 5 6 7 8 9”的正体书写，不得用自由体。

（三）填表人员根据评定结果填写表中相关项目，不能遗漏。

（四）填表人员要对被调查的残疾人及家庭申报的情况严格保密，不得对外提供。

二、填写顺序

依据诊断情况完成《残疾评定记录表》的填报后，再开始填报《残疾人调查表》，填写要逐项进行，不得漏填或重复。填写顺序如下:

第一步:《残疾人调查表》的上沿部分“本户编号”、“本人行号”、“本户住址”和“残疾人姓名”、“性别”、“年龄”、“户主姓名”等项均对照《残疾评定记录表》的上沿内容。

第二步: 本表中“C1.残疾类别”、“C2.残疾等级”、“C3.残疾发现时间”和“C4.致残主要原因”等按诊断残疾的实际情况填写。

第三步: 遇到两种或两种以上残疾人，即多重残疾则复选填报。

第四步:“T1.残疾人活动和参与评定”、“T2.康复建议”、“T3.是否持有残疾人证”、“T4.接受教育情况”、“T5.社会保障情况”、“T6.曾接受何种服务或辅助”及“T7.本人主要需求”等逐项询问判断填写，遇多重残疾由最后诊断确诊某种残疾的医生填写。

第五步: 本表下沿部分，完成逐项填写后，“本户包括住户调查表”、“医生”、“申报人”及“填报日期”均按《残疾评定记录表》的下沿内容填写完整。

另外，本表每个项目下面的方格为编码格，填写人员不得填写，由专业编码人员处理。

三、填写说明

C1.残疾类别

分为视力残疾、听力残疾、言语残疾、肢体残疾、智力残疾和精神残疾等六类。填表时在诊断确定为残疾后，请在残疾类别的左面编号上圈填，如多重残疾，则复选。例如，诊断为“视力残疾”，应圈填为(1.)视力残疾。

C2.残疾等级

各类残疾均分为四个等级。填表时，请在相应的残疾等级编号上圈填。例如: 诊断为听力三级，应圈填为(3.)三级。

C3.残疾发现时间

残疾发生时间是指发现残疾或出现残疾的年份，如“1999 年”。针对 0 ~ 6 岁的儿童来说，是指发现残疾的时间；而针对其他人则为出现残疾的时间。填表时，请将残疾发现时间填在年前面的横线上。

C4.致残主要原因（选择主要致残原因不超过两项）

致残主要原因是指导致主要致残的原因，选择主要致残原因不超过两项。填表时请在相应项目前的编号上圈填。如填表人的致残原因在表中没有列出，请在“其他”前的编号上圈填。按照不同类别分为以下几类:

视力残疾

01.遗传、先天异常或发育障碍	05.角膜病	09.弱视
02.白内障	06.视神经病变	10.外伤
03.青光眼	07.视网膜、色素膜病变	11.中毒
04.沙眼	08.屈光不正	12.其他
		13.原因不明

听力残疾

01.遗传	06.中耳炎	11.药物中毒
02.母孕期病毒感染	07.老年性耳聋	12.创伤或意外伤害
03.传染性疾病	08.早产和低体重	13.噪声和爆震
04.自身免疫缺陷性疾病	09. 新生儿窒息	14.其他
05.全身性疾病	10. 高胆红素血症	15.原因不明

言语残疾

01.唐氏综合征	08.脑出血	15.脊髓侧索硬化
02.脑性瘫痪	09.脑炎	16.脑外伤
03.新生儿病理性黄疸	10.脑囊虫病	17.产伤
04.早产、低体重和过期产	11.喉、舌疾病术后	18.孤独症
05.腭裂	12.听力障碍	19.癫痫
06.智力低下	13.帕金森氏病	20.CO 中毒
07.脑梗死	14.多发性硬化	21.其他
		22.原因不明

肢体残疾

01.脑性瘫痪	08.肿瘤	15.脑外伤
02.发育畸形	09.骨关节病	16.其他外伤
03.侏儒症	10.地方病	17.结核性感染
04.其他先天性或发育性障碍	11.脊髓疾病	18.化脓性感染
05.脊髓灰质炎	12.工伤	19.中毒
06.脑血管疾病	13.交通事故	20.其他
07.周围血管疾病	14.脊髓损伤	21.原因不明

智力残疾

01.遗传	07.发育畸形	13.其他外伤
02.脑疾病	08.营养不良	14.中毒与过敏反应
03.内分泌障碍	09.母孕期外伤及物理伤害	15.不良社会文化因素
04.惊厥性疾病	10.产伤	16.其他
05.新生儿窒息	11.工伤	17.原因不明
06.早产、低体重和过期产	12.交通事故	

精神残疾

01.痴呆	06.分裂情感性障碍	11.人格障碍
02.其它器质性精神障碍	07.其它精神病性障碍	12.孤独症
03.使用精神活性物质所致的障碍	08.心境障碍	13.癫痫
04.精神分裂症	09.神经症性障碍	14.其他
05.妄想性障碍	10.行为综合征	15.原因不明

T1.残疾人活动和参与评定（18 岁以上填报）

T1.残疾人活动和参与评定（18 岁以上填报）					
理解和交流	身体移动	生活自理	与人相处	生活活动	社会参与
1.无障碍/无适用 2.轻度障碍 3.中度障碍 4.重度障碍 5.极重度障碍/不能完成	1.无障碍/无适用 2.轻度障碍 3.中度障碍 4.重度障碍 5.极重度障碍/不能完成	1.无障碍/无适用 2.轻度障碍 3.中度障碍 4.重度障碍 5.极重度障碍/不能完成	1.无障碍/无适用 2.轻度障碍 3.中度障碍 4.重度障碍 5.极重度障碍/不能完成	1.无障碍/无适用 2.轻度障碍 3.中度障碍 4.重度障碍 5.极重度障碍/不能完成	1.无障碍/无适用 2.轻度障碍 3.中度障碍 4.重度障碍 5.极重度障碍/不能完成

活动是由个体执行一项任务或行动，它代表了功能的个体方面。当个体在进行活动时可能遇到的困难，即是活动受限制，它根据完成活动时的质和量从轻微到严重偏差的变化范围。

参与是指投入到一种生活情景中，它代表了功能的社会方面，是衡量残疾程度的重要指标。

分六大类:理解和交流、身体移动、生活自理、与人相处、生活活动和社会参与。其中各类均有五种程度：无障碍、轻度障碍、中度障碍、重度障碍、极重度障碍。填表时请依据《残疾评定记录表》结果在相应项目前的数值上圈填。

T2.今后康复建议

康复形式：即残疾人实现康复的基本途径，包括以下三种：机构康复，延伸服务（上门服务)，社区、家庭康复。

1.机构康复：指在康复中心、综合医院设置的康复科室等机构中，以门诊和住院的形式提供的康复服务途径。

2.延伸服务（上门服务)：延伸服务是指由康复机构派专业人员到实地，为康复对象提供专业性康复服务的途径。

3.社区和家庭康复：社区、家庭康复是指在社区和家庭为残疾人采取的康复措施，这些措施是利用和依靠社区和家庭的人力资源而进行的，包括依靠残疾人及其家庭成员和社会。

康复内容

指实现残疾人康复的方法或手段，包括：医疗服务、辅助器具、康复训练与服务等。

康复形式仅能选择其中一项圈填。选择康复形式后，康复内容至少选择一项圈填。填表时请在相应项目前的编号上圈填。

T3.是否持有残疾人证

指被调查人是否持有当地残联核发的残疾人证。填表时请在相应项目前的编号上圈填。

T4.接受义务教育情况(在校生填报)

1.普通教育学校普通班：指在普通义务教育学校随班就读。

2.普通教育学校特教班：指在普通义务教育学校专门为视力、听力言语、智力残疾和多重残疾人开办的特殊教育班中接受教育。

3.特殊教育学校：指在专门为视力、听力言语、智力残疾和多重残疾人开办的提供义务教育的学校。

4.其他：指通过社区服务、送教上门等多种形式接受教育。

填表时请在相应项目前的编号上圈填。

T5.社会保障情况

指被调查人是否纳入了社会保险、当地居民最低生活保障或集中供养、五保供养、临时救济、定期补助、残联系统专项补助等社会保障范围。

1.参加社会保险情况：指调查时被调查人是否参加了养老、医疗、工伤、失业等社会保险。此栏至少填写一项。

2.是否领取低保金：指调查时被调查人是否被纳入当地居民最低生活保障范围领取最低生活保障金。

3.是否领取过救济：指被调查人在调查标准时间前一年（即2005年4月1日至2006年4月1日）内是否享受当地民政、残联等部门所给予的集中供养、五保供养、临时救济、定期补助、残联系统专项补助等。

填表时请在相应项目前的编号上圈填。

T6.曾接受过何种服务或扶助(填报最主要三项)

指被调查人曾经接受过的当地残联、民政或其他部门、组织提供的康复、教育、就业、生活等方面的服务或扶助。选最主要的三项圈填。填表时请在相应项目前的编号上圈填。

01.医疗服务与救助：医疗服务指通过医院或专门医疗机构采用手术或其他诊断形式帮助残疾人恢复或补偿功能，提高生活自理和社会适应能力等。

医疗救助：指政府和社会对因病而无经济能力进行治疗的贫困残疾人实施专项医疗帮助和支持的行为。在农村开展新型农村合作医疗的地区，资助残疾人缴纳个人应负担的全部或部分资金，参加当地合作医疗，享受合作医疗待遇；因患大病经合作医疗补助后个人负担医疗费用过高的，再给予补助；尚未开展新型农村合作医疗的地区，对因患病难以负担费用的残疾人，给予适当医疗救助；对患国家所规定的特种传染病的残疾人，其救治费用按有关规定给予补助。在城市，通过发动社会力量资助、城市医疗救助基金给予适当补助、医疗机构自愿减免有关费用等多种形式对患病而无力承担治疗费用的贫困残疾人给予医疗救助。

02.辅助器具：（在我国习惯称为残疾人用品用具），是指供残疾人个人使用的能够补偿、减轻或替代因残疾造成的身体功能缺失或障碍的产品和器械。

用于肢体残疾人的辅助器具有：假肢、轮椅、手摇轮椅车、电动动轮、机动轮椅车、助行架、腋杖、肘杖、多脚手杖、单脚手杖、握笔器、取物器、穿衣辅助、用餐辅助、刷牙辅助、梳头辅具等；用于听力残疾人的辅助器具有：助听器、语言训练器、骨导电话、闪光门铃等；用于视力残疾人的辅助器具有：助视器、电子语音报时器、盲文写字板、盲文打字机、盲文阅读器、盲杖等。

03.康复训练与服务：指残联、卫生或其他部门为残疾人及其亲友提供的包括肢残人功能、智残人能力、盲人行走导向、聋儿听力语言、助视器配用、精神病防治康复等多方面的培训、训练指导、康复护理、心理疏导、残疾预防知识普及、健康教育、科学与安全意识宣传及相关的咨询转介等多种康复训练与服务。

04.教育费用补助或减免(6岁以上填报)：指政府、教育部门、残联系统或其他部门，组织减免残疾人或其子女就学的费用或提供的补助金。

05.职业教育与培训(12岁以上填报)：残疾人或其子女在各级各类职业学校或培训机构中接受学历教育（包括初等、中等和高等职业教育）或短期的职业培训。

06.就业安置与扶持(16岁以上填报)：指残疾人就业服务机构或其他社会机构提供的职业指导、就业安置或扶持扶助等服务。

07.贫困残疾人救助与扶持：

救助是指纳入当地居民最低生活保障或享受集中供养、五保供养、临时救济、定期补助、残联系统专项补助等。

扶持是指各级政府扶贫办、妇联、共青团、残联及社会团体等有关部门或信用社、扶贫社等开展的帮助贫困残疾人筹措资金、落实优惠政策、选项目、学技术等多种形式的带动贫困残疾人脱贫活动，包括扶贫经济实体、扶贫基地辐射带动到户；党员、干部、助残志愿者结对包户帮带活动；残疾人联合会利用康复扶贫贷款开展残疾人专项扶贫活动等。

08.法律援助与服务：指各级政府法律援助机构、各级司法行政部门、各级残疾人维权机构、公证机构和基层法律服务机构、律师、民间法律援助组织、法律专业网站和志愿者等为残疾人提供的免费法律服务、贫困残疾人诉讼费或其他费用减免缓、法律咨询、转介服务和法律帮助等。

09.无障碍设施：指为保障残疾人、老年人、伤病人、儿童和其他社会成员的通行安全和使用便利，在道路、公共建筑、居住建筑和居住区等建设工程中配套建设的服务设施。

10.信息无障碍：指公共传媒应使残疾人能够无障碍地获得信息，进行交流，如影视作品、电视节目的字幕和解说，电视手语，盲人有声读物，针对不同障碍的残疾人开发适合不同需要的通信技术和产品等。

11.生活服务：指社区组织、志愿者等为残疾人提供的不定期的日常生活服务，如日常家务的协助、代办等。

12.文化服务：指各级政府文化行政部门、各文化机构、基层组织、社会团体、志愿者等为残疾人提供或组织的旨在解决残疾人精神文化需求、提高残疾人素质的各项文化艺术活动及相应服务。如送书上门，爱心赠书，盲文及有声读物的借阅，参与社会文化活动时享受的便利、优惠服务等。

13.其他：除以上十四种之外的服务或扶助，圈填为“其他”。

14.未曾接受过何种服务或扶助。

T7.本人主要需求

指被调查人需要的康复、教育、就业、生活等方面的服务或扶助，选最主要的三项圈填。指标解释参见T6。填表时请在相应项目前的编号上圈填。

附录 8

第二次全国残疾人抽样调查社区（村、居委会）调查表

表　　号：残调 3 表
制表机关：第二次全国残疾人抽样调查办公室
批准机关：国家统计局
批准文号：国统函【2005】227 号
有效期截止时间：2006 年 6 月 30 日

地　址：________省（自治区.直辖市）________县（市.区）________乡（镇.街道）________社区（村、居委会）

地址码：□□　□□　□□　□

一、类别	二、总户数	三、总人口数	残疾人情况				残疾人组织情况		十、社区内无障碍设施
			四、残疾人数	五、持证残疾人数	六、享受定期救助人数	七、享受临时救助人数	八、残疾人协会（小组）	九、残疾人专职委员	
1. 社区（居委会） 2.村委会 □	________户 □□□□□	________人 □□□□□	______人 □□□	______人 □□□	______人 □□□	______人 □□□	1.有 2.无 □	1.有 2.无 □	1.有 2.无 □

十一、康复站	十二、社区康复协调员	各项公共服务机构覆盖情况（距本社区、村委会公里数）				十七、上年度本村人均收入
		十三、法律服务所（司法所）	十四、特教学校（班）	十五、文化活动站（室）	十六、卫生室（所、站）	
1.有 2.无 □	1.有 2.无 □	______公里 □□	______公里 □□	______公里 □□	______公里 □□	______元 □□□□□

填表人（签字）：________　　　　填报时间：______年______月______日

附录 9

第二次全国残疾人抽样调查《社区（村、居委会）调查表》填写说明

《第二次全国残疾人抽样调查社区（村、居委会）调查表》（简称《社区调查表》），是为了获取调查小区所在社区的有关基础数据而制定的。数据可以反映残疾人生活的环境与条件，是本次调查数据的重要组成部分。

本表的填写要求:

一、本表以被抽中调查小区所在的社区（居委会）或村委会为单位，由陪调组组长负责收集资料，并在调查队长的指导下填报。

二、表中第十栏只由社区（居委会）填报，第十七栏只由村委会填报，其余项目栏社区（居委会）和村委会都填报。

三、指标解释:

1. “总户数”、“总人口数”，为 2005 年末社区（村、居委会）所辖范围内的常住人口统计数（如果确实没有常住人口数据，才能使用其他人口数据填报）。

2. “残疾人数”，为社区和村委会掌握的残疾人数（包括持证残疾人和无证的残疾人）。

3. “持证残疾人数”，指社区和村委会掌握的持有残联系统发放的残疾证的人数。

4. “享受定期救助人数”，指上一年度民政、残联等部门给予的居民最低生活保障、集中供养、五保供养等定期性救助人数。

5. “享受临时救助人数”，指上一年度民政、残联等部门给予的临时性费用减免、临时救济等形式的救助人数。

6. “社区内无障碍设施”，是本社区范围内是否设有坡道、盲道等无障碍设施。

7. “残疾人康复站”，指社区（村、居委会）依托社区服务中心学校、幼儿园、福利企业事业单位、工疗站、残疾人活动场所的等现有机构和设施，建立的满足残疾人全面康复需求的社区康复站。

8. “社区康复协调员” 指社区（村、居委会）配备的专（兼）职人员，可会同社区卫生服务机构调查康复需求，建立康复服务档案，向残疾人提供康复服务信息和转介服务，协调组织社区内有关机构、人员为残疾人提供康复服务和相应支持。

9. “卫生室（所、站）”，在农村指卫生室（所、站），在城市指社区卫生服务中心（站）。

四、“十三”至“十六”栏是指本社区（村、居委会）距最近的、可使用或能提供服务的各项公共服务机构的公里数。凡是本社区（村、居委会）范围内有的，填写“0”公里；若周围没有或不知道，则填写“无”。

附录 10

北京市第二次全国残疾人抽样调查抽样实施方案

一、全市概况

北京是中华人民共和国的首都。按 2004 年行政区划，北京市下辖 18 个区（县），共有 311 个乡级单位（街道、乡、镇），其中街道(含地区)175 个、乡 19 个、镇 117 个。根据 2000 年第五次全国人口普查结果，北京市常住人口 1357 万，其中城镇常住人口 1052 万，占总人口的 77.5%，农村常住人口 305 万，占总人口的 22.5%。本方案以 2004 年的行政区划和 2004 年末户籍人口资料为根据编制抽样框。全市人口的地区分布情况见下表。

2004 年末北京市户籍人口分布表

序号	区县名称	2004 年末户籍人口（人）	占全市人口比重（%）
1	东城区	622425	5.4
2	西城区	770572	6.6
3	崇文区	369229	3.2
4	宣武区	529348	4.6
5	朝阳区	1668740	14.4
6	丰台区	933063	8.0
7	石景山区	334524	2.9
8	海淀区	1841253	15.8
9	门头沟区	237415	2.0
10	房山区	752358	6.5
11	通州区	620173	5.3
12	顺义区	554104	4.8
13	昌平区	470123	4.0
14	大兴区	557444	4.8
15	怀柔区	271665	2.3
16	平谷区	394238	3.4
17	密云县	425703	3.7
18	延庆县	274645	2.4
合　计		11627022	100.0

二、全市样本量与抽取的单位数

按照全国残疾人抽样调查办公室的分配结果，北京市的样本量为 7 万人，抽样比例为 4.87‰。按照样本设计，北京市采取三级抽样，全市 18 个区（县）均为调查单位，一级抽样框是乡级单位；二级抽样框是村级单位；三是抽样框是调查小区。

一级样本的抽取在分层后，按照乡级规模排序抽取。

二级以下样本的抽取采用 2 × 1 的模式，即在每个被抽中乡级单位中抽取 2 个村级单位（村委会、居委会）；在每个抽中村级单位中，根据人口规模，按 400 人左右划分调查小区，随机抽选 1 个调查小区。

按以上模式共抽取 88 个乡级单位，占全市乡级单位的 28.3%，其中街道（地区）64 个、乡 2 个、镇 22 个；抽取 176 个村级单位，分别在村级单位中抽取 176 个调查小区，样本人数为 70400 人左右。

三、分层情况

（一）分层要求

1. 分层原则：对一级样本（县级单位）进行分层。分层的原则应使层内各单位之间调查指标的差异尽可能小，各层间调查指标的差异尽可能大，以便降低总体的抽样误差。

2. 分层标志：根据分层原则及北京市行政区划的具体特征，对乡级单位采用三阶分层抽样方法，第一阶按城区、近郊区、远郊区分为三层；第二阶为自我代表层，依次分为东城区、西城区、……、延庆县等18层；第三阶按街道、乡、镇分为三层。

3. 各层样本人数的确定：每层调查的样本人数，均按该层人口数占全市总人口的比例分配。

（二）分层结果

1. 第一阶分层

①城区层：包括东城区、西城区、崇文区、宣武区，共有32个乡级单位，总人口2291574人；

②近郊区层：包括朝阳区、丰台区、石景山区、海淀区，共有132个乡级单位，总人口4777580人；

③远郊区层：包括门头沟区、房山区、通州区、顺义区、昌平区、大兴区、怀柔区、平谷区、密云县、延庆县，共177个乡级单位，总人口4557868人。

2. 第二阶分层

本阶分层为自我代表层，每个区（县）为一层，共分为18层。

3. 第三阶分层

①街道层：共有175个街道，总人口8477030人；

②乡层：共有19个乡，总人口228704人；

③镇层：共有117个镇，总人口2921288人。

四、抽样方法

以北京市为总体，采用分层、多阶、概率比例、整群的抽样方法（PPES）。

（一）第一级抽样

抽取乡级样本单位。经分层后，在每层内按乡级单位户籍人口数降序排队进行累计。

具体做法：

1. 层内各单位按人口数量多少由大到小降序排队，按人口累计，以各层人口累计数为分子，本层应抽乡级单位数为分母，计算抽样组距（包括总组距和各层组距）。

层抽样组距＝层内人口累计数/层内抽取的样本数

2. 在1～抽样组距之间选择随机起点，如查得随机数字落在1～抽样组距之间，就定为随机起点；如查得的随机数字超过抽样组距数，则继续查表，到满足条件为止。

3. 等距抽取单位。若随机起点小于人口累计栏中第一个单位，则第一个单位被抽中；用随机起点加抽样组距，再确定下一个被抽中的单位。以此类推，抽取所需的样本单位数。如某层抽取M个县级单位，算法如下：

$R + 0 \times K$

$R + 1 \times K$

$R + 2 \times K$

……

$R + (M - 1) \times K$

（二）第二级抽样

1. 样本单位和样本量

第二级抽样在抽中乡级单位内进行，样本单位是村（居）委会，每个被抽中乡级单位抽取2个村（居）委会。

2．抽样方法

按居委会和村委会的人口数量降序排队编制抽样框。计算抽样组距，按人口降序排队，随机等距抽取村（居）委会样本单位。

（三）第三级抽样

1．样本单位和样本量

在被抽中的村（居）委会各抽取 1 个调查小区。

2．村级单位的合并

凡抽中村级单位人口规模小于 350 人的，以接壤或临近为原则，选择一个村级单位与其合并。

3．调查小区的划分

用村（居）委会人口数除以 400 人，得到可以划分的小区数，利用本村级单位的户口底册或平面图大致划分，划分好的小区人口数量应在 350 ~ 450 人之间。

4．调查小区的抽取

给每个调查小区编升序加 1 序号，在序号范围内使用简单随机抽样方法抽取样本（例如抓阄）。

附录 11

北京市第二次全国残疾人抽样调查领导小组成员名单

组　长:	（孙安民）	北京市副市长
	丁向阳	北京市副市长
副组长:	李　伟	北京市政府副秘书长
	赵春鸾	北京市残联理事长
	（潘　璠）	北京市统计局副局长
	王　红	北京市统计局副局长
	吴文彦	北京市民政局副局长
	（金大鹏）	北京市卫生局局长
	邓小虹	北京市卫生局副局长
成　员:	（刘志武）	北京市残联副局级干事
	马大军	北京市残联副理事长
	韦小玉	北京市委宣传部宣传处处长
	刘存良	北京市发展改革委员会社会发展处副处长
	张永凯	北京市教育委员会基础教育处副处长
	魏学民	北京市公安局治安管理总队公共秩序管理处副处长
	冷淑萍	北京市财政局社保处助理调研员
	孟宪苍	北京市劳动和社会保障局就业（失业保险）处处长
	李兰萍	北京市人口和计划生育委员会科教处副处长
	姜泽廷	共青团北京市委员会社区工作部副部长
	韩桂华	北京市妇女联合会办公室副主任
	蔡　双	北京市老龄委权益保护处处长

注：在本名单及以下各名单中“( )”内的同志因工作调动或本单位工作需要，不再担任北京市第二次全国残疾人抽样调查工作领导小组和办公室相关职务。

北京市第二次全国残疾人抽样调查办公室人员名单

办公室主任:（刘志武） 市残联副局级干事（兼）

马大军　市残联副理事长

常务副主任:（孙国东） 市残联办公室副主任

赵建民　市残联办公室主任

副　主　任: 宋晓梅　市统计局社会科技统计处处长

王秀琴　市民政局基层政权处副处长

（段　杰） 市卫生局医政处主任科员

陈　静　市卫生局医政处副处长

厉才茂　市残联残工委秘书处主任

工作人员: 果丽珠　刘秀花　游惠雯　乔增学　朱建民　李焕林　张　亮　施继良

彭四田　杨爱平　乔俊峰　徐　源　韩亚美　李俭国　夏志德　孔莹莹

北京市第二次全国残疾人抽样调查专家组人员名单

组　长: 吴淑艳　北京市疾病控制预防中心

副组长: 段佳丽　北京市疾病控制预防中心

成　员: 王　健　邱礼新　张春雨　郭红利　梁爱民　陈秀伍　闵宝权

附录 12

北京市第二次全国残疾人抽样调查样本区（县）领导小组，办公室主任、副主任，调查队名单

东城区

领导小组	**组 长**	章冬梅	东城区政府副区长
	副组长	从艳梅	东城区残联理事长
		孙书振	东城区统计局副局长
		(吕燕林)	东城区民政局副局长
		肖 俊	东城区民政局副局长
		禹 震	东城区卫生局副局长
	成 员	谭金雅	东城区残联
		(石利生)	东城区委宣传部
		方 芳	东城区委宣传部
		马杏芳	东城区教委
		张世红	东城区计生委
		单志强	东城区公安分局
		王淑云	东城区财政局
		陈天增	东城区劳动和社会保障局
		(李英华)	东城区东华门街道办事处
		刘文维	东城区东华门街道办事处
		(张俊强)	东城区和平里街道办事处
		莫 巍	东城区和平里街道办事处
		(王品军)	东城区东四街道办事处
		曹永军	东城区东四街道办事处
		安 虹	东城区交道口街道办事处
		乔孟斋	东城区建国门街道办事处
		徐维江	东城区老龄协会
		韩新星	共青团东城区委员会
		郑智凤	东城区妇联
		陆锦雯	东城区发改委
办公室	**主 任**	谭金雅	东城区残联副理事长（兼）
	副主任	孙书振	东城区统计局副局长（兼）
		(吕燕林)	东城区民政局副局长（兼）
		肖 俊	东城区民政局副局长（兼）
		禹 震	东城区卫生局副局长（兼）
调查队	**队 长**	谭金雅	东城区残联副理事长（兼）
	副队长	仉贻嫩	东城区统计局统计科科长
		赵玉芬	东城区卫生局疾控科干部

成　员	潘纪东	关玉佩	吕华平	杨长燕	张明旭	国　岩
	赵锡鸿	黄战武	关敬霞	郭　静	马慧慧	陈　欣
	赵　慧	刘晓燕	田　悦	吕　军	赵培林	冯　昭
	甄宏博	戚意冰	梅　琳	孔令英	吴永山	蔡　明
	陈雪辉					

西城区

领导小组	**组　长**	陈　蓓	西城区政府副区长
	常务副组长	李　薇	西城区政府办公室副主任
		于清茵	西城区残联理事长
	副组长	许晓红	西城区统计局副局长
		朱建民	西城区民政局副局长
		边宝生	西城区卫生局副局长
		许少清	西城区残联副理事长
		黄成才	西城区月坛街道办事处副主任
		王　静	西城区展览路街道办事处副主任
		高济萍	西城区什刹海街道办事处副主任
		张中喜	西城区新街口街道办事处副主任
		马红萍	西城区德胜街道办事处副主任
		唐宝生	西城区金融街街道办事处副主任
	成　员	丁　艺	西城区委宣传部综合宣传科
		岑运东	西城区发改委综合科
		刘瑞莲	西城区教委特教中心
		张　勇	西城区公安分局治安支队公共秩序队
		郭建明	西城区财政局社保科
		邵军荣	西城区劳动和社会保障局就业科
		吕建儒	西城区人口计生委生殖健康技术服务指导中心
		张　茜	共青团西城区委员会社会工作部
		孟　岩	西城区妇联权益部
		韦英新	西城区老龄工作办公室
		黄尊一	西城区月坛街道残联
		王　玲	西城区什刹海街道残联
		曹丽晶	西城区德胜街道残联
		刘　伟	西城区金融街街道残联
		刘京生	西城区新街口街道残联
		崔秀英	西城区展览路街道残联
办公室	**主　任**	许少清	西城区残联副理事长（兼）
	副主任	张　莉	西城区残联办公室主任
调查队	**队　长**	许少清	西城区残联副理事长（兼）
	副队长	张　莉	西城区残联办公室主任（兼）
		辛　江	西城区统计局副科长
	医务副队长	顾　利	西城区卫生局副科长

	成　员	王　玲	王雅君	毕　燃	杨　梅	牛秀华	石　苏
		梁　光	孟淑燕	苑金波	罗惠媛	闫川梅	邢　怡
		项　薇	张广远	吴　蕾	陈谷荣	刘福梅	党绍林
		于文贞	孙　实	江小英	宋琴素	马胜民	金慧鸣
		赵长起	刘小荣	王龙珠	李淑玲		

崇文区

领导小组	组　长	张蔼华	崇文区政府副区长
	副组长	葛俊凯	崇文区政府办公室主任
	常务副组长	郭大辉	崇文区残联理事长
	成　员	王　磊	崇文区委宣传部
		刘　建	崇文区发改委
		刘金兰	崇文区教委
		吴宗华	崇文区人口计生委
		许金玉	崇文区财政局
		陈　平	崇文区劳动保障局
		李　军	崇文区民政局
		吴礼久	崇文区卫生局
		刘握龙	崇文区统计局
		王乐军	崇文区公安分局
		李淑霞	崇文区妇联
		崔晓鸣	崇文区残联
办公室	主　任	崔晓鸣	崇文区残联副理事长（兼）
	副主任	胡金华	崇文区残联助理调研员
		何浩申	崇文区残联主任科员
		赵普生	崇文区民政局社区办主任
		任安英	崇文区统计局主任科员
		金　鹏	崇文区卫生局医政科副科长
调查队	队　长	崔晓鸣	崇文区残联副理事长（兼）
	常务副队长	胡金华	崇文区残联助理调研员（兼）
	调查副队长	任安英	崇文区统计局主任科员（兼）
	医务副队长	侯春香	崇文区卫生局副主任科员

	成　员	郑会芬	纪守全	王子萦	孙　娟	王绍选	海明雨
		王娅洁	黄永红	王长玲	韩　宏	田雅丰	张凤英
		王宝锁	李继军	高莲会	恒　曦	王志强	张素珍
		毛　跃	刘　微	栗向东	杨恩勇	王晓洁	

宣武区

领导小组	组　长	哈金起	宣武区政府副区长
	副组长	于子强	宣武区政府办公室副主任
		冯兰英	宣武区残联理事长
		马国友	宣武区民政局副局长

		何永洁	宣武区卫生局副局长
		卢　京	宣武区统计局副局长
	成　　员	李茂福	宣武区委宣传部
		刘学增	宣武区发展改革委员会
		牟东棋	宣武区教委
		季海旭	宣武区财政局
		郭　新	宣武区劳动和社会保障局
		郭燕葵	宣武区人口计生委
		马京宝	宣武区公安分局人口管理处
		李学锋	共青团宣武区委员会
		姜　光	宣武区妇联
		陈丽红	宣武区残联
		孙　红	宣武区老龄办公室
办公室	**主　　任**	冯兰英	宣武区残联理事长（兼）
调查队	**队　　长**	冯兰英	宣武区残联理事长（兼）
	副队长	李东伟	宣武区统计局计算机室主任
		乔　蓉	宣武回民医院医务科副科长

成　　员　王桂兰　许刘红　马瑞勤　孙　建　钱　榆　王玉梅
杨润杰　王国庆　姚红光　李　军　陈宝利　支晓华
周　军　黄雅南　郭文辉　史淑萍　李　敏　王宏声
王春华　张　芳　原　薇　陈　璟　魏荣霞　周凤妹
许　敬　管军鸣

朝阳区

领导小组	**组　　长**	佟克克	朝阳区政府副区长
	副组长	孙育力	朝阳区残联理事长
		赵建国	朝阳区政府办公室副主任
		李玉卉	朝阳区统计局副局长
		董小平	朝阳区民政局副局长
		罗　晓	朝阳区卫生局副局长
	成　　员	孙一平	朝阳区残联
		陈　颖	朝阳区老龄办
		朱柏成	朝阳区发展改革委
		马金东	朝阳区教委
		吴建平	朝阳区人口计生委
		朱宝敏	朝阳区财政局
		毕重伟	朝阳区委宣传部
		吕　玫	朝阳区档案局
		曹　立	朝阳区公安分局人口管理处
		侯湘君	朝阳区妇联
		李艳秋	朝阳区劳动保障局培训就业科
		陆黎丽	共青团朝阳区委员会青年志愿者协会

		吴永明	朝阳区八里庄街道办事处
		袁　敏	朝阳区酒仙桥街道办事处
		苏建华	朝阳区呼家楼街道办事处
		寇立宣	朝阳区劲松街道办事处
		周　挺	朝阳区望京街道办事处
		岳卫红	朝阳区亚运村街道办事处
		王寿凯	朝阳区团结湖街道办事处
		邢平芳	朝阳区三里屯街道办事处
		李书香	朝阳区奥运村地区办事处
		张晓宁	朝阳区东风地区办事处
		李雪莹	朝阳区东坝地区办事处
		董明慧	朝阳区常营地区办事处
办公室	**主　任**	孙一平	朝阳区残联副理事长（兼）
	副主任	邓玉红	朝阳区残联康复部副主任
调查队	**一队队长**	孙育力	朝阳区残联理事长（兼）
	常务副队长	邓玉红	朝阳区残联康复部副主任（兼）
	调查副队长	张玉凤	原朝阳区统计局科长
	医务副队长	张杰娥	朝阳区妇幼保健院妇保科主治医师
	成　员	郭凤兰　刘　杰　郑　伟　陈木林　任　云　田秋静 张　新　孙娉婷　梅志华　荣宝树　沈丽贞　安建军 张　良　孙煜辉　刘子静　马　蕊　刘洪梅　姚　巍 陈国澜　袁伟红　赵　阳　张莉莉　游慧林　高彩艳 多奕捷	
	二队队长	孙一平	朝阳区残联副理事长（兼）
	调查副队长	张淑芬	原朝阳区统计局科长
	医务副队长	肖　萍	朝阳区妇幼保健院儿保科主治医师
	成　员	周迎春　张寒冰　郑玉梅　张　峥　李　莎　王凌云 纪晶晶　李　志　刘红梅　王　敏　白雪艳　姚　华 邢利雅　张　鑫　黄晓娟　郝　英　张晓光　范淑伶 梁　跃　张轶勋　关　伟　孟凡锐　魏恒阳　闫素英 吴鸿飞　孙红梅	

丰台区

领导小组	**组　长**	吕仕杰	丰台区政府副区长
	副组长	姜东升	丰台区政府办公室副主任
		刘金霞	丰台区残联理事长
		元学霞	丰台区统计局副局长
		孙先礼	丰台区民政局副局长
		刘晓苏	丰台区卫生局副局长
	成　员	朱晓芳	丰台区委宣传部
		吴神赋	丰台区发改委
		张立新	丰台区教委

		贾福清	丰台区公安分局
		刘树东	丰台区财政局
		綦建国	丰台区劳动和社会保障局
		张　玲	丰台区人口计生委
		鲁爱国	共青团丰台区委员会
		田秀文	丰台区妇联
		谷孝敏	丰台区老龄委
		刘福祥	丰台区新村街道
		陈国祥	丰台区卢沟桥街道
		张国强	丰台区东铁匠营街道
		梅贵华	丰台区西罗园街道
		李小京	丰台区云岗街道
		王　林	丰台区南苑乡
		卢　杰	丰台区王佐镇
办公室	**主　　任**	李怀信	丰台区残联副理事长
	副 主 任	王爱珍	丰台区残联办公室主任
调查队	**队　　长**	刘金霞	丰台区残联理事长（兼）
	副 队 长	王　岚	丰台区统计局人口科科长
		刘晓苏	丰台区卫生局副局长（兼）

成　　员:

付　晔	张春华	张德利	陈寿强	陈捍华	龙静华
何凤兰	王　慧	路秀云	文　玲	刘玉芬	王　烁
马　娟	郭亚林	韩　静	贺亚琳	张桂云	张永兰
高海燕	孟庆利	郭文利	史月莲	张洪儒	李红英
户长泉	周　宏	朱丽梅	刘　敏	徐　菁	刘金梅
崔　颖	张文远	黄　新	郎　林	张丽滨	李系刚
刘世红	葛桂杰	高　萍	王慧茹	张　朋	

石景山区

领导小组	**组　　长**	王春杰	石景山区政府副区长
	副 组 长	(张建刚)	石景山区政府办公室副主任
		田利跃	石景山区政府办公室主任
		刘亚珍	石景山区残联理事长
		陈　伟	石景山区统计局副局长
		付　锐	石景山区卫生局副局长
		(尹继强)	石景山区民政局副局长
		苑翠珍	石景山区民政局副局长
	成　　员	胡冀民	石景山区委宣传部
		韩若姮	石景山区财政局
		齐志强	石景山区残联
		胡振民	石景山区金顶街街道
		(张　文)	石景山区苹果园街道
		张玉国	石景山区苹果园街道

		阚　成	石景山区老山街道					
办公室	主　任	齐志强	石景山区残联副理事长（兼）					
	副主任	张劲松	石景山区残联副主任科员					
调查队	队　长	齐志强	石景山区残联副理事长（兼）					
	副队长	周晓霞	石景山区统计局科长					
		班玉贞	石景山区卫生局科员					
	成　员	刘家邦	杨晓桦	杨永升	刘　蕾	张春霞	张延华
		徐铭玮	任　霞	高　伟	崔冬月	张劲松	彭翠萍
		周　颖	徐晓峰	时金庆	马丽华	杜　佳	马春香
		王俊华	宋洁萍	于亚萍	马秀娟	武淑珍	刘桂芬

海淀区

领导小组	组　长	吴亚梅	海淀区政府副区长				
	副组长	周修富	海淀区残联理事长				
		田一川	海淀区政府办公室副主任				
		成越来	海淀区统计局副局长				
		张春华	海淀区民政局副局长				
		刘圣国	海淀区财政局副局长				
		黄春明	海淀区卫生局副局长				
		曹学明	海淀区公共委副主任				
	成　员	李增辉	海淀区残联				
		王言敏	海淀区委宣传部				
		胡新懿	海淀区教委				
		雷玉梅	共青团海淀区委员会				
		黄　燕	海淀区妇联				
		王志革	海淀区公安分局				
		梁燕华	海淀区民政局老龄办				
		姜之波	海淀区财政局社保科				
		张兰华	海淀区劳动保障局就业科				
		陈春玲	海淀区人口计生委				
办公室	主　任	（李增辉）	海淀区残联副理事长（兼）				
		王雪梅	海淀区残联副理事长				
调查一队	队　长	李增辉	海淀区残联副理事长（兼）				
	副队长	李志强	海淀区统计局普查中心主任科员				
	成　员	葛玉仑	陈雅兰	薄东升	石春英	张超英	孙云宝
		张学强	李香萍	李秀玲	苗　川	李文兰	董　健
		冯学功	钱景茹	黄秋生	刘建军	杨　娜	黄瑰丽
		胡书凤					
调查二队	队　长	刘秀英	原四季青镇统计科				
	副队长	唐永玲	海淀区残联综合服务中心干部				
	成　员	沈东明	胡振洪	宁京华	王亚芳	赵清珍	王　颖
		刘建平	刘长萍	姚连茹	贾文君	赵建华	郑　阳

		韩桂芝	孟玉洁	张淑云	陈　瑾	董建梅	李东雷
		李　寒	李晓敏	武蕴梅	张东云		

门头沟区

领导小组	组　　长	何震芳	门头沟区政府副区长
	副 组 长	刘树军	门头沟区政府办公室副主任
		李彩霞	门头沟区残联理事长
		任　斌	门头沟区统计局副局长
		徐殿印	门头沟区民政局副局长
		野京成	门头沟区卫生局副局长
	成　　员	任全礼	门头沟区宣传部
		李世春	门头沟区发展改革委员会
		何　渊	门头沟区教育委员会
		吕　勇	门头沟区人口和计划生育委员会
		曹叔芝	门头沟区妇联
		高振玲	门头沟区财政局
		韩金民	门头沟区公安分局治安支队
		孙秀萍	门头沟区劳动和社会保障局
		徐家湛	共青团门头沟区委员会
		张玉明	门头沟区老龄委
		杨　涛	门头沟区残联
办公室	主　　任	杨　涛	门头沟区残联副理事长（兼）
调查队	队　　长	杨　涛	门头沟区残联副理事长（兼）
	副 队 长	任　斌	门头沟区统计局副局长（兼）

成　　员	孙玉藕	李　福	付宏颖	陈桂花	刘庆霞	王士杰
	王　芳	申　思	周国宝	贺丙忠	王宝毅	周凤玲
	刘　丹	孙桂玲	白诗林	刘雁清		

房山区

领导小组	组　　长	任全胜	房山区政府副区长
	副 组 长	王学峰	房山区政府办公室副主任
		赵国先	房山区残联理事长
		左志国	房山区统计局副局长
		邢景旺	房山区民政局副局长
		张淑云	房山区卫生局副局长
	成　　员	刘桂珍	房山区残联
		李桂霞	房山区财政局社保科
		杨大庆	房山区卫生局医政科
		史毓龙	房山区统计局普查中心
		王淑红	房山区民政局社救科
		邱珍山	房山区公安分局户籍处
办公室	主　　任	刘桂珍	房山区残联副理事长（兼）

	专职副主任	张　静	房山区残联办公室科员（兼）
调查队	队　　长	刘桂珍	房山区残联副理事长（兼）
	调查副队长	张　静	房山区残联办公室科员（兼）
		舒方华	区统计局社会科科员
	医务副队长	蒋　涛	房山区良乡医院医生
	成　　员	张　东　于纯杰　贾云峰　陈晓红　祁淑芹　赵红英 陈玉环　李铁子　李雅丽　王会丽　隗利先　梁会霞 许　蕾　张　丹　舒方华	

通州区

领导小组	组　　长	赵玉影	通州区政府副区长
	副 组 长	林殿彪	通州区长助理、区政府办公室主任
		刘景山	通州区残联理事长
		徐思清	通州区财政局副局长
		贾国增	通州区统计局副局长
		田春华	通州区卫生局副局长
		张长利	通州区民政局副局长
	成　　员	高德澍	通州区委宣传部
		张宪法	通州区公安分局
		张绍武	通州区教委
		樊淑玲	通州区妇联
		刘维嘉	通州区残联
		孙喜春	通州区残联
办公室	主　　任	孙喜春	通州区残联副理事长（兼）
	副 主 任	吴旺友	通州区残联政工科长
调查队	队　　长	孙喜春	通州区残联副理事长（兼）
	调查副队长	张春兰	通州区统计局干部
	医务副队长	李晓光	通州区卫生局科员
	成　　员	马淑利　吴旺友　马洪元　潘丽华　李芝寒　丰丽平 张文秋　张　悦　高锦霞　刘惠灵　马泳江　高长君 李连永　赵体良　杨文学　刘长安　张　静　武香芝 邢维坤　于学军　杨　芳　柴　健　梁利伟	

顺义区

领导小组	组　　长	（曾繁新）	顺义区政府副区长
		陈卫东	顺义区副区长
	副 组 长	赵习文	顺义区政府办公室副主任
		马成武	顺义区残联理事长
		于淑萍	顺义区统计局副局长
		(鲍晓芹)	顺义区民政局副局长
		聂燕山	顺义区民政局副局长
		(仇长林)	顺义区卫生局副局长

		黄建江	顺义区卫生局副局长
	成　　员	张仲奎	顺义区委宣传部
		梁　军	顺义区发改委
		陈成国	顺义区教委
		勘文亮	顺义区公安分局政治处
		虞艳娟	顺义区财政局
		韩　敬	顺义区劳动和社会保障局
		(刘兆宽)	顺义区残联
		吴建海	顺义区残联
		王学武	顺义区计生委
		闫　岩	共青团顺义区委员会
		李慧娴	顺义区妇联
		焦淑香	顺义区老龄委
办公室	**主　　任**	马成武	顺义区残联理事长（兼）
	副 主 任	(刘兆宽)	顺义区残联副理事长（兼）
		吴建海	顺义区残联
		李会荣	顺义区区残联办公室
		于淑萍	顺义区统计局副局长
		(鲍晓芹)	顺义区民政局副局长
		聂燕山	顺义区民政局副局长
		(仇长林)	顺义区卫生局副局长
		黄建江	顺义区卫生局副局长
调查队	**队　　长**	刘兆宽	顺义区残联副理事长（兼）
	副 队 长	于淑萍	顺义区统计局副局长
		李秋红	顺义区卫生局防保科
		李会荣	顺义区残联办公室（兼）

成　　员　应新平　张文乐　侯云朋　冯勃明　黄丽荣　张永利
冯东英　李　波　门建超　李金芝　柳新丽　陈小兵
单玉鹏　赵晶晶　郭　云　王利宇　霍丽荣　崔文红
尚成德　王朝山　郭玉霞　田红颖　李　征

昌平区

领导小组	**组　　长**	陈秋生	昌平区政府副区长
	副 组 长	张　华	昌平区政府办公室副主任
		彭尚玉	昌平区残联理事长
		王家和	昌平区民政局副局长
		杨冬泉	昌平区卫生局副局长
		李同新	昌平区统计局副局长
	成　　员	衡晓帆	昌平区公安分局
		崔　明	昌平区宣传部
		赵宝东	共青团昌平区委员会
		戈永昌	昌平区老龄委

		郑亚会	昌平区妇联					
		李彦樵	昌平区发改委					
		刘淑明	昌平区教委					
		邱少强	昌平区计生委					
		宋　杰	昌平区财政局					
		李利军	昌平区劳动保障局					
		(方淑华)	昌平区残联					
		郭久明	昌平区残联					
办公室	**主　　任**	郭久明	昌平区残联副理事长（兼）					
调查队	**队　　长**	郭久明	昌平区残联副理事长（兼）					
	常务副队长	王金平	昌平区残联劳动服务所主任					
	调查副队长	张丽华	昌平区统计局统计师					
	医务副队长	谭光剑	昌平区卫生局防保科科长					
	成　　员	白鸿明	徐　健	王海生	王孟飞	吴海明	范建础	
		王佳锋	王　墨	魏　静	佟　乐	高德瑞	焦兰荣	
		赵卫鑫	赵红艳	李聪颖	王晓红	崔　存	付英华	
		古建华	郭兆有	吴新颖	宋淑芝	刘淑琴	张小平	

大兴区

领导小组	**组　　长**	常红岩	大兴区政府副区长
	副 组 长	(李振恒)	大兴区残联理事长
		翁维贤	大兴区残联理事长
		闫维友	大兴区政府办公室副主任
	成　　员	(殷绍贤)	大兴区残联
		张广林	大兴区残联
		李德强	大兴区统计局
		杨福祥	大兴区卫生局
		苏启明	大兴区民政局
		马燕珠	大兴区财政局
		张清旺	大兴区兴丰办事处
		李连军	大兴区黄村镇
		裴淑玲	大兴区礼贤镇
		朱　虹	大兴区长子营镇
		闫海龙	大兴区公安分局
		王学军	大兴区劳动局
		帅淑敏	大兴区计生委
		郭少英	大兴区妇联
办公室	**主　　任**	(李振恒)	大兴区残联理事长（兼）
		翁维贤	大兴区残联理事长（兼）
	副 主 任	(殷绍贤)	大兴区残联副理事长（兼）
		张广林	大兴区残联副理事长（兼）
调查队	**队　　长**	殷绍贤	大兴区残联副理事长（兼）

副队长　寇德林　大兴区统计局统计师
闫万启　大兴区卫生局主任科员
成员　栗　颖　张士华　吴子宣　勾金鹏　任春红　郝双英
杨　瑞　闫金红　陈书强　刘　新　李　娜　鲍彦荣
郝长森　赵殿录　刘秋明　张　辉　杨晓华　董立平
陈东峰　武丽娟　刘　威　聂振生

怀柔区

领导小组　组长　何春禄　怀柔区政府副区长
副组长　崔学忠　怀柔区残联理事长
乔　磊　怀柔区政府办公室副主任
王兴仕　怀柔区统计局副局长
曹占芳　怀柔区民政局副局长
张艳梅　怀柔区卫生局纪检书记
成员　林祥泰　怀柔区残联
王永生　怀柔区教育委员会
翟明杰　怀柔区委宣传部社会宣传科
郭庆军　怀柔区发展和改革委员会社会发展科
刘宝忠　怀柔区公安分局治安支队
郑维勤　怀柔区财政局社保科
刘利民　怀柔区劳动和社会保障局就业培训科
徐井华　怀柔区人口和计划生育委员会业务科
刘　玮　共青团怀柔区委员会办公室
邵秀芳　怀柔区妇女联合会办公室
王亚良　怀柔区老龄工作委员会办公室
刘春霞　怀柔区龙山街道办事处
袁振林　怀柔区北房镇副镇长
办公室　主任　林祥泰　怀柔区残联副理事长（兼）
副主任　王铁成　怀柔区残联办公室主任
调查队　队长　林祥泰　怀柔区残联副理事长（兼）
常务副队长　王铁成　怀柔区残联办公室主任（兼）
调查副队长　张　巍　怀柔区统计局社会科
医务副队长　于满国　怀柔区卫生局
成员　孙小磊　李会发　白晓楠　李淑香　钟大菊　邢素菊
朱久玲　崔爱华　王　伟　杨秀华　张淇飞　于　静
李会玲　谢燕梅　彭光湖　谢艳华　王明晨　谢春荣
刘　颖　田书德　韩明旭　安淑凤

平谷区

领导小组　组长　王春辉　平谷区政府副区长
副组长　张卫良　平谷区政府办公室副主任
高学清　平谷区残联理事长
王国凤　平谷区统计局副局长

		范宝旺	平谷区民政局副局长
		徐福利	平谷区卫生局副局长
	成　　员	王秋芬	平谷区委宣传部
		赵黎明	平谷区发展改革委员
		杜相茂	平谷区教育委员会
		王连合	平谷区公安分局
		徐春英	平谷区财政局
		薛振明	平谷区劳动和社会保障局
		任永宝	平谷区人口和计划生育委员会
		路卫红	共青团平谷区委员会
		杨冬春	平谷区妇女联合会
		于海生	平谷区残疾人联合会
		付湘生	平谷区渔阳地区办事处
		石　越	平谷区峪口地区办事处
		王国忠	平谷区夏各庄镇
办公室	**主　　任**	于海生	平谷区残联副理事长（兼）
调查队	**队　　长**	于海生	平谷区残联副理事长（兼）
	副 队 长	华海清	平谷区统计局综合科科长
		王玉清	平谷区医院医务科副主任
	队　　员	张玉平　宋广文　王福香　杨荣秀　王　林　李福新 范久芝　马迎春　邢和平　张学华　王乐成　刘洪霞 刘　全　王海涛　赵连珠　王文忠　刘凤同　刘国友 王　盼　胡安宁　杜锦红　（王来军）王　婧	

密云县

领导小组	**组　　长**	李和平	密云县县委常委、常务副县长
	副 组 长	宋印双	密云县政府办公室副主任
		从　智	密云县残联理事长
		郑德山	密云县统计局副局长
		张　波	密云县民政局副局长
		郑善才	密云县卫生局副局长
	成　　员	孙明朝	密云县委宣传部
		王建民	密云县发展改革委员会
		郭生民	密云县教育委员会
		李宝虎	密云县公安分局
		张　亮	密云县财政局
		曹瑞斌	密云县劳动和社会保障局
		李凤良	密云县人口和计划生育委员会
		任海宏	共青团密云县委员会
		张　敏	密云县妇女联合会
		金政忠	密云县十里堡镇
		马延春	密云县穆家峪镇

		李瑞江	密云县密云镇
		关佩君	密云县残联
办公室	主　任	关佩君	密云县残联副理事长（兼）
调查队	队　长	关佩君	密云县残联副理事长（兼）
	副队长	王亚英	密云县统计局科员
		贾丽娟	密云县卫生局社保科科员
	成　员	王玉忠　郭云东　张亚芹　王燕凤　秀云霞　马兴东 李进华　付金霞　何宝玉　吴艳凤　吴海波　李云春 李晓菲　徐香芳　王　芳　陶建平　倪丹丹　尚　青 王雪梅　李长江　龚占英　吕金玉　李文华　李玉香 焦玉生　彭金荣　马万苹　周廉艺　刘德生	

延庆县

领导小组	组　长	胡耀刚	延庆县政府副县长
	副组长	杨长记	延庆县政府办公室副主任
		张　学	延庆县残联理事长
		国造红	延庆县统计局副局长
		(韩少满)	延庆县民政局副局长
		孙　江	延庆县民政局副局长
		王丽敏	延庆县卫生局副局长
	成　员	张连启	延庆县残联
		冯运容	延庆县委宣传部
		（刘世纪）	延庆县教育委员会
		孟顺利	延庆县教育委员会
		赵廷明	延庆县公安分局治安大队
		赵海江	延庆县财政局
		季文选	延庆县劳动和社会保障局
		时造成	延庆县老龄委
		（赵光宜）	延庆县延庆镇
		张书军	延庆县延庆镇
		袁二明	延庆县旧县镇
		（蒋　喜）	延庆县城镇办事处
		张普明	延庆县城镇办事处
办公室	主　任	张连启	延庆县残联副理事长（兼）
	副主任	吴进华	延庆县统计局科长
调查队	队　长	张连启	延庆县残联副理事长（兼）
	副队长	吴进华	延庆县统计局科长（兼）
		温莉芸	延庆县中医院主任医师
	成　员	段瑞祥　张雅娟　陈红丽　陈　岗　张晓波　焦鹏伟 陈桂华　闫丽平　林　娜　张秀华　张秀娟　姚金凤 金　宇　田铁生　李连英　鲁海平　邓凤昌　段淑霞 张迎武　胡昌滕　张海军　张彦玉　王晓霞	

附录 13

第二次全国残疾人抽样调查样本乡（镇、街道）名单

东城区

1. 和平里街道
   七区社区居委会
   林调社区居委会
2. 东华门街道
   菖蒲河社区居委会
   甘雨社区居委会
3. 建国门街道
   西总布社区居委会
   外交部街社区居委会
4. 交道口街道
   帽儿社区居委会
   圆恩寺社区居委会
5. 东四街道
   铁营社区居委会
   十条社区居委会

西城区

1. 月坛街道
   汽车局河南社区居委会
   三里河社区居委会
2. 展览路街道
   南营房社区居委会
   榆东社区居委会
3. 什刹海街道
   大红罗社区居委会
   平安里社区居委会
4. 新街口街道
   前公用社区居委会
   富国里社区居委会
5. 德胜街道
   新明家园社区居委会
   水电社区居委会
6. 金融街街道
   大院社区居委会
   温家街社区居委会

崇文区

1. 永定门外街道

   定安里社区居委会

   永铁苑社区居委会

2. 龙潭街道

   龙潭北里社区居委会

   幸福楼社区居委会

3. 东花市街道

   忠实里社区居委会

   北里东区社区居委会

宣武区

1. 白纸坊街道

   半步桥社区居委会

   右内后身社区居委会

2. 广安门内街道

   西便门内社区居委会

   大街东社区居委会

3. 大栅栏街道

   石头社区居委会

   铁树斜街社区居委会

4. 椿树街道

   四川营社区居委会

   椿树园社区居委会

朝阳区

1. 八里庄街道

   红北社区居委会

   延静里社区居委会

2. 酒仙桥街道

   高家园社区居委会

   大山子社区居委会

3. 呼家楼街道

   呼家楼北社区居委会

   核桃园社区居委会

4. 劲松街道

   劲松西社区居委会

   农光东里社区居委会

5. 望京街道

   南湖中园社区居委会

   花家地南里社区居委会

6. 亚运村街道

   祁家豁子社区居委会

   华严北里社区居委会

7. 三里屯街道
   幸福一村社区居委会
   幸福二村社区居委会
8. 奥运村地区
   南沙滩社区村委会
   风林绿洲社区居委会
9. 团结湖街道
   水碓子社区居委会
   中路南社区居委会
10. 东坝地区
    大街居委会
    东风村居委会
11. 东风地区
    东风小区居委会
    八里庄北里二居委会
12. 常营地区
    常营一居委会
    第四村居委会

丰台区

1. 西罗园街道
   鑫福里社区居委会
   洋桥北里社区居委会
2. 东铁匠营街道
   刘家窑第一社区居委会
   南方庄社区居委会
3. 卢沟桥街道
   蔚园社区居委会
   春园社区居委会
4. 新村街道
   育芳园社区居委会
   看丹社区居委会
5. 云岗街道
   北区社区居委会
   西路社区居委会
6. 王佐镇
   南宫中心村村委会
   沙锅中心村村委会
7. 南苑乡
   石榴庄村村委会
   时村村委会

石景山区

1. 苹果园街道

苹二区社区居委会
苹四区社区居委会

2. 金顶街街道
模式口西里南区社区居委会
赵山社区居委会

3. 老山街道
西里社区居委会
十一号院社区居委会

海淀区

1. 学院路街道
石油大院社区居委会
静淑苑社区居委会

2. 万寿路街道
翠微路社区居委会
复兴路 46 号社区居委会

3. 紫竹院街道
理工大学社区居委会
万寿山庄社区居委会

4. 北太平庄街道
罗庄南里社区居委会
师大北路 21 号社区居委会

5. 北下关街道
大柳树社区居委会
南二社区居委会

6. 羊坊店街道
普惠南里社区居委会
京西宾馆社区居委会

7. 甘家口街道
潘庄社区居委会
白中社区居委会

8. 海淀街道
友谊社区居委会
海淀南路北社区居委会

9. 中关村街道
黄庄社区居委会
科源社区居委会

10. 青龙桥街道
挂甲屯社区居委会
圆明园东里社区居委会

11. 永定路街道
二街坊东社区居委会
七街坊社区居委会

12. 马连洼街道
   菊园社区居委会
   农大社区居委会
13. 四季青镇
   门头村村委会
   西冉村村委会

门头沟区

1. 大台街道
   玉皇庙社区居委会
   落坡岭社区居委会
2. 妙峰山镇
   下苇甸村村委会
   陈家庄村村委会

房山区

1. 周口店地区
   长沟峪煤矿社区居委会
   大韩继村居委会
2. 城关街道
   矿机社区居委会
   顾册村村委会
3. 大石窝镇
   石窝村居委会
   蔡庄村居委会
4. 青龙湖镇
   京强水泥厂社区居委会
   口头村居委会
5. 长沟镇
   西厢苑居委会
   南良村村委会
6. 蒲洼乡
   蒲洼村村委会
   东村村委会

通州区

1. 永顺地区
   新建村居委会
   小圣庙村居委会
2. 梨园地区
   三间房村居委会
   刘老公庄村居委会
3. 宋庄镇
   双埠头村村委会
   宋庄村村委会

4. 马驹桥镇
一街村村委会
马村村委会
5. 台湖镇
台湖村村委会
新河村村委会

顺义区

1. 杨镇地区
田家营村居委会
东庞里村居委会
2. 石园街道
石园东区社区居委会
五里仓第二社区居委会
3. 木林镇
蒋各庄村村委会
陀头庙村村委会
4. 大孙各庄镇
小段村村委会
大石各庄村村委会

昌平区

1. 城北街道
东关社区居委会
西关社区居委会
2. 南口地区
南厂西社区居委会
南农社区居委会
3. 马池口地区
念头社区居委会
百泉庄村居委会
4. 兴寿镇
桃林村村委会
百合村村委会

大兴区

1. 兴丰街道
兴政西里社区居委会
兴华东里社区居委会
2. 黄村镇
小营村村委会
孙村村委会
3. 礼贤镇
西里河村村委会
孙家营村村委会

4. 长子营镇
   牛坊村村委会
   白庙村村委会

怀柔区

1. 龙山街道
   车站路社区居委会
   商业街社区居委会
2. 北房镇
   北房村村委会
   胜利村村委会

平谷区

1. 渔阳地区
   海关西园居委会
   赵各庄村居委会
2. 峪口地区
   西樊各庄村居委会
   南杨家桥村居委会
3. 夏各庄镇
   夏各庄村村委会
   魏太务村村委会

密云县

1. 密云镇
   大唐庄村村委会
   小唐庄村村委会
2. 穆家峪镇
   前栗园村居委会
   达岩村居委会
3. 十里堡镇
   燕落寨居委会
   岭东村村委会

延庆县

1. 延庆镇
   恒安社区居委会
   东关村村委会
2. 旧县镇
   旧县村村委会
   三里庄村村委会